Dr. Stefan Sos

DER FÜNFFÄLTIGE DIENST

Aufgaben, Gaben und Dienste in der Gemeinde

Dr. Stefan Sos

DER FÜNFFÄLTIGE DIENST

Aufgaben, Gaben und Dienste in der Gemeinde

LEUCHTER EDITION

Leuchter Edition · Erzhausen

Titel der Originalausgabe
(Originally published in English under the title):
Understand 5-Fold Ministry – Theological perspective on fivefold ministry

Published by AuthorHouse, Bloomington, Indiana, USA

Aus dem kanadischen Englisch von rde

Lektorat: Leuchter Edition GmbH
Umschlag: be-sign.net, Bernd Scheurer, Erzhausen
Gesamtherstellung: Schönbach-Druck GmbH, Erzhausen

ISBN 978-3-87482-283-1
Bestell-Nr. 547.283

Leuchter Edition GmbH
Postfach 1161
64386 Erzhausen
Deutschland

info@leuchter-edition.de
www.leuchter-edition.de

Widmung

Dieses Buch ist meiner Frau Barbara gewidmet – für ihre Partnerschaft und ihre Hingabe an unseren Dienst durch all die Zeit, seitdem wir verheiratet sind. Ohne ihre Unterstützung, ohne ihre unermüdliche Aufopferung wäre ich nicht in der Lage, das Mandat zu erfüllen, das Gott uns gegeben hat. Ich bin sehr dankbar dafür.

Danksagung

Ein besonderer Dank geht an Richard Uy und Janice Chin, die die Veröffentlichung dieses Buches ermöglicht haben.

Inhaltsverzeichnis

Vorwort

Was Sie in der Hand halten, ist ein Werkzeug zum besseren Verständnis des fünffältigen Dienstes – eines heiklen Themas, das unsere heutige kirchliche Landschaft formt und verändert.

Im Laufe der vergangenen 14 Jahre hat mich mein Dienst in mehr als vierzig Länder geführt. Viele Pastoren und geistliche Leiter haben den fünffältigen Dienst auf dem Herzen. Doch die Wörter „apostolisch" und „prophetisch" haben etwas Übermächtiges an sich, womit viele Pastoren und Leiter nichts anfangen und das sie nicht als einen Teil dessen akzeptieren können, was der Herr in diesen letzten Tagen tut.

Die Furcht vor Neuem geht immer mit der Sorge einher, wir könnten etwas einbüßen, das wir in Ehren gehalten und bewahrt haben. Einer der größten Fehler der Kirche ist ihre Zufriedenheit mit dem Status quo, in der ihr das souveräne Wirken des Heiligen Geistes und sein Bemühen entgehen, die Gemeinde für das Kommen des Herrn zu vollenden.

Ehe wir Wege Gottes annehmen oder verwerfen, haben wir es immer wieder nötig, die Schrift zu befragen, damit wir in unseren Entscheidungen Anleitung und Führung erfahren. Ich glaube, die solide Theologie dieses Buches kann denjenigen weiterhelfen, die nach wirklichen Antworten suchen, ohne dass sie bereit wären, ihre Überzeugungen kompromittieren zu lassen.

Dieses Buch wendet sich nicht an Gelegenheitsleser, sondern an Menschen, die Gottes Wort studieren, und an Leiter, die Gott ohne irgendwelche Vorbehalte dienen möchten.

Möge sowohl die Veröffentlichung als auch die Rezeption dieses Buches dem Herrn Ehre bereiten! Ich bete, dass viele in ihrem Sehnen danach angespornt werden, den Herrn und das Werk, das er heute in seiner Kirche tut, zu erkennen.

Einführung

Übergangsperioden, sei es im persönlichen Leben oder in der Gesellschaft, sind stets faszinierend zu beobachten. Mitunter bringen sie unangenehme Erfahrungen mit sich, weil sie häufig jählings enden, nachdem sie ohne Vorwarnung begonnen haben.

Wir leben zurzeit in ähnlichen Verhältnissen wie in den frühen Jahrzehnten des römischen Imperiums: weite Horizonte, großer Optimismus und Bürgerrechte, die uneingeschränkte Individualität gewähren. Wir leben in weitgehend gesicherten Grenzen, und so zieht fast jeder die Bequemlichkeit der Hingabe, die persönliche Freiheit der gesellschaftlichen Verantwortung, ein maßgeschneidertes Glaubenssystem organisierter Religiosität, den Pop der Kunst, das Jetzt der Zukunft und das Geldverdienen der Lebensqualität vor.

Diese Tendenz hin zu einer nachchristlichen Gesellschaft hat ihre Wurzeln in einer Zeit, die nach allgemeiner Auffassung einen enormen religiösen Aufbruch im Christentum markiert. Unsere geistliche Identität hat sich im 20. Jahrhundert geformt, einem Jahrhundert, in dem Gott seine Einzigkeit und die Erfüllung mit dem Heiligen Geist – mit dem Zeichen der neuen Zungen, der Weissagungen sowie besonderer Manifestationen und Heimsuchungen des Heiligen Geistes –, wie sie auf die Apostelgeschichte zurückgehend in der ganzen Kirchengeschichte ihre Spuren hinterlassen haben, in die hungrigen Herzen seines Volkes ausgegossen hat. Im Ergebnis dieses Wirkens des Heiligen Geistes begannen sich Kirchen zu bilden und auszuprägen, die sich ein neues Verständnis vom Wirken des Geistes zu eigen machten.

Immer wenn eine solche Wandlungsperiode einsetzt, müssen die davon berührten Gruppierungen sich handhabbare Prinzipien geben, um sich selbst zu definieren und sich von anderen Organisationen zu distanzieren. So ist es in der Wirtschaft, im Sport und eben auch in den Religionen – man muss sich notwendigerweise Grenzen setzen und eine gemeinschaftliche Identität entwickeln. Doch starre Regeln verdrängen die wichtigste Grundlage für lang anhaltendes Wachstum. Erweckung wird das 21. Jahrhundert überrollen, wenn wir daran festhalten, uns auf eine einzige Wahrheit auszurichten, nämlich immer mehr zu Gott hinzuwachsen, statt dass wir uns vorwiegend um die ach so unerschütterlichen, vermeintlich (sonder-)offenbarten Wahrheiten drehen, die uns persönlich am meisten interessieren. Die Geschichte ist übersät von christlichen Bewegungen, die sich an ihren eigenen geistlichen Sonderoffenbarungen festmachten, diese zu Regeln ausgestalteten – und aufhörten zu wachsen, ja häufig von anderen Gruppen mit ausgeprägterer Schrifterkenntnis beiseitegeschoben wurden. Die Katholiken hatten die Werke, die Lutheraner betonten den Glauben – und der Herr wirkte. Nach einer gewissen Zeit wäre es dran gewesen, näher an den Herrn heranzurücken, aber das Luthertum konnte sich nicht auf biblische Lehren einlassen, die sein Verhältnis zum Herrn hätten vertiefen können. Diesen Gang der Entwicklung religiöser Organisationen kann man quer durch die Kirchengeschichte beobachten – bis hin zu den heutigen apostolischen Bewegungen, in denen wir zwar über gesicherte Offenbarungen verfügen, es aber nicht wagen, uns ganz und gar auf einen Gott ohne Grenzen einzulassen. „Wären die Leute doch nur willens, sich für mehr von Gott zu öffnen und ausgewogene Lehre schriftgemäßer Prinzipien anzunehmen", nörgeln wir, „damit alles auf sicherem Fundament steht! Wären sie doch bloß offen für mehr von Gott, hätten sie doch nur ausgewogene Lehre! Dann könnten sie auch ausmachen, auf welchem Fundament sie wirklich stehen." Es ist an der Zeit, den nächsten geistlichen Schritt in Angriff zu nehmen, den wir vor uns haben. Es ist dran, die ganze Wahrheit, die Prinzipien und die Lehren zu erfassen, die schon längst für uns niedergeschrieben worden sind. Wir besitzen ein unerschütterliches Fundament, gelegt von jenen geistlichen Kriegsleuten, die uns vorangegangen sind. Auf diesem Fundament stehend wird die Kirche von morgen erblühen und das Land einnehmen.

Teil 1

Der fünffältige Dienst innerhalb der Kirche

1 Einleitung

Kontroversen und Krisen sind der christlichen Kirche nichts Fremdes. Als Paulus seinen ersten Brief an die Gemeinde zu Korinth verfasste, war diese Gemeinde des ersten Jahrhunderts bereits in heiße Kämpfe um das Wesen und die Praxis geistlicher Gaben verwickelt. Missverständnisse und falscher Gebrauch der Gaben im Gottesdienst grassierten. Die Gemeinde sandte drei Männer zu Paulus (1 Kor 7,1; 16,17), um ihn zu fragen, wie man mit Gaben wie Prophetie, Zungenreden und Erkenntnis umgehen solle (1 Kor 13,8). Wir wissen nicht, wie die korinthischen Turbulenzen ausgingen, wohl aber, dass im Rahmen der montanistischen Irrlehre des zweiten Jahrhunderts dasselbe Durcheinander von Neuem aufbrach. Durch die Geschichte hindurch und bis ins 21. Jahrhundert hinein haben immer wieder neue geistliche Aufbruchsbewegungen für Tumulte gesorgt: Pfingstler, Neopentekostale und in jüngster Zeit allerlei Bewegungen mit Bezeichnungen wie „Charismatiker", „*Vineyard*-Gemeinden", „Zeichen-und-Wunder-Gruppen" oder „Gemeinschaften der Dritten Welle".

Moderne Kirchenleiter von heute scheinen vor allem mit Methodenfragen, Psychologie, Verfahrensweisen, Besucherzahlen, vermeintlichen Bedürfnissen, Beliebtheitsskalen und dergleichen beschäftigt zu sein – zum Schaden biblischer Lehre. Wo lehrmäßiges Verstehen zurückgeht, ist keine echte Unterscheidung von richtig und falsch mehr möglich.[1]

Auf genau diesen Punkt wies Jesus die religiösen Führer seiner Zeit hin, wie Matthäus 16,1-4 berichtet:

> *Und die Pharisäer und Sadduzäer kamen herzu, und um ihn zu versuchen, baten sie, er möge ihnen ein Zeichen aus dem Himmel zeigen. Er aber antwortete und sprach zu ihnen: Wenn es Abend geworden ist, so sagt ihr: Heiteres Wetter, denn der Himmel ist feuerrot; und frühmorgens: Heute stürmisches Wetter, denn der Himmel ist feuerrot und trübe; das Aussehen des Himmels wisst ihr zwar zu beurteilen, aber die Zeichen der Zeit könnt ihr nicht beurteilen. Ein böses und ehebrecherisches Geschlecht verlangt nach einem Zeichen, und kein Zeichen wird ihm gegeben werden, als nur das Zeichen Jonas. Und er verließ sie und ging hinweg.*

Menschen, denen es um saubere Unterscheidung und solide Lehre zu tun ist, werden häufig beschuldigt, pharisäische, spalterische Haltun-

1 Vgl. J. MacArthur, Reckless faith: When the church loses its will to discern, Wheaton, IL 1994.

gen zu fördern. Es ist Mode geworden, jeden, der sich um korrekte biblische Lehre sorgt, als pharisäisch im Sinne von engstirnig abzutun. Die biblische Verwerfung pharisäischer Gesetzlichkeit missversteht man als Herabwürdigung lehrmäßiger Genauigkeit. Die Liebe zur Wahrheit ist immer wieder als der Gesetzlichkeit Vorschub leistend kritisiert worden. Aber Liebe zur Wahrheit ist *nicht* dasselbe wie Gesetzlichkeit. Gehen saubere Unterscheidung von richtig und falsch und spalterische Gesinnung Hand in Hand? Trifft es zu, dass man mit *Unterscheidung* häufig einen streitsüchtigen und kritischen Geist bemäntelt?[2] Zweifellos hat die hyperkritische Haltung, die manche Fundamentalisten an den Tag legen, einen Gegenschlag des Pendels ausgelöst, der den Niedergang korrekten Unterscheidungsvermögens in den Gemeinden nur noch beschleunigt hat. Zu Recht beklagen wir einen streitsüchtigen Geist. Kein wirklicher Christ möchte zänkisch sein. Niemand, der Christi Sinn hat, *genießt* Auseinandersetzungen. Ohne Frage ist Harmonie der Uneinigkeit vorzuziehen. Doch wie leben wir Christi Sinn aus, wenn unerlässliche Wahrheiten auf dem Spiel stehen? Ganz sicher nicht dadurch, dass wir Irrtümern einfach freien Lauf lassen. Wollen wir wirklich so sein wie unser Heiland, so müssen wir Irrtümer in präziser, unmissverständlicher Sprache sowohl beim Namen nennen als auch verwerfen.

Immer mehr hat sich in der evangelikalen Welt die Erkenntnis durchgesetzt, dass die Geistesgaben, wie das Neue Testament sie bezeugt, nicht etwa mit dem Ende der neutestamentlichen Zeit aufgehört haben (wie es die im Englischen *cessationism*[3] genannte Lehre behauptet), sondern im geistlichen Dienst heute unverzichtbar sind.

Darüber hinaus glauben viele Pfingstler und Charismatiker, dass die Gemeinde Jesu, wenn sie erleben will, was zu neutestamentlichen Zeiten geschah, sich die Muster des Neuen Testaments wieder zu eigen machen muss. Das bedeutet, dass die Dienste bzw. Ämter von Aposteln, Propheten, Evangelisten, Pastoren und Lehrern wiederhergestellt werden müssen, damit die Heiligen zum Werk des Dienstes zugerüstet werden. Zur Effektivität der Frühzeit wird die Gemeinde Jesu so lange nicht wieder gelangen, bis der fünffältige Dienst nach Epheser 4,11 nicht wiederhergestellt ist und in der Kirche allgemeine Anerkennung findet. Will der Leib Jesu zur vollen Reife heranwachsen, so muss er die Gaben des Heiligen Geistes praktizieren, und er muss sich alle von Gott verordneten Dienstämter zu eigen machen, die in Epheser 4,11 und an anderen Stellen angesprochen werden. Diese Ämter sind keine Möglichkeiten, sondern Notwendigkeiten.

2 Vgl. ebd.

3 Nähere Erklärung siehe unten Abschnitt „Unaufhörliches Apostolat und Sukzession“.

Vor einigen Jahren trat Oral Roberts in der Larry-King-Show auf und sagte seinem Publikum, nach Rücksprache mit einigen Ärzten am *City-of-Faith*-Krankenhaus seiner Hochschule sei er zu der Überzeugung gelangt, der fünffältige Dienst müsse in der Gemeinde Jesu voll und ganz wiederhergestellt werden. Er hatte gelernt, dass der menschliche Körper nur dann funktionieren könne, wie er solle, wenn alle fünf vitalen Systeme, nämlich

- Kreislauf,
- Atmung,
- Ausscheidung,
- Nerven und
- Verdauung

reibungslos und effizient arbeiteten.

Enthusiastisch sprach Roberts über die Parallelität, die er zwischen dem menschlichen Körper und dem Leib Christi erkannt hatte. Genau wie der menschliche Körper alle fünf Systeme braucht, um zu funktionieren, wie er soll, braucht die Gemeinde den fünffältigen Dienst (der Apostel, Propheten, Evangelisten, Hirten und Lehrer), um sauber und effektiv zu arbeiten. Den fünffältigen Dienst hat Christus in Erweiterung seines eigenen Dienstes als Haupt eingesetzt, um die Glieder seiner Kirche zu vervollkommnen, auszurüsten und heranreifen zu lassen. Ohne seine Wiedereinführung wird die Kirche nicht zum vollen Wuchs, zur Reife und zur Fülle des Segens gelangen.[4]

Im Zuge der Wiederherstellung der wunderhaften Gaben in der Kirche ist auch die Frage laut geworden, ob Gott wohl den fünffältigen Dienst gemäß Epheser 4,11 wiederherstellen werde. Die Charismatiker beharren darauf, dass das Wiederhervortreten echter Apostel und Propheten, wie wir es heute haben, unerlässlich für die neutestamentliche Wiederherstellung eines kraftvollen Dienstes innerhalb der örtlichen Gemeinde sei. In ihrem Bestreben, den fünffältigen Dienst zu seiner vollen Auswirkung kommen zu lassen, haben sie keinerlei Geduld mit solchen, die die Wiederbelebung apostolischer und prophetischer Dienste in unseren Tagen anzweifeln oder infrage stellen. Die Neubetonung des fünffältigen Dienstes in dieser Zeit stellt eine historische Herausforderung für die Kirche dar – ebenso wie eine Neubewertung des Auftrages, der ihr gegeben ist.

Die Berechtigung der Dienstämter von Evangelisten, Pastoren und Lehrern wird relativ wenig hinterfragt. Aber wir haben es mit einer

4 Siehe M. G. Moriarty, The New Charismatics: A Concerned Voice Responds To Dangerous New Trends, Grand Rapids, MI 1992, S. 96.

ganzen Reihe kirchlicher Stimmen der Gegenwart zu tun, die nach der Wiedereinführung von Aposteln und Propheten rufen und glauben, diese Ämter seien der Schlüssel zu anhaltendem Wachstum und gesunder Vitalität der Kirche. Das ist eine wichtige Sache, und dieses Buch ist ein Versuch, in biblischer Ausgewogenheit zu einem angemessenen Verständnis dieser Wahrheiten zu kommen. Ungeheuer ist der Bedarf an befähigten Arbeitern, die das Wort der Wahrheit gerade schneiden. Ich möchte versuchen, eine Vielzahl von Sichtweisen dieser Thematik zu präsentieren.

Die spannenden Fragen dabei lauten: Haben wir es wirklich mit dem Wiederhervortreten von Aposteln und Propheten zu tun oder nehmen wir lediglich etwas in den Blick, das schon längst da war? Erkennen wir etwas Vorhandenes nur neu oder stellen wir etwas zuvor Verlorenes wieder her?

2 „Und er gab …"

Der biblische Befund (Eph 4,11.12) gibt uns eine Andeutung, dass es sich bei diesen Funktionen innerhalb der Kirche nicht um Ämter handelt, zu denen Menschen ernannt werden können, sondern vielmehr um Gaben, die Gott selber gibt.

Im griechischen Grundtext lesen wir „καὶ αὐτὸς ἔδωκεν – und er war es, welcher gab". Das αὐτὸς greift das αὐτὸς von V. 10 auf, wodurch klar wird, dass der, von dem der Psalm sagt: „er hat den Menschen Gaben gegeben", der erhöhte Christus ist, der das Universum erfüllt. Dasselbe Wort, *tithemi*, wird auch hier zur Bezeichnung der Berufung benutzt. Es wird allerdings unterschiedlich übersetzt: in Epheser 4,11 mit „gab"; in Johannes 15,16, Apostelgeschichte 20,28 und 1. Korinther 12,28 mit „gesetzt"; in 2. Timotheus 1,11 mit „bestellt"; in 1. Timotheus 1,12 mit „in den Dienst gestellt". Die von Christus geschenkten Dienstgaben sind zweckorientiert. Ihnen ist jeweils eine spezifische Funktion zugeordnet, und sie sollen ein bestimmtes Ziel erreichen.

Gott *gab* Christus als Haupt der ganzen Kirche. Er, Christus, wurde das Werkzeug, mit dem Gott sein Vorhaben im Dienst an der ganzen Welt erfüllt. Und nun ist es derselbe, der der Kirche als ihr Herr gegeben wurde, der seinerseits die Kirche begabt, damit sie für ihre globale Aufgabe voll und ganz zugerüstet sei. Mit dieser Begabung macht er zugleich deutlich, dass die geistlichen Mitarbeiter Gaben des erhöhten Christus und nicht bloß von der Kirche selbst eingesetzte Amtsträger sind.

Diese Gaben sind als königliche Zuwendungen anzusehen, die Christus von seiner Herrschaftsposition her austeilt, welche er nach seiner triumphalen Himmelfahrt eingenommen hat. Ja, Christus hat diese geistlichen Diener gegeben als einen Teil des Gesamtkonzepts, um dessentwillen er überhaupt zum Himmel auffuhr: Es geht darum, dass sein Werk, alles zu durchdringen und zu erfüllen, zur Vollendung kommt. Die Gaben des erhöhten Herrn sind nicht einfach Begabungen oder Talente. Diese Gaben sind Menschen – Diener Christi auf eine Art und Weise, wie es andere niemals sein könnten. Die Verbindung zu V. 10 macht deutlich: Wenn Christus Diener des Wortes gibt, damit der ganze Leib zur Fülle hin aufgebaut werde, ist das verwoben mit dem Ziel, dass er den ganzen Kosmos mit seiner Gegenwart und seiner Herrschaft durchdringen möchte.

τοὺς μὲν ἀποστόλους, τοὺς δὲ προφήτας, τοὺς δὲ εὐαγγελιστάς, τοὺς δὲ ποιμένας καὶ διδασκάλους: „die Apostel, die Propheten, die Evangelisten, die Hirten und Lehrer". Wie unsere Übersetzung anzeigt, ist der Artikel in der Wendung τοὺς μὲν … τοὺς δὲ …, nachdem er jeweils bei den verschiedenen aufgelisteten Nomen steht, höchstwahrscheinlich als einfacher Artikel zu lesen, der unmittelbar zu dem jeweils folgenden Nomen gehört, und nicht als absolut verwendetes Substantiv mit den Nomen in prädikativer Funktion. Mit anderen Worten, die bessere Übersetzung wäre: „Er war es, der auf der einen Seite die Apostel gab und auf der anderen die Propheten." Oder ganz einfach, wie bereits oben: „Er war es, der die Apostel, die Propheten … gab." Es sollte jedenfalls nicht, wie in den meisten gängigen Übersetzungen, heißen: „Er war es, der die einen als Apostel, andere als Propheten … gab." Die hier bevorzugte Übersetzungsvariante steht im Einklang mit dem im Neuen Testament häufigsten Gebrauch von μὲν … δὲ im Sinne einer reinen Aufzählung mehrerer Nomina.[5]

Was ist es, das der erhöhte Christus der Kirche gibt? Er gibt Menschen – diese ganz bestimmten Menschen, die das Wort ausrufen und führen. Mit Blick auf die Verse 7 und 8b können wir sagen: Er gibt den Menschen nicht nur Gnade, er gibt ihnen bestimmte Menschen.

In Römer 12 begegnen uns Gaben als Dienste oder Funktionen, und in genau demselben Sinn benutzt auch 1. Korinther 12 den Ausdruck, obwohl Paulus hier in den Versen 28 f. in einem Atemzug von Menschen, die Gott zu bestimmten Diensten einsetzt, und von Dienstgaben spricht.[6]

Wie passt nun das Psalmzitat (68,19) in Epheser 4 zu den Diensten, verwendet Paulus es doch hier, um für das Geben Gottes einen A.-T.-Befund zu haben?

> *Du bist hinaufgestiegen zur Höhe, du hast Gefangene weggeführt, hast Gaben empfangen bei den Menschen; und sogar Widerspenstige sind bereit, sich Jah, Gott, zu unterwerfen (V. 8).*

Manche ziehen die targumische Lesart dieses Verses[7]: „du hast den Söhnen der Menschen Gaben gegeben" (wie sie sich auch in der Peschitta findet) zur Erklärung des Ephesertextes heran. Man geht davon aus, dass Paulus eine Textvariante benutzt habe, die unter den jüdischen Schriftgelehrten seiner Zeit verbreitet war. F. W. Beare schlussfolgert: Paulus „übernimmt zuerst eine Textgestalt, wie sie unter ihnen geläufig war, und legt diesen Text sodann willkürlich nach dem Muster des Midraschs aus", wobei er „den eigentlichen Sinn des Psalms …

5 Eine ausführliche Erörterung dieses grammatischen Details bei H. Merklein, Das kirchliche Amt nach dem Epheserbrief, München 1973, S. 73 ff.; vgl. R. Schnackenburg, Der Brief an die Epheser, Zürich 1982, S. 183.

6 Vgl. A. T. Lincoln, Ephesians (Word Biblical Commentary), Dallas, TX 1990.

7 Siehe G. B. Caird, The Descent of Christ in Ephesians 4,7-11, in: F. L. Cross (ed.), Studia Evangelica II, 1964, S. 540-545.

völlig außer Acht lässt"[8]. Im Gegensatz zu dieser Lösung zieht der grammatisch-historische Exeget den „eigentlichen Sinn des Psalms" als Kontrollfaktor heran, der ihm verstehen hilft, wie der Text im Neuen Testament rezipiert wurde. Wenn es die Methode des Paulus war, die Schrift im Licht ihres historischen Kontexts zu benutzen, dann lässt der Ephesertext mitnichten die Aussageabsicht des Psalmisten außer acht.

Was aber ist der Aussagesinn? Prediger und Exegeten sind sich nicht einig darüber, was die Sätze „du hast Gefangene weggeführt" und „du hast ihnen Gaben gegeben" bedeuten. Theodoret, Justin der Märtyrer, Hieronymus usw. interpretieren die Erwähnung von Gefangenen als Beschreibung erlöster Menschen, die durch Christus den Klauen des Teufels entrissen werden. Andere gehen ins entgegengesetzte Extrem und sehen in den Gefangenen die Feinde Christi, die am Kreuz zunichtegemacht wurden: Satan, die Sünde und den Tod.[9]

Ebenso schwer tun sich die Ausleger mit den „Gaben", die hier erwähnt sind. Handelt es sich dabei um geistliche Gaben, die je nach der Berufung eines Menschen verliehen werden (1. Kor 12)? Oder sind die Gaben erlöste Menschen? Oder handelt es sich um eine singuläre Gabe, nämlich den Heiligen Geist (Apg 2,33)?[10] Die Bedeutung dieser Ausdrücke in Psalm 68,19 verhilft zur angemessenen Auslegung von Epheser 4,8. Wäre dem nicht so, müssten wir in der Tat davon ausgehen, dass Paulus entweder die Verstehensweise der Pescharim bevorzugte oder dass er den ursprünglichen Kontext außer Acht ließ, sodass wir für unsere eigene Textauslegung keinerlei Gegenprobe am Alten Testament nehmen könnten.

8 F. W. Beare/T. O. Wedel, The Epistle to the Ephesians (The Interpreter's Bible: Vol. X), New York 1953, S. 688.

9 So Chrysostomos, Calvin, Bengel, Eadie und Hodge. – Vgl. auch Kol 2,15.

10 Vgl. folgende Liste Neutestamentlicher Gaben:

- 1. Kor 12,8-11: Wort der Weisheit, Wort der Erkenntnis, Glauben, Gnadengaben der Heilungen, Wunderwirkungen, Weissagung, Unterscheidungen der Geister, Auslegung des Zungenredens, verschiedene Arten von Zungenreden.
- 1. Kor 12,28: Apostel, Propheten, Lehrer, Wunderkräfte, Hilfeleistungen, Leitungen, Arten von Zungenreden.
- Röm 12,6-8: Weissagung, Dienst, Lehre, Ermahnung, Mitteilung (Geben), Leitung, Barmherzigkeit.
- Eph 4,11: Apostel, Propheten, Evangelisten, Hirten, Lehrer.
- Petr 4,11: Reden, Dienen.

3 Wozu gibt Gott?

Schauen wir uns den Abschnitt Epheser 4,11 f. genauer an:

> *11 καὶ αὐτὸς ἔδωκεν τοὺς μὲν ἀποστόλους, τοὺς δὲ προφήτας, τοὺς δὲ εὐαγγελιστάς, τοὺς δὲ ποιμένας καὶ διδασκάλους, 12 πρὸς τὸν καταρτισμὸν τῶν ἁγίων εἰς ἔργον διακονίας, εἰς οἰκοδομὴν τοῦ σώματος τοῦ Χριστοῦ – „damit er die Heiligen ausrüste für das Werk des Dienstes, für die Auferbauung des Leibes Christi".*

Wozu also gibt der erhöhte Christus die Apostel, die Propheten, die Evangelisten, die Hirten und Lehrer?

Drei Gründe werden aufgeführt, von denen jeder einen etwas anderen Fokus hat. Ehe wir diesen jeweiligen Nuancen nachgehen, muss noch darauf hingewiesen werden, dass diese Auslegung nicht von allen Gelehrten für richtig gehalten wird. Es gibt eine Debatte darüber, in welchem Verhältnis die drei Präpositionalsätze zueinander stehen. Davon hängt natürlich der Satzbau ab, für den der Übersetzer sich entscheidet. Verbreitet hat sich die Ansicht, der zweite Präpositionalsatz sei nicht vom ersten zu trennen; vielmehr drückten beide zusammengenommen ein und denselben Gedanken aus, nämlich dass die geistlichen Diener gegeben worden seien, um die Heiligen *auszurüsten*, das ihnen aufgetragene Werk zu tun. Indem die Heiligen das tun, spielen sie ihre Rolle in der *Auferbauung des Leibes Christi*, die Gegenstand des dritten Präpositionalsatzes ist. Um diese Sicht zu stützen, wird auf den Wechsel der Präpositionen zwischen dem ersten und dem zweiten Satz (von πρὸς zu εἰς) verwiesen, der anzeige, dass die Sätze nicht gleich geordnet seien. Darüber hinaus verweist man auf die Aussage V. 7, dass alle Gnade zum Dienen empfangen haben, und auf V. 16, der betone, die Auferbauung des Leibes sei das Werk aller Gläubigen.[11] Doch der Wechsel der Präposition allein reicht nicht aus, um eine solche Schlussfolgerung zu untermauern, allerdings haben wir tatsächlich kein grammatisches oder linguistisches Argument für eine spezifische Verbindung zwischen dem ersten und dem zweiten Satz. Gewiss sind die Verse 7 und 16 Grund genug, von einer aktiven Beteiligung aller Gläubigen auszugehen, aber hier in V. 12 bilden Funktion und Rolle der spezifischen Gaben Christi, der dienenden Menschen, den vorrangigen Kontext und nicht das, was alle Gläubigen tun. Im Einklang mit dieser Beobachtung steht, wie wir noch sehen

11 Vgl. B. F. Westcott, St. Paul's Epistle to the Ephesians, London 1906, S. 62 f.; J. A. Robinson, St. Paul's Epistle to the Ephesians, London 1904², S. 98 f.; J. Gnilka, Der Epheserbrief, Freiburg 1971, S. 213; M. Barth, Ephesians. Vol. 2, New York 1974, S. 439.479 ff.; C. L. Mitton, Ephesians, London 1976, S. 151; F. Mussner, Der Brief an die Epheser, Gütersloh 1982, S. 127; R. G. Bratcher/E. A. Nida, A Translator's Handbook on Paul's Letter to the Ephesians, London 1982, S. 102; G. B. Caird, Paul's Letters from Prison, Oxford 1976, S. 76.

werden, dass καταρτισμός (Zurüstung, Vollendung) ein Wort ist, das keiner inhaltlichen Ergänzung bedarf, und dass sich διακονια (Dienst) höchstwahrscheinlich auf das *Wirken* der soeben erwähnten geistlichen Mitarbeiter bezieht.

Darüber hinaus ist es für den Schreibstil des Verfassers charakteristisch, mehrere von einem einzigen Verb abhängige, einander gleichgeordnete Präpositionalsätze zu verbinden. Jeweils drei solcher Sätze finden sich in 1,3; 1,20 f.; 2,7 und bezeichnenderweise in den hier folgenden Versen, 4,13 f. Ein Viererpaket steht in 6,12, während der Verfasser in 1,5 f. sogar fünf Sätze aneinanderhängt. Von daher ist es vorzuziehen, dass man die drei Präpositionalsätze an dieser Stelle als jeweils auf die Erwähnung der Gabe von Dienenden bezogen ansieht, und es fällt schwer, nicht den Verdacht zu schöpfen, dass eine Entscheidung für die andere Sichtweise allzu oft von dem Eifer herrührt, sich gegen jedweden „Klerikalismus" und für ein „demokratisches" Gemeindemodell auszusprechen.[12]

Es gibt jedoch keinen Grund, einen Unterschied zwischen Pastoren und Lehrern einerseits und den drei anderen Gruppen von Dienenden andererseits zu machen, indem man festlegt, dass die beiden ersten Präpositionalsätze sich nur auf die Pastoren und Lehrer beziehen, während der dritte die Aufgabe aller fünf Dienstämter beschreibe, oder umgekehrt davon ausgeht, dass die letzten beiden Sätze Rollenbeschreibungen aller Dienenden seien, während sich der erste ausschließlich auf die Pastoren und Lehrer beziehe.

Der Hauptzweck dieses fünffältigen Dienstes besteht darin, die Heiligen „vollkommen" zu machen oder „zur Reife" zu führen:

> *Und er hat die einen als Apostel gegeben und andere als Propheten und andere als Evangelisten und andere als Hirten und Lehrer, zur Ausrüstung der Heiligen für das Werk des Dienstes, für die Auferbauung des Leibes Christi.*

Für „Ausrüstung" steht im Griechischen *katartismos*, was „völlige Zurüstung", „vollständige Ausstattung" oder „Ertüchtigung" bedeutet. Die Verbform derselben Vokabel benutzt Paulus in seiner Schlussermahnung an die Gläubigen in Korinth: „Im Übrigen, Brüder, freut euch, lasst euch zurechtbringen [vollkommen machen] ..." Auch der Hebräerbriefschreiber bedient sich der Vokabel in seinem Schlussgebet:

12 Vgl. T. K. Abbott, A Critical and Exegetical Commentary on the Epistles to the Ephesians and to the Colossians, Edinburgh 1897, S. 119; M. Dibelius/H. Greeven, An die Kolosser, Epheser, an Philemon, Tübingen 1953, S. 82; S. Hanson, The Unity of the Church in the New Testament: Colossians and Ephesians, Uppsala 1946, S. 157; C. Masson, L'Epître de Paul aux Ephésiens, Neuchâtel 1953, S. 192 f.; Schnackenburg, S. 186.

Der Gott unseres Friedens aber, der unseren Herrn Jesus Christus, den großen Hirten der Schafe, durch das Blut eines ewigen Bundes aus den Toten heraufgeführt hat, vollende euch in jedem guten Werk, damit ihr seinen Willen tut, indem er in uns schafft, was vor ihm wohlgefällig ist … (Hebr 13,20 f.)

Die aus der Höhe als Gaben gegebenen Dienste sind Teil des neutestamentlichen Priestertums, dessen Hoherpriester Jesus ist. Zwar sind alle Gläubigen Priester vor Gott (1. Petr 2,5; Offb 1,6; Hebr 7,11.19), Menschen mit speziellen Dienstgaben jedoch tragen innerhalb dieses universellen Priestertums eine höhere Verantwortung. Der Hauptakzent liegt auf der Zielsetzung dieses Priestertums: Menschen vollkommen zu machen. Zwei Abschnitte im Hebräerbrief zeigen die Unfähigkeit der Heilsordnung des Alten Bundes, Gottes Volk zur Reife zu führen. Das vermag nur das neutestamentliche Priestertum. Der Schreiber bietet einen Überblick über alle geistlichen Diener, die Christus gegeben hat, und schildert das, was diese *Diener* tun sollen, auf dreierlei Weise, wobei der Wechsel vom πρὸς zum εἰς im einleitenden Präpositionalsatz höchstwahrscheinlich bloß stilistische Bedeutung hat.

Sie sollen die Heiligen vollkommen machen. Das Wort a[gioi („Heilige") greift auf die früheren Erörterungen in 1,1.15.18; 2,19; 3,8 zurück, während das Wort καταρτισμός im Neuen Testament nur an dieser einzigen Stelle steht. Das zugehörige Verb καταρτίζειν dagegen findet sich im paulinischen Schrifttum[13] und hat das Bedeutungsspektrum „vollkommen machen", „wiederherstellen" und „zubereiten", bedeutet also vervollkommnen, was durch Wiederherstellung oder auch Übung geschehen kann. Diese Auslegung passt bestens in den Kontext, der sich im folgenden Vers verschiedener Bilder für die Vervollkommnung der Gemeinde Jesu bedient.

Spätere christliche Schriften zeigen, dass das Nomen tatsächlich in diesem Sinn benutzt wurde.[14] Interessanterweise bezeichnet das Verb die Tätigkeit des Philosophen oder Erziehers in der hellenistischen Welt.[15] Durch die Diener, die Christus gegeben hat, sollen alle Gläubigen in einen Stand der Vollkommenheit gebracht werden. Dadurch, dass sie ihre Dienste der Verkündigung (Ausrufung), der Lehre und der Leitung ausüben, sind die Diener Gottes Mittel zu diesem Zweck. Diese Diener sind Christi Gabe an die Kirche, wobei erneut

13 1. Thess 3,10; Gal 6,1; 1. Kor 1,10; 2. Kor 13,11; Röm 9,22. Vgl auch Hebr 13,21; 1. Petr 5,10.

14 Siehe Klemens, Strom. IV 26; Basilius, Hex. IX 1; Ammonios, Ac. XVIII 25; Chrysostomos, Hom. Tit. II 1.

15 Vgl. Plutarch, Cato Min. 65,5; Alex. 7,1; Them. 2,5 f.; Epiktet, Diss. 3,20.10; 4,9.16.

deutlich wird, dass eine solche Sichtweise ihrer Rolle niemals zur Selbstverherrlichung führen sollte. Sie sind gegeben, um das *Werk des Dienstes* auszuführen – *Dienst* ist der Rahmen, in dem wir jedwede geistliche Funktion, jedes geistliche Amt verstehen müssen (vgl. auch Mk 9,35; 10,42-45, wo wir das Dienen als Grundanforderung der Jüngerschaft sehen).

Der Herr hat vier Grundwerkzeuge zur geistlichen Zurüstung der Heiligen gegeben:

- Das erste und wichtigste ist sein Wort, die Bibel. „*Alle Schrift ist von Gott eingegeben und nützlich zur Lehre, zur Überführung, zur Zurechtweisung, zur Unterweisung in der Gerechtigkeit, damit der Mensch Gottes vollkommen sei, zu jedem guten Werk völlig zugerüstet*“ (2. Tim 3,16 f.).
- Das zweite Werkzeug der Zurüstung ist das Gebet (Apg 6,4).
- Das dritte Werkzeug der Zurüstung ist die Versuchung (Jak 1,2 ff.).
- Das vierte ist Leiden: „*Der Gott aller Gnade aber, der euch berufen hat zu seiner ewigen Herrlichkeit in Christus, er selbst wird euch, die ihr eine kurze Zeit gelitten habt, vollkommen machen, befestigen, kräftigen, gründen*“ (1. Petr 5,10).

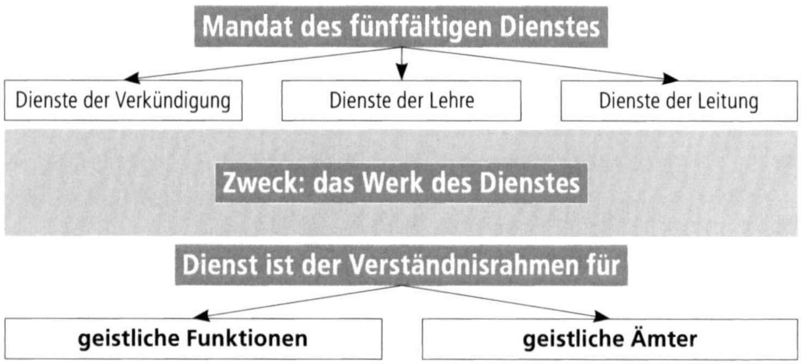

Die beiden erstgenannten Werkzeuge, das *Gebet* und die *Bibelkenntnis*, gehören in die Hände von gottbegabter Menschen. Die letzten zwei, die *Schickung von Versuchungen* und das *Leiden*, liegen ausschließlich in der Hand Gottes.

In Römer 12,7 begegnet das Dienen als spezielles Charisma, während der Ausdruck in 1. Korinther 12,5 allgemeinere Bedeutung zeigt, stehen doch dort „Verschiedenheiten von Diensten“ neben „Verschiedenheiten von Gnadengaben". Hier, im Epheserbrief, werden die aufgeführten Diener als in diesem allgemeinen Sinn mit der diakoni,a Befasste gesehen. Andere Stellen im paulinischen Schrifttum geben die Verbindung zwischen bestimmten Leitern, die von der Gesamtheit aller Gläubigen unterschieden sind, und der diakoni,a vor. Mit Blick auf den Dienst des Paulus selbst wird das Wort in 2. Korinther 3,8 f.; 4,1; 5,18; 6,3 und Römer 11,13 benutzt, in bezug auf seine Mitarbeiter in 1. Korinther 16,15, wo es von Stephanas und seinem Haus heißt, sie hätten sich zum Dienst an den Heiligen hingegeben, und in Kolosser 4,17 mit Bezug auf Archippus. Worum es in diesem Dienst der geistlichen Mitarbeiter nach Epheser 4,11 zuvörderst geht, ist schon im voranstehenden Satz zum Ausdruck gekommen: um die *Zurüstung der Heiligen zum Werk des Dienstes.* Genau wie es bei Stephanas und seinem Haus war, soll ihre Leiterschaft in den verschiedenen Gemeinschaften durch Hingabe *für den Dienst an den Heiligen* gekennzeichnet sein. Der Zweck der Gabe von Dienern kann auch mit der Formel *„zur Auferbauung des Leibes Christi"* zusammengefasst werden, einer Formel, die die Bildwelten des *Körpers* und des *Bauens* miteinander verbindet. Als Paulus Epheser 2,21 von der Kirche als einem Bau sprach, flocht er das der Biologie entnommene Bild des Wachsens ein. Gute Zurüstung durch den Evangelisten sowie die Hirten und Lehrer, die zu einem guten Dienst der Gemeinde führt, resultiert unweigerlich in der Auferbauung des Leibes Christi. *Oikodomē* (Auferbauung) ist ein Wort, das ursprünglich den Hausbau meinte und bildhaft für jede Art des Bauens oder Herstellens benutzt wurde. Paulus spricht also von der geistlichen Erbauung und Entwicklung der Kirche. Äußerlich wird der Leib durch Evangelisation aufgebaut, die ihm neue Gläubige hinzufügt; der Akzent liegt hier aber auf dem inneren Aufbau, durch den alle Gläubigen zu einem fruchtbaren Dienst des Wortes Gottes zugerüstet werden. Wenn Paulus diesen oder jenen geistlichen Dienst gewichtet oder bewertet, gilt sein Augenmerk stets dem Kernkriterium, ob der Leib Christi durch diesen Dienst auferbaut und zugerüstet wird (vgl. 1. Kor 14, 3 ff.; 12.26). Und jetzt im Epheserbrief sieht er genau diese Zurüstung als den Zweck, zu dem die Diener des Wortes der Gemeinde gegeben sind.

4 Gottes Art der Leitung im Neuen Testament

Im Alten Testament führte Gott sein Volk durch Patriarchen, Richter, Propheten und Könige. Schauen wir ins Neue Testament, so übt Gott Leiterschaft auf andere Art und Weise aus. Im Neuen Testament führt Gott durch eine Vielheit von Gaben und Dienstämtern, die er in die Gemeinde stellt.

Einige sind der Meinung, die Gaben des Heiligen Geistes seien der Gemeinde durch jedes Glied der Trinität gegeben. Andere vertreten die Auffassung, jeder Gläubige sei auf die eine oder andere Weise begabt bzw. beschenkt (Eph 4,7) und könne so am geistlichen Dienst des Leibes Jesu teilhaben. Es ist Gottes Wille, dass jeder Gläubige

- sich der Fülle des Geistes erfreut;
- zum vollen Wuchs in Christus heranreift
- und zum Dienst zugerüstet wird.

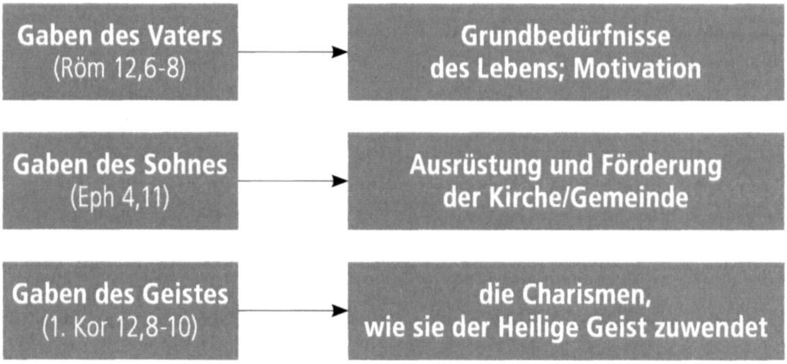

Das Vollmaß der Gaben Gottes an die Gemeinde widerspiegelt seine Liebe und Fürsorge für jeden von uns. Er sorgt für uns und er führt uns durch sein Wort, seinen Geist und durch die Gaben, die er der Gemeinde zugewandt hat.

Man kann sagen: Mittlerweile haben kirchliche Leiter die „fünf großen" Gaben und Ämter erkannt. Für eine rasant wachsende Zahl von Leitern trifft das tatsächlich zu. Daraus ergibt sich unmittelbar die Anforderung, dass wir verstehen müssen, in welchem genauen Zusammenhang jedes dieser Ämter mit den anderen vier Ämtern steht.

Nach David Cartledge gibt es fundamentale Unterschiede zwischen den Dienst- oder besser Dienergaben nach Epheser 4,11 und den Geistesgaben oder -manifestationen nach 1. Korinther 12,8 ff.

Dienstgaben nach Eph 4,11

Gabe Christi an die Kirche	Menschen/Personen	fünffältiges Amt/fünf Dienstämter

Geistesgaben oder -manifestationen nach 1. Kor 12,8 ff.

Gaben des Heiligen Geistes	Manifestationen	neunfältige Wirkungen

In der linken Spalte finden wir die Gabe Christi an die Gemeinde; rechts stehen die Gaben des Heiligen Geistes. Zwischen Dienst- und Geistesgaben bestehen Unterschiede: Erstere sind Menschen, letztere Manifestationen (1. Kor 12,7); im ersten Fall haben wir es mit einem fünffältigen Amt bzw. fünf verschiedenen Diensten, im zweiten mit neunfältigen Wirkungen bzw. neun verschiedenen Krafttaten zu tun; die Erstgenannten sind von Christus „gegeben", die Letztgenannten sind vom Heiligen Geist „gegeben" (1. Kor 12,8).[16]

Beziehungen zwischen grundlegenden Gaben

1. Kor 12,6-10	1. Kor 12,29 f.	1. Kor 12,28
Wort der Weisheit	Apostelamt	Apostelamt
Wort der Erkenntnis	Lehramt	Lehramt

16 Vgl. D. Cartledge, The Apostolic Revolution: The Restoration of Apostolic and Prophetic Ministry in the Assemblies of God in Australia, Chester Hull, NSW 2000.

5 Die Ordnung des fünffältigen Dienstes

Wir können die Dienstämter der Kirche unter zwei verschiedenen Gesichtspunkten ordnen: entweder *ekklesial* oder *historisch*. Es ist sehr wichtig, dass wir diese beiden Sichtweisen untersuchen und gut verstehen.

Der fünffältige Dienst in ekklesialer Ordnung

Wenn wir ekklesiologisch an den fünffältigen Dienst herangehen, setzen wir bei Epheser 2,20 an: ἐποικοδομηθέντες ἐπὶ τῷ θεμελίῳτῶν ἀποστόλων καὶ προφητῶν – „aufgebaut auf der Grundlage der Apostel und Propheten". Gottes Haushaltung ist also gegründet auf

- das Fundament der Apostel und Propheten und
- Jesus selbst als ausschlaggebenden Eckstein.

Apostel und Propheten sind „Grundlage", *Fundament*. Grudem erörtert vier mögliche Interpretationen dieser Aussage.

An zwei von vier Stellen siedelt das Neue Testament die Propheten auf derselben Autoritätsebene an wie die Apostel – eine Dogmatisierung verbiete sich hier, sagt Grudem[17], und zwar aus sieben Gründen[18], von denen aber nur die ersten beiden als exegetisch seriös gelten können. Eines dieser zwei Argumente ist eine grammatische Beobachtung, anhand derer man möglicherweise von einer einheitlichen Apostelpropheten-Gruppe ausgehen kann – wir hätten es dann also nicht mit zwei verschiedenen Gruppen von Dienern zu tun.[19] Nun ist dies aber kein zwingender Nachweis; es besteht lediglich die *Möglichkeit* einer solchen Interpretation der griechischen Konstruktion. Die Grammatik gibt auch andere Optionen her. Davon abgesehen übersieht Grudem den offenkundig anderen Wortlaut in Epheser 4,11, der die Propheten als separate Gruppe von den Aposteln unter-

17 Zit. n. A. T. Lincoln, Ephesians (Word Biblical Commentary vol. 42), Dallas, TX 1990, S. 55 f.

18 Vgl. ebd., S. 49-57.

19 Ebd., S. 49 ff. Eine Widerlegung der Grudemschen Auslegung von Eph. 2,20 aus der Sicht des Grammatikers bietet die ausgezeichnete Erörterung bei F. D. Farnell, Fallible New Testament Prophecy/Prophets? The Master's Seminary Journal 2/1991, S. 162-169. Zwar konnte Grudem bei seinen Forschungen zu diesem Thema auf die Expertenschaft des weithin als Autorität in grammatischen Fragen anerkannten C. F. D. Moule zurückgreifen (vgl. W. Grudem, The Gift of Prophecy in 1 Corinthians, S. XVI), aber offensichtlich hat er sich entschieden, dessen Rat in dieser grammatischen Frage außer Acht zu lassen (vgl. C. F. D. Moule, An Idiom Book of New Testament Greek, Cambridge 1960, S. 110).

scheidet.[20] Grundlage der Kirche ist der durch inspirierte Rede geschehende Dienst zweier Gruppen von Menschen, der Apostel und der Propheten.[21]

Grudem bringt noch einen zweiten schwerwiegenden Einwand gegen die Sicht von zwei Gruppen in Epheser 2,20 vor, nämlich, dass das Thema, welches im Abschnitt 2,11 bis 3,21 erörtert wird - die Einschließung der Heiden in die Gemeinde auf der Basis ihrer Gleichheit mit den Juden -, nur Aposteln, niemals aber Propheten offenbart worden sei.[22]

Allerdings missbraucht er hier die *sharpsche Regel.* Grudems Hauptargument ruht auf Epheser 2,20 und der Anwendung einer grammatischen Regel, die es mit zwei durch das griechische Wort für „und" verbundenen Hauptwörtern mit einem einzigen Artikel zu tun hat. Wie zu zeigen sein wird, hat dieses Argument ganz erhebliche Schwächen.

In Bezug auf Epheser 2,20 schreibt Grudem:

> *Das Fehlen des zweiten Artikels in τῶν ἀποστόλων καὶ προφητῶν ([auf der Grundlage] der Apostel und Propheten) bedeutet, dass der Autor die Apostel und Propheten als eine einzige Gruppe betrachtet und wir nicht ohne Weiteres sicher sein können, ob diese Gruppe aus einem einzigen oder aber aus zwei Bestandteilen zusammengesetzt war. Die grammatische Struktur lässt aber zweifellos die Sicht zu, dass eine einheitliche Gruppe gemeint ist, finden sich doch im Neuen Testament mehrere Beispiele dafür, dass ein bestimmter Artikel mehrere durch καὶ verbundene Substantive regiert, wobei jeweils klar ist, dass eine einheitliche Gruppe (oder eine einzige Person) gemeint ist. Bemerkenswert ist der Wortlaut von Epheser 4,11: ἔδωκεν τοὺς μὲν ἀποστόλους, τοὺς δὲ προφήτας, τοὺς δὲ εὐαγγελιστάς, τοὺς δὲ ποιμένας καὶ διδασκάλους [„er gab einige als Apostel, einige als Propheten, einige als Evangelisten, einige als Hirten und Lehrer"]. Hirten und Lehrer sind dieselben Leute, denen aber zwei verschiedene Funktionen zugeschrieben werden.*[23]

20 Vgl. Ch. Hodge, A Commentary on the Epistle to the Ephesians (1856), Nd. Grand Rapids, MI 1980, S. 149; F. F. Bruce, The Epistles to the Colossians, to Philemon, and to the Ephesians, Grand Rapids, MI 1984, S. 315/Anm. 29. In einem späteren Buch gesteht Grudem zwar ein, „dass es sich hier um zwei verschiedene Gruppen handelt" (W. Grudem, Die Gabe der Prophetie im Neuen Testament und heute, Nürnberg 1994, S. 54), beharrt aber darauf, die in 4,11 genannten Propheten seien andere als die in 2,20. Das ist willkürlich und exegetisch wertlos; denn im dazwischenstehenden Text weist nichts darauf hin, dass Paulus von zwei verschiedenen Prophetengruppen spräche.

21 Vgl. J. R. Stott, God's New Society: The Message of Ephesians, Downers Grove, IL 1979, S. 107.

22 Vgl. Grudem, Gabe, S. 41 ff.

23 In: Master's Seminary Journal Fall 1991, S. 165.

An dieser Stelle führt Grudem „die meisten eindeutigen Beispiele dieses Typs von grammatischer Konstruktion aus dem paulinischen Korpus“ auf, daneben gebe es „einige verstreute Beispiele an anderen Stellen des Neuen Testaments“[24]. Seine Liste beinhaltet Beispiele, in denen ein und dieselbe Person mit zwei oder mehr Titeln bezeichnet wird[25], Wendungen, die in ähnlicher Form von Gott sprechen[26], unpersönliche Objekte, von denen gelegentlich auf diese Weise gesprochen wird[27], und Partizipien wie Infinitive, die auf diese Art von Konstruktion zurückgreifen.[28, 29]

Das heißt aber nicht, dass Epheser 2,20 „die Apostel, die zugleich Propheten sind“, meinen muss, könnte man doch viele andere Beispiele auflisten, in denen eine aus zwei Komponenten bestehende Gruppe genannt wird (vgl. Apg 13,50). Nichtsdestoweniger muss darauf hingewiesen werden, dass es mir nicht gelang, im paulinischen Korpus auch nur ein unzweifelhaftes Beispiel in Analogie zu Apostelgeschichte 13,50 oder 15,2 zu finden, in dem zwei verschiedene Menschen oder Menschengruppen (im Gegensatz zu unbelebten Dingen) durch καὶ verbunden sind und nur einen gemeinsamen Artikel haben. Für wie wichtig man diese Beobachtung hält, mag davon abhängen, welcher Meinung man hinsichtlich der Verfasserschaft des Epheserbriefes anhängt. Es sollte jedoch nicht übersehen werden, dass Paulus, wenn er zwei Menschen oder Gruppen voneinander unterscheiden will, nicht zögert, einen zweiten Artikel einzusetzen (1. Kor 3,8; 8,6 u. ä.; vgl. Eph 3,10). Weiter oben habe ich mehr als zwanzig paulinische Beispiele aufgelistet, wo mit dieser Art von Konstruktion eindeutig eine einzige Person oder Gruppe gemeint ist.

Demnach sieht Epheser 2,20 „die Apostel und Propheten“ als eine einzige Gruppe. Grammatisch gesehen könnte diese Gruppe sich aus zwei Bestandteilen zusammensetzen, aber eine solche Lesart stünde nicht exakt in Übereinstimmung mit paulinischem Sprachgebrauch. Sollte es die Absicht des Autors gewesen sein, eine aus zwei Komponenten bestehende Gruppe anzusprechen, so wäre es ihm jedenfalls nicht gelungen, das seinen Lesern eindeutig zu vermitteln (was er ohne Weiteres hätte tun können, indem er vor das Wort προφητῶν [Propheten] ein weiteres τῶν [Artikel „die“] gestellt hätte). Andererseits zeigt

24 A. a. O. S. 97 f.

25 Röm 16,7; Eph 4,11; 6,21; Phil 2,25; Kol 1,2; 4,7; Phlm. 1; Hebr 3,1; 1. Petr 2,25; 2. Petr 3,18.

26 Röm 15,6; 2. Kor 1,3; 11,31; Gal 1,4; Eph 1,3; 5,20; Phil 4,20; Kol 1,3; 3,17; 1. Thess 1,3; 3,11 [2 x]; 1. Tim 6,15 *[sic]*; Tit 2,13; 2. Petr 1,1.11

27 1. Thess 3,7; Tit 2,13

28 1. Kor 11,29; Gal 1,7; 1. Thess 5,12

29 A. a. O. S. 98 ff.

eine große Anzahl neutestamentlicher Parallelen, dass die Leser keine Mühe mit „den Aposteln, die zugleich Propheten sind", gehabt hätten, sofern andere Angaben im Kontext diese Lesart erlaubt oder begünstigt hätten.[30] Aus dieser Überlegung zieht Grudem den Schluss, Epheser 2,20 spreche von Apostelpropheten, die sich unterschieden hätten von solchen, die nur Propheten waren und von denen an anderen Stellen, etwa in 1. Korinther 12 bis 14, die Rede sei. Apostelpropheten, so führt er aus, seien auf die Kirche des ersten Jahrhunderts beschränkt gewesen, während es die Nur-Propheten bis heute gebe.

Mag es auch gewichtig erscheinende Argumente für diese Auslegung von Epheser 2,20 geben, so ist sie dennoch aus mehreren Gründen problematisch. Zuallererst beruht sie auf einem grundlegenden Irrtum und einer vielfach missverstandenen Anwendung der sharpschen Regel[31]. Diese Regel lautet wie folgt:

> *Verbindet das kopulative kai Nomina desselben Falles (nämlich Nomina – subjektivische, adjektivische oder partizipiale –, die Personen im Hinblick auf deren Amt, Würde, Familien- oder sonstige Zugehörigkeit oder in Bezug auf Merkmale, Besitztümer oder Eigenschaften, seien es positive oder negative, beschreiben) und geht der Artikel, in welchem Fall auch immer, dem ersten der besagten Nomina oder Partizipien voran, ohne vor dem zweiten Nomen oder Partizip wiederholt zu werden, so bezieht sich Letzterer immer auf eben die Person, die mit dem ersten Nomen oder Partizip bezeichnet oder beschrieben ist; beispielsweise kann er eine nähere Beschreibung erstbesagter Person anzeigen …*[32]

Sooft diese Regel auch angezweifelt wurde, ist es doch bislang niemandem gelungen, sie umzustoßen oder zu widerlegen, jedenfalls nicht in Bezug auf das N. T.[33]

---

30 A. a. O. S. 100 f.

31 Auch wenn Grudem den Namen Granville Sharps, des weithin anerkannten Beschreibers dieser grammatischen Regel, nicht eigens erwähnt, scheint er seine Auslegung doch auf Prinzipien zu gründen, die sich von ebendieser Regel herleiten.

32 G. Sharp, Remarks on the Definite Article in the Greek Text of the New Testament: Containing Many New Proofs of the Divinity of Christ, from Passages Which Are Wrongly Translated in the Common English Version, Philadelphia, PA 1807, S. 3. Es handelt sich um die erste von sechs Regeln, die Sharp formuliert hat, wobei er der Auffassung war, die anderen fünf untermauerten lediglich die erste.

33 Die beste moderne Verteidigung dieser Regel liegt in einer siebenteiligen Reihe vor: C. Kuehne, The Greek Article and the Doctrine of Christ's Deity, Journal of Theology 13.9, 1973, S. 12-28; 13.12, 1973, S. 14-30; 14.3, 1974, S. 11-20; 14.6, 1974, S. 16-25; 14.9, 1974, S. 21-34; 14.12, 1974, S. 8-19; 15.3, 1975, S. 8-22. Siehe auch den ausgezeichneten Artikel von D. B. Wallace, The Semantic Range of the Article-Noun-καὶ-Noun Plural Construction in the New Testament, GTJ 4, 1983, S. 59-84.

Indessen werden vier weniger bekannte Klauseln der sharpschen Regel oft übersehen, die erfüllt sein müssen, wenn die beiden Nomina in der Konstruktion dieselbe Person meinen sollen. Es handelt sich um folgende Bestimmungen:

1. Beide Nomina müssen personal sein.
2. Beide Nomina müssen gewöhnliche Nomina, dürfen also keine Eigennamen sein.
3. Beide Nomina müssen im selben Fall stehen.
4. Beide Nomina müssen im Singular stehen.[34]

Sharp hat davon abgesehen, diese Vorschriften im Zusammenhang mit seiner ersten Regel deutlich herauszuarbeiten, weswegen die meisten Grammatiken an dieser Stelle unklar sind.

Es ist wahrscheinlich, dass *die Grundlage der Apostel und Propheten* eher die von diesen gelehrte göttliche Offenbarung meint, welche in ihrer niedergeschriebenen Form das Neue Testament darstellt. Nachdem der griechische Genitiv hier subjektivisch gebraucht zu sein scheint, also die Urheberschaft bezeichnet, ist der Sinn der Aussage nicht, dass *die Apostel und Propheten selbst das Fundament seien* – auch wenn sie das in gewissem Sinn sehr wohl waren –, sondern, dass sie das Fundament gelegt haben. Von sich selbst sprach Paulus als einem *„weisen Baumeister“*, der *einen Grund legte*, und er fährt fort: *„Denn einen anderen Grund kann niemand legen, außer dem, der gelegt ist, welcher ist Jesus Christus“* (1. Kor 3,10 f.; vgl. Röm 15,20). Es handelt sich hier um neutestamentliche Propheten, was sich daran zeigt, dass sie nach den Aposteln stehen und Teil des Baus der Gemeinde Jesu Christi sind (vgl. Eph 3,5; 4,11). Ihre einzige Funktion bestand darin, Gottes Wort autoritativ zur Gemeinde zu reden, solange der neutestamentliche Schriftenkanon noch nicht abgeschlossen war. Die Tatsache, dass sie mit der Grundlegung in Verbindung gebracht werden, zeigt, dass ihre Funktion sich auf diese Zeit des Anfangs beschränkt. Wie 4,11 verdeutlicht, schlossen sie ihren Dienst ab und machten „Evangelisten und … Hirten und Lehrern“ Platz.[35]

Die Kirche ist von dieser Grundwahrheit abgewichen und hat die Autorität der Schrift in verschiedener Weise unterhöhlt:

---

34 Wallace, a. a. O. S. 62. Mir geht es hier nur um die Regel, dass die Nomina im Singular stehen müssen (Klausel 4). Für eine Erörterung der anderen drei Bestimmungen s. ebd., a. a. O. S. 62 f., und ders., The Validity of Granville Sharp's First Rule with Implications for the Deity of Christ, unv. Typoskript, vorgetragen der Regionalgruppe Südwest der *Evangelical Theological Society* am 4.3.1988, S. 15-31.

35 Ebd., S. 23.

1. in Form der katholischen Doktrin von der apostolischen Sukzession, die besagt, dass die apostolische Autorität auf dem Wege der ununterbrochenen Kette von Weihen von den Aposteln auf jede nachfolgende Bischofsgeneration übergeht;
2. durch die Transformation von Verordnungen in Sakramente, welche diese in eine beherrschende Stellung rückt („das Wort tritt seine Autorität gänzlich an das Sakrament ab“);
3. durch die Annahme, das Neue Testament sei zu vage und widerspreche sich selbst zu sehr, als dass es eine sichere Leitlinie zur organisatorischen Ausgestaltung der Kirche biete;
4. durch das Argument, im Neuen Testament sei eine ekklesiologische Entwicklung abzulesen, sodass man darin keine Kirchenordnung nach einheitlichem Muster finden könne.[36]

Die Schrift sagt auch, und zwar in 1. Korinther 12,28: *„Und die einen hat Gott in der Gemeinde gesetzt erstens zu Aposteln, zweitens zu Propheten, drittens zu Lehrern …“* Nach den Aposteln und Propheten werden die Lehrer und wohl auch die Pastoren und Evangelisten aufgeführt.

Folgerichtig ergibt sich, dass Pastoren und Lehrer diejenigen sind, deren Funktionen sich vor allem innergemeindlich auswirken. Nun mögen diese Rollen hinsichtlich der in ihnen zum Tragen kommenden Begabungen unterschiedlich sein, aber müssen Pastoren und Lehrer deshalb notwendigerweise verschiedene Personen sein? Es ist wichtig zu sehen, dass viele Diener in unseren Gemeinden heute doppelt begabt sind und ein doppeltes Amt ausüben. Sie sind Pastoren und Lehrer zugleich.

Die Antworten, die man hören kann, sind nach wie vor sehr umkämpft, und es mag schlicht so sein, dass wir Fragen stellen, zu deren Beantwortung weder das in der Schrift gebotene Material noch das heutige Wissen in puncto Kirchenorganisation ausreicht. Nichtsdestoweniger lassen sich vielleicht ein paar allgemeine Anmerkungen machen.

Zum einen findet sich im Epheserbrief keinerlei Hinweis auf eine *Ordination zum geistlichen Amt* oder auch nur eine durch die Gemeinde ausgesprochene *Legitimation der Amtsführung*, wie sie in den Pastoralbriefen widergespiegelt ist.

Zum anderen wurden Evangelisten, Pastoren und Lehrer als solche bezeichnet, weil sie ihre Dienste regelmäßig ausübten, und solche Dienstausübungen erforderten *Akzeptanz* und *Anerkennung* seitens

36 Vgl. E. Brunner, Die christliche Lehre von der Kirche, vom Glauben und von der Vollendung (Dogmatik Bd. III), Zürich/Stuttgart 1960, S. 76-92.

ihrer Gemeinden. Bestimmte Ortsgemeinden erkannten eindeutig bezeichnete Leiter an (vgl. die Bischöfe und Diakone von Phil 1,1).

Macht also beispielsweise die geordnete, regelmäßige Dienstausübung eines Mitarbeiters und deren Anerkennung durch eine Lokalgemeinde diese zu einem Amt, dann sind die in Epheser 4,11 angesprochenen Diener zurzeit des Paulus Amtsträger oder regelrechte Beamte.

Ist ein solches Amt darüber hinaus *konstitutiv* für das Leben der Kirche, so fallen die Diener, die Paulus aufführt, unbedingt in diese Kategorie, werden sie doch als *Repräsentanten* und *Garanten* apostolischer Offenbarung und Überlieferung gesehen, worin die Normen für das Sein der Kirche beschlossen liegen. (In seiner eigenen Stellungnahme den Kolossern gegenüber spielt Paulus den Grad der Hervorhebung dieser Diener in Epheser 4,11 herunter und gibt in einer minimalistischen Interpretation seiner eigenen Aussage an, sie seien nichts weiter als Beispiele für die Gaben, die jedem Glied der Gemeinde gegeben seien.) Wir können nicht sagen, ob die Gemeinden, an die Paulus schrieb, ausgeprägte ekklesiale Strukturen besaßen, die seiner theologischen Schau entsprachen, ebenso wenig, welche Art von Verfahren zur Akzeptanz und Anerkennung regelmäßiger geistlicher Dienste sich entwickelt haben mochte.

Der fünffältige Dienst in historischer Ordnung

Mit fünf hauptsächlichen Dienstfunktionen müssen wir uns beschäftigen: der apostolischen, prophetischen, evangelistischen, pastoralen und lehrmäßigen. Alle diese Dienstfunktionen haben eher universalen als lokalen Zuschnitt.

Unter Auslegern ist es gängige Praxis, diese Funktionen in zwei Gruppen zu unterteilen, nämlich

- Apostel, Propheten;
- Evangelisten, Hirten, Lehrer.

Meistens wird die erste Gruppe insofern abgeschrieben, als man sagt, diese Dienste habe es nur in neutestamentlicher Zeit gegeben, mit dem Ende der apostolischen Ära seien sie zum Abschluss gekommen. Evangelisten, Pastoren und Lehrer habe es dagegen auch im weiteren geschichtlichen Verlauf gegeben. Eine solche pauschale Verwerfung der ersten beiden Dienste ist ebenso oberflächlich und weder von der Schrift noch von der Geschichte gedeckt, wie die unqualifizierte Inanspruchnahme der letzten drei.

Granville Sharps griechischer Grammatikregel zufolge benennt die Liste von Epheser 4,11 streng genommen nicht fünf Dienste, sondern vier. Pastorales und Lehramt werden als Tätigkeitsbereich ein und desselben Dienstes gesehen. Deshalb haben viele Gelehrte lange Zeit das Konzept des fünffältigen Dienstes verworfen.

Ein anderer Ansatz besteht darin, die Dienste zwar auch in zwei Gruppen aufzuteilen, sie aber abweichend zu kombinieren, und zwar so:

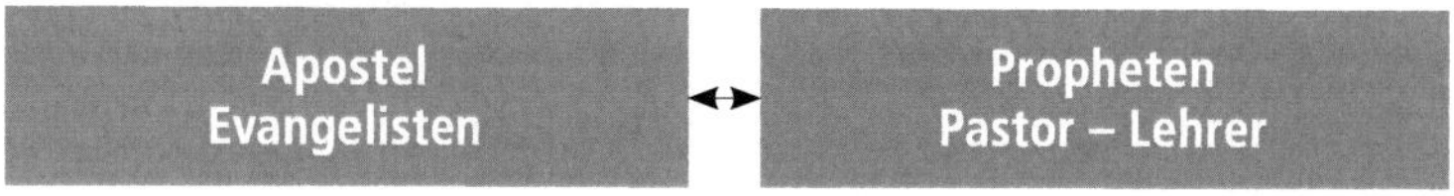

In beiden Gruppen tritt das zweite Konzept die Nachfolge des ersten an; es betont auf lange Sicht nicht dessen autoritatives Amtskonzept, sondern den Charakter der Dienste als Gaben und Funktionen. So kann uns eine sorgfältige Untersuchung zu dem Ergebnis führen, dass *ein neutestamentlicher Evangelist Apostel ist* – ein Mann, der in voller Verantwortung für die Funktion eines Apostels steht, jedoch *abzüglich des apostolischen Amtes und der Autorität der ursprünglichen Apostel.*

Das heißt, der Evangelist trägt die Funktion des *Gesandtseins* weiter; er ist zu demselben Zweck gesandt, zu dem auch die Apostel ausgesandt waren, nämlich:

- das Evangelium zu predigen;
- Gottes Wort auszurufen;
- Gebiete zu evangelisieren;
- Gemeinden zu gründen,

aber er ist nicht im Besitz von Amt, Autorität und Rang der ersten Apostel.

Die Autorität der ersten Apostel ist objektiv auf ihre Schriften und subjektiv auf die örtliche Gemeinde, nicht aber auf ihre Dienstnachfolger, die Evangelisten, übergegangen.

Und wiederum scheinen *Prophet* und *Hirte/Lehrer* miteinander zu verschmelzen, und zwar so, dass der Hirte/Lehrer funktional gesehen dem Propheten nachfolgt – abzüglich dessen spezieller Gabe, „Prediger und Ausleger unter dem unmittelbaren Einwirken des Geistes“ zu sein. In diesem Belang unterscheidet sich der Prophet vom Hirten/Lehrer. Westcott nennt den Propheten „einen inspirierten Lehrer“.

Es ist gemutmaßt worden, die Triade von Aposteln, Propheten und Lehrern, die Paulus 1. Korinther 12,28 mit „erstens, zweitens, drittens" aufzählt, stehe für eine Tradition der Kirchenleitung, die man mittels der hinter Apostelgeschichte 13,1 ff.; 14,4.14 stehenden Quellen über Paulus hinaus bis in die antiochenische Gemeinde zurückverfolgen könne[37], doch scheint der Quellenbefund zu dürftig zu sein, um diese Hypothese wirksam zu untermauern[38]. So oder so hat der Epheserbriefschreiber dieser Dreiergruppe zwei weitere Dienstfunktionen hinzugefügt, die des Evangelisten und die des Hirten. In der nachapostolischen Periode waren es die Evangelisten, die viele Aktivitäten der Apostel weiterführten, und – neben den Lehrern – die Pastoren, die nunmehr jene Leiterschaft ausübten, die vormals in den Händen der Propheten gelegen hatte.

Häufig wird gefragt, ob die Liste von Epheser 4,11 Dienstfunktionen oder Ämter beinhalte. Oberflächlich betrachtet weder – noch. Der Schreiber spricht von Personengruppen, nicht von deren Tätigkeiten oder Positionen. Es erscheint aber sinnvoll, der Frage weiter nachzugehen:

- Tragen diese Personen die Bezeichnung, die ihnen beigelegt wird, einfach deshalb, weil sie von Zeit zu Zeit die eine oder andere Funktion ausüben?
- Oder werden sie deswegen so genannt, weil sie klar definierte Positionen innerhalb ihrer Gemeinden bekleideten?

Die Debatte über diese Fragen wurde immer wieder dadurch erschwert, dass man den Quellen falsche Dichotomien überstülpte, und zwar

- zwischen „dynamischen" und „statischen" Kategorien;
- zwischen Charisma und Institution;
- zwischen Dienst*geschehen* und Dienst*amt*.

Von Harnack geht von der Dreiteilung in Apostel, Propheten und Lehrer aus und sagt, diese Verkündiger waren zurzeit der Abfassung des Briefes und im Hinblick auf den Kreis von Gemeinden, mit dem der Verfasser vertraut war,

37 Vgl. Merklein, Amt, S. 249-287.

38 Vgl. die Kritik F. Hahns in dessen Rezension der merkleinschen Arbeit (TRev 72, 1976, S. 281-286) sowie die Einwände bei H. Schürmann, „... und Lehrer". Orientierungen am Neuen Testament, Düsseldorf 1978, S. 135/Anm. 90.

- in erster Linie die regulären Missionare des Evangeliums (Apostel);
- in zweiter Linie jene Männer, die mit der Erbauung der Gemeinde betraut waren
- und infolgedessen Verantwortung für das geistliche Leben der Gemeinden zu tragen hatten (Propheten und Lehrer).[39]

Sie wurden nicht durch die Gemeinden gewählt, wie es bei Bischöfen und Diakonen und ausschließlich bei diesen der Fall war, wenn wir 1. Korinther 12,28 lesen: καὶ οὓς μὲν ἔθετο ὁ θεὸς ἐν τῇ ἐκκλησίᾳ πρῶτον ἀποστόλους, δεύτερον προφήτας, τρίτον διδασκάλους, ἔπειτα δυνάμεις, ἔπειτα χαρίσματα ἰαμάτων, ἀντιλήμψεις, κυβερνήσεις, γένη γλωσσῶν.

In Apostelgeschichte 13 lesen wir, wie fünf in der Gemeinde Antiochien ansässige Propheten und Lehrer, Barnabas, Simeon, Lucius, Manahen und Saulus, nach Fasten und Gebet vom Heiligen Geist die Anweisung erhielten, Barnabas und Saulus als Missionare oder Apostel auszusenden. Auch die Propheten erfuhren in den Dingen, die sie in Form von Botschaften des Heiligen Geistes weitergaben, insofern Beglaubigung, als diese Aussagen sich als geistlich effektiv erwiesen. Unmöglich ist es jedoch, genau zu bestimmen, wie Menschen als Lehrer erkannt wurden. Es scheint nur einen erkennbaren Hinweis zu geben, nämlich in Jakobus 3,1, wo es heißt: Μὴ πολλοὶ διδάσκαλοι γίνεσθε, ἀδελφοί μου, εἰδότες ὅτι μεῖζον κρίμα λημψόμεθα.

Aus diesem Text ersehen wir, dass es eine Sache persönlicher Entscheidung war, Lehrer zu werden, gegründet auf dem Bewusstsein eines Menschen, das entsprechende Charisma zu besitzen. Auch der Lehrer wurde als jemand eingeordnet, der einen Ruf des Heiligen Geistes empfangen hatte. Ob er ein wirklicher Lehrer war (Did 13,2) oder nicht, musste – analog zur Echtheitsprüfung eines Propheten (Did 11,11; 13,1) – durch die Gemeinden vor Ort entschieden werden.[40]

Diese Diener belegten lediglich die Gegebenheit eines göttlichen Auftrages; nicht im Geringsten übertrugen sie durch ihr Tun irgendein Amt. Es dürfte aber die Regel gewesen sein, dass die besonderen und gewichtigen Pflichten, die Apostel und Propheten zu erfüllen hatten, einen natürlichen Riegel gegen das Eindringen von Scharen Unberufener in das Amt des Predigers oder Missionars bildeten.

---

39 Bischöfe und Diakone sieht Harnack in der zweiten Gruppe insofern, als sie die Plätze von Propheten und Lehrern im Dienst der Auferbauung der Gemeinde durch mündliche Unterweisung einnahmen.

40 A. von Harnack, Die Mission und Ausbreitung des Christentums in den ersten drei Jahrhunderten, Leipzig 4. Aufl. 1924, S. 346 ff.

6 Drei wichtige Prinzipien

Nach dem Neuen Testament scheinen drei Prinzipien den geistlichen Dienst in der Kirche Jesu Christi zu bestimmen:

1. Das Neue Testament ordnet bestimmte Dienste zu:
   a) der weltweiten Kirche: Übereinstimmend mit diesem Prinzip kann man im Rahmen der Schrift (Eph 4,11 ff.) Apostel, Propheten und Evangelisten, Pastoren und Lehrer als Teil des weltweiten Leibes Christi ansehen.
   b) der Lokalgemeinde: Hierher gehören Aufseher und Presbyter als Dienstgemeinschaft an der lokalen Gemeinde.
   c) beiden Bereichen: Der Dienst des Lehrers kann sowohl der einen als auch der anderen Sphäre zugehören. Das wird an der Verwendung des Wortes in einer Reihe von Bibelstellen deutlich (vgl. Apg 13,1; 1. Kor 12,28 f.; 1. Tim 2,7; 2. Tim 1,11; 4,3; Hebr 5,12; Jak 3,1). Historisch gesehen legt sich die Annahme nahe, dass der Dienst des Lehrens von Menschen ausgeübt wurde, die sowohl im weltweiten als auch im lokalen Dienst standen.
2. Die Verteilung der Gaben schreibt Paulus der in seiner Weisheit und liebenden Fürsorge für die Kirche gegründeten Souveränität des Heiligen Geistes zu (vgl. 1. Kor 12,11; Eph 4,11). Der Heilige Geist kennt die Bedürfnisse der Gemeinde und erfüllt sie großzügig.
3. Wenn Paulus die verschiedenen Gaben auflistet, die der Kirche zugewandt werden, so ist dies nicht als *abschließende* Liste zu sehen. Paulus gibt keinen erschöpfenden Katalog aller Gaben. Nach meiner Überzeugung benennt er eher einige *repräsentative* Gaben, als dass er einen vollständigen, abgeschlossenen Katalog darböte. Diese Annahme ergibt sich aus der vergleichenden Lektüre mehrerer Passagen in seinen Briefen (1. Kor 12,8-11.28 ff.; Eph 4,11). Der Hauptakzent liegt auf der Tatsache, dass der Heilige Geist zu jeder Zeit und an jedem Ort sämtlichen Bedürfnissen der Gemeinde begegnet. Darin findet die Gemeinde inmitten einer sich ständig verändernden Welt mit immer weiter steigenden Anforderungen, stets zunehmendem Widerstand und immer weniger durchschaubarer Komplexität Vergewisserung.

Genau wie Didache 11,3 koppeln auch Epheser 2,20 und 3,5 Apostel und Propheten und schreiben ihnen eine enorm hohe Position zu. Wir lesen, dass alle Gläubigen auf dem Fundament der Apostel und Propheten aufgebaut sind, denen zuerst das Geheimnis offenbart worden ist, dass die Heiden Miterben der Verheißung Christi sind. Dass hier

Evangeliumspropheten und nicht solche des Alten Testaments gemeint sind, zeigt sich sowohl am Textzusammenhang als auch an der Voranstellung von Aposteln. Nun ist in Epheser 4,11 in der Tat die Reihenfolge „Apostel, Propheten und Lehrer" beibehalten, aber so, dass nach den Propheten die Evangelisten eingefügt sind und zu den Lehrern ergänzend die Hirten gesetzt werden – zwar ersteren vorangestellt, aber mit ihnen gemeinsam eine einzige Gruppe oder Klasse bildend.[41]

> *Aus diesen Einschiebungen geht ein Dreifaches hervor: erstlich, dass der Verfasser (bzw. Paulus) Missionare kennt, die nicht die Apostelwürde besitzen, dass er sie aber nicht sofort nach den Aposteln aufführt, weil die Zusammenstellung „Apostel und Propheten" ein Noli me tangere war (nicht ebenso die Zusammenstellung „Propheten und Lehrer"), zweitens, dass er die Leiter der Einzelgemeinde („Hirten") in die Rangordnung der der ganzen Kirche geschenkten Prediger einordnet – die Einzelgemeinde machte sich also geltend, – drittens, dass er die Lehrer als einer bestimmten Gemeinde zugehörige Personen ins Auge fasst, wie die Verbindung derselben mit πόιμενες und die Nachstellung (...) beweist. Der Unterschied zwischen dem Verfasser des Epheserbriefs und dem der Didache ist jedoch in diesen Punkten kein bedeutender, wenn man erwägt, dass auch dieser die πόιμενες (επιοκοποι) der Einzelgemeinde neben die Lehrer gestellt hat und darum wie diese geehrt wissen wollte (15,1.2), und wenn man ferner beachtet, dass er die ständige Niederlassung von Lehrern in einer Einzelgemeinde (13,2) als das Regelmäßige zum Gegenstand einer besonderen Anordnung gemacht hat (beim Propheten scheint nach 13,1 die Niederlassung der Ausnahmefall zu sein). Allerdings ist nicht zu verkennen, dass die Ordnung der Didache der von Paulus im Korintherbriefe befolgten näher steht als die des Epheserbriefes; aber es wäre mehr als vorschnell, aus dieser Beobachtung zu folgern, dass die Didache älter sein müsse als jener Brief. Wir haben bereits gesehen, dass die engere Auffassung des Apostolats neben der weiteren sehr alt ist und somit die weitere nicht einfach abgelöst hat, vielmehr zeitweilig neben ihr hergegangen ist; und es ist ferner daran zu erinnern, dass aus Apg 13,1; 11,27; 21, 10 u. a. St. hervorgeht, dass die Propheten, vor allem aber die Lehrer, wenn sie auch der ganzen Kirche mit ihrem Charisma zu dienen hatten, schon in ältester Zeit doch einen ständigen Aufenthalt besitzen konnten und für längere Zeit bzw. für immer Glieder einer bestimmten Gemeinde waren. Als solche konnten sie daher*

41 Ebd. S. 350. Siehe dort auch Anm. 1: „Dass, weil τοὺς δὲ vor ‚Lehrer' fehlt, diese als identisch mit den ‚Hirten' zu erachten seien, folgt nicht; wohl aber, dass der Verfasser bzw. Paulus beide als eine *Gruppe* betrachtet."

frühe schon ins Auge gefasst werden, unbeschadet ihrer Eigenschaft als der Kirche geschenkte Lehrer.

Was den Hirten des Hermas betrifft, so ist zunächst die auffallendste Beobachtung, welche er bietet, dass die Propheten in seinem Buche, so oft Klassen von Predigern und Hütern in der Christenheit aufgezählt werden, ungenannt bleiben. Infolge hiervon stehen die „Apostel" und „Lehrer" regelmäßig zusammen.[42]

Es gibt noch eine weitere Verständnisweise dieses Abschnitts. Wir gehen davon aus, dass Paulus in Epheser 4 fünf spezielle Gemeindefunktionen auflistet, Diener, die in einzigartiger Weise dafür prädisponiert sind, verschiedene Arten von Verkündigung und Leiterschaft in der Gemeinde auszuüben.

Manche versuchen noch mehr Dienstfunktionen als diese fünf auszumachen, indem sie die beiden anderen von Paulus dargebotenen Listen verschiedener Dienste (Röm 12 und 1. Kor 12) mit einarbeiten. Aber an den beiden genannten Stellen handelt Paulus gar nicht von *Dienstgaben*, sondern von anderen Dingen, die für das allgemeine Gemeindeleben unerlässlich sind, Dinge, die sehr wohl bei Menschen auftreten mögen, die als „Dienstgaben" gesandt sind, die aber ebensosehr bei allen anderen Gliedern am Leib Jesu vorkommen können.

Auch wenn die Liste der Dienstgaben vorrangig Epheser 4,1-16 zu entnehmen ist, wird man dieser Passage kaum gerecht werden können, wenn man nicht auch die besagten anderen beiden Listen ins Auge fasst. Gibt es Gemeinsamkeiten? Sind sie alternativ zu lesende Listen, oder ist jede für sich genommen bloß Fragment der Gesamtliste geistlicher Gaben? Wie beeinflussen sich die Listen untereinander?

Manche Lehrer vermengen alle Listen miteinander und kommen so auf mindestens 27 geistliche Gaben.[43] Dies weicht ab von der herkömmlichen pfingstlichen Sicht, nach der wir es gemäß 1. Korinther 12 mit nur neun spezifisch geistlichen Gaben zu tun haben.[44] Alle sonst noch erwähnten Gaben dienen einem anderen Zweck. C. Peter Wagners zusammengemixte Gabenliste enthält auch Gastfreundschaft, freiwillige Armut, Ehelosigkeit, Mission, Fürbitte und Befreiung.[45] Andere würden Eigenschaften wie Gastfreundschaft als ausgesprochen menschliche Qualitäten betrachten, die auch außerhalb der Kirche auftreten. Durchaus mögen Geistesgaben auch solche Faktoren mit umfassen. So sehen pfingstliche Forscher Befreiung im Allgemei-

42 Ebd. S. 350 f.

43 Vgl. C. Peter Wagner, Your Church Can Grow, Glendale, CA 1979, S. 73-76.

44 Siehe G. R. Carlson, The Ministry Gifts of Ephesians Four, Paraclete 17.2, 1993.

45 C. Peter Wagner, Your Spiritual Gifts Can Help Your Church Grow, Glendale, CA 1994, S. 9.

nen als ein Geschehen an, das zur Gabe der Wunderwirkungen gehört. Einige andere vermeintliche Geistesgaben scheinen unabhängig davon zu wirken, ob eine übernatürliche Befähigung geschieht oder nicht. Das entwertet die Geistesgaben insgesamt, wie die Pfingstler sie verstehen.

Besser lassen sich die drei Gabenlisten auffassen als

- Dienste;
- Manifestationen;
- Motivationen.

➢ *Epheser 4,11-16*

Dieser Textabschnitt lehrt, dass Christen zusammengefügt werden zu einem Organismus, der als Leib Christi bezeichnet wird. Jedes Glied dieses Körpers hat seinen Platz und seine Funktion (Vv. 11.16). In den Gesamtleib eingebunden ist eine Reihe von speziellen Funktionen, dafür gedacht, die übrigen Glieder auszustatten und zuzurüsten, damit sie ihre Aufgaben in der Kirche erfüllen können. Diese bezeichnet man als „Dienstgaben" oder „aus der Höhe geschenkte Dienste".

Man hat die fünf Dienstgaben mit fünf lebensnotwendigen Systemen verglichen, die im menschlichen Körper vorhanden sind:

1. Der *Knochenbau* gibt dem Körper Gestalt und Stabilität. Das verweist auf den Dienst des *Apostels.*
2. Durch das *Nervensystem* wird der Körper angeregt zu handeln und sich voranzubewegen. Das ist eine Parallele zum Dienst des *Propheten.*
3. Durch den *Fortpflanzungsapparat* kann der Körper sich vermehren – ein Muster für den Dienst des *Evangelisten.*
4. Der *Kreislauf* führt dem gesamten Körper Nährstoffe und Sauerstoff zu und transportiert die verbrauchten Substanzen ab. In diesem Dienst der Unterhaltung und Fürsorge kann man die Arbeit des *Pastors* wiedererkennen.
5. Der *Verdauungsapparat* verarbeitet Nahrung so, dass der Körper sie aufnehmen kann. Genauso funktioniert die Dienstgabe des *Lehrers.* Lehrer bringen den Menschen Gottes Wort in praktischer Anwendung nahe. Das ermöglicht Wachstum und Gesundheit.

Wir können also sagen:

- Die apostolische „Autorität" setzt in Gottes Volk *Weisheit* frei.
- Die prophetische „Botschaft" gibt *Wissen* über die Wege Gottes.

- In der evangelistischen „Sorge" um Seelen zeigt sich die *Liebe* Gottes.
- Die pastorale „Fürsorge" ermöglicht *Gemeinschaft* und *Zusammenarbeit.*
- Die „Einsichten" des Lehrers führen Gottes Volk zur *Reife.*

➢ *Korinther 12,4-11*
In diesem Kapitel listet Paulus neun spezielle Manifestationen des Geistes auf. In den modernen Pfingstkirchen hat sich als Bezeichnung dieser Manifestationen der Ausdruck „Gaben des Heiligen Geistes" etabliert. Ich halte den Begriff „Manifestationen" für treffender. Paulus benutzt das Wort fane,rwsij, Offenbarung. Statt anzunehmen, die Fähigkeit zu heilen, Wunder zu wirken oder eine Botschaft in fremden Zungen auszulegen, mache jemanden zum „Geistbegabten", dürfte es doch besser sein anzuerkennen, dass es der Heilige Geist ist, der sich durch den Betreffenden manifestiert.

Die neun Manifestationen des Geistes sind folgende:

- das Wort der Erkenntnis,
- das Wort der Weisheit,
- die Unterscheidung der Geister,
- Glauben,
- Wunderwirkungen,
- Heilungen,
- Weissagung,
- Zungenreden,
- Auslegung von Zungen.

Es bedarf keiner besonderen Berufung, um solche Geistesgaben auszuüben. Sie stehen dem ganzen Leib Jesu zur Verfügung. Der Heilige Geist teilt sie zu, wie es ihm gefällt.

➢ *Römer 12,4-8*
Hier werden sieben in der Kirche auftretende Befähigungen des Menschen aufgeführt, die sich folgendermaßen verstehen lassen:

- *Einblick oder prophetische Disposition:* Manche Menschen besitzen im Umgang mit anderen eine intuitive Wahrnehmung. Sie durchschauen die inneren Beweggründe von Menschen, mit denen sie zu tun haben, und erkennen, in welchem Verhältnis das Leben einer Person zum Willen Gottes steht. Das ist keine argwöhnisch zu beäugende Gabe, sondern eine, die zurechtbringt, aufbaut und bessert, die hilft, stärkt, ermutigt und tröstet. Aber Menschen mit dieser Gabe können manchmal sehr direkt sein, mitunter sogar grob erscheinen. Das ist deshalb so, weil sie dazu neigen, die Dinge schwarz-weiß zu sehen (1. Kor 12,11).

- *Dienst an anderen:* Menschen mit dieser Motivation entzückt es, anderen zu dienen. Sie ziehen ihre größte Befriedigung daraus, anderen nützlich zu sein, und bringen ihre Liebe durch freiwilliges Handeln zum Ausdruck. Sie sehen rasch, was anderen fehlt, und sind davon erfüllt, diesen praktischen Dienst am Nächsten zu versehen.
- *Lehre:* Jemand mit dieser Gabe ist vielleicht kein offizieller Lehrer in der Gemeinde, aber wie auch immer sein Status sein mag, er wird Wege finden, anderen Dinge zu erklären. Solche Leute drängt es besonders, anderen verstehen zu helfen, wie man als Christ lebt und was die Bibel sagt. Sie lernen leicht und gut und erfreuen sich daran, Gelerntes an andere weiterzugeben.
- *Ermahnung:* Der Ermahner ist jemand, der andere stärkt. Es drängt ihn, andere durch Ermutigung aufzubauen. Das griechische Wort für „ermahnen" (parakaleo) stammt aus derselben Wurzel wie die Bezeichnung für den Heiligen Geist. Der Ermahner versucht andere anzuregen, dass sie richtig leben. Die meisten Ermahner dienen auch gern in der Seelsorge.
- *Geben/Fundraising:* Ein Geber ist jemand, den Gott befähigt hat, das Reich Gottes mit Geldmitteln zu versehen. Geber sind Menschen, die es sehr zufriedenstellt, für Gott und für andere zu spenden. Sie besitzen die angeborene Fähigkeit, finanzielle Ressourcen zu erzeugen und für das Gemeinwohl einzusetzen. Und sie geben nicht nur Geld, sondern stellen auch ihre Zeit, ihre Talente und andere Ressourcen für Zwecke des Reiches Gottes zur Verfügung.
- *Leitung/Verwaltung/Förderung:* Das griechische Wort „proistemi" meint „vor anderen stehen". Jemand, der diese Gabe hat, ist befähigt zur Leitung. Solche Menschen gehen immer voran und zeigen durch ihr Beispiel anderen den Weg. Sie verstehen es, Zeit und Talente anderer so einzusetzen, dass es den gemeinsamen Zielen dient. Sie besitzen die Fähigkeit, Dynamik und Fortschritt freizusetzen und die Energien von Menschen so zu mobilisieren, dass Gottes Wille erfüllt wird.
- *Barmherzigkeit:* Solche Menschen sind von Mitleid getrieben und tragen oft die Lasten anderer. Sie begegnen anderen mit Sympathie und Empathie und mögen Menschen nicht verurteilen. Lieber übersehen sie Fehler, als dass sie verdammen oder jemanden, der falsch handelt, auch nur darauf ansprechen.

Diese motivierenden Eigenschaften und Fähigkeiten treten ganz natürlich, wenn auch in sehr verschiedenem Maß, bei allen Menschen auf. Die Glieder der Kirche üben sie in ganz besonderer Weise aus, um ihre Einheit, besser gesagt die Einzigartigkeit des Leibes Jesu auszudrücken. Jeder Mensch besitzt in seinem Leben alle sieben Motivationen, aber was jeweils dominiert, wie sich die einzelnen Faktoren zueinander verhalten und in welchem Verhältnis sie gemischt sind, das ist so individuell wie ein Fingerabdruck.

7 Lehrer, Pastoren ... Reizwörter?

Schauen wir uns an, was die Anerkennung (nicht Wiederherstellung) jedes dieser Ämter in Bezug auf unsere empfindlichen Stellen bedeutete, sobald weitere Kreise des Leibes Jesu ihr Augenmerk darauf richteten. Je nach persönlichem Erleben kann der eine oder andere Begriff in uns eine ablehnende Haltung bis hin zur Abwehr auslösen.

1. Lehrer
Ich vermute, dass sich durch Lehrer noch nie jemand bedroht gefühlt hat.

2. Pastoren
Die Rolle des Pastors ist im protestantischen Teil der Christenheit anerkannt und unproblematisch. Seit die Predigt die Stelle des zentralen Geschehens im Dienst an der Gemeinde eingenommen hat, hat man Pastoren in erster Linie als Lehrer gesehen.

3. Evangelisten
Die Kontroverse um Charles Finney hat in der Tat viele Leute in sensiblen Bereichen berührt. Nicht alle christlichen Führer waren bereit anzuerkennen, dass bestimmte Leute es verdienten, „Evangelisten" genannt zu werden. Reverent Dr. Lyman Beecher beispielsweise, zu seiner Zeit ein ehrenwerter Seminardirektor, regte sich besonders über Finney und seine sogenannten „neuen Maßstäbe" auf. Er ging so weit, Finney einen ziemlich hässlichen persönlichen Brief zu schreiben, in dem es hieß:

> *Ich weiß um Ihr Vorhaben, und Sie wissen, dass ich es weiß. Sie beabsichtigen nach Connecticut zu kommen und in Boston ein Feuer zu entzünden. Sollten Sie das jedoch versuchen, so werde ich, so wahr der Herr lebt, Sie an der Staatsgrenze in Empfang nehmen, und zwar in Begleitung der gesamten Artillerie. Ich werde Sie den ganzen Weg nach Boston auf Schritt und Tritt bekämpfen und auch in der Stadt nicht damit aufhören.*[46]

Für uns heute kommt das beinahe lustig vor, ist es doch für uns kein Streitpunkt mehr, bestimmte Leute als „Evangelisten" anzuerkennen. Damit fühlen wir uns ganz wohl.

46 Author unknown. (1828). Letters of Rev. Dr. [Lyman] Beecher and the Rev. Mr. Nettleton on the New Measures in Conducting Revivals of Religion with a Review of a Sermon by Novanglus. New York: G & C Carvill, 83-96.

4. Propheten

Menschen mit der Gabe und dem Amt des Propheten lassen sich besonders schwer lenken. Ihr Dienst, ihr Amt beanspruchte die sensiblen Zonen christlicher Führer mehr als irgendein anderes. Genau darauf hat Jesus uns vorbereitet, als er sich einige der religiösen Führer seiner Zeit zur Brust nahm. Er sagte: „Wehe euch! Denn ihr baut die Grabmäler der Propheten, eure Väter aber haben sie getötet" (Lk 11,47).

5. Apostel

Das Apostelamt hat als allerletztes Anerkennung gefunden, und ich muss zugeben, es überrascht mich, wie wenig Auseinandersetzungen es in den letzten Jahren darum gegeben hat. Ich hätte gedacht, die Wahrnehmung zeitgenössischer Apostel würde die Leute mindestens so sehr in ihren sensiblen Zonen aufscheuchen, wie es vor 150 Jahren das Aufkommen der Evangelisten tat. Sehen wir uns die Dinge aber historisch an, so entdecken wir, dass es zu einer Umkehrung der Verhältnisse gekommen ist. Zumindest begann diese Umkehrung nach den ersten paar Jahrhunderten einzusetzen:

- Lehrer haben durch die gesamte Kirchengeschichte hindurch ihren Platz gehabt. Niemals gab es eine Zeit, in der die Lehrer nicht anerkannt gewesen wären.
- Pastoren kamen durch die Reformation in ihre Stellung. Davor hatte das unbiblische Amt des „Priesters" als Ersatz für sie gedient.
- Evangelisten wurden kaum als solche anerkannt, ehe vor gut 150 Jahren Charles Finney die Szene betrat. Viele wird es überraschen, dass man sich zu jener Zeit nicht wenig darüber stritt, ob es richtig sei, das Amt des Evangelisten anzuerkennen, oder nicht.
- Propheten traten in den 1980er-Jahren hervor. Damit will ich nicht sagen, es habe vor 1980 keine Propheten gegeben. Aber erst um jene Zeit gewannen sie in weiten christlichen Kreisen einen eigenständigen Ruf.
- Apostel begannen in den 1990er-Jahren ihren rechtmäßigen Platz in der Leitung der Kirche einzunehmen. Ironischerweise traten die beiden Ämter, die ekklesial gesehen die ersten hätten sein sollen – Apostel und Propheten – historisch als letzte in Erscheinung.

Bill Hamon zufolge wurde der fünffältige Dienst in der zweiten Hälfte des 20. Jahrhunderts mit der Absicht wiederhergestellt, die Dienstgaben auszuweiten, zu verstärken und klarer hervortreten zu lassen. Wenn wir eine gute Ordnung, echte Autorität und ein authentisches Gefüge des geistlichen Dienstes haben wollen, brauchen wir diese Gaben.

Gott war es, der ursprünglich den fünffältigen Dienst in der Kirche einsetzte, und er tat es in der chronologischen Ordnung: *erstens* Apostel, *zweitens* Propheten, *drittens* Evangelisten, *viertens* Hirten und *fünftens* Lehrer. In den vergangenen Jahrzehnten der Wiedererrichtung des fünffältigen Dienstes, in denen er in der ihm angemessenen Ordnung wiedererstand, hat der Heilige Geist mit dem ursprünglich letztgesetzten begonnen und sich Schritt für Schritt zum ersten zurückgearbeitet: Als Erstes kamen in den 1950er-Jahren die Evangelisten, als Zweites in den 1960ern die Pastoren, als Drittes in den 1970ern die Lehrer, als Viertes in den 1980ern die Propheten und schließlich als Fünftes in den 1990ern die Apostel.[47]

Bill Hamon glaubt ferner, es sei Gottes unumstößliche Vorkehrung, dass es „keine endgültige kirchliche Struktur" geben werde, „solange die Apostel nicht wiederhergestellt sind". Nur unter dieser Voraussetzung könne der fünffältige Dienst in Autorität und gelingenden Beziehungen eingerichtet werden und funktionieren. Das werde im vollen Ausmaß erst dann offenbart werden und sich vollziehen, wenn jene fünfzigjährige Periode alle fünf Dienstämter voll und ganz wiederhergestellt und zur Einheit gebracht habe. Wir werden uns später noch damit beschäftigen, was diese Feststellung bedeutet.

A. Der Apostel
- Berufen, Apostel zu sein.
- Erweisung des apostolischen Dienstes.
- Erweisung des apostolischen Amtes.

B. Der Prophet
- Berufen, Prophet zu sein.
- Erweisung des prophetischen Dienstes
- Erweisung des prophetischen Amtes.

C. Der Lehrer
- Berufen, Lehrer zu sein.
- Erweisung des Lehrdienstes.
- Erweisung des Lehramtes.

D. Der Evangelist
- Berufen, Evangelist zu sein.
- Erweisung des evangelistischen Dienstes.
- Erweisung des evangelistischen Amtes.

47 B. Hamon, Apostles & Prophets and Fivefold Ministries, Shippensburg, PA 1997, S. 54.

E. Der Pastor
- Berufen, Pastor zu sein.
- Erweisung des pastoralen Dienstes.
- Erweisung des pastoralen Amtes.

Praktischer Hinweis

Es ist äußerst wichtig, dass wir zwischen der ursprünglichen Autorität und den unmittelbar gegebenen geistlichen Diensten von Aposteln und Propheten und deren Fehlen bei ihren Nachfolgern unterscheiden.

Kein Diener Gottes nach den Aposteln kann für sich selbst deren ursprüngliche Autorität beanspruchen.

In dieser Hinsicht müssen wir uns an ihre Lehre, nicht an ihr Beispiel halten.

- Wir dürfen nicht vergessen: Die Apostel besaßen kein Neues Testament, von dem sie sich hätten leiten lassen und anhand dessen man sie hätte prüfen können. Unmittelbar vom Geist Gottes empfingen sie neutestamentliche Lehre und neutestamentliche Prinzipien.
- Sie besaßen nicht das geschriebene Wort, wie wir es haben, abgesehen vom Alten Testament. Insofern verbanden sie in ihrer Person ursprüngliche, inspirative Autorität mit evangelistischem, pastoralem und lehrendem Dienst. Erstere verkörpert heute das Neue Testament; allein Letztere ist Männern als Erbe übertragen, die den Spuren der Apostel und Propheten nachfolgen.

Daraus erhebt sich die Frage: Ist es richtig, wenn ein Apostel heute in gleicher Weise Autorität über Gemeinden ausübt, wie Paulus es tat? Hat er dieselbe Vorstehergewalt inne wie Paulus?

> *Unsere Autorität beruht auf Gottes Wort, nicht auf einem Amt – eine Tatsache, die wir in unserer Mission wie in unserer kirchenleitenden Tätigkeit zu oft vergessen, ganz besonders auf dem Missionsfeld.*

Allzu leicht berufen wir uns auf das Beispiel des Paulus und vergessen dabei, dass er als Apostel in apostolischer Autorität apostolisch auftrat, die ihm zugeeignet worden war. Können wir für uns dieselbe Autorität beanspruchen, die ihm verliehen war?

8 Ein einzigartiger Ruf

Ein Ruf zum Dienst am Wort

Als Erstes müssen wir erkennen, dass die Bibel die persönliche, individuelle Berufung auf den Dienst am Wort beschränkt. Beispielsweise beruft der Herr einen Gläubigen nicht in derselben Weise, Bauer, Geschäftsmann oder Politiker zu sein, wie er einen Diener am Wort beruft. Die Wahl unseres Berufs, unserer Beschäftigung oder Stellung überlässt er genauso unserem gesunden Menschenverstand und unserem Vertrauen auf seine Führung in unserem Leben wie die Wahl des Ortes, an dem wir arbeiten wollen. Einige wichtige Entscheidungsfaktoren für die Festlegung unserer Lebensberufung und des Ortes, an dem wir wohnen und dienen wollen, sind ein geheiligter gesunder Menschenverstand, guter Rat, die sorgfältige Abwägung unserer Fähigkeiten, allgemeine Nützlichkeitsüberlegungen und das Vorhandensein einer gesunden christlichen Umgebung für unsere Familien.

Das ändert sich, wenn es um den Dienst am Wort geht. Dann wird einzig der Ruf Gottes zum alles bestimmenden Faktor. Das müssen wir gerade in unserer Zeit der allgemeinen Säkularisierung und/oder flächendeckenden Gleichmacherei nachdrücklich betonen. Der *Ruf* zum Dienst am Wort ist *einzigartig*.

Gewiss bringt der Herr Leiter oder Fachleute für bestimmte Aufgaben im geistlichen Dienst hervor, gewiss setzt er solche Arbeiter für spezielle Beauftragungen und bestimmte Zeiträume frei, um ihr Projekt oder ihre Mission zu erfüllen. Aber der Ruf zum Dienst am Wort ist nach der Schrift ein Ruf zu lebenslanger Hingabe, auch wenn der Ort unseres Dienstes wechseln kann, wir also geografisch versetzt werden mögen.

Gottes Gaben und Berufungen beruhen auf seiner Souveränität, nicht darauf, ob ein Mensch ihrer würdig ist oder eine Position für sich beansprucht. In Stunden des Gebets und Wochen des Fastens zeigt sich, wie weit unser Wunsch und unsere hingegebene Entschlossenheit reichen, das zu sein, was zu sein und zu werden Gott uns berufen hat, worin auch immer diese Berufung bestehen mag.

Ein Ruf oder viele Rufe?

Bill Hamon schreibt: Den reisenden Paulus, der von Gemeinde zu Gemeinde unterwegs war, würden wir in unserer heutigen Gemeindesprache als „den Evangelisten, der uns besucht“, oder „den Evangelisten Paulus“ bezeichnen. Wo er in einer Gemeinde blieb und dort monatelang tagtäglich lehrte, hieße er bei uns „unser Lehrer“. Und wo er für einige Monate die Aufsicht über eine der örtlichen Gemeinden wahrnahm, wäre er für uns „Pastor Paulus“. Das alles ändert aber nichts an der Tatsache, dass er, obwohl er die geistlichen Dienste eines Evangelisten, Lehrers und Hirten – und zeitweise sogar den Dienst eines Propheten – ausführte, doch eine Hauptgabe, einen hauptsächlichen Ruf des Herrn hatte: den des Apostels. Mit wenigen Ausnahmen hat jeder Geistliche *einen* mit entsprechender Begabung versehenen Ruf und kann doch im Laufe seines Dienstlebens viele Funktionen des fünffältigen Dienstes ausüben.[48]

Als Gott Bill herausforderte, Amt und Dienst des Apostels anzunehmen, widerstrebte er zunächst:

> *Weil ich treu den Dienst des Propheten ausgeübt und eine Schar von Propheten, prophetischen Geistlichen und prophetischen Gläubigen herangezogen hatte, gab er mir Amt und Salbung des Apostels, um noch einmal dasselbe zu tun. 1994 nahm ich seine prophetische Beauftragung an, sowohl einer seiner Apostel als auch sein Prophet zu sein. Um meine Theologie über diesen Gegenstand zurechtzurücken, erinnerte er mich an das Prinzip, das er in Hinsicht auf den Umgang mit den Talenten, die einem anvertraut sind, offenbart hatte (Mt 25,14-30).*[49]

Gottes Ruf will im Licht des Dienstes, nicht im Licht einer Position oder eines Amtes verstanden sein.

Ein Ruf zur Arbeit

Der Dienst am Wort hat mehrere wichtige Teile. Diese Dienstbereiche definiert Paulus fünffältig, wenn er Epheser 4,11 schreibt: „Und er gab einige, dass sie *Apostel* seien, einige als *Propheten* und einige als *Evangelisten* und einige als *Hirten* und *Lehrer*.“[50] In 1. Korinther 12 spricht er von den verschiedenen Gaben des Heiligen Geistes – souverän zugeeigneten Gaben, die jedoch für den speziellen Zweck der gegenseitigen Auferbauung da sind.

48 Ebd. S. 58.

49 Ebd. S. 60.

50 Die Übersetzung folgt hier dem englischen Text der *American Standard Version*, die Hervorhebungen stammen vom Verfasser – *Anm. d. Übersetzers.*

Im Zuge unserer Untersuchung sei nur darauf verwiesen, dass kein einzelner Mensch sämtliche Gaben besitzt. Der Heilige Geist *teilt sie souverän zu*, um einen Menschen zu einem bestimmten Dienst in der Gemeinde, dem Leib Christi, zuzurüsten. Kein einzelner Mensch kann jeden geistlichen Dienst gleich gut tun, und *niemand ist zum gesamten geistlichen Dienst berufen*. Dieser Grundsatz stimmt mit der Berufung des Paulus vollkommen überein. Von dieser Berufung wird mit den Worten berichtet: „Sondert mir nun Barnabas und Saulus zu dem Werk aus, zu dem ich sie *berufen* habe!" (Apg 13,2[51]). Hier geht es um die Lebensbeauftragung des Paulus.

- Paulus wusste: Er war zu einem *Werk* berufen.
- Es war nicht ein Arbeits*feld* – sei es daheim oder in der Fremde –, es war ein *Werk*.

Später schreibt er an die Korinther, das *Werk* eines jeden Menschen werde offenbar werden.

Vier Mal benutzt er den Ausdruck „das *Werk eines Menschen*". Es ist bedeutsam, dass das Wort im Singular steht – wir dürfen es nicht verwechseln mit Texten, in denen von unseren *Werken* die Rede ist, wie z. B. in 2. Korinther 5,10, wo Paulus von Dingen spricht, die ein Mensch „durch den Leib" vollbringt. In 1. Korinther 3,13 ff. spricht Paulus von unserem Lebenswerk, unserer göttlichen Lebensbeauftragung von derselben Art, wie er sie Apostelgeschichte 13,2 zufolge in Antiochien empfangen hatte.

Als Erstes erwähnt Paulus seine Beauftragung als *Prediger*: als Ausrufer oder Herold, der offiziell und öffentlich eine Botschaft im Namen eines Herrschers verkündet, in Paulus' Fall im Namen des Herrn Jesus Christus. Darüber hinaus war er beauftragt als *Apostel*, und zwar als „Apostel Christi Jesu durch Gottes Willen" (2. Tim 1,1; vgl. 1. Tim 1,1) und als *Lehrer*.

Das *Predigeramt* betont seine Funktion im Dienst. Das *Apostelamt* hebt seine Autorität hervor, während das *Lehramt* seine Befähigung unterstreicht, die Botschaft auszulegen, die er in Autorität verkündigt hatte. Im Prinzip müssen heute dreierlei Wortdienste getan werden:

1. *der Dienst der Evangelisation*, dessen Hauptakzent zweifellos auf der Ausrufung des Evangeliums, Gemeindepflanzung und der Ausweitung des geistlichen Dienstes in der Heimat und anderswo liegt. Grundsätzlich ist alle Pionierarbeit Evangelisation, sei es im eigenen Land oder auf dem auswärtigen Missionsfeld;

51 Hervorhebung vom Verfasser.

2. *der Dienst, die Herde zu hüten,* welcher die verschiedenen Dienstbereiche der lokalen Gemeinde umfasst. Das ist die Tätigkeit der geistlichen Aufseher und Führer (Apostel, Pastoren, Älteste etc.);
3. *der Dienst der Lehre.* Epheser 4,11 trennt nicht streng zwischen Lehrdienst und pastoraler Arbeit. Dass der Lehrer aber 1. Korinther 12,28 f. eigens und gesondert aufgeführt wird, rechtfertigt es, dass wir zwischen beiden Diensten einen Unterschied machen.

Der Dienst des Lehrers umgreift

- Indoktrination (Wissensvermittlung),
- Auferbauung,
- Vereinheitlichung,
- Festigung und
- Inspiration der Heiligen.

Paulus ergänzt durch den Lehrer in der lokalen Gemeinde den Dienst des Evangelisten und vervollkommnet den der Hirten. Im ganzen Leben und Dienst der Gemeinde hat der Lehrer eine bedeutende Rolle zu spielen. Mehr als irgendetwas anderes war es der Dienst der reisenden Lehrer, der die Gemeinden der ersten paar Jahrhunderte einte und dahin führte, dass sie die Zielsetzungen ihres Meisters erfüllen konnten.

Ein Ruf aus der Souveränität des Heiligen Geistes

Gottes Berufung wird souverän durch den Heiligen Geist ausgesprochen. Wie das vor sich geht, sehen wir deutlich an der Erwählung der Zwölf durch den Herrn. In Markus 3,13 f. lesen wir von Jesus: „Und er steigt auf den Berg und ruft zu sich, die er wollte. Und sie kamen zu ihm; und er bestellte zwölf, damit sie bei ihm seien …“ Später erinnerte Jesus seine Jünger an dieses Berufungsgeschehen und sagte ihnen: „Ihr habt nicht mich erwählt, sondern ich habe euch erwählt und euch gesetzt …“ (Joh 15,16).

Erste Gruppe

- Simon Petrus – der Mann des Felsens.
- Andreas – Petrus' Bruder.
- Jakobus und Johannes – Söhne des Zebedäus und Donnersöhne.

Zweite Gruppe

- Philippus – der ernsthaft Fragende.
- Bartholomäus oder Nathanael – der Israelit ohne Durchblick.
- Thomas – der Melancholiker.
- Matthäus – der Zöllner (wie er sich allerdings nur selbst nannte Mt 10,3).

Dritte Gruppe

- Jakobus, Sohn des Alphäus – „Jakobus der Kleine" (Mk 15,40)?
- Lebbäus alias Thaddäus alias Judas ben Jakobus – der Jünger mit den drei Namen.
- Simon – der Zelot.
- Judas Iskariot – der Verräter.

Soweit die Namen der Zwölf, wie sie uns in den Aufzählungen angegeben werden. Schauen wir uns diese Listen näher an, so sehen wir, dass sie drei Gruppen mit je vier Namen umfassen, in denen sich immer dieselben Namen wiederfinden, wenn auch in unterschiedlichen Reihungen.

Die erste Gruppe nennt die am besten bekannten Jünger, die zweite die weniger, aber immer noch gut bekannten und die dritte diejenigen Jünger, von denen wir am allerwenigsten wissen, abgesehen vom Fall des Verräters, über den wir nur allzu gut Bescheid wissen. Die bekannteste Gestalt unter den Zwölfen, Petrus, steht in allen Listen vornean, ebenso wie Judas Iskariot stets den Schluss bildet und jeweils ausdrücklich als der Verräter bezeichnet wird. Die apostolische Rolle, die den im Matthäusevangelium erteilten Befehl aufgreift und sich verschiedene Charakteristika aus der Evangeliumsgeschichte aneignet, lässt sich wie folgt umschreiben:

Der Heilige Geist sprach in derselben Autorität wie der Herr Jesus bei der Berufung der Jünger, als er zu den antiochenischen Leitern sagte: „Sondert mir nun Barnabas und Saulus aus zu dem Werk, zu dem ich sie berufen habe!" (Apg 13,2). Wenigstens fünf Mal spricht Paulus davon, dass seine Berufung ihm durch die Gnade Gottes zugeeignet worden sei (Eph 3,2.7 f.; Röm 15,15; 12,3). Gehorsam und demütig erkennt er die Souveränität des Heiligen Geistes über sein Leben und seinen Ruf an. Ja, er rühmt sich seiner Stellung und seines Dienstes. Seine Erfahrung wuchs sich aus zu einer gewissen Überzeugung und Theologie, wie er sie in seinen Briefen unmissverständlich vorträgt. Er war zu einem Diener Gottes gemacht (Eph 3,7; Kol 1,23.25) und in den Dienst gestellt worden (1. Tim 1,12).

- Es war nicht bloß eine Wahl, die Paulus selbst getroffen hatte,
- ebenso wenig wie eine Last, von der er meinte, er müsse sie tragen. Er rühmte sich seines Dienstes und nahm die Leiden, die er mit sich brachte, freudig auf sich (Röm 15,15-19).

Er lässt uns wissen, dass dieses Prinzip im Leib Jesu permanent wirksam ist (Eph 4,11). Und noch einmal sagt er, nachdem er die verschiedenen Dienstgaben für die Gemeinde aufgezählt hat: „Dies alles aber wirkt ein und derselbe Geist und teilt jedem besonders aus, wie er will" (1. Kor 12,11). Im selben Kapitel heißt es ein wenig weiter unten: Gott hat „in der Gemeinde gesetzt" (V. 28).

Ähnliche apostolische Wundertaten in der Apostelgeschichte

Wunder	Petrus	Paulus
Heilung eines Lahmen	3,2	14,8
Heilung durch den Schatten	5,15	19,12
Dämonenaustreibung	5,16	16,18
Zurücküberweisung eines Zauberers	8,18 ff.	13,6-10
Totenauferweckung	9,36-40	20,9 f.

Ein Bibeltext, der diese Wahrheit eindringlich beleuchtet, steht in Hebräer 5,1-4. Dort legt der Schreiber die göttlichen Qualifikationen eines Priesters und ganz besonders des Hohenpriesters fest. Nachdem er betont hat, dass der Priester ein Mensch sein, also um der Identifikation und des Mitleids mit den Menschen willen von wahrer Humanität durchdrungen sein muss, streicht er heraus, dass das Priesteramt durch göttliche Ernennung und Berufung verliehen wird und nicht durch menschliche Entscheidung angeeignet werden kann, wie sehr es auch immer begehrt werden mag. Wir sehen also: Der Heilige Geist übt souverän, einzig und allein seinem Willen folgend, seine Autorität aus, wenn es um die Berufung von Menschen in den Dienst am Wort geht. Natürlich rüstet er diejenigen, die er haben möchte, auch mit den besonderen Gaben für einen solchen Dienst aus.

Ferner zeigt das Buch der Apostelgeschichte, dass die apostolische Autorität und Kraft des Paulus derjenigen des Petrus gleichkommt. Ja, Paulus tut doppelt so viele Wunder wie Petrus und andere Menschen in apostolischen Diensten.[52]

Individualität und Personalität einer Dienstberufung kann man an den reichhaltigen Schilderungen alttestamentlicher Persönlichkeiten wie Mose, Aaron, Josua, David, Jesaja, Jeremia, Jona und Amos ablesen. Ebendieses Prinzip der individuellen Auswahl wird im Neuen Testament fortgesetzt, denken wir nur an die Zwölf, an Paulus, Barnabas oder Timotheus. Diese Männer lebten im Bewusstsein und in der völligen Überzeugung, dass Gott sie zum Dienst am Wort gerufen hatte, und sie wussten sich dem Herrn, der sie gerufen hatte, verantwortlich. In diesem Sinne sagt Paulus: „Dafür halte man uns: für Diener Christi und Verwalter der Geheimnisse Gottes" (1. Kor 4,1). Er wusste sich selbst von Gott zum Apostel, Prediger und Lehrer der Heiden ernannt und eingesetzt (1. Tim 1,12; 2,7; 2. Tim 1,11; Tit 1,3).

Der Ruf Gottes und der Dienst am Wort

Das Wortfeld „Ruf, Berufung" wird im Neuen Testament in vielfältigen Bezügen gebraucht, wie die nachfolgenden Zitate zeigen: „durch seine Gnade berufen" (Gal 1,15); „berufen … durch unser Evangelium" (2. Thess 3,14); „berufen mit heiligem Ruf" (2. Tim 1,9); „nach seinem Vorsatz berufen" (Röm 8,28); „das ewige Leben, zu dem du berufen worden bist" (1. Tim 6,12); gerufen, „Kinder Gottes [zu] heißen" (1. Joh 3,1); „berufene Heilige" (Röm 1,7; 1. Kor 1,2); „berufen … in die Gemeinschaft seines Sohnes Jesus Christus, unseres Herrn" (1. Kor 1,9); „zur Freiheit berufen" (Gal 5,13); „zum Frieden … berufen" (1. Kor 7,15); „berufen … durch … Herrlichkeit und Tugend" (2. Petr 1,3); „berufen …, dass ihr Segen erbt" (1. Petr 3,9); berufen „zu seinem Reich und seiner Herrlichkeit" (1. Thess 2,12).

Diese Liste ließe sich noch beträchtlich verlängern; wir sehen an ihr, dass Gottes Berufung integraler Bestandteil des Lebens eines Christen ist. Wir meinen der Schrift allerdings keine Gewalt anzutun, wenn wir herausstreichen, dass die Bibel uns im Wesentlichen einen dreifachen Ruf zeigt:

- den Ruf zur Erlösung,
- den Ruf zur Jüngerschaft und
- den Ruf zum Dienst am Wort.

52 Vgl. P. P. Enns, The Moody Handbook of Theology, Chicago, IL 1997².

Wir sollten sicherstellen, dass wir dem Ruf Gottes gestatten, in unserem Leben zu reifen, nicht jedoch verbraucht und ineffektiv zu werden. Zu früh loszulegen ist genauso gefährlich wie die sprichwörtliche lange Bank.

Teil 2

Individuelle Gaben: der biblische Befund

1 Der Apostel

Der Begriff

Der *Apostel* (gr. *apostolos*; 1. Kor 12,28) ist ein besonders Gesandter. Er ist von Gott delegiert, mit einer speziellen Aufgabe oder Rolle betraut. Er hat eine Botschaft zu überbringen. Im Neuen Testament bezeichnet dieses Wort sowohl die ursprünglichen zwölf Jünger als auch hervorstechende Leiter außerhalb dieses Kreises.

Der griechische Sprachgebrauch
Im älteren griechischen Schrifttum war das Wort „Apostel" (απόστολος) ein Spezialausdruck aus Seefahrt und Heerwesen. Eine Flotte, die auf See im Einsatz stand, konnte als „Apostel" bezeichnet werden, ebenso ein Heer im Felde. Ein solcher „Apostel" war natürlich völlig unpersönlich; der Ausdruck bezieht sich hier also nicht auf irgendeine Verantwortung, sondern bloß auf das Ausgesandtsein. In der griechischen Welt wurde der Ausdruck απόστολος niemals für einen persönlichen Gesandten oder Vertreter benutzt. „Darum bedeutet auch der spätere Gebrauch des Wortes durch die Christen etwas völlig Neues für griech[ische] Ohren und alle mit der griech[ischen] Sprache Vertrauten."[53] In der griechischen Kultur wurden religiöse Verkündiger anders benannt – einige dieser Bezeichnungen tauchen auch im neutestamentlichen Griechisch auf und werden mit Äquivalenten wie „Engel", „Botschafter" oder „Prediger" wiedergegeben.

Üblicherweise lässt sich bei wichtigen neutestamentlichen Termini an der Septuaginta zeigen, dass diese griechischen Wörter längst in der Bibel beheimatet waren, bevor die neutestamentlichen Schreiber sich ihrer bedienten. So ist das neutestamentliche Äquivalent für „Gerechtigkeit" beispielsweise δικαιοσύνη. Dieses Wort steht häufig in der Septuaginta, und zwar fast immer in Wiedergabe des hebräischen צדק und seiner Ableitungen. Das heißt: wo immer im Alten Testament צדק steht, ist der Sinn der neutestamentlichen Vokabel schon enthalten.

Mit dem Wort „Apostel" verhält es sich anders. Im Hebräischen gibt es ein Wort (שליח) mit ähnlicher Bedeutung, aber die Septuaginta gibt dieses Wort nicht mit „Apostel" wieder, außer in einem Fall, den man kaum als maßgebend betrachten kann (1. Kön 14,6). Auch die sonst nützlichen Schriften Philos und Josephus' helfen hier nicht weiter.

53 K. H. Rengstorf, Art. ἀπόστολος, in: G. Kittel (Hrsg.), Theologisches Wörterbuch zum Neuen Testament. Bd. I: Α-Γ, 1933 (Nd. Stuttgart 1990), S. 407.

Der jüdische Sprachgebrauch
Es scheint indes so, als hätte der christliche Wortgebrauch Verbindungen zu einem Rechtsbrauch der Juden, sodass sich sehr wohl alttestamentliche Wurzeln ausmachen lassen. Das hebräische Verb שלח bedeutet „einen bevollmächtigten Boten senden" (s. 2. Chr 17,7). Das einfache Partizip Passiv dieses Verbs bezeichnet solche bevollmächtigten Boten. Noch in der Königszeit (שָׁלֻחַ", 1. Kön 14,6) scheint der Ausdruck keine feststehende „Amtsbezeichnung" zu sein; möglicherweise liegt aber eine solche in der Ableitung xylv vor. In dieser Form handelt es sich um einen Rechtsausdruck, nicht um einen religiösen Begriff. Soweit es im jüdisch-hebräischen Sprachgebrauch ein Äquivalent für „Apostel" gibt, wird שליח verwendet. Dieses Wort tritt mit aramäischen Modifikationen zuweilen auch im rabbinischen Schrifttum auf. Die Rabbinen sagten von einem שליח: „Wer von einem Mann gesandt ist, ist dieser Mann selbst", m. a. W.: der Gesandte ist ein generalbevollmächtigter Agent des Sendenden.[54] Dieser Gedanke ist tief verwurzelt im Alten Testament. Als Davids Knechte zu Abigail sagten: „David hat uns zu dir gesandt [שלח], um dich zu seiner Frau zu nehmen" (1. Sam 25,40), warf sie sich vor den Männern nieder und behandelte sie in jeder Hinsicht, als hätte sie es mit David persönlich zu tun (V. 41). Als David später seine Knechte aussandte (שלח), um einen Freundschaftsbund mit Hanun, dem König der Ammoniter, zu schließen, und dieser unselige König Davids Gesandte beleidigte und schändlich behandelte, zog David gegen die Ammoniter in den Krieg – die Kränkung der Gesandten war eine Beleidigung des Königs persönlich und seines ganzen Landes. Wir sind unmittelbar erinnert an das neutestamentliche Apostolat und die Worte Jesu an seine Apostel: „Wer euch aufnimmt, nimmt mich auf, und wer mich aufnimmt, nimmt den auf, der mich gesandt hat" (Mt 10,40).

In den Jahrhunderten des frühen Christentums und auch davor wird die Amtsbezeichnung des שליח, wie eine Reihe von Quellen zeigt[55], häufig für offizielle Repräsentanten der verschiedensten jüdischen Gruppen, Gesellschaften und Gremien benutzt. Anscheinend stand Saulus von Tarsus als שליח in den Diensten der jüdischen Behörden in Jerusalem, als er auf der Straße nach Damaskus Christus begegnete (Apg 9,1 f.).

Nicht im griechischen Sprachgebrauch der *Vokabel* ἀπόστολος liegt die wahre Wurzel – sofern man denn eine solche suchen will – für die jesuanische Innovation des Apostolats, sondern in der besagten hebräisch-jüdischen Terminologie. Diese Annahme wird dadurch

54 Talmud, Berakot 5.

55 Rengstorf, a. a. O. S. 414-420.

gestützt, dass die aramäische Bibelübersetzung, die syrische Peschitta, שליח als Äquivalent des neutestamentlichen ἀπόστολος benutzt (z. B. in Joh 13,16).

Im gesamten jüdischen Sprachgebrauch geht es um offizielle Ernennung als Delegierter. Der שליח ist weder ein Prediger als solcher noch ein Missionar oder Herold – ungeachtet dessen, dass er sehr wohl all diese Tätigkeiten ausüben kann. Seine eigentliche Kompetenz besteht jedoch darin, dass er von einer Person oder Gruppe, die ihn ausgesandt hat, mit unbeschränkter Handlungsvollmacht ausgestattet ist. Von daher waren die alttestamentlichen Propheten als solche keine שליחים. Mose, Elia, Elisa und Ezechiel werden nichtsdestotrotz mitunter so bezeichnet, weil sie Handlungen ausführten, die an sich Gott allein vorbehalten waren (indem sie z. B. Wasser aus einem Felsen schlugen, es regnen ließen, Tote auferweckten etc.).[56]

Das Apostolat im Neuen Testament

Christus als Apostel

1. Jesus wird nur ein einziges Mal als ἀπόστολος bezeichnet (Hebr 3,1), sehr wohl aber verwendet das Johannesevangelium das verwandte Verb *apostello* mit Bezug auf ihn. Es erhebt sich die Frage, ob hierbei Erlösermythen mit ihren Erzählungen vom Boten, der Sendung, dem Botschafter des Lichts und der Mitteilung der Wahrheit eine Rolle spielen. Zu beachten ist aber, dass in diesen Kontexten eher das Herabgekommensein des Erlösers vom Himmel wichtig ist, als sein Autorisiertsein.
2. Bei Johannes dagegen streicht seine Sendung die Bedeutung der Person Jesu und dessen, was in ihm geschehen ist, heraus, nämlich: der Vater spricht und handelt durch ihn.
   a) In den Wunderzeichen manifestiert Gott Jesus als den Verheißenen und sich selbst als den, der in ihm und durch ihn wirkt.
   b) Das Geschick derer, die Jesus begegnen, entscheidet sich mehr an ihrer Haltung zu ihm als an seiner Lehre: Jesus repräsentiert den Vater in Person.
   c) Jesu Tod ist untrennbar von seinem Wort und seine Kreuzigung und Verherrlichung bilden eine Einheit. Damit ist Jesus mehr als die gnostischen Künder. Sofern der Gedanke der Sendung eine Rolle spielt, wird er durch Johannes' Christologie wohl illustriert, aber er formt sie nicht.

56 Vgl. ebd., S. 419 f.

Der Hebräerbriefschreiber wendet das Wort „Apostel“ auf unseren Herrn an, wenn er ihn „den Apostel und Hohenpriester unseres Bekenntnisses“ nennt (3,1). Diese im Neuen Testament nur hier gebrauchte Titulierung macht deutlich, dass Christus als Gesandter oder Fürsprecher Gottes in die Welt geschickt wurde.

- In Wort und Tat legte er den maßgebenden Rahmen des christlichen Bekenntnisses fest.
- Deshalb ist er der tragende Eckstein aller Offenbarung und jedes christlichen Werks.
- In ihm findet das Alte Testament seine Erfüllung und Enthüllung.
- Er ist auch Dreh- und Angelpunkt, Inhalt und Entfaltung des Neuen Testaments.
- Er ist der Apostel *par excellence.*

Die Jünger als Apostel
Ehe wir uns im Einzelnen mit dem Thema befassen, müssen wir kurz untersuchen, wie das Wort ἀπόστολος in den frühen christlichen Schriften gebraucht wird.

1. Bei Matthäus, Markus und Johannes ist „Apostel“ keine spezielle Bezeichnung für den inneren Kreis der Jünger Jesu. Fast durchgängig werden diese als „die Zwölf“ oder die „zwölf Jünger“ apostrophiert. Wie man aus Mt 19,28 schließen kann, stellte diese Zahl im jüdischen Kontext wohl einen Rückbezug auf die zwölf Stämme Israels dar. Die Urgemeinde ehrte diese Männer nicht in erster Linie als Apostel, sondern eben als die zwölf Jünger, die Jesus erwählt hatte. Bei Johannes heißen sie niemals Apostel, bei Matthäus dagegen begegnet einmal die Wendung „die zwölf Apostel“ (10,2), die sich aber textkritisch als nachträgliche Änderung erweisen lässt. Markus schreibt einmal „die Apostel“ (6,30), verwendet den Ausdruck aber bloß in Bezug auf die zeitweiligen missionarischen Aufgaben der Jünger zu den Lebzeiten Jesu. Fazit: alle drei Evangelisten wissen nichts von dem Titel „Apostel“ für die Zwölf – mit *einer* Ausnahme in Mk 3,14: καὶ ἐποίησεν δώδεκα [οὓς καὶ ἀποστόλους ὠνόμασεν].
2. Bei Paulus liegen die Dinge recht anders. An keiner Stelle – abgesehen von 1. Korinther 15,5, wo er eine stehende Formel der Urgemeinde benutzt – verwendet er die Formulierung „die Zwölf“, sondern beschränkt sich auf das Konzept des ἀπόστολος. Freilich ist seine Terminologie in diesem Punkt nicht unzweideutig.
   a) Er nennt sich selbst einen Apostel Jesu Christi und legt auf diese Tatsache großen Wert. Zum Apostel wurde er dank Gottes (oder

Christi) Souveränität. Gott berief ihn und gab ihm sein Apostolat, welches sich durch den Dienst, den er tat, und die Art und Weise, wie er ihn tat, bewies.

b) Auch seine Missionskameraden Barnabas und Silvanus werden Apostel genannt, anders als seine Helfer und Schüler Timotheus und Sosthenes.

c) Auch andere sind Apostel, beispielsweise – höchstwahrscheinlich – Andronikus und Junias. Ja, der Begriff kann überhaupt nicht scharf abgegrenzt werden, denn genau wie Gott „in der Gemeinde" Propheten und Lehrer ernennt, tut er es auch mit Aposteln. Die Anzahl solcher charismatischen Berufungen hängt von den Bedürfnissen der Gemeinde ab, die allein Gott kennt – es gibt also keine Obergrenze. Allein schon seine Polemik gegen falsche Apostel (2. Kor 11,13) und „Superapostel" (2. Kor 11,5; 12,11) beweist, dass Paulus mit dem Apostel-Dienstkonzept keinerlei festgelegte Anzahl von Personen verband – andernfalls hätte er seine Polemik anders ausdrücken müssen. Schließlich erweist ein Vergleich der Verse 1. Korinther 15, 7 und 5 mit äußerster Klarheit, dass Paulus von einem Apostelkreis ausging, der weiter war als der Kreis der Zwölf. Diese Unterscheidung wurde im Übrigen durch die früheste Phase der Kirchengeschichte in Palästina durchgehalten.

d) Die Zwölf, die zu Lebzeiten Jesu berufen wurden, dürfen nicht einfach nur als die frühesten und ältesten Apostel betrachtet werden. Mit ihren Qualitäten und Funktionen bilden sie Muster und Standard für alle nachfolgenden Apostel. Paulus strich sie *als Apostel* heraus; um seinem eigenen Amt den gebührenden Respekt zu sichern, fasste er die Zwölf unter die Kategorie des *ursprünglichen Apostolats* und erhob sie über alle anderen Apostel, freilich nicht über die Ebene hinaus, die er für sich selbst reklamierte. Von diesem Punkt an wurden die Zwölf geschichtlich als die zwölf Apostel eingestuft – diese Bezeichnung geht also auf Paulus zurück. Mit diesem Gedankenschritt wertete er paradoxerweise sein eigenes Apostolat auf.

3. Die Terminologie des Lukasevangeliums ist ebenso von der synoptischen als auch von der – älterer Überlieferung folgenden – postpaulinischen Tradition bestimmt. Die auserwählten Jünger Jesu nennt Lukas „die Zwölf" bzw. „die Elf"; wo er aber in der Apostelgeschichte auf diesen Kreis wieder zu sprechen kommt, bezeichnet er die Jünger fast ohne Ausnahme schlicht als „die Apostel" – geradeso, als würde es sonst überhaupt keine Apostel geben. In seinem Evangelium bezieht er sich darauf, dass Jesus die Jünger Apostel genannt habe (6,13).

4. Die Johannesapokalypse erwähnt solche, die sich selbst Apostel nannten und es nicht waren (2,2), was aber impliziert, dass die Betreffenden durchaus Apostel hätten sein können.
5. Im 1. und 2. Petrusbrief wird Petrus als Apostel Jesu Christi bezeichnet. Was Judas 17 und 2. Petrus 3,2: μνησθῆναι τῶν προειρημένων ῥημάτων ὑπὸ τῶν ἁγίων προφητῶν καὶ τῆς τῶν ἀποστόλων ὑμῶν ἐντολῆς τοῦ κυρίου καὶ σωτῆρος angeht, so ist es im erstgenannten Text sicher, im zweiten – s. oben – sehr wahrscheinlich, dass hier nur von den ursprünglichen zwölf Aposteln die Rede ist.
6. Der Klemensbrief gebraucht den Apostelbegriff bloß zur Bezeichnung der ursprünglichen Apostel samt Paulus, wie sich zweifelsfrei an 4,21 f. (die vor der Auferstehung erwählten Apostel) und 22,4 (wo Apollos als von den Aposteln zu seinem Amt Ernannter definitiv von denselben unterschieden wird) zeigen lässt; vgl. auch V. 3 und 44,1. Da die Petruspredigt tatsächlich auf Petrus zurückgeht, ist ohne Weiteres klar, dass sie allein die Zwölf im Blick hat, wo immer von Aposteln die Rede ist.
7. Dem Abschnitt Sim 9,17,1 ist nicht eindeutig zu entnehmen, ob Hermas mit „den Aposteln" die Zwölf oder einen weiter gefassten Kreis meint. Die anderen vier Stellen indes, an denen von den Aposteln die Rede ist (Vis 3,1; Sim 9,15,4; 16,5; 25,2), zeigen ohne jeden Zweifel, dass der Autor einen weiteren, gleichwohl anscheinend fest definierten Personenkreis im Blick hat und folglich den Zwölfen keine gesonderte Aufmerksamkeit zuwendet.
8. Unter den gut zwölf Erwähnungen von Aposteln bei Ignatius ist keine einzige Stelle, die es wahrscheinlich macht, dass der Begriff in einem weiteren Sinn benutzt wird. Ignatius meint schlicht und einfach die Zwölf plus Paulus (Röm 4,3). Für Polykarp (Ep. Eph 6,3; 8,1) ist keine sichere Entscheidung zu fällen, aber er dürfte wohl kaum eine andere Sicht vertreten haben als Ignatius. Seine Gemeinde setzte allerdings zu seinem Namen den Titel „*apostolischer* und prophetischer Lehrer" (Ep. Smyrn 16,2).

Anscheinend wurde auch der Herrenbruder Jakobus als Apostel angesehen (Gal 1,19). Dieser Jakobus gehörte nicht zum Zwölferkreis, ja, er glaubte noch nicht einmal an Jesus, solange der Herr nicht gekreuzigt war (Joh 7,5). Es war der auferstandene Herr, der Jakobus „erschien" (1. Kor 15,7) und ihn vermutlich mit seinem Dienst beauftragte. Wenn Paulus an derselben Stelle sagt, Jesus sei nicht bloß von Jakobus, sondern von „den Aposteln allen" gesehen worden, dann scheint er von einem größeren Kreis als nur dem der Zwölf zu sprechen, denen Jesus ja schon früher erschienen war (V. 5).

Jesus	Die Zwölf
Gesandt von Gott dem Vater. Hebr 3,1; Joh 3,17; Lk 4,18	Gesandt von Gott dem Sohn (Jesus). Mt 10,1-8; Mk 3,13 ff.
Ermächtigt von Gott. Er hat mich gesalbt zu verkündigen (Lk 4,18; vgl. 3,21 f.). Gott salbte Jesus von Nazareth (Apg 10,38).	Ermächtigt von Jesus. Er gab ihnen Vollmacht (Mt 10,1; vgl. Lk 9,1). Er berief zwölf, … Vollmacht zu haben (Mk 3,13 ff.).
Gesandt, gute Nachricht zu predigen. Armen gute Botschaft zu verkündigen …; auszurufen ein angenehmes Jahr des Herrn (Lk 4,18 f.).	Gesandt, gute Nachricht zu predigen. Predigt und sprecht: Das Reich der Himmel ist nahe gekommen (Mt 10,7; vgl. Lk 9,2).
Gesandt, Befreiung zu bringen. Gefangenen Freiheit auszurufen und Blinden, dass sie wieder sehen, Zerschlagene in Freiheit hinzusenden (Lk 4,18 f.).	Gesandt, Befreiung zu bringen. Heilt Kranke, weckt Tote auf, reinigt Aussätzige, treibt Dämonen aus! (Mt 10,8; vgl. Mk 3,14 f.)

„Apostel" als Amtsbezeichnung

Es gibt auch die Amtsbezeichnung des Apostels, welche Amt, Stellung, Sendung und Vollmacht der Zwölf, des Paulus und vielleicht des Herrenbruders Jakobus besagt (Gal 1,19 – vgl. Röm 1,1; 1. Kor 1,1; 2. Kor 1,1; Gal 1,1; Eph 1,1; Kol 1,1; 1. Tim 1,1; 2. Tim 1,1; Tit 1,1; 1. Petr 1,1; 2. Petr 1,1; 1. Kor 12,28; Eph 2,20; 3,5; 4,11). Die Apostel werden unterschieden von Ältesten und Brüdern, wie verschiedene Stellen nahelegen (Apg 15,2.4.6.23). Das Apostelamt beruht auf persönlicher Jüngerschaft im engsten Sinne: Es wird von Männern bekleidet, die vom Herrn auserwählt und persönlich unterwiesen wurden, was auch für Paulus gilt, der seine Unterweisung im Rahmen einer besonderen Offenbarung empfing. Hierbei handelt es sich um das *apostolische Amt* im engeren Sinne, wie es mit dem Tod der Apostel Jesu Christi auslief.

Das Apostelamt ist einzigartig in Hinsicht

- seiner Berufung,
- seines Kompetenzbereichs und
- seiner Autorität.

Es wird vom Herrn der ursprünglichen Schar seiner handverlesenen Begleiter verliehen. Diese Hypothese stützt das Neue Testament in mehrfacher Hinsicht:

1. Nur der Zwölferkreis und Paulus werden im Neuen Testament als „Apostel Jesu Christi" bezeichnet. Nur diese ursprüngliche Gruppe von Männern trägt diesen offiziellen Titel. Sie wurden vom Herrn auf sehr persönliche Art berufen, Apostel zu sein. Sie empfingen einzigartige Autorität für ihren Dienst und wurden in ganz besonderer Weise durch die „Zeichen der Apostel" (Mt 10,1 f.; 2. Kor 12,12) beglaubigt. Die übrigen sind „Apostel", d. h. Delegierte oder Gesandte der Gemeinden, oder Gefährten der Apostel (2. Kor 8,23; Phil 2,25; 1. Kor 4,6.9).
2. Der Zwölferkreis und Paulus übten in ganz besonderer Weise Zeugenschaft aus. Die von Petrus überlieferten Worte in Apostelgeschichte 1,17.20b.22.25 f. zeigen, dass sie einen Dienst und ein Apostolat innehatten, deren Wirkungskreis beschränkt war. Aus Vers 21 mag man ablesen, dass auch Matthias sehr wohl mit dem Leben und Dienst Jesu Christi vertraut war. In gewissem Sinn war auch er Ohren- und Augenzeuge Jesu. Nach Vers 22 jedoch ist er erwählt, um gemeinsam mit den Elfen Zeuge der Auferstehung Jesu Christi zu *werden* (vgl. V. 26). Von dieser offiziellen Funktion als Zeuge ist die Rede, wenn es Vers 25 heißt, dass er „die Stelle dieses Dienstes und Apostelamtes empfängt". Auch die Betonung, die Petrus auf den Zeugendienst legt, muss im Licht dieser Tatsache gesehen werden (Apg 2,32; 3,15; 5,32; 10,39).

Ähnlich betont Paulus sein Apostolat als einzigartige Dienstberufung und -stellung (Röm 1,5; 1. Kor 9,1 f.; 2. Kor 12,12; Gal 2,8). Sein Ruf zum Zeugendienst ist deutlich (Apg 22,15; 26,16). Auf ganz besondere Art waren die Zwölf und Paulus einzigartige Zeugen Jesu, vorrangig im Blick auf seine Auferstehung.

Wir dürfen nicht vergessen, dass das Apostelamt nicht auf Nachfolger übertragen wurde. Wer hier anderes behauptet, kann dafür keinerlei Schriftbelege anführen. Es gibt nicht den leisesten Hinweis darauf, dass Paulus sein Apostolat auf Timotheus übertragen und diesen darin bestätigt hätte. Auch von Petrus ist nichts dergleichen überliefert.

Was Paulus dem Timotheus aufträgt, ist, dass er „das Werk eines Evangelisten“ tun soll (2. Tim 4,5). Von Apostolat ist keine Rede.

Die Apostel Jesu Christi legten ihre Autorität und Zeugenschaft nicht in einem Amt nieder, das nach ihnen auf andere übergehen sollte, sondern in einer Schrift *(scriptura)*, die zur objektiven Leitschnur und gültigen Autoritätsinstanz in der Kirche Jesu Christi werden sollte. Diese *scriptura* bildet unser Neues Testament, unser apostolisches Zeugnis und unsere Autorität in Lehre und Praxis.

Der Apostelbegriff im weiteren Sinne

Es gibt darüber hinaus einen weitergefassten Gebrauch des Wortes im Neuen Testament. Apostelgeschichte 14,4.14 wird es auf Barnabas angewandt, Philipper 2,25 auf Epaphroditus, 2. Korinther 8,23 auf einige ungenannte Brüder. Implizit auf Silvanus und Timotheus angewandt findet es sich in den Thessalonicherbriefen (man beachte die Grüße in 1. Thess 1,1, gefolgt von den pluralischen Pronomen „wir“ und „unser“ und dem konsequenten Plural „wir als Christi Apostel“ in 2,7). Es hat den Anschein, als ordne Paulus Apollos in einer Reihe mit sich selbst unter die Apostel ein, die „der Welt ein Schauspiel geworden“ sind (1. Kor 4,6.9).

Offensichtlich ist, dass es falsche Brüder gab, die den Apосteltitel für sich in Anspruch nahmen, ohne dass sie zu den Zwölfen oder den Genossen des Paulus gehört hätten (vgl. 2. Kor 11,13; Offb 2,2). Das wäre gar nicht möglich gewesen, wenn es eine feste Begrenzung der Anzahl von Aposteln gegeben hätte.

James Hastings kommt im „Dictionary of the Apostolic Church“ nach einer sorgfältigen Gewichtung des biblischen Materials zu folgendem Schluss:

> *Wenn wir die aufgeführten Tatsachen und Wahrscheinlichkeiten zusammennehmen, kommen wir zu einem sehr deutlichen Ergebnis – deutlich genug, um feststellen zu können, dass es im Neuen Testament Personen außerhalb des Zwölferkreises und abgesehen vom Heiligen Paulus gibt, die Apostel genannt wurden, und um zu vermuten, dass diese ziemlich zahlreich waren. Alle, die von Christus oder dem Geist berufen schienen, missionarisch zu wirken, dürfte man dieses Titels für wert gehalten haben, ganz besonders solche, die in persönlichem Kontakt mit dem Meister gestanden hatten.*[57]

57 Hastings, James. (Hg.). (1916): Dictionary of the Apostolic Church. Vol. I. Aaron-Lystra. New York: Scribner.

J. C. Lambert schreibt: „Allein die Tatsache, dass der Name ‚Apostel' bedeutet, was er bedeutet, legt die Unmöglichkeit nahe, ihn allein auf den Kreis der Zwölf zu beschränken."[58]

Diese Schlussfolgerungen werden untermauert dadurch, dass das Wort „Apostel" in der nachapostolischen Zeit für reisende Geistliche verwendet wurde.

In diesem weiteren Sinn findet man es bei Irenäus, Tertullian und Origenes, die die Betitelung auch für die Siebzig verwenden, die Christus aussandte. Der Barnabasbrief spricht in Vers 9 davon, der Herr habe seine eigenen Apostel ausgewählt, woraus sich folgern lässt, dass der Verfasser auch andere Apostel gekannt haben muss, vielleicht jüdische. Vier Stellen im Hirten des Hermas machen zweifelsfrei klar, dass der Verfasser einen weiten Kreis von Verkündigern vor Augen hatte, wenn er von Aposteln sprach (Vis 3,5,1; Sim 9,15,4.5; 25,2). Auch die Didache kennt einen weiten Kreis von Aposteln (11,3).

> Harnack notiert:
> *Dass andere Personen als die biblischen Apostel oder die in der Bibel „Apostel" genannten noch als „Apostel" bezeichnet werden, wird im Laufe des 2. Jahrhunderts immer seltener. Clemens Romanus ist von Clemens Alex. so genannt worden (Strom IV,17,105); auch Quadratus heißt einmal Apostel.*[59]

Neues Testament und apostolische Geschichte unterscheiden beide zwischen

- dem autoritativen *apostolischen Amt* – im eingeschränkten Sinne –, das durch den Herrn persönlich den Zwölfen und Paulus anvertraut wurde, und
- der *apostolischen Funktion*, worunter man den einzigartigen Dienst von Brüdern versteht, die durch die Apostel und/oder Ortsgemeinden für Dienste außerhalb bereits bestehender Gemeinden auserwählt und ausgesandt wurden.

Wie bereits vermerkt, wurde keiner dieser späteren Apostel als „Apostel Jesu Christi" bezeichnet. Dieser Titel, sorgfältig auf die Zwölf samt Paulus beschränkt, ist eine offizielle Amtsbezeichnung.

58 J. Hastings, James/Selbie, J. A./Lambert, J. C. (1908): A Dictionary of Christ and the Gospels, 2 vols., Edinburgh and New York.

59 Harnack, S. 339/Anm. 4.

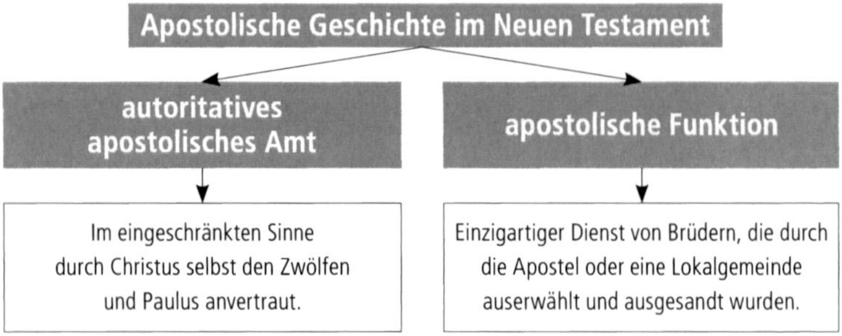

Apostolische Geschichte im Neuen Testament
autoritatives apostolisches Amt
apostolische Funktion
Im eingeschränkten Sinne durch Christus selbst den Zwölfen und Paulus anvertraut.
Einzigartiger Dienst von Brüdern, die durch die Apostel oder eine Lokalgemeinde auserwählt und ausgesandt wurden.

Die anderen Apostel gehören jeweils Gemeinden an.

- Epaphroditus wird als „euer Apostel“ erwähnt, d. h. als Gesandter der Gemeinde von Philippi.
- Barnabas war durch die Gemeinde von Antiochien ausgesandt worden (vgl. Apg 13,1 ff.).

Wir dürfen auch nicht vergessen, dass die Idee des Apostolats, auch wenn sie in der Bibel nicht vor den Evangelienberichten auftaucht, nichtsdestoweniger ein historisch etablierter Dienstbereich des Judentums war, das auch seine „Apostel“ hatte, was sich durch außerbiblische Literatur gut belegen lässt, wie Harnack zeigen konnte. Diese „Apostel“ hatten in etwa folgende Funktionen:

1. Sie waren geweihte Personen und nahmen einen sehr hohen Rang ein,
2. sie wurden abgesandt in die Diaspora, um den Tribut für die Zentralstelle (die Zehnten und Erstlinge) einzuholen,
3. sie brachten enzyklische Briefe dorthin, hielten den Zusammenhang mit dem Mittelpunkt aufrecht, berichteten über die Intentionen der Zentralstelle bzw. des Patriarchen, hatten Order in Bezug auf gefährliche Bewegungen und sollten ihre Bekämpfung veranlassen,
4. sie übten in der Diaspora eine gewisse Aufsichts- und Disziplinargewalt aus,
5. sie bildeten, in die Heimat zurückgekehrt, eine Art Ratsversammlung für den Patriarchen, welche mit ihm über dem Gesetze wachte.[60]

60 Ebd. S. 342.

Es gab mithin eine apostolische Funktion, die auch dem apostolischen Amt innewohnt und die in der Kirche Jesu Christi weiterwirkt.

Es handelt sich um die Funktion des Evangelisierens und des pastoralen und lehrenden Dienstes. Paulus zeigt nicht nur, dass sein Apostolat ihn in allererster Linie zum Evangelisten machte, er sagt es ausdrücklich: „Denn Christus hat mich nicht ausgesandt zu taufen, sondern das Evangelium zu verkündigen" (1. Kor 1,17a). Im selben Brief schreibt er: „Denn wenn ich das Evangelium verkündige, so habe ich keinen Ruhm, denn ein Zwang liegt auf mir. Denn wehe mir, wenn ich das Evangelium nicht verkündigte!" (9,16.) Diese Einlassungen harmonieren vollkommen mit der Beauftragung, die Paulus laut Apostelgeschichte 26,16 ff. vom Herrn erhalten hatte:

> *Aber richte dich auf und stelle dich auf deine Füße! Denn hierzu bin ich dir erschienen, dich zu einem Diener und Zeugen dessen zu verordnen, was du gesehen hast, wie auch dessen, worin ich dir erscheinen werde. Ich werde dich herausnehmen aus dem Volk und den Nationen, zu denen ich dich sende, ihre Augen zu öffnen, dass sie sich bekehren von der Finsternis zum Licht und von der Macht des Satans zu Gott, damit sie Vergebung der Sünden empfangen und ein Erbe unter denen, die durch den Glauben an mich geheiligt sind.*

Evangelisation ist nicht bloß ein Haupttätigkeitsbereich des Apostels, sie ist das Rückgrat dieses neutestamentlichen Dienstamtes: ohne Evangelisation kein Apostolat.

Jüdische und christliche Apostel

„Jüdische Beamte unter diesem Namen kennen wir erst seit der Zerstörung des Tempels und der Einrichtung des palästinensischen Patriarchats; allein es ist ganz unwahrscheinlich, dass es vorher keine ‚Apostel' gegeben hat; nach dem Auftreten der christlichen Apostel werden die Juden schwerlich sich Beamte mit dem Namen ‚Apostel' geschaffen haben."[61] Es gab also zeitgleich mit den christlichen auch jüdische Apostel, die sich auch so nannten. Andernfalls würde Paulus sich nicht in 2. Korinther 8,23 und Philipper 2,25 auf diese „Apostel" beziehen. Diese Männer waren hochoffizielle Amtsträger, die in der Diaspora Gelder für den Tempel eintrieben und die Verbindung zwischen Jerusalem und den Diasporagemeinden sowie unter diesen Gemeinden aufrechterhielten. Das geschah mit deutlich antichristlicher Stoßrichtung:

61 Ebd. S. 340.

Die Gegenmaßregeln gegen die christliche Mission, die von Jerusalem aus ganz systematisch schon zurzeit des Paulus betrieben worden sind, sind nach Justin (Dial 17. 108. 117) von den Hohenpriestern und Lehrern ausgegangen; sie haben Männer („erwählte Männer, durch Handauflegung bestellt") in alle Welt gesandt, die den wahren Bericht über Jesus und seine Jünger geben sollten, also „Apostel", bzw. sie haben die den Verkehr Jerusalems mit der Diaspora aufrecht erhaltenden „Apostel" mit jener Aufgabe betraut.

Dass wir die von Justin gekennzeichneten und auserwählten Männer mit den „Aposteln" zu identifizieren haben, das bezeugt uns Eusebius (in Jes 18,1 f.). … Bei den jüdischen „Aposteln" seiner Zeit hebt … Eusebius als Hauptfunktion diese hervor, dass sie enzyklische briefliche Anweisungen von der Zentralstelle aus in die Diaspora zu tragen haben. Es ist nicht verwunderlich, dass in dem Rechtsbuch (Theodiosanus Codex XVI,8,14) eine andere Seite hervorgehoben wird: „Superstitionis indignae est, ut archisynagogi sive presbyteri Judaeorum vel quos ipsi apostolos vocant, qui ad exigendum aurum atque argentum a patriarcha certo tempore diriguntur etc." [„Typisch für diesen nichtswürdigen Aberglauben ist, dass Synagogenvorsteher oder Presbyter der Juden, die sie selbst Apostel nennen, vom Patriarchen angewiesen sind, zu bestimmter Zeit Gold und Silber einzutreiben usw."] …

Hiernach kann man schwerlich einen gewissen Zusammenhang der christlichen Apostel mit diesen jüdischen leugnen. Nicht nur feindlich hat Paulus und haben andere mit ihnen zu tun gehabt, vielmehr kommt der Institution selbst etwas Vorbildliches für den christlichen Apostolat zu, so groß auch wiederum die Verschiedenheiten sind. Sind sie nicht zu groß? Die jüdischen Apostel sind doch finanzielle Beamte! Nun, in dem Moment, in welchem die Urapostel Paulus als Apostel anerkennen, machen sie ihm auch eine finanzielle Auflage (Gal 2,10) – er soll für die jerusalemische Gemeinde überall in der Diaspora sammeln! Welche Bedeutung Paulus dieser Seite seiner Tätigkeit von da an beigelegt hat, ist bekannt; bildete sie doch einen Hauptgegenstand seiner unaufhörlichen Sorge, trotzdem sie ihn in die größten Widerwärtigkeiten und zuletzt in den Tod geführt hat.[62]

62 Ebd. S. 340-343. Harnack setzt in einer Fußnote hinzu: „Aber ist nicht Paulus selbst, bevor er Christ wurde, ein jüdischer Apostel gewesen? Er trug Briefe gegen die Christen in die Diaspora und hatte sich eine gewisse Disziplinargewalt vom Hohenpriester und Synedrium übertragen lassen."

Wo die jerusalemische Gemeinde also jemanden als Apostel anerkannte, beauftragte sie ihn auch mit Pflichten, die denen der jüdischen „Apostel“ ähnlich waren, also dem Eintreiben von Geldern in der Diaspora.[63]

Wir müssen im Sinn behalten, dass wir keinen direkten Nachweis für die Annahme besitzen, jüdische Emissäre des ersten Jahrhunderts wie Saulus hätten den Namen „Apostel“ getragen.

Sieben biblische Aspekte der apostolischen Berufung

Eine der wichtigsten Fragen ist: „Wie erfährt eine Person eine apostolische Berufung?“ Ob es nun um den Ruf geht, Apostel zu sein, oder ob jemand einfach berufen ist, als apostolischer Christ zu leben, es gibt mindestens sieben biblische Beobachtungen, die unser Verständnis dieses Vorgangs untermauern:

1. *Der apostolische Ruf kommt tief aus dem Herzen des Vaters.* „Jede gute Gabe und jedes vollkommene Geschenk kommt von oben herab, von dem Vater der Lichter ...“ (Jak 1,17.) – Der präexistente Christus hörte zuerst Gottes Ruf und leistete ihm dann Folge, als er auf die Erde kam und Fleisch wurde (s. Hebr 10,5 ff.). Hier gab er den Ruf an auserwählte Männer weiter. Als Jesus erklärte: „Wie der Vater mich ausgesandt hat, sende ich euch“ (Joh 20,21), verwendete er für „gesandt“ und „senden“ ein ganz bestimmtes griechisches Wort, nämlich *apostello*, ebendas Verb, von dem „Apostel“ abgeleitet ist. Christus als Apostel ist der Gesandte des Vaters und sendet nunmehr uns an seiner Stelle.
2. *Der apostolische Ruf, der vom Vater kommt, hat seinen ewigen Ort in Christus, dem Apostel* (s. Gal 1,1; Hebr 3,1). Jesus war ein ewiges Reservoir der apostolischen Berufung, die der Vater ihm gab. Er ist der himmlische Apostel, der alles verkörpert und weitergibt, was ein Apostel auf Erden sein muss. Als Jesus Petrus und Andreas berief, da geschah das im Namen des Vaters, weil er mit der Autorität ausgestattet war, diesen Ruf weiterzugeben.
3. *Der apostolische Ruf ist ein Befehl Gottes in Christus* (s. 1. Tim 1,1). Jesus *bat* Petrus und Andreas nicht, ihm zu folgen, sondern er *rief* sie, und zwar mit allem Nachdruck. 1. Timotheus 2,7 verdeutlicht, dass der Ruf eines Apostels von Gott verliehene Ordination ist. Das hier mit „eingesetzt“ wiedergegebene Wort impliziert, dass es Leute gibt, die eigens zum Zweck dieser Einsetzung geschaffen worden

63 Vgl. ebd. S. 343.

sind, die also schon vor ihrer Empfängnis von Gott auserwählt wurden und nur deshalb auf die Welt kamen, damit sie Apostel wurden. Nichts, was diesem Standard nicht entspricht, kann Grundlage einer apostolischen Berufung sein.

4. *Der Ruf eines Apostels ist persönlich und spezifisch.* Wie jede geistliche Berufung erreicht auch diese einen Menschen als persönliche Einladung, von Christus ausgestellt. Christus sagte Petrus und Andreas, er werde sie zu Menschenfischern machen. An jenem Tag waren auch andere Berufsfischer zugegen, aber Jesus wählte gezielt diese beiden aus. Wenn Christus beruft, dann zielgerichtet und präzise. Er vergeudet nichts von seinen Schätzen. Nicht jeder ist Apostel (s. 1. Kor 12,29). Das wird evident in dem Bericht von der Wahl des Matthias als Nachfolger des Judas. Die Apostel beteten und sagten: „Du, Herr, Herzenskenner aller, zeige von diesen beiden den einen an, den du auserwählt hast, damit er die Stelle dieses Dienstes und Apostelamtes empfängt, von dem Judas abgewichen ist, um an seinen eigenen Ort zu gehen" (Apg 1,24 ff.). Die Apostel anerkannten, dass die Wahl bei Gott lag. Niemand kann sich selbst zum Apostel berufen; nur wer spezifisch von Christus berufen ist, kann in diesem Amt stehen.
5. *Christus gibt sein Apostolat an Menschen weiter* (s. Eph 4,11). Als Jesus auf der Erde war, erwählte er Petrus und Andreas, normale Männer, die er ausbildete und mit seinem eigenen apostolischen Ruf in Berührung brachte. Nachdem sie den Ruf für sich empfangen und ihm Folge geleistet hatten, reproduzierten sie sich wiederum in anderen, die den Stab weitertrugen. Auf diese Weise hat der Ruf, der seinen Ausgang vom Herzen des Vaters nahm und durch Christus auf die ersten Apostel kam, sich durch die vielen Generationen zwischen ihnen und uns tradiert.
6. *Der apostolische Ruf berührt und verändert.* Christus beruft nicht Menschen, weil sie bereits apostolischen Charakter haben, sondern erwählt sie und setzt den apostolischen Ruf über ihnen frei, und es ist dieser Ruf, der dann ihren Charakter verändert. Der Ruf trägt dieselbe verwandelnde Kraft in sich, die die Erde aus dem Chaos entstehen ließ. Petrus und Andreas ließen auf der Stelle ihre Netze im Stich und veränderten ein für alle Mal die Ausrichtung ihres Lebens. Jesus nannte die Zwölf seine „Apostel", lange bevor sie reif waren. Der Ruf sondert den apostolischen Menschen aus, sondert ihn ab für das Evangelium und verwandelt ihn.
7. *Der apostolische Ruf führt zur Bildung eines apostolischen Volkes.* Die apostolische Gemeinschaft nahm exponentiell zu, indem die Apostel anderen Menschen dienten. Betrachten wir Epheser 4,7-16, so sehen wir, dass Christus Apostel erwählt hat (und mit ihnen Pro-

pheten, Evangelisten, Hirten und Lehrer), die als Zurüster zum Wachstum des Leibes beitragen. Es ist klar, was der Apostel tut: Gott möchte, dass alles, was der Apostel vom Charakter und Geist Christi hat, im Zuge des gemeinschaftlichen geistlichen Reifungsprozesses dem Leib Christi zugeführt wird. Wäre dem nicht so, dann würde Gott niemals einen Apostel als Zurüster des Leibes Jesu einsetzen.

Zusammengefasst: Gott der Vater hat seinem Sohn Jesus Christus einen apostolischen Ruf erteilt. Großherzig hat Jesus diesen Ruf bestimmten Menschen vorgelebt und weitergegeben, die dann ihrerseits zu Aposteln wurden. Im dritten Schritt lässt Gott durch diese Apostel in den ganzen Leib Jesu apostolischen Geist einfließen, der seinen Geist in den erlösten Menschen widerspiegelt.

Der Ursprung des von Jesus verliehenen Apostolats der Zwölf

1. Die ersten bekannten Nachfolger Jesu kamen aus dem Jüngerkreis des Johannes (s. Joh 1).
2. Einige der Nachfolger Jesu, die als die zwölf Apostel bekannt wurden, begleiteten Jesus bereits im ersten Jahr seines – meist im Untergrund sich vollziehenden – Dienstes in Judäa, aber sie müssen auch Zeit in Galiläa zugebracht haben, gibt es doch keinen Grund zu der Annahme, dass Jesus sie gleich von Anfang an anwies, ihre gewohnten Beschäftigungen aufzugeben.
3. Jedoch schon früh, im zweiten Jahr seines Dienstes, das er hauptsächlich in Galiläa verbrachte, rief Jesus sie auf, ihre Alltagsbeschäftigungen aufzugeben und beständig bei ihm zu sein.

Und es war vermutlich nicht viele Wochen danach, dass er sie ins dritte und letzte Stadium ihrer Nähe zu ihm hereinnahm, indem er sie zu Aposteln einsetzte[64] (s. Mk 3,13-19; Mt 10,1; Lk 9, 1-10; 6,13-16, bes. V. 13).

Die Initiative zur Jüngerschaft ging z. T. von den Männern aus, die zu Jüngern wurden – und davon gab es sehr viele. Es gab auch andere jüdische Lehrer, die Jünger (μαθηταὶ – Schüler, Nachfolger) hatten. Die Initiative jedoch, Apostel Jesu zu werden, kam einzig und allein vom Meister selbst: „Und als es Tag wurde, rief er seine Jünger herbei und erwählte aus ihnen zwölf, die er auch Apostel nannte" (Lk 6,13; vgl. Joh 15,16). Man kann darüber streiten, ob dieses Apostolat

64 Vgl. J. Stalker, The Life of Christ, New York 29. Aufl. 1949, S. 77.

tatsächlich mit dem Ende jener anfänglichen Mission zum Abschluss kam. Gewiss versagten die Zwölf, als es später darum ging, „die Zeichen eines Apostels“ vorzuweisen (Mt 7,14-17; vgl. 2. Kor 12,12; Röm 15,19; 1. Thess 1,5). Auch ließen sie ihren Herrn im Stich (Mt 26,56). Später aber kam es zu einer Erneuerung des Kraftzuflusses. Alles in allem zeigen die Gespräche des Herrn mit den Zwölfen, insbesondere seine sog. Abschiedsreden (Joh 13 bis 18), immerhin, dass Jesus diese Männer für ein Zeitalter, das mit Pfingsten beginnen sollte, als akkreditierte Generalbevollmächtigte ansprach, unabhängig davon, wie sehr sie vorübergehend versagt hatten. Darüber hinaus nötigen einen die verschiedenen Verheißungen und Beauftragungen, die Jesus den Aposteln während der Jahre, die sie mit ihm zusammen waren, gab, zu glauben, dass er sie vom ersten Augenblick ihrer Sendung an als die Erstlinge der zu gründenden Kirche eingesetzt hatte. Und als „Gründer“ der Kirche waren sie zugleich deren erste Lehrer (Mt 16,18 f.; vgl. Joh 20,19-23; Eph 2,20).

Grundzüge des Apostolats

Der neutestamentliche Befund ergibt sechs unerlässliche Grundzüge des Apostolats. Einige davon sind Qualifikationen, andere auch Vorzüge:

1. *Ein Apostel musste Ruf und Beauftragung zu seinem Amt direkt von Christus empfangen haben.* Das erforderte das Wesen des Amtes als generalbevollmächtigter Geistlicher. Die Einsetzung durch den Meister selbst (Lk 6,13) gab den Standard vor, auf den Paulus für seine Person im 2. Korintherbrief und im ersten Teil des Galaterbriefes (s. v. a. 1,1) ausdrücklich rekurrierte und der auch bei der Wahl des Matthias durch die anderen Apostel eingehalten wurde (Apg 1,24 ff.; vgl. Spr. 16,33).
2. *Ein Apostel des Messias Christus musste dem Volk des Messias angehören, also Jude sein.* Die Mission des Messias galt in erster Linie „den verlorenen Schafen des Hauses Israel“ (Mt 10,6). Bei ihrer ersten Aussendung wurde den Aposteln befohlen, weder andere Menschen als die Juden aufzusuchen noch ihnen zu predigen. Ganz unverhohlen zeigte ihr Herr diese Begrenzung seines und damit ihres Dienstes vom Anfang bis zum Ende seines öffentlichen Wirkens. Diese Männer sollten auch Werkzeuge der Weitergabe göttlicher Orakel werden, diese aber richteten sich dem von Paulus bestätigten deuteronomischen Gesetz zufolge (s. Dtn 18,9; Röm 3,1 f.; vgl. Mt 10,1-5) an die Juden. Göttliche Botschafter unter dem hebräischen Volk werden in jedem Falle selbst Hebräer sein – eine Tatsache, die zumindest einiges Gewicht (wenn nicht ausschlaggebend)

für die Frage und Behandlung der apostolischen Sukzession (bezogen auf apostolische Berufung, apostolische Autorität und apostolisches Amt) und die Möglichkeit solcher Apostel in der Kirche heute hat.

3. *Ein Apostel musste Autorität in der Weitergabe göttlicher Offenbarung haben, und was er unter göttlicher Inspiration schrieb, war tatsächlich „die Stimme Gottes"*. Die Lektüre von Deuteronomium 18,9 zeigt, wie diese Gabe mit Gottes Wort des Alten Bundes zusammenhängt. So sagen es auch neutestamentliche Texte wie 1. Korinther 2,10 und Galater 1,11 f. Demnach waren Apostel befähigt, in die neutestamentlichen Schriften den wahren Sinn des Alten Testaments einfließen zu lassen (Lk 24,27; Apg 26,22 f.; 28,23), der dem jüdischen Volk damals wie heute verschleiert war (Röm 11,25; 2. Kor 3,11-18; 1. Thess 2,14 ff.), und die neutestamentliche Offenbarung als irrtumslosen Standard für die neue Heilszeit festzulegen (1. Petr 1,25; 1. Joh 4,6; Joh 14,26; 1. Thess 2,13). Entsprechend haben spätere Generationen von Gläubigen belastbare Apostolizität als unerlässlichen Kernstandard neutestamentlicher Schriften angesehen, und so ist es bis heute geblieben.
4. *Ein Apostel musste in Gemeinschaft mit dem Herrn Jesus, ja, er musste Augenzeuge der Taten Jesu und Ohrenzeuge der Worte Jesu sein*. Das war notwendig, wenn die Apostel „Gründungszeugen" der Kirche sein sollten. Aus diesem Grund lud Jesus schon früh während seines Dienstes zwölf Männer ein, ihm zu folgen, und beauftragte diese Zwölf wenige Monate später als Apostel, wobei er darauf bestand, dass sie beständig bei ihm sein sollten (Joh 15,27; vgl. Lk 22,28). Ausdrücklich wird dieses Erfordernis im Falle des Matthias ausgesprochen (Apg 1,21 f.). Die Männer konnten den Menschen das Erlösungsgeschehen bezeugen, weil sie den Ereignissen persönlich beigewohnt hatten, und Jesus wies sie darauf hin, dass einer der Zwecke ihrer späteren Erfüllung mit der Kraft des Heiligen Geistes darin bestand, sie unverbrüchlich an alles zu erinnern, was sie Jesus hatten sagen hören (Joh 14,28; 15,26 f.; 16,13 ff.). Paulus gab sich besondere Mühe bekannt zu machen, dass er dieser Anforderung an einen Apostel genügte (1. Kor 9,1; 15,8; Apg 22,6-21).
5. *Von einem Apostel wurde erwartet, dass sich bei ihm „die Zeichen eines Apostels" zeigten*. Das heißt, dass er in bestimmten kritischen Momenten in der Lage sein musste, unbezweifelbare Wunder zu vollbringen (vgl. Apg 4,16). Den alttestamentlichen Hintergrund hierfür bieten Deuteronomium 18,9 und 13,1. Die Evangelien zeigen durchgängig, dass die menschliche Natur Jesu durch die besondere Bevollmächtigung des Heiligen Geistes befähigt war, greifba-

res Werkzeug solcher Wundertaten zu sein (Mt 3,16-4,25 par.), und genauso sollte es sich mit den Aposteln infolge ihrer nach der Auferstehung von Christus erhaltenen Beauftragung verhalten (Apg 1,8; vgl. Mk 16,14.19 f.). Tatsächlich vollbrachten die Apostel solche Taten (Apg 2,43; 5,12). Wie zurzeit des Alten Bundes stattete Gott seine beglaubigten Boten mit Zeichen aus, nämlich den „Zeichen eines Apostels" (2. Kor 12,12; vgl. Ps 74,9; 105,27 f.). Diese Zeichen waren Gottes Mittel, ihnen sein „Zeugnis" zu geben (Hebr 2,4). Etliche Evangelienberichte darüber, wie Jesus sich Forderungen nach Wundertaten entzog – Forderungen vonseiten seicht denkender Massen, sensationslüsterner Einzelner oder sittlich verlotterter Könige –, können nicht darüber hinwegtäuschen, dass Wunder im Neuen Testament sichtbar machende und beglaubigende Funktion haben. Ebensowenig können die Bemerkungen des Paulus gegen Ende des 2. Korintherbriefs (τὰ μὲν σημεῖα τοῦ ἀποστόλου κατειργάσθη ἐν ὑμῖν ἐν πάσῃ ὑπομονῇ, σημείοις τε καὶ τέρασιν καὶ δυνάμεσιν), die er im Blick auf abwegige Überlegungen der christlichen Bürger von Korinth hinsichtlich seines Dienstes macht, diese Funktion von Wundern infrage stellen. Die Wunder waren nicht in erster Linie zur Auferbauung der Glaubenden gedacht, das sagt auch weder Jesus noch Paulus. Auch die heutigen Gläubigen brauchen sie nicht zu ihrer Auferbauung und sollten zu diesem Zweck auch nicht um Wunder beten. Der Glaube hat eine andere Methode.

6. *Ein Apostel musste Generalvollmacht in allen Gemeinden innehaben.* Darin unterschied er sich von den Inhabern anderer neutestamentlicher Kirchenämter. Neutestamentliche Bischöfe (Älteste) und Diakone waren ausschließlich mit lokalgemeindlicher Autorität ausgestattet, wie auch ihr Dienst lediglich vor Ort stattfand. Petrus jedoch konnte einen Ananias samt seiner Saphira kraft persönlicher, nicht gemeindlicher Autorität richten (Apg 5,1-11). Paulus beanspruchte persönliche Verantwortlichkeit für „alle Gemeinden" (2. Kor 11,28) und konnte vom fernen Philippi aus über eine Frage moralischer Disziplinierung in der korinthischen Gemeinde urteilen (1. Kor 5,3). Die Apostel konnten die meisten Briefe des neutestamentlichen Kanons schreiben und taten dies auch, und darin trafen sie Anordnungen für weit entfernte Gemeinden, wobei sie für sich selbst und sogar für andere Apostel irrtumslose göttliche Autorität beanspruchten (1. Kor 14,37; vgl. 2. Petr 3,16). Sie hatten die Vollmacht, die Regeln von Glauben und Ordnung für alle zukünftigen Generationen festzulegen und sämtliche nicht diesen Ordnungen folgenden Christen disziplinarisch zu belangen (2. Kor 10,8; 13,10; Mt 19,28; Lk 22,28 ff.). Derlei Autorität, solche Funktionen

und Verantwortungsbereiche wurden den ursprünglichen Aposteln ausschließlich kraft des fünffältigen Dienstes zuteil, denn ein niedergeschriebenes Neues Testament gab es noch gar nicht.

Marvin Vincent beschränkt die Kennzeichen des Apostels auf drei: Er ist

- jemand, der eine sichtbare Begegnung mit dem auferstandenen Christus hatte;
- jemand, der Gemeinden pflanzt;
- jemand, in dessen Dienst Zeichen und Wunder geschehen.[65]

Einige Denk- und Glaubensströmungen im heutigen kirchlichen Leben verlangen frische Aufmerksamkeit für eine genaue Bestimmung von Wesen und Zweck des neutestamentlichen Apostolats. In verschiedenen Kirchen gibt es Debatten über Autoritätsstrukturen. Anderswo hegt man falsche Vorstellungen über „die Zeichen eines Apostels“.

David Cartledge definiert in seinem Buch über die Wiederherstellung des apostolischen und prophetischen Dienstes in den australischen *Assemblies of God*[66] fünf Alleinstellungsmerkmale des apostolischen Dienstes:

1. *Die Kirche ruht auf den Aposteln als Fundament:* „Ihr seid aufgebaut auf der Grundlage der Apostel und Propheten, wobei Christus Jesus selbst Eckstein ist“ (Eph 2,21).
2. *Die Apostel waren Augenzeugen der Auferstehung:* „Es muss nun von den Männern, die mit uns gegangen sind in all der Zeit, in welcher der Herr Jesus bei uns ein- und ausging, angefangen von der Taufe des Johannes bis zu dem Tag, an dem er von uns hinweg aufgenommen wurde – von diesen muss einer Zeuge seiner Auferstehung mit uns werden“ (Apg 1,21 f.). „Danach erschien er Jakobus, dann den Aposteln allen; zuletzt aber von allen, gleichsam der unzeitigen Geburt, erschien er auch mir“ (1. Kor 15,8).
3. *Die Apostel waren mit einem besonderen Auftrag versehene Repräsentanten des Herrn.* „Und als er seine zwölf Jünger herangerufen hatte, gab er ihnen Vollmacht über unreine Geister, sie auszutreiben und jede Krankheit und jedes Gebrechen zu heilen“ (Mt 10,1).

65 Vincent, Marvin. (1985): „Apostle“. Vicent's N. T. Word Studies. 4 vols. Peabody: Hendrickson Publishers.

66 Siehe oben Anm. 13.

4. *Ihr Apostolat wurde durch Zeichen beglaubigt:* „Wie werden wir entfliehen, wenn wir eine so große Rettung missachten? Sie ist ja, nachdem sie ihren Anfang damit genommen hatte, dass sie durch den Herrn verkündet wurde, uns gegenüber von denen bestätigt worden, die es gehört haben, wobei Gott zugleich Zeugnis gab durch Zeichen und Wunder und mancherlei Machttaten und Austeilungen des Heiligen Geistes nach seinem Willen" (Hebr 2,3 f.). „Die Zeichen des Apostels sind ja unter euch vollbracht worden in allem Ausharren, in Zeichen und Wundern und Machttaten" (2. Kor 12,12). „… der, der in Petrus zum Apostelamt für die Beschnittenen wirksam war, war auch in mir für die Nationen wirksam" (Gal 2,7).
5. *Sie hatten apostolische Autorität inne:* „Ihr aber, Geliebte, gedenkt der von den Aposteln unseres Herrn Jesus vorausgesagten Worte!" (Jud 17.) „… damit ihr gedenkt der von den heiligen Propheten schon vorher gesprochenen Worte und des durch eure Apostel übermittelten Gebotes des Herrn und Retters" (2. Petr 3,2). „Wir gebieten euch aber, Brüder, im Namen unseres Herrn Jesus Christus, dass ihr euch zurückzieht von jedem Bruder, der unordentlich und nicht nach der Überlieferung wandelt, die ihr von uns empfangen habt. … Wenn aber jemand unserem Wort durch den Brief nicht gehorcht, den bezeichnet, habt keinen Umgang mit ihm, damit er beschämt werde" (Hebr 3,6.14).

C. Peter Wagner weist in seinem Buch „Church Quake!" besonders darauf hin, dass es der Grad von durch den Heiligen Geist verliehener Autorität ist, der die Apostel von allen anderen Gliedern am Leib Jesu abhebt. Er schreibt:

> *Unter all den radikalen Veränderungen der Neuen Apostolischen Reformation erachte ich eine als die radikalste von allen. Sie ist so wichtig, dass ich mir diese Worte mit großer Sorgfalt überlegt habe: das Ausmaß geistlicher Autorität, die der Heilige Geist an Einzelpersonen delegiert.*[67]

Die zwei Kernwörter in diesem Statement sind „Autorität" und „Einzelpersonen".

Bis vor Kurzem waren es in unseren Kirchen und Gemeinden Gruppen und nicht etwa Individuen, bei denen der Schwerpunkt der Autorität lag. Man vertraute auf Sitzungen, Konsistorien, Berufungskomitees, diakonische Gremien, Kuratorien, Gemeindeversammlun-

67 Wagner, C. Peter. (1999): Church Quake!: The Explosive Power of the New Apostolic Reformation. Ventura: Regal Books A Division of Gospel Light.

gen, Presbyterien, Verbände, Vorstände, Kabinette, Generalversammlungen, Synoden und dergleichen. Nur selten kam es vor, dass man Einzelpersonen wie Pastoren oder Aposteln zutraute, letztgültige Entscheidungen zu treffen. Dies freilich ändert sich durchgreifend in der Neuen Apostolischen Reformation. Gegründet auf Texte wie 2. Korinther 10,8 behauptet C. Peter Wagner, dass Paulus zweifellos ungewöhnliche Autorität innehatte. Daran, so sagt er, knüpft sich die Frage: Woher rührte diese Autorität? Paulus' apostolische Autorität floss aus denselben Quellen, die auch die heutigen Apostel mit ihrer außergewöhnlichen Autorität versehen.

In unserem ersten Kapitel haben wir herausgearbeitet, was eine apostolische Berufung ausmacht. Die Apostel legten den theologischen Grund für die entstehende Kirche. Der Erzbaumeister Jesus Christus versah sie mit seiner eigenen Autorität, sodass sie jenes Fundament für alle Zeiten unverrückbar legen konnten. Es trifft zu, dass die Quelle apostolischer Autorität auch heute dieselbe ist, aber Mandat und Dienst der Apostel haben sich geändert. Die ursprünglichen Apostel waren Grundleger, die heutigen können lediglich auf diesen Grund bauen. Wenn es zutrifft, dass heutige Kirchen durch Einzelpersonen – Apostel, wie C. Peter Wagner sagt – geführt werden sollen, müssen wir fragen: *Lehrt das Neue Testament* eine *ganz bestimmte Form der Kirchen- oder Gemeindeleitung?*

Leiterschaft durch einen Ältestenrat

Im Gegensatz zu einer weitverbreiteten Meinung lässt sich aus dem Neuen Testament überdeutlich eine bestimmte Form der Gemeindeleitung ablesen, nämlich die der pastoralen Aufsicht durch einen Rat von Ältesten.[68]

Älteste finden sich in früher, mittlerer und später Zeit der neutestamentlichen Epoche. Sie finden sich in Zentralorten dreier verschiedener Gegenden (Palästina, Griechenland, Kleinasien), und sie finden sich sowohl in jüdisch als auch in griechisch-römisch geprägten Gemeindekontexten. In Judäa und umgebenden Gebieten finden wir sie schon im Jahre 41 (Apg 11,30).[69] Sie führten die jerusalemische Gemeinde zurzeit des sog. Apostelkonzils im Herbst des Jahres 49 (Apg 15). Was die paulinischen Gemeinden angeht, wurden die Ortsge-

68 Es herrscht allgemeine Übereinstimmung darüber, dass die Begriffe „Ältester" (πρεσβύτερος), „Aufseher" (ἐπισκόπος) und „Pastor" (ποιμήν) Bezeichnungen für ein und dasselbe Amt sind. Das ergibt sich auch aus Apg 20,17 f., wo die Ältesten Aufseher genannt werden und den Auftrag erhalten, die Herde zu hüten, also Pastoren (Hirten) zu sein (s. auch Tit 1,5; 1. Petr 5,2). – Zur Thematik insgesamt vgl. G. W. Knight III, The Pastoral Epistles: A Commentary on the Greek Text (NIGTC), Grand Rapids, MI 1992, S. 175 ff.

69 Für die hier gegebenen Datierungen greife ich zurück auf H. W. Hoehner, A Chronological Table of the Apostolic Age, unv. Ms., Dallas, TX 1972.

meinden von Derbe, Lystra, Ikonium[70] und Antiochien, dem Zentrum der Heidenmission (Apg 14,23 [48/49 n. Chr.]), von Ältesten geleitet, ebenso die Gemeinden in Ephesus (Apg 20,17 [57 n. Chr.]; 1. Tim 3,1-7; 5,17-25 [60 n. Chr.]), Philippi in Mazedonien (Phil 1,1 [62 n. Chr.]) und auf der Insel Kreta (Tit 1,5 [66 n. Chr.].[71]

Buchstäblich jeder Schreiber des Neuen Testaments, der sich zum Thema Gemeindeleitung äußert, erkennt Älteste an oder empfiehlt sie (Lukas, Paulus, der Hebräerbriefschreiber, Jakobus, Petrus).[72] Dem 1. Petrusbrief zufolge gab es Älteste quer durch die Gemeinden des nordwestlichen Kleinasien: Pontus, Galatien, Kappadozien, Asien und Bithynien (1. Petr 1,1; 5,1).

Starke Hinweise gibt es auf die Existenz von Ältesten in der Gemeinde von Thessalonich (1. Thess 5,12). Auch Jakobus (5,14 f.) und der Hebräerbriefschreiber (13,7.17) scheinen sie als gegeben vorauszusetzen.

Verteidiger der Alleinstellung von Pastoren, also der Auffassung, das Neue Testament stütze das Konzept eines Einzelnen gemeindeleitenden Hirten, haben eine Reihe von Argumenten vorgebracht, deren wichtigste der baptistische Forscher Manfred Kober zusammenfasst[73]:

1. Dass Paulus bei der Auflistung der Ältestenqualifikationen in 1. Timotheus 3,1 f. „Aufseher" im Singular setzt, legt nahe, dass er von einem Pastor in Alleinstellung ausgeht, zumal er später von „Diakonen" im Plural spricht. Mithin sollte jede Gemeinde einen Pastor und mehrere Diakone haben. – Allerdings versteht sich, dass es sich bei dem ἐπίσκοποj in 1. Timotheus 3,2 um einen Gattungsbegriff

70 In jeder kleinasiatischen Gemeinde, über deren Leiterschaft wir etwas erfahren, sei sie durch Paulus und seine Mitarbeiter gegründet oder durch den Dienst des Petrus geprägt, finden wir ein Kollegium von Ältesten vor. Vgl. Knight, S. 177.

71 Die von kritischen Forschern vertretene Auffassung, dass in keinem der Gemeindebriefe des Paulus Älteste erwähnt würden, kann nicht unwidersprochen bleiben. Sehr wohl werden sie im Philipperbrief erwähnt, wenngleich hier der Ausdruck „Aufseher" (ἐπίσκοποι) verwendet wird und nicht „Älteste" (πρεσβύτεροι). Ebenso ist 1. Thess 5,12 von Ältesten die Rede, auch wenn dort προϊσταμένοι (Vorstehende) steht und nicht πρεσβύτεροι (vgl. 1. Tim 3,4 f.; 5,17). Wahrscheinlich kommen sie auch im 1. Korintherbrief vor: In der Liste 12,28 sind ebenso Menschen erwähnt, die eine Art von Amt bekleiden (Apostel, Propheten, Lehrer, Helfer und Verwalter), wie solche, die eine Gabe haben, welche sich nicht mit einem Amt verbindet (Wundertaten, Heilungen und Zungenreden). Wenn wir von den grundlegenden Ämtern – Apostel und Propheten, vgl. Eph. 5,20) – und den „nicht amtlichen" Gaben absehen, bleiben also drei Kategorien übrig: Lehrer (dida,skaloi), „Hilfeleistungen" (ἀντιλήμψεις; gemeint sind Menschen, die solche ausüben) und „Verwaltungen" (κυβερνήσεις, dto.).

72 In 1. Tim 3 erwähnt Paulus zwei Obliegenheiten des Aufsehers, nämlich zu lehren (V. 2) und dem eigenen Haus vorzustehen/für die Gemeinde zu sorgen.

73 M. E. Kober, The Case for the Singularity of Pastors, *Baptist Bulletin* Juni 1982, 8 ff.19. Kobers drittes Argument, nämlich „das sich aus dem Wesen des Pastorats ergebende", lasse ich hier außer Betracht, weil es mit der Frage eines Ältesten*kollegiums*, die wir hier behandeln, eigentlich nichts zu tun hat.

handelt. In 1. Timotheus 5,17 spricht Paulus denn auch von den Presbytern im Plural.
2. Die einzelnen „Engel", an die sich die sieben Sendschreiben Offenbarung 2 f. richten, sind am ehesten als „Sendboten", also als die einzelnen Pastoren bzw. Bischöfe[74] der sieben Gemeinden, zu sehen. – Dies wird allerdings dem Ausdruck ἄγγελος nicht gerecht, der anderswo in der Offenbarung (1,1; 5,2.11; 7,2.11 u. ä.) für übernatürliche Wesen, nämlich eben Engel, gebraucht wird.[75]
3. Das Neue Testament bietet mehrere Beispiele für die Leitung lokaler Gemeinden durch einen einzelnen Pastor: Timotheus in Ephesus (1. Tim 1,2 f.), Jakobus in Jerusalem (Apg 15,13), Epaphras in Kolossä (Kol 4,12; Phlm 23), Epaphroditus in Philippi (Phil 2,25) und Titus auf Kreta (Tit 1,4 f.). – Diese Männer kann man nur dann als Pastoren bezeichnen, wenn man Praktiken der nachapostolischen Zeit ins Neue Testament zurückprojiziert. Timotheus und Titus waren apostolische Gesandte, die unter der Obhut des Paulus an der Ausbreitung des Evangeliums und dem Aufbau verschiedener Gemeinden mitwirkten. Gewiss taten sie pastorale Dienste, aber immer unter der Autorität und Anleitung des Paulus (vgl. 1. Thess 3,2; Phil 2,19 f.; 1. Kor 16,10 f.; 1. Tim 1,3). Epaphroditus war ein Abgesandter der Gemeinde Philippi, der Paulus zu Diensten sein sollte. Epaphras war vermutlich derjenige, der als Erster in Kolossä evangelisiert hatte (Kol 1,7 f.; 4,12 f.). Zur Zeit der Abfassung des Kolosserbriefs (61 n. Chr.) war er als Begleiter des Apostels in Rom und hegte keinerlei Pläne für eine baldige Heimkehr. Gewiss wirkte er in den Gemeinden von Kolossä, Laodizäa und Hierapolis, aber nichts weist darauf hin, dass er in einer dieser Gemeinden eine pastorale Alleinstellung innegehabt hätte. Jakobus war ein unter den Juden wirkender Apostel, der als „Pfeiler" der jerusalemischen Gemeinde angesehen wurde.

Bezeichnenderweise kommt Paulus nirgendwo darauf zu sprechen, dass er eine formale Beziehung zu den Zwölfen oder den jerusalemischen Ältesten gehabt hätte. Gleiches gilt für Lukas.

74 Vgl. A. Barnes, Notes on the New Testament: Revelation. Ed. R. Frew, New York 1851 (Nd. Grand Rapids, MI 1972), S. 57 f.

75 Vgl. D. Petts, Body Builders: Gifts to make God's people grow, Mattersey 2002; R. H. Charles, The Revelation of St. John. Vol. 1, Edinburgh 1920, S. 34; R. H. Mounce, The Book of Revelation, Grand Rapids, MI 1977, S. 82. Die Engel von Offb. 2 f. werden unterschiedlich ausgelegt. Für mich sind sie Schutzengel der Gemeinden. Charles sah sie als himmlische „Platzhalter" der jeweiligen Gemeinden. Mounce sagt, jeder der sieben Engel verkörpere den in der jeweiligen Gemeinde herrschenden Geist.

Und noch zwei weitere Beobachtungen gehören hierher:

1. Eine Anzahl der Gemeinden, in denen die besagten Männer arbeiteten, wies eine Mehrzahl von Pastoren/Ältesten auf (Jerusalem, Ephesus, Philippi).
2. Die Lehre einer aus mehreren Personen bestehenden Ältestenschaft stellt nicht in Abrede, dass Gott ganz besonders begabte Männer hervortreten lassen kann, um durch sie sein Volk zu lehren und zu führen. Wenn Gott anhebt, Gemeinden zu pflanzen und sein Volk zu lehren, zu versorgen und zurechtzuweisen, werden Evangelisten, Missionare, Lehrer, Apostel und Prediger aufstehen.

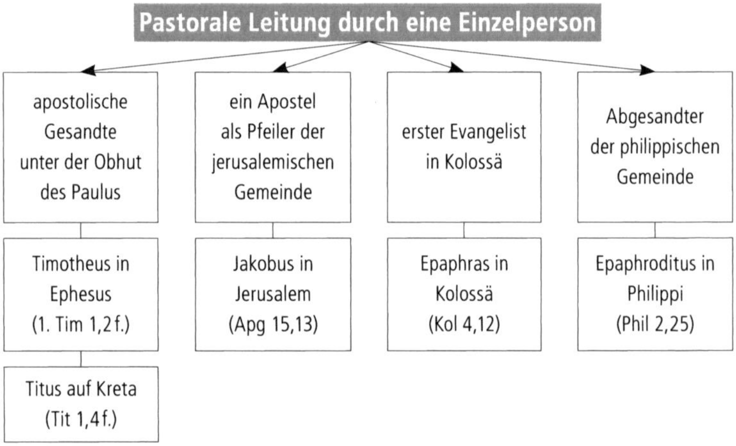

Ein doppeltes Muster für den „offiziellen" Dienst

1. Timotheus 3,1-13 skizziert ein doppeltes Muster für den offiziellen Dienst[76], festgemacht an den Begriffen ἐπίσκοπος (Aufseher) und

76 Es ist darauf hinzuweisen, dass 1. Tim 3,1 allerdings nicht von einem „Amt" spricht. ἐpiskoph, (REÜ: „Aufseherdienst") kommt in der Profangräzität selten vor und bedeutet niemals „Amt". Nirgendwo im Neuen Testament sprechen die Apostel Älteste oder Diakone als Amtsträger an, was um so bedeutsamer ist, als das Griechische in diesem Wortfeld reich an Ausdrücken ist; da gibt es z. B. avvröch, (Amt, Behörde), ἄρχων (Herrscher), timh, (Ehrenstand), te,loj (Amtsgewalt), leitourgo,j (Priester), pra,xij (öffentliches Amt), ἱερατεία (Priesteramt). Die Zurückhaltung der Apostel an dieser Stelle ist der Tatsache geschuldet, dass sie die Arbeit der Ältesten und Diakone als Aufgabe, Funktion oder Dienst, nicht aber als Amtsstand sahen, der die Leiter von den übrigen Gemeindegliedern im Sinne einer Scheidung zwischen Klerus und Laien abgehoben hätte. Meint man mit „Amt" freilich nichts anderes als eine formell anerkannte Position mit den entsprechenden Verpflichtungen, dann waren Älteste und Diakone in der Tat gemeindliche „Amtsträger". Vgl. D. Mappes, The New Testament Elder, Overseer, and Pastor, BS 154, 1997, S. 169.

διάκονος (Diener), welches durch die gesamte neutestamentliche Zeit aufrechterhalten wurde und sich ebenso auch in der philippischen Gemeinde findet (Phil 1,1). Diese Zweiteilung geschieht bereits in dem frühen Beschluss der jerusalemischen Gemeinde, den aufsichtführenden Wort- und Gebetsdienst der Apostel und die Versorgung der Witwen durch sieben eigens dafür bestellte Männer klar voneinander zu trennen (Apg 6,1-4). Knight zufolge liegt hier nicht nur eine konzeptionelle, sondern es liegen auch sprachliche Parallelen vor. Petrus, einer der zwölf Apostel, spricht später von sich als „Mitältestem" (συμπρεσβύτερος, 1. Petr 5,1). Die Aufgabe, für die die sieben Männer in Jerusalem gewählt wurden, wird ohne nähere Beschreibung als tägliche διακονία, als Dienen, bezeichnet, und zwar „an den Tischen". Hier liegt eine eindeutige sprachliche Parallele zu den Diakonen von 1. Timotheus 3,8-13 vor.[77] Zusammengefasst zeigen diese drei Textabschnitte (Apg 6,1-4; Phil 1,1; 1. Tim 3,1-13) eine doppelte Dienststruktur in den Gemeinden der frühen, mittleren und späten Zeit des Neuen Testaments, und zwar an zentralen Orten, in drei verschiedenen Gegenden (Palästina, Griechenland und Kleinasien) und sowohl in jüdischen als auch in heidnischen Gemeindekontexten.

Sieben Anforderungen, die Apostel ausmachen

Um Einblick in die Arbeit der Apostel zu gewinnen, müssen wir erkennen, welche Anforderungen an diese gestellt sind:

1. *Apostel müssen um einen speziellen Ruf Gottes in ihrem Leben wissen.* Das beinhaltet:
   a) die apostolische Berufung, die aus der Tiefe des Herzens des Vaters kommt (Jak 1,17; „wie der Vater mich gesandt hat, so sende ich auch euch");
   b) den apostolischen Ruf, der vom Vater kommt und seinen ewigen Ort in Christus, dem Urapostel, hat (Gal 1,1; Hebr 3,1);
   c) die von Christus an Menschen weitergegebene Apostelschaft (Eph 4,11);
   d) ein persönliches, spezifisches Angesprochensein von Gott – nicht jeder ist Apostel (1. Kor 12,2);
   e) einen Befehl Gottes in Christus; s. 1. Timotheus 1,1 – nach 1. Timotheus 2,7 ist die Berufung eines Apostels eine Ordinationshandlung Gottes;

77 Knight, S. 175. Vgl. die ausführliche Diskussion bei A. Strauch, The New Testament Deacon, Littleton, CO 1992, S. 15-54.

f) die Erfahrung von Berührt- und Verändertwerden im Ergehen dieses Rufes;
g) das Resultat der Heranbildung eines apostolischen Volkes (Eph 4,7-16).

2. *Von Aposteln wird erwartet, dass sie in einem besonders eng vertrauten Verhältnis mit Jesus Christus leben.* In 1. Korinther 9,1 weist Paulus sich als Apostel aus, indem er auf seine Gemeinschaft mit Christus deutet. Auch für die zwölf Jünger war es von überragender Wichtigkeit, in der Nähe Jesu zu sein (Apg 1,21-25; Joh 15,4 f.).
3. *Apostel sind Älteste und müssen den biblischen Ältestenqualifikationen genügen.* Niemand kann Apostel sein, in dessen Lebenswandel die moralischen und geistlichen Standards nicht erfüllt sind, die Bibel für Aufseher voraussetzt (1. Tim 1,3-7; Tit 1,5-9; 1. Petr 5,1-4).
4. *Apostel sind Menschen im fünffältigen Dienst und müssen als solche wirken.* Der Dienst eines Apostels wird sich stets in den Bereichen

   - Zurüstung,
   - Training,
   - Anleitung anderer zu reifem Dienst

   vollziehen (Eph 4,11-17).

5. *Apostel müssen die Anerkennung und Bestätigung ihrer Kollegen haben.* Ehe ein apostolischer Dienst uneingeschränkt in sein Recht eingesetzt werden kann, muss ein „Apostelkandidat" von anderen Aposteln als zu diesem Dienst Berufener erkannt werden (Gal 2,9; Apg 13,1 ff.). Dies ist in der heutigen Zeit, in der wir es allenthalben mit Selbstberufenen und falschen Aposteln zu tun haben, von besonderer Wichtigkeit.
6. *Apostel müssen in ihrem Dienst die Frucht des Apostolats aufweisen.* In 1. Korinther 9,1 f. bezieht sich Paulus auf Kritiker, die sein Apostolat infrage stellen, und verweist dagegen auf seinen konkreten Dienst und die von ihm gegründeten Gemeinden. Apostelschaft ist also nicht eine innere, mystische Befindlichkeit, sondern ein aktiver Dienst, der sich an sichtbaren Ergebnissen beurteilen lässt.
7. *Apostel müssen ihren Dienst bewahren, indem sie sich anhaltend und völlig Christus unterwerfen.* Sonst werden sie aus dem Apostolat fallen und ihr Amt einbüßen wie Judas (Apg 1,25).

Zusammengefasst: Ein Apostel ist ein von Christus berufener und gesandter Mensch im Besitz der geistlichen Autorität, des Charakters, der Gaben und Fähigkeiten, um Menschen erfolgreich mit der Wahrheit des Reiches Gottes zu erreichen und in dessen Ordnungen zu integrieren, ganz besonders dadurch, dass er Ortsgemeinden gründet und beaufsichtigt.

Sieben Manifestationen übernatürlicher apostolischer Kraft

1. *Apostel ziehen auf übernatürliche Weise große Menschenmassen an.* Der Dienst eines Apostels steht sehr im Licht der Öffentlichkeit. Er beinhaltet die Arbeit mit vielen Menschen, seien sie errettet oder unerrettet. Biblische Aspekte dazu:
   a) Pfingsten (Apg 2,41).
   b) In Antiochien lief fast die gesamte Stadt zusammen, um die Apostel Paulus und Barnabas zu hören (Apg 13,44).
   c) Mehr als zwanzigmal erwähnt die Apostelgeschichte, dass sich viele Menschen versammelten, um dem Dienst des Apostels beizuwohnen.

   Man kann es auf die schlichte Formel bringen: Wunder ziehen Massen an.
2. *Gott gebraucht Apostel für übernatürliche Berührungen durch Handauflegung.* Das bezeugt die Schrift:
   a) Paulus hatte den starken Wunsch, nach Rom zu gehen. „Denn mich verlangt sehr, euch zu sehen, damit ich euch etwas geistliche Gnadengabe mitteile, um euch zu stärken" (Röm 1,11).
   b) Nachdem der Dienst des Philippus in Samaria eine Reihe von Neubekehrten hervorgebracht hatte, legten die Apostel Petrus und Johannes diesen die Hände auf, sodass sie die Gabe des Heiligen Geistes empfingen (Apg 8).
   c) Unter Handauflegung der Apostel begannen die zwölf Jünger in Ephesus, in Zungen zu reden und sich im Geist der Weissagung zu bewegen (Apg 19).
   d) Handauflegung führt immer zum Einfließen übernatürlicher Kraft (1. Tim 4,14; 5,22; 2. Tim 1,6).
3. *Apostel besitzen einen übernatürlichen Geist der Offenbarung.* In der Bibel erfuhren Apostel die übernatürliche Manifestation des Geistes der Offenbarung. Auf einen übernatürlichen Strom der Erkenntnis als Quelle vieler Inhalte seiner Lehre bezieht sich Paulus, wenn er schreibt: „Denn ich habe von dem Herrn empfangen, was ich auch euch überliefert habe ..." (1. Kor 11,23.) Freimütig sprach er über Ort und Zweck von Offenbarungen in seinem Dienst (2. Kor 12,1-7). Diese Offenbarungssalbung manifestierte sich vielfältig im Leben der Apostel:
   a) Sie hatten Visionen (Apg 10,9-22; 18,9; 2. Kor 12,1; Offb *passim*).
   b) Petrus erlangte ein Wort der Erkenntnis über Ananias und Saphira (Apg 5,3).
   c) Zuweilen traten übernatürliche prophetische Gaben in Erscheinung (1. Tim 1,18; 2. Tim 1,6).

   Freilich ermutigt Paulus alle Gläubigen, sich nach diesen Offenbarungsgaben auszustrecken (Eph 1, 15-23; 1. Kor 14,26).

4. *Apostel haben übernatürliche Gewalt über Krankheiten.* Beispiele dafür:
   a) Petrus und Johannes heilten einen Verkrüppelten an der Schönen Pforte, was die Stadt Jerusalem revolutionierte (Apg 3,1 ff.).
   b) Ein seit acht Jahren bettlägeriger Mann in Lydda wurde auf der Stelle durch Petrus geheilt, sodass die Leute, die dort wohnten, sich zu Jesus bekehrten (Apg 9,32-35).
   c) In Lystra wurde ein Gelähmter, der noch nie gelaufen war, geheilt (Apg 14,6-10).

   Mit zur Hauptsache dienten Wunder dazu, die Apostel in ihrer Aufgabe der Massenevangelisation zu unterstützen. *Wunder waren Predigt in Aktion.* Sie verdeutlichten unmissverständlich zwei Kerninhalte der Evangeliumsverkündigung, nämlich Gottes Barmherzigkeit und seinen Erlösungswillen: die Freisetzung aus Sündengebundenheit und von der Macht Satans.
5. *Apostel demonstrieren übernatürliche Macht über Dämonen.*
   a) In der Apostelgeschichte gibt es mehrere erhellende Szenen, in denen die Apostel Vollmacht ausübten, um böse Geister auszutreiben (5,16; 8,7; 16,16 ff.; 19,12).
   b) Jedes dieser Ereignisse stimmt überein mit dem Muster, das wir im Dienst Jesu sehen, und führte zu veränderten Leben.
6. Apostel lösen übernatürliches Gericht über Bosheit und Gottlosigkeit aus.
   a) In Apostelgeschichte 5 wurden Ananias und Saphira übernatürlich von Gott niedergestreckt, als der Apostel Petrus über ihren Fall befand.
   b) Bei anderer Gelegenheit sagte der Apostel Paulus Gottes Gericht über einen gottlosen Zauberer namens Elymas voraus (Apg 13,8-11).
   c) Manche Sünde ist dermaßen böse und grässlich, dass Gott mit unmittelbarem Gericht darauf reagiert.
7. *Apostel manifestieren übernatürliche Kraft, Tote aufzuerwecken.*
   a) Auch wenn die Apostel selbst von Krankheit und Tod nicht ausgenommen blieben, legten sie doch messbare Wunderkräfte dagegen an den Tag.
   b) Zwar wird nicht von jedem neutestamentlichen Apostel berichtet, dass er Tote auferweckt habe, aber es gab einen klaren Befehl des Herrn dazu (Mt 10,8).
   c) In Apostelgeschichte 9,36-42 wurde Dorkas übernatürlich von den Toten auferweckt (s. auch 11,5).

Entscheidungsgewalt in apostolischer Autorität

Ein Tiefenstudium wäre unvollständig ohne einen Blick auf die autoritative Entscheidungsgewalt der Apostel. Die den Aposteln verliehene geistliche Autorität umfasst den Umgang mit folgenden Verantwortungsbereichen:

1. *Apostel setzen Ordnungen fest (1. Kor 7,17; 11,34; 16,1).* Der Apostel Paulus war eifrig darauf bedacht, Lebensstil, Gebegewohnheiten und generelle Haltung der Gläubigen zu beaufsichtigen. Von Lehrfragen bis hin zu praktischen Angelegenheiten des Lebens mit Gott wurden Einfluss und Autorität der Apostel nirgendwo infrage gestellt.
2. *Apostel entscheiden in Lehrfragen (Apg 15,1.6).* Die „Einheit des Glaubens" erforderte stabile lehrmäßige Festlegungen, wie sie nur von den in Jerusalem versammelten Aposteln getroffen werden konnten (s. auch Eph 4,13).
3. *Apostel erlassen Anordnungen (Apg 16,4).* Sobald die Apostel und Ältesten in Jerusalem zu einer Einigung gekommen waren, erließen sie entsprechende Anordnungen. Dabei handelte es sich um dogmatische Festlegungen für die Kirche und ihre Glieder. Heute werden solche Entscheidungen oft in Gremienstrukturen getroffen.
4. *Apostel setzen Diakone und Älteste in ihre Ämter ein (Apg 6,1-4; 14,23).* Die Ordination als Einsetzung zum Dienst bedingt einen sehr wichtigen Entscheidungsfindungsprozess. Dazu gaben die Apostel den Anstoß und führten die Amtseinsetzungen dann auch durch. Sie besaßen von Gott die Autorität, den dafür Auserwählten Freisetzung zum Dienst und Bestätigung Gottes zukommen zu lassen.
5. *Apostel delegieren Autorität an „subapostolische" Leiter.* Es gehört zum Aufgabenbereich des Apostels, lokale Aufseher (Pastoren/Älteste) einzusetzen.

Die Zeichen eines Apostels

Demut im Hinblick auf ihren Dienst ist vielleicht das größte Zeichen der Apostel. Paulus hatte allen Grund, sich seiner Großtaten für den Herrn zu erfreuen. Seine Erfolgsgeschichte war legendär, aber er weigerte sich, sich das persönlich anrechnen zu lassen. An die Korinther schrieb er: „Wir aber wollen uns nicht ins Maßlose rühmen, sondern nach dem Maße des Wirkungskreises, den uns Gott als Maß zugeteilt hat ..., nicht in fremdem Wirkungskreis uns dessen ... rühmen, was schon fertig ist. ‚Wer sich aber rühmt, rühme sich des Herrn!' Denn nicht, wer sich selbst empfiehlt, der ist bewährt, sondern der, den der Herr empfiehlt" (2. Kor 10,13.16 ff.). Es ist die Gabe oder das Amt eines Menschen, das ihm Wirkungsraum verschafft. Niemand im geistlichen Dienst sollte jemals das Apostolat für sich in Anspruch nehmen, es sei denn, diese Gabe zeigte sich eindeutig und erführe Bestätigung vonseiten anderer Apostel und der gesamten Mitgliedschaft der Gemeinde.

„Wolken und Wind und doch kein Regen – so ist ein Mann, der mit Gaben prahlt und nie gibt" (Spr 25,14, Zürcher Bibel).

Zum Apostel wird jemand nicht aufgrund eines Titels oder einer Weissagung, die über ihn ergangen sein mag, sondern dank der Autorität, die er ausübt, und der Zeichen, die ihm folgen. Hauptnachweis seines Apostolats ist der Einfluss, den er durch seinen Dienst auf Gemeinden, Menschen und ganze Gemeinschaften hat. Die Gemeinde insgesamt muss lernen, wie sie gottgesandte Apostel erkennen kann. Im ersten Jahrhundert der Kirche gab es viele, die falsche Apostel genannt wurden, und eines ist sicher: Die Wiederherstellung echter Apostel wird auch in unseren Tagen nicht ohne das Auftreten selbsternannter und für sich selbst werbender Pseudoapostel abgehen.

Die biblischen Zeichen, die einem echten Apostel folgen, sind:

- Zeichen und Wunder, Krankenheilungen;
- die Gründung lokaler Gemeinden;
- Demut;
- die Anerkennung vonseiten anderer Apostel;
- Opferbereitschaft;
- Leiden;
- die Erfahrung von Engelheimsuchungen;
- persönliche Christusoffenbarung;
- Autorität;
- das Erkennen, Senden und Einsetzen anderer Geistlicher;
- Bewährung in Aufsicht und Urteilsfindung;
- die Befähigung, Gemeinden zu korrigieren.

Das vollkommene Modell apostolischen Dienstes ist Jesus, aber auch Paulus erfüllte alle diese Zeichen eines Apostels und zeigt, dass diese Eigenschaften auch für Menschen über den Jüngerkreis der Zwölf hinaus zur Verfügung stehen:

- Zeichen und Wunder manifestierten sich kontinuierlich (2. Kor 12,12; 1. Kor 4,19 f.).

- Die Gemeinden, die er gründete, waren Beweis seiner Berufung und Begabung, „das Siegel meines Apostelamtes“ (1. Kor 9,2).
- Demut in Wort und Tat kennzeichnete seinen Dienststil, obwohl er mehr Veranlassung gehabt hätte, sich zu rühmen, als jeder andere geistliche Diener seiner Zeit (2. Kor 11,22 f.; 1. Kor 4,9).
- Andere Apostel und sonstige Menschen im geistlichen Dienst erkannten ihn an (Gal 2,9).
- Er brachte Opfer und diente lieber anderen, als sich selbst bedienen zu lassen (Phil 2,17; 1. Kor 9,1-27).
- Leiden und Verfolgung gehörten zu seinem Alltag (2. Kor 4,8-11; 11,23-27).
- Engel erschienen ihm (Apg 27,23).
- Er erlebte eine persönliche Heimsuchung durch Jesus und wurde unmittelbar vom Herrn in sein Amt eingesetzt (Apg 9,3-6; 1. Kor 9,1).
- Er verkörperte Autorität, sowohl in persönlichem Kontakt als auch durch Briefe. Er selbst pochte auf diese Autorität (2. Kor 10,8; 1. Kor 4,19 ff.).
- Er ernannte andere geistliche Mitarbeiter (Apg 14,23; Tit 1,5).
- Seine Briefe haben vorwiegend Korrektur zum Inhalt (1. Kor 5-15).
- Er fällte Urteile (Apg 13,9-12; 1. Kor 5,5).

Die Bestätigung des Apostolats der Zwölf nach der Auferstehung Jesu
Der auferstandene Christus gesellte sich vierzig Tage lang zu seinen Jüngern und erneuerte den Auftrag der Zwölf (deren Anzahl sich freilich durch den Abfall des Judas auf elf reduziert hatte). Die Zwölf, die sich zunächst zerstreut hatten, nachdem sie den Obersaal verlassen hatten, kamen wieder zusammen. Im Laufe eines Zeitraums von vierzig Tagen erlebten sie mehrere Erscheinungen des auferstandenen Jesus. Während dieser seiner Erscheinungen erneuerte der Herr ihren Auftrag als seine Apostel (Mt 28,16-20; Lk 24,33-49).

Mit dieser Beauftragung erhielten sie nach Apostelgeschichte 1,4-8 die Anweisung, gemeinsam in Jerusalem zu bleiben, bis der verheißene Heilige Geist auf sie kommen werde (vgl. Lk 24,46). Durch diese erneuerte Beauftragung wurden die Elf endgültig zu Christi Aposteln und damit zugleich zu den ersten Weltmissionaren der Christenheit, aber mit einer Alleinstellung unter allen christlichen Missionaren insoweit, als dass nur sie als Apostel bei kritischen Angelegenheiten, die mit dem Fundament der Kirche zu tun hatten, in Generalvollmacht Christi auftreten konnten.

Unaufhörliches Apostolat und Sukzession

Mit dem Thema Apostolat kann man sich nicht auseinandersetzen, ohne sich der Frage des *cessationism* zuzuwenden. Diejenigen nämlich, die glauben, mit dem Tode des letzten von Jesus ernannten Apostels hätten alle Wunderzeichen aufgehört, erklären auch, der Dienst sowohl des Apostels als auch des Propheten sei nicht länger gegeben und auch nicht mehr notwendig.

> Mit allem Nachdruck behauptet Benjamin B. Warfield:
> *Diese Gaben waren nicht Besitz des Christen der ersten Generation als solchen und auch nicht der apostolischen Gemeinde oder des apostolischen Zeitalters an sich, sie waren die unverwechselbare Beglaubigung der Apostel. Sie gehörten zu den Dingen, die die Apostel als autoritative Statthalter Gottes im Prozess der Gründung der Kirche erwiesen.*[78]

Es gibt aber einen beträchtlichen Teil der Christenheit, der den Eigenschaften des Apostolats noch zwei weitere hinzufügt, nämlich

- Unaufhörlichkeit und
- Sukzessivität.

Nun verträgt sich allerdings Unaufhörlichkeit nicht mit dem innersten Wesen apostolischer Arbeit. Ferner konnte es gar keine Nachfolger geben, die sämtliche oben aufgeführten Eigenschaften aufwiesen, sind doch viele dieser Eigenschaften durch und durch übernatürlich und einige außerhalb der Zeitgenossenschaft Jesu eine historische Unmöglichkeit.

Nehmen wir z. B. die Bischöfe episkopal geführter Kirchen. Die römisch-katholische Kirche behauptet in dogmatisierter Form, sie verfüge über das wahre Apostolat, das mittels ordinierender Handauflegung seit frühester Zeit ununterbrochen in linearer Sukzession weitergegeben worden sei – so nachzulesen nicht nur in den Beschlüssen und Canones des Konzils von Trient, sondern auch in etlichen wenn auch vergleichsweise zurückhaltend formulierenden Veröffentlichungen aus der Zeit nach dem Zweiten Vaticanum, etwa im aktuellen Katechismus. Die römisch-katholische Kirche nimmt für sich in Anspruch, die einzige Kirche mit wahrer apostolischer Autorität und mithin die einzige mit einem gültigen geistlichen Dienstamt zu sein (auch wenn das Zweite Vaticanum die Möglichkeit offengelassen hat,

78 B. B. Warfield, Counterfeit Miracles, Edinburgh 1976, S. 6.

dass auch andere „katholische“ Kirchengemeinschaften apostolische Sukzession haben können).

Zum Nachweis ihres Apostolizitätsanspruchs verweist die römische Amtskirche auf

- die Wahl des Matthias;
- Hinweise auf Apostel außerhalb des durch Paulus erweiteren Elferkreises;
- Jesu Aussage über die apostolische Mission (Mt 10,14) und
- seine Worte an Petrus über die diesem verliehene Schlüsselgewalt (Mt 16,18 f.).

In einem katholischen Lexikon jüngeren Datums wird ausgeführt:

> *A[postolische] S[ukzession] bezeichnet die durch die Ordination begründete Eingebundenheit eines Bischofs (und abgeleitet davon eines Priesters und eines Diakons) in das Kollegium der Bischöfe, das nur eines ist und bis auf die Apostel zurückreicht. ... Eine entfaltete Lehre von der a. S. ist im N. T. noch nicht gegeben. Aber die gemeinte Sache ist in Ansätzen deutlich greifbar. Paulus hat Timotheus zu seiner Vertretung bestimmt (1 Kor 4,7). Nach der Apg setzten die „Zwölf“ sieben „Diakone“ ein. Paulus und Barnabas bestellten „Presbyter“. Nach den Pastoralbriefen erfolgt die Einsetzung in die kirchlichen Ämter durch Handauflegung und Gebet. ... 1 Clem liegt ein deutliches Zeugnis für die a. S. vor. Nur der kirchliche Amtsträger übt sein Amt rechtens aus, der es von den Aposteln herleitet. ... In der kath. Theologie ist die a. S. als ein konstitutives Element des kirchlichen Amtes nie ernsthaft infrage gestellt worden. ... In mehreren päpstlichen oder konziliaren Dokumenten werden die Bischöfe als die Nachfolger der Apostel und der Papst als der Nachfolger des Petrus bezeichnet (...). Besonders ausführlich hat das Vaticanum II darüber gehandelt, dass sich das Kollegium der Apostel im Kollegium der Bischöfe und das Amt des Petrus im Amt des Papstes fortsetzt. Das Konzil hat die a. S. als auf „göttliche Eingebung“ zurückgehend bezeichnet ... In LG [Dogmatische Konstitution über die Kirche „Lumen gentium“ des Zweiten Vaticanums, 1964] 20 heißt es: „... lehrt die heilige Synode, dass die Bischöfe aufgrund göttlicher Einsetzung an die Stelle der Apostel als Hirten der Kirche getreten sind.“*[79]

79 W. Löser, Art. „Apostolische Sukzession“, in: W. Beinert (Hrsg.), Lexikon der katholischen Dogmatik, Freiburg/Basel/Wien 1987, S. 21 f.

Die herausragende Stellung Petri als des Ersten unter den apostolisch Beauftragten wird in Johannes 21,15 ff. – nach dem bereits in Matthäus 16,18 f. Gesagten – abschließend von Jesus bestätigt gesehen.

Aus protestantischer Sicht werden gegen das Dogma der apostolischen Sukzession folgende Kernargumente ins Feld geführt:

1. Keine der von katholischen Dogmatikern immer wieder angeführten Bibelstellen kann das Konzept der immerwährenden apostolischen Sukzession wirklich belegen.
2. Niemand in nachapostolischer Zeit hat tatsächlich den Herrn gesehen.
3. Im Rahmen der behaupteten apostolischen Sukzession weist niemand die Zeichen eines Apostels auf. In der ersten (apostolischen) Generation waren übernatürliche „Zeichengaben“ gang und gäbe, aber niemand außer den Aposteln selbst hatte und hat die Vollmacht, diese Zeichengaben an andere weiterzureichen.

Ähnliche Ansprüche, wenngleich weniger formell vorgetragen, werden von anglikanischen Hochkirchlern, Griechisch-Orthodoxen, Armeniern, Syrern, Kopten und anderen autochthonen Kirchen des Orients erhoben.

Probleme und Fragen

Neben den Kernpunkten, die wir bisher behandelt haben, gibt es noch einige untergeordnete Fragen, denen wir uns kurz zuwenden sollten:

a) Nimmt Petrus unter den Zwölfen einen besonderen Platz ein?
b) Was hat es mit dem außerordentlichen Apostolat des Paulus auf sich?
c) In welcher Beziehung stehen die Apostel zu den Propheten? Ist es angebracht, eine bestimmte Gruppe christlicher Missionare, wenn auch abgeschwächt, ebenfalls als Apostel zu bezeichnen?

Die einzigartige Zusage, die der Herr dem Petrus nach dessen herrlichem Bekenntnis gab (ἀποκριθεὶς δὲ Σίμων Πέτρος εἶπεν, Σὺ εἶ ὁ Χριστὸς ὁ υἱὸς τοῦ θεοῦ τοῦ ζῶντος, Mt 16,16), scheint allen unterschiedlichen Auslegungen zum Trotz ein klarer Hinweis darauf zu sein, dass Petrus im Prozess der Gründung der Kirche die anderen Apostel überragt. Nach seiner Auferstehung aber hat Jesus einiges aus dieser Zusage auf die Elf, vielleicht sogar auf sämtliche „Jünger“, ausgedehnt: εἶπεν οὖν αὐτοῖς [ὁ Ἰησοῦς] πάλιν, Εἰρήνη ὑμῖν· καθὼς ἀπέσταλκέν με ὁ πατήρ, κἀγὼ πέμπω ὑμᾶς. καὶ τοῦτο εἰπὼν ἐνεφύσησεν καὶ λέγει αὐτοῖς, Λάβετε πνεῦμα ἅγιον· ἄν τινων ἀφῆτε τὰς ἁμαρτίας ἀφέωνται αὐτοῖς, ἄν τινων κρατῆτε κεκράτηνται (Joh 20,21 ff.; vgl. V. 19).

Was immer der Herr in Petrus Besonderes sah, scheint sich in der herausragenden Leiterschaft des Petrus in den ersten zwölf Kapiteln der Apostelgeschichte erfüllt zu haben, vor allem darin, dass er die Tür der Kirche offiziell aufschloss für

- zunächst die jüdische Nation, die den Erlöser zurückgewiesen hatte (Apg 2,14-47; bes. V. 41);
- sodann die jüdisch-heidnisch durchmischten Samaritaner (Apg 8,14-17);
- schließlich – ein sehr vielversprechender Anfang – die Heiden (Apg 10,1-48; bes. V. 44).

Genauso scheint Petrus selbst den berühmten Ausspruch des Herrn über ihn verstanden zu haben (Apg 15,6-9; bes. V. 7). In allen angeführten Texten waren die übernatürlichen Zeichengaben aufs Engste mit dem apostolischen Dienst des Petrus verbunden.

Das außerordentliche Apostolat des Paulus ist bereits zur Sprache gekommen. Auch wenn er nicht, wie die anderen, vom Anfang des irdischen Dienstes Jesu an mit dem Herrn unterwegs gewesen war, erfüllte er alle Qualifikationen eines Apostels, und zwar dank der besonderen Gnadenzuwendung des auferstandenen Herrn. Es muss betont werden, dass Paulus seine einzigartige Berufungserfahrung mitnichten als rein „visionär" im Sinne eines bloßen „Im-Geist-Seins" begriff. Es war ein nüchternes, reales Erlebnis in Zeit und Raum. Seine in der Apostelgeschichte überlieferten Bezeugungen des Damaskuserlebnisses lassen zwar den einen oder anderen Aspekt offen, stellen aber klar, dass es eine innerweltliche Erfahrung war. Nicht allein Paulus als Hauptbetroffenem des Geschehens war bewusst, dass sich hier etwas Ungewöhnliches zutrug, sondern auch alle anderen Beteiligten spürten das (Apg 9,6; 22,9; 26,12 ff.). Einschlägige Texte hierfür sind u. a. 1. Korinther 15,9 f.; Galater 1,13.23, Philipper 3,7 f.; hinzu kommen die zahlreichen Briefgrüße des Paulus wie Römer 1,1, 1. Korinther 1,1 usw. (s. auch Röm 15,19; 1. Kor 3,5; 14,1.37; 2. Kor 5,20; 6,1; 12,1 f.; 1. Thess 1,5).

Anders verhält es sich mit 1. Korinther 15,7, wo Jakobus mitnichten eindeutig als Apostel benannt wird, auch wenn vieles für ein solches Textverständnis spricht. Der Text zeigt, dass Jakobus in seiner Leiterschaft ebenso hervorragte wie ein Apostel. Galater 1,19 scheint zu besagen, dass der Herrenbruder Jakobus Apostel war. Manche sind der Auffassung, er sei kein anderer als „Jakobus der Kleine", was aber nicht wahrscheinlich ist, sieht es doch danach aus, dass die leiblichen Brüder Jesu ihn bis nach der Auferstehung abgelehnt hätten. Nichtsdestoweniger könnte Jakobus genau wie Paulus ein Apostel „von unzeitiger Geburt" gewesen sein.[80] Wir haben aber keinen belastbaren Nachweis dafür, dass im Neuen Testament irgendjemand anders als der ursprüngliche Zwölferkreis, Matthias, Paulus und vielleicht der Herrenbruder Jakobus jemals als Apostel Jesu Christi eingestuft worden wäre. Folglich lässt sich das sogenannte Apostolat zweiter Ordnung nicht sicher behaupten.

Ekklesiale Organisation

Bis jetzt haben wir genauer betrachtet, was sich aus der Schlussfolgerung ergibt, dass nach dem Befund der ältesten Quellen Apostel, Propheten und Lehrer nicht irgendeiner einzelnen Gemeinde zugeteilt waren und angehörten, sondern ihr Dienst *der ganzen Kirche* galt. Auf diese Weise besaß die Christenheit all ihren zerstreuten Fragmenten zum Trotz einen gewissen inneren Zusammenhalt und ein Band der Einheit, das häufig unterschätzt worden ist.

Im Rückgriff auf diese wandernden, in jeder Gemeinde mit äußerstem Respekt empfangenen Apostel und Propheten lässt sich erklären, wie es kommt, dass sich die Kirche trotz ihrer Ausbreitung über die verschiedensten Provinzen unter sehr disparaten Umständen einen erstaunlichen Grad an Geschlossenheit bewahrte. Wir besitzen auch keineswegs nur dürftige Quellen, die wenig mehr als die Namen der Apostel enthalten und den Respekt zu erkennen geben, der ihnen entgegengebracht wurde.

Vielmehr besitzen wir eine ganze Gattung frühchristlicher Literatur, die uns das Wirken der Apostel tradiert, nämlich die sog. Katholischen Briefe und Schriften. Ursprung, Verbreitung und Beliebtheit einer so speziellen und in vielerlei Hinsicht auch rätselhaften literarischen Gattung lassen sich nicht verstehen, solange man sie nicht mit dem, was wir über die frühchristlichen „Apostel, Propheten und Lehrer" wissen, in Verbindung bringt.

Zieht man in Betracht, dass diese Männer von Gott in die Kirche gesetzt wurden – d. h. in das Christentum insgesamt und nicht etwa in einzelne Gemeinden, da ihr Ruf der ganzen Kirche galt –, so wird offensichtlich, dass die an die ganze Christenheit adressierten sog. Katholischen Briefe und Schriften eine Literaturgattung bilden, die mit

80 Vgl. die sehr aufschlussreiche Erörterung von D. Alford zu Mt. 10,3; 13,55; Joh 7,5 und Gal 1,19 sowie seine Einführung in den Jakobusbrief; alles in: The New Testament for English Readers, Chicago o. J. Sehr lesenswert sind auch einige Anmerkungen von J. J. Gunther, The Family of Jesus, The Evangelical Quarterly 46, 1974, S. 25-41.

diesen Geistlichen zu tun hat und offenbar schon vergleichsweise früh in Umlauf gekommen ist. Dies erschwert die Sukzession des ursprünglichen apostolischen Dienstes zu einem nicht geringen Teil.

Unmerklich gingen Idee und Institution einer von der allgemeinen Schar der Gläubigen gesonderten Priesterschaft, eingebettet in die sakralen Riten rund um Opfer und Altar, aus jüdischen und heidnischen Erinnerungen und Prägungen in die christliche Kirche über. Die Mehrzahl der Bekehrten aus dem Judentum hielt hartnäckig an den mosaischen Institutionen und Riten fest, ja, ein guter Teil dieser Judenchristen erlangte niemals die ganze geistliche Freiheit, die Paulus verkündigt hatte, oder fiel bald wieder hinter sie zurück. In Galatien wie Korinth widersetzte sich Paulus legalistischen und ritualisierenden Tendenzen, und obwohl Klerikalismus unter den von ihm angeprangerten Irrtümern seiner judaisierenden Widersacher nicht aufscheint, bot die Dreigliederung der alttestamentlichen Priesterschaft in die Ämter des Hohenpriesters, der Priester und der Leviten eine naheliegende Analogie zum dreigestuften neutestamentlich-kirchlichen Amt der Bischöfe, Priester und Diakone und wurde alsbald als dessen Vorbild gesehen. Umso weniger konnten die heidnischen Christen sich sogleich von ihren traditionellen religiösen Prägungen, in denen Priesterschaft, Altar und Opfer eine tragende Rolle gespielt hatten, emanzipieren.[81]

Die Pastoralbriefe scheinen eine ausdifferenziertere kirchliche Organisation vorauszusetzen als die übrigen Paulusbriefe und dürften deshalb einer Phase des Übergangs von apostolischer Einfachheit oder – wenn man so sagen kann – christlicher Demokratie zur episkopalen Hierarchie des zweiten Jahrhunderts angehören.

Paulus als Nachfolger Christi im 1. Timotheusbrief

Als Nachfolger Christi in der Sorge um das Evangelium wuchsen Paulus weitgespannte Verantwortungsbereiche zu, gepaart mit der weitreichenden Autorität, diese Verantwortung auch in der Praxis wahrzunehmen. Folgendes lässt sich zeigen:

1. Die Adressaten des Briefes konnten in Paulus den Nachfolger Christi als Bewahrer des Evangeliums und der darauf gegründeten Kirche erkennen.
2. Aus dieser Nachfolgestellung ergibt sich die besondere Berufung des Paulus:
   2.1 Er ringt um die Orthodoxie.

81 Vgl. P. Schaff, History of the Christian Church, Grand Rapids, MI 1910, S. 123.

2.1.1 Aus ihrer Sukzessivität heraus weiß Paulus und wissen seine Schüler, wie mit dem Gesetz umzugehen ist, und tatsächlich bringt es in ihren Händen gute Frucht hervor – im Gegensatz dazu, wie die Dinge bei den falschen Lehrern liegen, die sich nicht in Sukzession befinden. Sie wissen nicht mit dem Gesetz umzugehen und bringen deswegen schlechte Frucht hervor (1,1-11).

2.1.2 Aus seiner Sukzessivität heraus hat Paulus Autorität über die Lehre in seinen Gemeinden inne.

2.1.2.1 Er tritt in der Vollmacht Christi auf, um die Lehre zu bewahren (1,3; 6,2b-4).

2.1.2.2 Er sanktioniert rechte Lehre (1,15; 2,5-6a; 3,16; 4,4 ff. 7-11; 6,2b).

2.1.2.3 Er weist falsche Lehre zurück (1,3 f.; 4,1-5.7-10).

2.1.3 Aus seiner Sukzessivität heraus kann Paulus seine Lehrverantwortung an die „richtigen" Leute delegieren:

2.1.3.1 Leute, die im Einklang mit der Autorität des Paulus lehren (1,3; 4,7-11).

2.1.3.2 Leute, deren Lebensführung dieser Rolle gerecht wird, sodass der Wandel der Gläubigen nicht in den Schmutz gezogen werden kann (1,3; 2,12; 3,2).

2.1.3.3 Paulus setzt Timotheus ein, diese Verantwortung zu tragen (1,3.18 f.; 6,12-15.20).

2.2 Er fördert die Orthopraxie:

2.2.1 durch sein eigenes Beispiel (1,12-16);

2.2.2 indem er seine Leute zu einem tadellosen Lebenswandel auffordert (1,3 f.; 1,18 f.; 2,1-7; 8-15; 3,14 f.; 5,1 f.; 5,3-16; 6,1-2a.; 6,17 f.).

2.3 Er beaufsichtigt den Dienst anderer Leiter in den Gemeinden.

2.3.1 Er gibt Timotheus Anweisungen, was zu tun ist und wie er es tun soll (3,14 f.; 4,11 f.; 4,16; 5,20 f.; 5,22b-25).

2.3.2 Er übt Gemeindezucht aus (1,19b-20).

2.3.3 Er diktiert Qualifikationen, Charakteranforderungen und Aufgaben anderer Leiter in den Gemeinden (3,1-7.8-15).

2.3.4 Er wirkt durch seinen Nachfolger auf andere Leiter ein (1.18 f.; 3,1-13.14 f.; 5,19-25).

Die *erste* Funktion der Sukzession von Christus auf Paulus im 1. Timotheusbrief ist die Absicherung institutioneller Vitalität.

Zweitens: als Paulus das Evangelium empfing, empfing er zugleich die Aufgabe, es rein und wirkmächtig zu halten, und die dazu nötige Autorität. Seine Berufung ist Resultat seiner Sukzessivität bzw. der Beauftragung, die ihm bei seiner Bekehrung zuteil wurde (2,7).

Als *Drittes* ist zu sagen, dass Paulus im Ergebnis seiner Sukzessivität die Rolle zufiel, die Jesus selbst auf Erden gespielt hatte – die Rolle des autoritativen Bewahrers des wahren Evangeliums. Vom Evangelium her gesehen sichert die Nachfolge also Kontinuität und Wirkung: Es tritt keine Unterbrechung in der Sorge um das Evangelium ein, auch in Jesu Abwesenheit wird es nicht nur bewahrt, sondern richtig eingesetzt – weil Jesus Paulus zu seinem Apostel und Nachfolger in dieser Aufgabe bestimmt hatte.

Wir sehen also eine dreifache Nachfolge:

- von Christus zu Paulus;
- von Paulus zu Timotheus;
- von Timotheus zu den Ältesten der Gemeinden.

Timotheus in der Nachfolge des Paulus einerseits, der Ältesten andererseits

- Die erste Sukzession, von Christus auf Paulus, ist grundlegend für das Verständnis von Paulus' erstem Brief an Timotheus (1,18; 6,20).
- Der zweiten Sukzession, von Paulus auf Timotheus, geht diejenige von den Ältesten auf Timotheus voraus; beide sind miteinander verwoben.
- Timotheus' Ältestennachfolge wird nachgerade als Vorbereitungsschritt für seine Paulusnachfolge gesehen; seine Paulusnachfolge erwächst aus seiner Ältestennachfolge.

Nach der Zerstörung Jerusalems büßte die Kirche ihren Glauben an die baldige Wiederkunft Christi ein, begann in der Welt heimisch zu werden und traf in Gestalt eines festgelegten Glaubensbekenntnisses und einer stabilen Organisationsstruktur, die ihre Einheit herstellte und ihr gegen heidnische Verfolgung sowie häretische Verderbnis den Rücken stärkte, Vorkehrungen, diesen Zustand dauerhaft werden zu lassen.

Die rasante Entartung des frühen Christentums ist gut dokumentiert. Sie zeigt sich an mangelnder biblischer Verkündigung in der nachapostolischen Zeit, aber das war nicht das einzige Problem. Die Ordnung der Glaubenstaufe wandelte sich rasend schnell zum Dogma der Taufwiedergeburt. Das Abendmahl verlor seinen Charakter als Gedächtnismahl für die Gläubigen zugunsten eines weithin als solchen anerkannten Sakraments, das vermeintlich Heilsgnade vermittelte. Ebenso rasch wandelte sich der Charakter der christlichen Leiterschaft: von den biblischen Ämtern der Ältesten und Diakone zur menschlichen Priesterhierarchie mitsamt den autoritären Übersteigerungen des Bischofsamtes in seinem unbiblischen Verständnis der „apostolischen Sukzession“.[82]

Diese ebenso einfache wie flexible Organisation bezeichnen wir als Episkopat, dessen nachgeordnete Dienstebenen Presbyteriat und Diakonat sind; hinzu kommen Wohltätigkeitseinrichtungen für Witwen und Waisen. Es wird behauptet, dass wir ebendiese Organisationsfrom in den Pastoralbriefen vorfänden, die im Namen des Paulus verfasst seien, um der sich etablierenden Hierarchie größeres Gewicht zu verleihen.

Schaut man jedoch näher hin, so erkennt man einen sehr ausgeprägten Unterschied zwischen der Gemeindeverfassung der Pastoralbriefe und derjenigen des zweiten Jahrhunderts. Wir finden nicht ein Wort über den göttlichen Ursprung des Episkopats und keine Spur eines kongregationalen Episkopats wie in den Ignatianen. Noch viel weniger lassen sich Hinweise auf ein Diözesanepiskopat wie bei Irenäus und Tertullian entdecken.

In den Pastoralbriefen sind Bischöfe und Presbyter noch, wie in der Apostelgeschichte (20,17.28) und im zweifellos echt paulinischen Philipperbrief (1,1), dasselbe. Selbst Timotheus und Titus erscheinen schlicht und einfach als von den Aposteln für eine bestimmte Mission delegiert. Qualifikationen und Funktionen des Bischofs umfassen die Eignung zur Lehre und einen makellosen Charakter, und ihre Autorität stützt sich eher auf ihren moralischen Charakter als auf ihr Amt. Sie sollen verheiratet sein und müssen in der Führung ihres eigenen Haushalts ein Beispiel für gutes Vorstehen und Leiten geben. Die Ordination, die Timotheus zuteil wurde (1. Tim 4,14; 5,22), muss sich nicht von der Einsetzung der Diakone und Ältesten, wie sie im ersten Teil der Apostelgeschichte erwähnt wird, unterschieden haben.

Während der letzten Jahrzehnte des ersten und zu Beginn des zweiten Jahrhunderts hinterließ die außergewöhnliche Tätigkeit dieser Apostel, Propheten oder Lehrer bleibende Eindrücke, die sich in den „katholischen“ Briefen niedergeschlagen haben, außerdem auch

82 Vgl. J. B. Lightfoot, The Christian Ministry, in: ders., Saint Paul's Epistle to the Philippians, Nd. Grand Rapids, MI 1953, S. 196-201. Obschon Lightfoot selbst 1879 Bischof von Durham wurde und stark der anglikanischen Tradition verhaftet blieb, kritisiert er doch die apostolische Sukzession des zweiten Jahrhunderts, in der Bischöfe die Plätze der Apostel einnahmen und ihrerseits Gruppen von Ältesten vorsaßen.

in anderen Schriften wie dem „Hirten“ des Hermas, zusammengestellt von einem Autor, über den wir nichts wissen als die Tatsache, dass seine Offenbarungen allen Gemeinden mitgeteilt werden sollten. Er ist ein Prophet, aber kein „römischer“, sondern in seinem prophetischen Dienst ein Lehrer für die Christenheit insgesamt.

Wie wir sahen, kam das Christentum zu *Kirchenfunktionären* – im Unterschied zu lokalen Gemeindemitarbeitern – erst nachdem das Episkopat als Institution verstanden wurde, die das Apostolat perpetuieren sollte, und zwar so, dass jeder einzelne Bischof nicht nur als Amtsträger, sondern als Teil der hierarchischen Rangordnung der katholischen Kirche und in ebendiesem Sinne als Nachfolger der Apostel gesehen wurde. Das ist eine zutreffende Beobachtung.

Aber folgende Betrachtung muss hinzukommen: In der frühesten Zeit kamen spezielle Organisationsformen auf, die in einer Hinsicht in Analogie zum kirchlichen Amt im späteren Katholizismus stehen. Denn diejenigen, die Gottes Wort verkündigten, waren „katholische Lehrer“, doch als diese ursprünglichen Lehrer allmählich zu verschwinden begannen, setzte eine Entwicklung ein, die im Triumph des monarchischen Episkopats endete, d. h. in der Anerkennung der apostolischen und katholischen Bedeutung, die dem Episkopat zugeschrieben wurde. Die Vorstufen dieser Entwicklung können wir im Epheserbrief, bei Hermas und in der Didache überall dort entdecken, wo darum geworben wird, die ständigen Mitarbeiter der Gemeinden vor Ort der Apostel-Propheten-Lehrer-Klasse zuzurechnen, oder wo diese Zugehörigkeit bereits vorausgesetzt wird. In dem Moment, wo diese Zuordnung vorgenommen wurde, war die grundlegende Bedingung dafür gegeben, dass die Bischöfe sich zumindest das Prestige der Apostel, Propheten und Lehrer aneignen konnten.

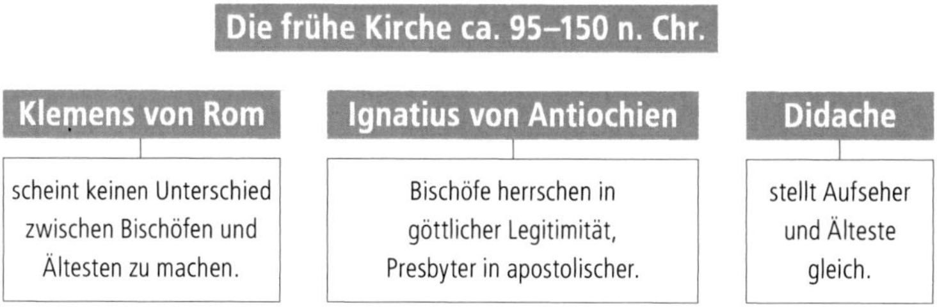
Die frühe Kirche ca. 95–150 n. Chr.
Klemens von Rom
scheint keinen Unterschied zwischen Bischöfen und Ältesten zu machen.
Ignatius von Antiochien
Bischöfe herrschen in göttlicher Legitimität, Presbyter in apostolischer.
Didache
stellt Aufseher und Älteste gleich.

Bei prominenten Bischöfen wie Polykarp von Smyrna war das Ergebnis längst absehbar gewesen, wurde Polykarp doch in seiner Gemeinde und ganz Asien als „apostolischer und prophetischer Lehrer“ verehrt. Es ist überraschend, dass die Kirche nicht darin fortfuhr, solche Geistlichen als Apostel zu titulieren.

Der biblische Befund bietet eine Reihe von Streiflichtern zum kirchlichen Leben im frühen Christentum. Es zeigt sich eine Reihe von Mustern, ebenso wie von Zeit zu Zeit spezielle Anordnungen auftauchen. Und doch bietet das Neue Testament kein präzises Handbuch zur Organisation kirchlicher Leitungsstrukturen. Nichtsdestoweniger lassen sich klare Muster und unterscheidbare Leitlinien ausmachen, nach denen die neutestamentlichen Gemeinden funktionierten. Sehr allgemein gesprochen haben wir es mit fünf Formen der Kirchenleitung bzw. -verfassung zu tun: der

- episkopalen (wie bei römischen Katholiken, Anglikanern/Episkopalen, Methodisten),
- presbyterialen,
- kongregationalen (wie bei Baptisten, Kongregationalisten und einigen Lutheranern),
- erastischen (nationale und Staatskirchen) und
- minimalistischen bzw. leitungsfreien (wie bei Quäkern oder Brüdergemeinden).[83]

Jedes dieser Systeme scheint positive, ja empfehlenswerte Züge zu haben. Jedes sucht bestimmte in der Schrift vorfindliche Momente zu betonen. Wahrscheinlich waren in den frühen Phasen der Kirchengeschichte Kirchenleitung und -verfassung noch nicht hoch entwickelt. Örtliche Gemeinden waren bloß lose verbundene Gruppen. Mit sehr hoher Wahrscheinlichkeit gab es im Bereich der Gemeindeleitung eine Vielheit praktischer Regelungen und Handhabungen.[84]

Denn jede Kirche organisierte sich unter Berücksichtigung ihrer individuellen kontextuellen Gegebenheiten selbst. Beispielsweise zogen die Apostel die jerusalemische Gemeinde mit heran, als es darum ging, Kandidaten zum Dienst an den Witwen zu bestimmen (Apg 6,3), während Paulus unter anderen Umständen Titus anwies, auf Kreta Älteste zu ernennen (Tit 1,5).

Aus dem Schriftbefund ergibt sich jedoch Folgendes: Die Gemeinden des Neuen Testaments waren in ihrer Leitung und Verfassung

83 Vgl. M. J. Erickson, Art. „Polity“, in: Concise Dictionary of Christian Theology, Wheaton, IL 2001².

84 Vgl. K. McKim, Art. „Polity“, in: Westminster Dictionary of Theological Terms, Louisville, KY 1966.

grundsätzlich kongregationalistisch. Im Einzelnen mag es Variationen gegeben haben, im Prinzip aber waren alle Gemeinden lokale Vereinigungen von Gläubigen, die kongregationalistisch arbeiteten. Ferner existierten in jeder Gemeinde zwei und nur zwei Ämter: das des Pastors (bzw. der Ältesten oder Bischöfe) und das des Diakons (Phil 1,1; 1. Tim 3,1-13).

An keiner Stelle gibt die Schrift einen Hinweis darauf, wie viele dieser Amtsträger es jeweils gab oder geben sollte. Ich komme aufgrund des Befundes zu dem Ergebnis, dass es auf die Anzahl auch gar nicht ankommt, sehr wohl aber darauf, dass Menschen, die Leitungsämter bekleiden, den biblischen Qualifikationen dafür genügen. Wenn es um Älteste geht, ist es weit wichtiger, wer es ist, der der Gemeinde führend die Richtung weist, als wie viele Leute sich diese Aufgabe teilen.

Theologische Überlegungen

Die biblischen Angaben, vorzugsweise das, was wir in der Apostelgeschichte und in den paulinischen Briefen finden, unterstützen ein kongregationalistisches Modell der Kirchenleitung und -verfassung. Dabei müssen mehrere Punkte in Betracht gezogen werden:

1. Wer waren die Briefempfänger?
2. Wer trug die Verantwortung für die Reinhaltung der Lehre?
3. Wie steht es um das Aufhören des apostolischen Amtes?
4. Was wissen wir über Kirchenordnungen und die Einheit in und unter den Gemeinden?
5. Was hat es mit dem Priestertum aller Gläubigen auf sich?
6. Das Schriftprinzip (*sola scriptura*) ist zu beachten.
7. Das Zeugnis der Didache ist zurate zu ziehen.

Die Empfänger der neutestamentlichen Briefe

In ihrer großen Mehrzahl wurden die Briefe des Neuen Testaments an Kirchengemeinden geschrieben. Ja, nicht ein einziger Brief ist an einen Bischof, ein Ältestenkollegium oder die Diakone einer Gemeinde adressiert. Die Briefe sind an die Gemeinden gerichtet, und zwar mit Blick auf die gesamte Mitgliedschaft derselben. Weil jedes Glied am Leib Gläubiger und Priester zugleich mit allen Rechten und Verbindlichkeiten ist, ist auch jeder, der zur Gemeinde gehört, Empfänger der in den Briefen enthaltenen apostolischen Instruktionen. Selbst die Offenbarung, das letzte Buch unseres Neuen Testaments, richtet sich ausdrücklich an „die sieben Gemeinden, die in Asien sind“ (1,4).

Die Verantwortung für Glaubenslehre und -praxis
Die Wahrung der guten Lehre und Glaubenspraxis ist der gesamten Gemeinde anvertraut. Selbstverständlich liegt bei den Leitern der Gemeinden eine besondere Verantwortung und Rechenschaftspflicht (Apg 20,28-32; 1. Thess 5,12 f.; 1. Tim 3,2; 2. Tim 2,1 f.; 4,1-5; Tit 1,9; Jak 3,1; 1. Petr 5,2), aber mit Origenes ist zu sagen, dass niemand die Gemeinde von der Pflicht entlasten kann, vor Gott für die apostolische Lehrtreue geradezustehen.[85]

In 1. Korinther 11,17-34 findet sich ein Tadel wegen verkehrter Handhabung des Abendmahls, und dieser Tadel richtet sich an die gesamte korinthische Gemeinde. Galater 1,8 f. bürdet den örtlichen Gemeinden die Sorge um die Reinheit des Evangeliums auf. 1. Thessalonicher 5,21 ermahnt jeden Gläubigen, alles zu prüfen und das Gute festzuhalten. 1. Johannes 2,20.27 spricht von der Salbung des Geistes und der Befähigung jedes Gläubigen, die Wahrheit zu verstehen. 1. Johannes 4,1 fordert jeden Gläubigen heraus, die Geister zu prüfen, „ob sie aus Gott sind". Und der Judasbrief, gerichtet an „die Berufenen, die in Gott, dem Vater, geliebt und in Jesus Christus bewahrt sind" (V. 1), ruft jeden Einzelnen von uns auf, „für den ein für alle Mal den Heiligen überlieferten Glauben zu kämpfen" (V. 3). „Der Glaube" wurde nicht dem Papst oder irgendeinem Gelehrtengremium überliefert, ebenso wenig einem Pastor, Ältesten- oder Diakonenkollegium oder irgendeiner auserwählten Gruppe sonst, geschweige denn einem handverlesenen Einzelnen. „Der Glaube" wurde allen Gläubigen überliefert – denen, die im ersten Vers des Briefes so schön als Berufene, Geliebte und Bewahrte angeredet werden. Es ist entscheidend zu sehen, dass die Verfasser der biblischen Schriften immer dann, wenn sie sich gegen falsche Lehre in die Bresche werfen, den Gemeinden schreiben. Die Integrität der Glaubenslehre liegt in der Verantwortung der Gemeinde.

Das Aufhören des Apostelamtes
Von allen Seiten wird ohne Weiteres anerkannt, dass die Apostel in den Gemeinden des ersten Jahrhunderts eine einzigartige Autoritäts- und Führungsposition innehatten. Doch wie wir sahen, übten auch sie keine absolute, unbegrenzte Autorität aus. Carson bringt dies in einer gelungenen Analyse auf den Punkt:

> *Man darf wohl sagen, dass den Stimmen der Apostel (im engen Sinne dieses mehrdeutigen Ausdrucks, gemeint sind als die Zwölf [inklusive Matthias als Ersatzmann für Judas] plus Paulus) unter allen Menschen in den frühesten Gemeinden das größte Gewicht zukam.*

85 Origen. „Against Celsus". Fathers of the Third Century (ANF). Vol 4, 8.33.

Ihre Autorität griff über die örtliche Gemeinde und sogar über alle Gemeinden, zu deren Gründung sie gebraucht worden waren, hinaus (denn wie könnte es sonst angehen, dass der Einfluss des Petrus in Korinth ebenso spürbar war wie der des Paulus in Kolossä?).

Ein Petrus konnte sich in der Lebenspraxis als inkonsequent erweisen (Gal 2,11-14), ein Paulus ein falsches Urteil treffen (Apg 15,37-40; vgl. 2. Tim 4,11). Die objektive Wahrheit des Evangeliums, darauf besteht Paulus, genießt vorgängige Autorität; selbst ein Apostel, der sich daran vergreift, soll als Anathema gesehen werden (Gal 1,8 f.).[86]

Darüber hinaus ist es wichtig festzuhalten, dass wir keine einzige Erwähnung – auch nicht einen einzigen Text – dafür besitzen, dass das apostolische Amt etwa übertragen worden wäre. Als die Apostel gestorben waren, war auch das apostolische Amt tot. Weder Paulus noch Petrus weitete sein Apostelamt dadurch aus, dass er es auf seine Nachfolger übertragen hätte. Noch geraume Weile nach der neutestamentlichen Zeit haben wir keinen geschichtlichen Hinweis auf die Lehre von der Sukzession durch Ordination:

1. Obwohl Ignatius sich deutlich über das Episkopat äußert, hat er zum Thema apostolische Sukzession nichts zu sagen.
2. Die Didache hält an der kongregationalen Kirchenleitung fest und weist die Ortsgemeinden an, ihre eigenen Bischöfe und Diakone einzusetzen (15,1).
3. Über Nachfolge oder Ernennung von Aposteln sagt die Didache nichts. Dass es keine Apostelnachfolger gibt, ist der Einzigkeit des apostolischen Amtes geschuldet, das nicht übertragbar war.
4. Nach ihrer unmittelbaren Beauftragung durch Christus selbst (Mk 3,14) wurden die Jünger als seine Repräsentanten ausgesandt, im Besitz seiner Autorität (Mt 10,40). Nur Christi Apostel, die Zwölf, erfüllten die Voraussetzungen, wie weiter oben schon ausgeführt wurde.

Das Priestertum aller Gläubigen

Hierbei handelt es sich um eines der gewichtigeren theologischen Argumente für eine kongregationale Kirchenordnung. Ich kenne niemanden in der Christenheit, der das Priestertum aller Gläubigen leugnete. Der Punkt ist, wie diese Lehre zu verstehen ist und in welchem Bezug sie zu verwandten Lehrfragen im Hinblick auf Kirchenleitung,

86 Zit. n. J. Quasten, Patrology. Vol. 2: The Anti-Nicene Literature after Irenaeus, Utrecht 1950, S. 375.

pastorale Autorität und Leiterschaft steht. In diesem Zusammenhang sind auch die Mündigkeit der Einzelseele (engl.: *soul competency*[87]) und die Glaubensfreiheit theologisch zu erörtern. Allerdings dürfen diese Faktoren nicht mit dem Priestertum aller Gläubigen gleichgestellt werden.

- Die Mündigkeit der Einzelseele gründet in der Überzeugung, dass keinem Menschen das Recht des unmittelbaren Zugangs zu Gott genommen werden kann. Das gilt für alle Menschen ohne Unterschied.
- Die Mündigkeit der Einzelseele ist ein natürlicher Bestandteil des Geschaffenseins im Bilde Gottes. Nun haben freilich die Auswirkungen des Sündenfalls die Beziehungsfähigkeit der Menschheit im Blick auf Gott ganz erheblich beeinträchtigt, und zwar so weit, dass wir ihn ohne seine eigene Initiative niemals suchen würden und dass wir seine Offenbarung unterdrücken und pervertieren (vgl. Röm 1,18-3,20). Ob wir da nicht Timothy George folgen und „zutreffender von der Unmündigkeit der Seele sprechen sollten"?[88]
- Die Mündigkeit der Einzelseele bedingt, dass jedes Individuum Gott Rechenschaft geben muss. Für uns erwächst daraus die Motivation, jedermann das Evangelium weiterzusagen.

George fasst diese Lehre gut zusammen und stellt sie dann in den richtigen Bezug zur Lehre vom Priestertum aller Gläubigen:

> *Die Mündigkeit der Seele ist etwas, was allen Menschen gehört, nicht nur den Christen. Die Baptisten lehren jedoch nicht „das Priestertum aller Menschen". Das Priestertum steht nur jenen zu, die durch Buße und Glauben in den Bund der Gnade aufgenommen und infolgedessen zu Teilhabern am priesterlichen Dienst ihres Mittlers Jesus Christus, d. h. einfach nur zu Gläubigen gemacht worden sind.*[89]

---

87 Anmerkung des Übersetzers: Diesem feststehenden Begriff aus der Glaubenslehre der US-amerikanischen Southern Baptists unterliegt ein theologisches Konzept, das durch eine bloße Übersetzung nicht ausreichend wiedergegeben weden kann. Die Ursprünge des bis heute bestehenden Glaubenssatzes (Quelle: www.sbc.net/aboutus/pssoul.asp) gehen auf die radikalen Erweckungsbewegungen im US-Amerika des 16. und 17. Jahrhunderts zurück: Anders als im verkirchlichten Europa war das Individuum gefordert, auf das Rufen Gottes persönlich einzugehen. Die heilsstiftende Kirche hatte hier mit ihren Sakramenten nur eine untergeordnete Funktion. Siehe auch Kallscheuer, Otto (2004): „Die Kraft der Religion" (Hintergründe: Vereinigte Staaten). Frankfurter Allgemeine Sonntagszeitung, 07. November, Nr. 45/Seite 61.

88 George, Timothy (1989): „The Priesthood of All Believers and the Quest for Theological Integrity." *Criswell Theological Review* 3/2 (Spring), 283-294. Hier S. 283.

89 Ebd. S. 284.

Die Religionsfreiheit garantiert jeder Gemeinde das Recht, ihre eigenen inneren Angelegenheiten, ihre Lehre und Disziplin in Übereinstimmung mit ihrer Auffassung von göttlicher Wahrheit zu regeln. Keine äußere Instanz darf auf die innere Führung und auf das Wirken einer solchen Freiwilligengemeinschaft Einfluss nehmen. Mit Recht weist George darauf hin, was dies mit sich bringt:

> *In der Praxis bedeutet dies, dass Häresie jederzeit möglich und geistliche Wachsamkeit eine unaufhörliche Notwendigkeit ist. Priestertum der Gläubigen heißt also nicht: „Ich bin Priester. Ich kann glauben, was immer ich will", sondern es meint: „Als Priester in einer Bundesgemeinschaft von Gläubigen muss ich darauf achten, meine Gemeinde vorm Abweichen von dem ‚ein für alle Mal den Heiligen überlieferten Glauben' (Jud 3) zu bewahren."*[90]

Aus alledem ergibt sich, dass Mündigkeit der Einzelseele, Religionsfreiheit und Priestertum aller Gläubigen in Beziehung zueinander stehen, aber nicht etwa gleichbedeutende Theologumena sind.

Ein sauberes Verständnis der Lehre vom Priestertum aller Gläubigen im Blick auf den Gemeinschaftscharakter der Gemeinde ist wichtig für ein kongregationalistisches Kirchenleitungsmodell. Priestertum aller Gläubigen bedeutet nicht: „Ich bin mein eigener Priester." Es heißt, dass Gott seinen Leib in der Gemeinschaft der Heiligen so eingerichtet hat, dass wir jeder am anderen priesterlich dienen können und sollen. Priestertum aller Gläubigen hat mehr mit der dienenden Haltung eines Gläubigen als mit irgendwelchen Positionen oder dem Status eines Menschen zu tun. Wir alle sind priesterliche Gläubige.

- Wir stehen samt und sonders gleich vor Gott. Das negiert mitnichten spezifische Begabungen oder Berufungen. Vielmehr sollte es uns anspornen, in unseren Gaben zu leben, damit jeder von uns mit allen anderen zusammen seinen Teil zum Aufbau des Leibes beiträgt (Eph 4,11-16).
- Wir sind allesamt Priester. Wir tragen alle Verantwortung. Das stimmt völlig mit dem Kongregationalismus überein, der Form von Kirchenleitung, die dieser unabdingbaren biblischen Lehre am ehesten gerecht wird.

Sola scriptura

Das war einer der Schlachtrufe der Reformation. Hier gehört auch die apostolische Autorität rechtmäßig hin. Denn apostolische Autorität

90 Ebd. S. 287.

wird übermittelt durch die kanonischen Schriften der Apostel, denen sie innewohnt. Die Bibel als Gottes Wort war des Gläubigen einzige Glaubens- und Lebensautorität. Sie lehrt ihn, was er glauben und wie er leben soll. Gott hat die Kirche mit Männern wie Frauen beschenkt, die die Gabe des Lehrens besitzen, Menschen, deren Wert für das Wohlergehen der Kirche unermesslich ist und deren Bedeutung man niemals herunterspielen sollte. Doch die letztgültige, unüberbietbare Autorität hat Gott seinem unfehlbaren, irrtumslosen Wort zugeeignet (Mt 5,17 f.; Joh 10,35; 17,17; 2. Tim 3,16 f.; 2. Petr 1,20 f.).

> Carson bringt dies gut auf den Punkt, wenn er schreibt:
> *Auch wenn die Christen ermutigt werden, ihre geistliche Leiterschaft zu unterstützen und sich ihr zu unterordnen (z. B. in Hebr 13,17), darf diese Ermutigung doch niemals als Blankoscheck missverstanden werden. Gemeinden sind verantwortlich für das Aufkommen falscher Lehre und haben die Vollmacht, falsche Lehrer zurechtzuweisen, und sie müssen sich vorgängig nicht einem Pastor, wohl aber der Wahrheit des Evangeliums verpflichten.*[91]

Kein Gläubiger kann die Bibel als letzte Entscheidungsinstanz umgehen. Begabte Hirten/Lehrer (Eph 4,11) und treue Älteste, „die in Wort und Lehre arbeiten“ (1. Tim 5,17), sind unerlässlich und üben die notwendigeren geistlichen Gaben aus (1. Kor 12,28). Die Verantwortung aber, unter der Herrschaft Jesu Christi zu leben, hängt direkt mit dem Gehorsam jedes einzelnen Gläubigen zum Wort Gottes zusammen. Das Wirken des Geistes im Einvernehmen mit dem Wort rüstet den Gläubigen zu und befähigt ihn, über alle Dinge zu urteilen. Diese Verantwortung beschränkt sich nicht auf eine besondere Gruppe innerhalb der Gemeinde, auch nicht auf die Leiterschaft.

Lehrmäßige Zuverlässigkeit steht in der Verantwortung aller Gläubigen im Leib Jesu und wird insoweit bewahrt bleiben, als sie sich der Herrschaft Christi unter der Autorität seines Wortes unterwerfen.

Die Didache

Aus dieser Quelle gewinnen wir Einblick in die Ordnungen der frühen nachapostolischen Kirche. Sie steht nicht mit der Heiligen Schrift auf einer Stufe, gibt uns aber einige Informationen über die Leitung der Kirche in diesem frühen Stadium der Kirchengeschichte. Dieses frühkirchliche Dokument wurde 1875 in Konstantinopel aufgefunden, seine Handschrift auf 1056 datiert. Der Text war vermutlich Klemens von Alexandrien (~155 bis ~220) bekannt. Der Kirchenhistoriker Eusebius

91 Carlson, G. R. (1993): *The Ministry Gifts of Ephesians Four.* In: *Paraclete* 17.2.

schätzte ihn so sehr, dass er ihn als nahezu kanonisch einstufte. Man könnte ihn als ein „Handbuch für moralische Lebensführung und Gemeindeordnung" bezeichnen. Viele datieren ihn auf das späte erste oder frühe zweite Jahrhundert – Sicheres lässt sich nicht sagen. Im 15. Kapitel bietet der Text Anweisungen, wie Gemeinden ihre Leiter wählen sollen: „Wählt euch nun Bischöfe und Diakone, die des Herrn würdig sind, Männer, die sanftmütig, nicht geldgierig, aufrichtig und bewährt sind; denn auch sie leisten euch den Dienst der Propheten und Lehrer."[92] Aus dieser knappen Lektüre ergeben sich mehrere Beobachtungen:

1. Nur zwei Ämter werden als Wahlämter angegeben: das der Bischöfe und das der Diakone. Es gibt kein drittes Amt.
2. Ihre Amtsträger zu wählen liegt in der Verantwortung der Gemeinde. Bischöfe werden nicht von Bischöfen erwählt, Diakone nicht von Diakonen.
3. Die Gemeinde soll diejenigen ehren, die den biblischen Qualifikationen für geistliche Leiterschaft entsprechen. Daran wird aufs Neue die schöne Ausgewogenheit zwischen gemeindlicher Teilhabe und pastoraler Leiterschaft deutlich, die das Neue Testament widerspiegelt. Die Gemeinde hat dabei mitzureden, wer sie führt, aber sobald diese Leiter erwählt sind, sollen die Gemeindeglieder ihnen Ehre erweisen und ihnen so lange Folge leisten, wie sie sich als Leiter nicht durch unmoralisches, unethisches oder unbiblisches Verhalten diskreditieren.

Die doppelte Funktion des Apostels und Propheten

Bill Hamon schreibt:

> *Der Heilige Geist machte prophetisch deutlich, dass diese apostolische Salbung aus zwei Gründen gegeben wurde.*
> - *Der erste Grund war, dass ich treu darin gewesen war, die mir gegebene prophetische Salbung zu multiplizieren, sodass jene prophetische Salbung nunmehr durch die Hinzufügung der apostolischen Salbung verdoppelt wurde (Mt 25,28 f.).*
> - *Der zweite Grund war, dass mir die apostolische Salbung zum Zweck der Pionierarbeit und für die Grundlegung und Überrnahme einer Vaterschaftsverantwortung für das Amt der Propheten und Apostel gegeben wurde.*

92 Didache. Zwölf-Apostel-Lehre. Übersetzt und eingeleitet von G. Schöllgen (Fontes Christiani 1), Freiburg etc. 1991, S. 135.

> *Er [der Herr] wollte mich zu einer doppelläufigen Flinte machen: Der eine Lauf würde der prophetische, der andere der apostolische sein. Der Geist würde mich darin führen, ob ich jeweils den prophetischen oder den apostolischen Abzug betätigen sollte oder auch beide auf einmal. Ob wir nun also von einem apostolischen Propheten, einem prophetischen Apostel oder einem Apostelpropheten sprechen, ich weiß: Gott möchte, dass ich Amt und Salbung des Propheten behalte und zugleich Dienst und Amt des Apostels annehme und manifestiere.*[93]

Es gibt keinen Grund, warum Apostel nicht auch Propheten sein sollten
In diesem Zusammenhang führt Grudem aus, dass es keinen inhärenten Grund gebe, wieso die Apostel als Gruppe in Epheser 2,20 nicht „Propheten" genannt werden sollten – sofern Grammatik und Kontext eine solche Interpretation nahelegen –, wenn sie doch prophetische Funktionen wahrnahmen und die Apostel Paulus und Johannes ihr persönliches prophetisches Handeln bezeugten. Allerdings wirft Grudems Argumentation an dieser Stelle zwei gravierende Probleme auf.

Erstens knüpft Grudem an seine Behauptung eine ebenso unerlässliche wie fatale Bedingung. Die Apostel als „Propheten" zu identifizieren, sagt er, sei angebracht, „vorausgesetzt, Grammatik und Kontext legen eine solche Interpretation nahe"[94].Wir haben weiter oben schon gesehen, dass weder Grammatik noch Kontext von Epheser 2,20 diese Exegese nahelegen. Grudem beraubt also sein eigenes Argument seiner Aussagekraft insofern, als die von ihm eingebrachte Voraussetzung nicht gegeben ist.

Zweitens hängt ja unsere Identifizierung der Apostel als Propheten von dem Kriterium ab, anhand dessen wir jemanden als Propheten erkennen.[95]

Ich möchte behaupten: Da das Neue Testament durchgängig geistliche Gaben an den ständigen geistlichen und praktischen Diensten mancher Gläubiger festmacht, durch die sie sich von anderen Gläubigen abheben (Röm 12,4 ff.; 1. Kor 12,5.28 ff.; 1. Petr 4,10 f.), sollten wir davon ausgehen, dass, solange das Gegenteil sich nicht nachweisen lässt, der Begriff des Propheten auf diejenigen Gläubigen anzuwenden

93 B. Hamon, Apostles, Prophets and the Coming Moves of God, Shippensburg, PA 1997, S. 61.

94 W. Grudem, The Gift of Prophecy in the New Testament and Today, Eastbourne 1988, S. 61. – Die deutsche Übersetzung (Die Gabe der Prophetie, Nürnberg 1994, S. 56) ist an dieser Stelle fehlerhaft, wenn sie „*provided* the grammar and context favor this interpretation" mit „*zumal* die grammatische Struktur und Kontext [*sic*] für diese Auslegung sprechen" wiedergibt (Hervorhebungen hinzugefügt). – *Anm. d. Übersetzers.*

95 Zu diesem Kriterium s. R. B. Gaffin, Jr., Perspectives on Pentecost: New Testament Teaching on the Gifts of the Holy Spirit, 1993, S. 59.93 ff.; Grudem, Gabe, S. 185 ff.

ist, die sich kraft ihres ständigen Engagements im prophetischen Bereich von anderen Gläubigen unterscheiden.[96]

Wenden wir dieses Kriterium auf das Weissagen der Apostel an, so müssen wir sagen, ihre individuelle oder kollektive Einordnung als Propheten beruht eher auf Mutmaßungen als auf Beweisen. So spielt Paulus gewiss auf sein eigenes Weissagen an (1. Kor 14,6), woraus sich aber nicht schließen lässt, er sei ein Prophet im konventionellen Sinn gewesen, zum einen, weil sein Weissagen kein ständiger Dienst gewesen zu sein scheint, der ihn von anderen Gläubigen unterschied, zum zweiten und Wichtigeren, weil Paulus sich selbst immer wieder durch seine apostolische „Gabe" (bzw. seinen apostolischen „Dienst" oder seine apostolische „Gnade") und deren nicht prophetische Aspekte von anderen Gläubigen abhebt.[97]

Wie werden die Apostel beurteilt?

Craig A. Evans bemerkt, dass Paulus erklärt, worin die angemessene Rolle des seinen gottgegebenen Dienst erfüllenden Apostels besteht (1. Kor 3,5-9), als er mit einer jungen, krisengeschüttelten Gemeinde konfrontiert ist, die sich in mehrere, jeweils einem Apostel bzw. einer als Apostel auftretenden Gestalt loyal ergebene Gruppen gespalten hat (1. Kor 1,10-3,4), und in diesem Zusammenhang deutlich macht, dass das Werk eines jeden Apostels beurteilt werden wird (3,10-15).[98] Zur Illustration der Beziehung des Apostels zur Gemeinde entwickelt Paulus zwei Metaphern:

- eine landwirtschaftliche (3,6 ff.), welche herausstreicht, wie die Werke der einzelnen Apostel einander ergänzen, sowie
- eine architektonische (3,10-15), die zeigt, wie das Werk eines Apostels bewertet werden wird.

Vor dem Hintergrund von Parteiungen sowie der ungesunden Betonung der *sophia* – mit hoher Wahrscheinlichkeit das Schlagwort des Apollos und seiner Anhänger – gibt Paulus dem ganzen Abschnitt

96 Gaffin, S. 59.95; Grudem, Gabe, S. 192.206. Ich bitte zu beachten, dass Gaffin von der „häufigen oder regelmäßigen Ausübung der Gabe der Prophetie" spricht, während ich die Wendung „ständiges Engagement im prophetischen Bereich" bevorzuge. Allerdings handelt es sich hier um eine bloß stilistische, nicht substanzielle Unterscheidung.

97 Es dürfte nicht strittig sein, dass Paulus seine „Begabung" anhaltend an anderen Funktionen als der eines Propheten festmacht (s. Röm. 1,5; 12,3; 1. Kor 3,5; Kol 1,25; 1. Tim 2,7; 2. Tim 1,11). Selbst wenn er im Epheserbrief offenkundig auf eine Begebenheit Bezug nimmt, bei der er prophetisch involviert war (3,3 f.), bezeichnet er seine Gabe bzw. Dienstgnade als apostolisch und eben nicht als prophetisch (vgl. 1,1; 3,2.7 f.).

98 Evans, Craig A. (2000): „Apostle". Dictionary of New Testament Background. Leicester and Downers Grove: InterVarsity Press.

mittels des Imperativs blepetō (er sehe zu, gebe acht) einen warnenden Unterton.

Der architektonischen Metapher zufolge hat Paulus das Fundament Christus gelegt (Vv. 10 f.), auf dem nunmehr ein anderer – wohl Apollos – baut (V. 10 b). Die Qualität des Werkes eines jeden Apostels wird sich an einem bestimmten „Tag" in einer Feuerprobe erweisen (V. 13). Gute Arbeit – metaphorisch mit Edelmetallen und Juwelen, nicht brennbaren Materialien, assoziiert – wird bestehen bleiben und ihren Lohn erbringen (Vv. 12 ff.). Schlechte – als Holz, Heu und Stroh bezeichnet – wird verbrennen und keinen Lohn generieren (Vv. 12.15a). Mit Recht hat H. Conzelmann bemerkt, dass es bei dieser Beurteilung apostolischer Werke nicht in erster Linie um die Szene des Gerichts als solche geht, sondern um den „Vorgang der Enthüllung"[99]. C. W. Fishburne hat vor einigen Jahren darauf hingewiesen, dass 1. Korinther 3,10-15 am besten vor dem Hintergrund des Abrahamstestaments zu verstehen sei.[100] Er konnte zeigen, dass sich das Vokabular von 1. Korinther 3,10-15 in Teilen mit dem des Abrahamstestaments deckt und dass Paulus auf diese pseudepigrafische Schrift anzuspielen scheint.[101]

In 1. Korinther 3,15b jedoch weicht Paulus von der Theologie des Abrahamsbundes ab, indem er betont, dass ein Mensch errettet werde, selbst wenn sein Werk verbrenne.[102] Fishburne sagt: „Bei Paulus … meint die Prüfung eines Werkes durchs Feuer nicht das ewige Geschick einer Menschenseele; vielmehr beschreibt es die Überprüfung der Arbeit derer, die der Kirche vorgestanden haben, welche den Ausschlag dafür gibt, ob diese Menschen Lohn erhalten oder nicht."[103]

An einer ähnlichen Stelle, die übrigens häufig in Bezug zu 1. Korinther 3,10-15 gesetzt wird, stellt Paulus fest, dass wir „alle vor dem Richterstuhl Christi offenbar werden" müssen, „damit jeder empfange, was er durch den Leib vollbracht, dementsprechend, was er getan hat, es sei Gutes oder Böses" (2. Kor 5,10).

Das „wir" von 2. Korinther 1 bis 5 meint fast durchgängig den Apostel und seine Mitmissionare, während sich das „ihr" auf die korinthischen Christen bezieht. Das πάντας ἡμᾶς (wir alle) von 5,10 muss sich jedoch auf alle Christen beziehen, heißt also nicht etwa so viel wie

99 H. Conzelmann, Der erste Brief an die Korinther (KEK: 5. Abtlg.), Göttingen 11. Aufl. 1969, S. 95.

100 C. W. Fishburne, 1 Corinthians 3:10-15 and the Testament of Abraham, NTS 17, 1970, S. 109-115.

101 A. a. O. S. 110. Wichtige Parallelwörter sind z. B. dokima,zw, ἔργον, πῦρ, εἴ τινος und katakai,w.

102 Vgl. ebd., S. 114 f. Zu dem Satz „er selbst aber wird gerettet werden, doch so wie durchs Feuer" vgl. Conzelmann z. St.

103 A. a. O. S. 114.

„wir Apostel".[104] In einem Zusammenhang, in dem er vom Tod handelt (5,1-10)[105], sagt Paulus, es sei sein Ziel, dem Herrn wohlzugefallen, solange er lebe (V. 9), denn danach müsse er genau wie andere vor dem Richterstuhl Christi erscheinen und Rechenschaft ablegen (V. 10). Bei aller Ähnlichkeit beider Texte ist es ganz und gar nicht sicher, dass die Feuerprobe von 1. Korinther 3,10-15 mit dem „Richterstuhl Christi" identisch ist. In welchem Zusammenhang stehen beide Passagen?

Die beiden eschatologischen Begriffe „Feuer" und „Tag" (des Herrn; 1. Kor 3,13) treten 2. Thesssalonicher 1,7 ff. gemeinsam auf, wo von der „Offenbarung des Herrn Jesus vom Himmel her mit den Engeln seiner Macht, in flammendem Feuer", die Rede ist, wobei er „Vergeltung [übt] an denen, die Gott nicht kennen, und an denen, die dem Evangelium unseres Herrn Jesus nicht gehorchen". Auch 1. Thessalonicher 5,2 f. spricht von einer eschatologischen Katastrophe zurzeit des Tages des Herrn. Die zitierte Stelle impliziert, dass der Tag des Herrn eine Zeit der Prüfung für alle sein wird, Gläubige und Ungläubige gleichermaßen. Paulus ging davon aus, dass diese eschatologischen Ereignisse noch zu seinen Lebzeiten eintreten würden, schließt er sich selbst doch in die Schar derer ein, die zurzeit der Erscheinung Christi und der Entrückung der Gemeinde am Leben sein werden (vgl. 1. Thess 4,13-17). Müssen alle Gläubigen vor dem Richterstuhl Christi erscheinen (2. Kor 5,10), so wird sich die Qualität der Arbeit der Apostel bereits erwiesen haben, nämlich während der eschatologischen Periode gewaltsamer Verfolgung und Versuchung, die der Wiederkunft Christi und seinem Gericht vorausgegangen sein wird und die aus Paulus' Sicht schon bald über die junge Kirche hereinbrechen würde. Diese feurige Prüfung, die 1. Korinther 3,10-15 schildert, wird die Qualität des Werkes eines jeden Apostels auf die Probe stellen, und aufgrund dieser Prüfung wird ein Apostel beurteilt werden, wie alle anderen Gläubigen auch. 1. Korinther 3,10-15 beschreibt also die schwere Prüfung der Gemeinden während des Tages des Herrn – einer Zeit, die nach 1. Thessalonicher 1,6-10 durch einen rächenden Christus zu ihrem Ende gebracht werden wird. In 2. Korinther 5,10 geht es dagegen um das Erscheinen der Heiligen vor dem Richterstuhl Christi.[106]

104 „Natürlich nicht ‚wir Apostel alle', sondern alle Menschen überhaupt" (R. Bultmann, Der Zweite Brief an die Korinther. Ed. E. Dinkler, Göttingen 1976, S. 145). So sieht es auch J. Héring, The Second Epistle of Saint Paul to the Corinthians, London 1967, S. 39 f.

105 Vgl. die ausführliche Erörterung von M. J. Harris, Paul's View of Death in 2 Corinthians 5:1-10, in: R. N. Longenecker/M. C. Tenney (eds.), New Dimensions in New Testament Study, Grand Rapids, MI 1974, S. 317-328; siehe auch Cranford, L. (1976): „A New Look at 2 Corinthians 5:1-10". Southwestern Journal of Theology 19, 95-100.

106 Zwar wird die Echtheit des 2. Thessalonicherbriefes angezweifelt, dennoch ist er ein wichtiges Zeugnis paulinischer Eschatologie. Ein Überblick zum Forschungsstand hinsichtlich der Verfasserschaft des Briefes s. J. A. Bailey, Who Wrote II Thessalonians? NTS 25, 1978, S. 131-145.

Falsche Apostel
Die folgende Liste einiger Praktiken, durch die sich falsche Apostel entlarven, verdanke ich Dr. David Cannistraci:

- Statt von Offenheit sind ihre Lehre und ihr Leben von Heimlichtuerei und Verdunkelung geprägt (Gal 2,4 f.).
- Sie bringen den Menschen nicht wahre Freiheit, vielmehr geht von ihnen ein Geist der Gebundenheit und Kontrolle aus.
- Statt dass sie die Wahrheit in Liebe reden (Röm 16,18; Eph 4,15), manipulieren sie durch schmeichlerische Worte.
- Frauen begegnen sie statt in Reinheit und Respekt mit sexuellen Verführungstaktiken (Mt 23,14; 2. Tim 3,6).
- Irreführung und falscher Schein stehen anstelle von Ehrlichkeit und Integrität (Mt 7,15; 24,11).
- Sie tun keine echten Wunder, die durch die Kraft des Heiligen Geistes gewirkt sind, sondern falsche, die aus dämonischer Ermächtigung erwachsen (Mt 24,24).
- Sie haben nicht den Sinn Christi, keine himmlische Weisheit, sondern Abergläubigkeit, falsche Philosophien und eine fleischliche Denkweise (Kol 2; Jak 3,15).
- Ihre Gottesdienste sind nicht lebendig und sinnreich, sondern sie zelebrieren leere Traditionen und leblosen Symbolismus (Kol 2).

- Sie infiltrieren nicht die Gesellschaft mit dem Evangelium, sondern die Gemeinden mit ihren eigenen Botschaften (Apg 20,29; Jud 4). Wahre Apostel suchen keine Ortsgemeinden auf, um die Leute zu sich zu ziehen.
- Sie ziehen Leute von den Ortsgemeinden ab in ihre eigene Gefolgschaft, statt dass sie Gemeinde bauen und Menschen zu Christus ziehen (Apg 20,30; 1. Joh 2,19.26).[107]

107 D. Cannistraci, The Gift of Apostle, Ventura, CA 1996, S. 138.

2 Der Prophet

Das hebräische Wort נָבִיא (Seher; z. B. 1. Sam 3,20) erscheint mehr als 300 Mal im Alten Testament, sechsmal auch in der femininen Form (für Mirjam, Deborah, Hulda [zweimal], Noadja und die Frau des Jesaja, welch Letztere zweifellos eine eigenständige Prophetin war). Sonst steht das Wort überall im männlichen Geschlecht. Es kann sich auch auf falsche Propheten bzw. Propheten falscher Götter beziehen, meint aber in der großen Mehrzahl der Fälle die von Jahwe beauftragten Sprecher.

Das griechische Wort „Prophet" hat die eigentliche Bedeutung „Fürsprecher": jemand, der anstelle eines anderen redet, der eine Botschaft ausruft oder weitergibt, die er selbst empfangen hat. Ein Prophet ist also ein Sprecher, Herold, Ausrufer oder Ankündiger, dies alles im Namen eines anderen, für den er spricht, im biblischen Kontext anstelle Gottes, des Herrn. Auch im Griechentum waren Propheten als Künder und Ausleger göttlichen Willens bekannt, und es ist dieses Verständnis, das dem biblischen Sprachgebrauch zugrunde liegt. Im Alten Testament ermächtigte der Herr Propheten durch den Heiligen Geist jeweils für eine bestimmte Dienstaufgabe. Wenn der Geist über sie kam, hatte das immer etwas damit zu tun, dass Gott sein Wort seinem Volk offenbaren wollte. Propheten erlangen deshalb besondere Einblicke in die Ratschlüsse Gottes.[108]

In biblischen Zeiten wurden auch Frauen mit prophetischen Fähigkeiten gesegnet. Mirjam, Schwester des Mose, führte mit ihrem auf das Siegeslied ihres Bruders antwortenden Gesang die Frauen an (Ex 15,20). Deborah vereinigte sich mit Barak im Lied und frohlockte über ihren gemeinsamen großen Sieg (Ri 5,2-31). Hannahs bemerkenswertes Gebet sagte voraus, wie die Dynastie Davids begründet werden würde (1. Sam 2,1-10). Lukas berichtet sowohl vom prophetischen Dienst der betagten Hanna im Tempel (Lk 2,36 ff.) als auch vom Weissagen Elisabeths und Marias (1,41-45.46-55). 1. Korinther 11,5 setzt voraus, dass Frauen weissagten, wie es sich auch bei den vier jungfräulichen Töchtern des Philippus zeigte (Apg 21,9). Im prophetischen Dienst ist also unbedingt auch das Potenzial der Frauen gefragt.

108 Kittel, Gerhard/Friedrich, G./Bromiley, G. W. (1985): Published in electronic form by Logos Research Systems, 1996. „Prophet". *Theological Dictionary of the New Testament*. Grand Rapids: Eerdmans. S. 64.

Wer ist ein Prophet Gottes?

Vor dieser Frage stehen heute viele Gemeindeleiter: „Wer ist ein Prophet Gottes und wer nicht?“ Die biblischen Kriterien für den wahren Propheten sind klar und spezifisch. Gemäß Deuteronomium 13,1 ff. und 18,14-22 gilt für den Propheten Gottes:

1. Er ist vom Herrn berufen.
2. Er redet Gottes Worte als Sprecher Gottes.
3. Er spricht im Namen des Herrn.
4. Er ist ein Israelit, der in erster Linie Israel anspricht.
5. Er steht in der Tradition des Mosebundes.
6. Er ermutigt zur Loyalität gegen Gott und seine Offenbarung und verdammt jedweden Abfall.
7. Er beglaubigt seine Botschaft durch „Zeichen“.

Nichtsdestoweniger war es oft schwer, einen echten Propheten zu erkennen. Die Gottesfürchtigen mussten unterscheiden zwischen

- Wahrheit und Irrtum;
- Schrift und Tradition;
- „alter“ und „neuer“ Offenbarung;
- berechtigten und unberechtigten Ansprüchen.

Bei diesem Thema gibt es jede Menge Auseinandersetzungen und differierende Auffassungen. Die Kirche ist von einer Art Dichotomie in Mitleidenschaft gezogen worden, so als gebe es eine scharfe Scheidung zwischen Altem und Neuem, als ersetze das Neue das Alte oder mache es null und nichtig. So sieht Gott die Dinge nicht.

Die Berufung des Propheten

Alttestamentliche Propheten empfingen ihren Ruf oder ihre Ernennung unmittelbar von Gott. Die Berufung zum Propheten war eine unvergessliche, lebensverändernde Erfahrung. Manche Propheten erhielten eine Berufung auf Lebenszeit, andere traten nur über eine kurze Zeitspanne in Erscheinung und danach nie wieder (Num 11,25 f.). Propheten wie Jeremia oder Johannes der Täufer waren bereits berufen, ehe sie zur Welt kamen (Jer 1,5; Lk 1,13-16); dennoch hatten sie kein Privileg kraft Geburt. Wer zum Propheten berufen war, durfte sich durch seine Zuhörer nicht einschüchtern lassen oder vor Bedrohungen zurückschrecken (Jer 1,7 f.; Ez 2,6).

Ihre Autorität kam einzig und allein von Gott, dessen Botschaft sie ausrichteten (Ex 7,1). In jedem Fall redete ein Prophet mit der Autorität des Heiligen Geistes (Num 11,29; 24,4). Gott offenbarte sich den Propheten auf besondere Weise, und sie empfingen eine Botschaft Gottes für das Volk. Jeremia 20,9 und Amos 3,8 schildern, was die Propheten selbst über die Botschaft sagten, die sie weiterzugeben hatten.

Stets handelte ein Prophet als Sprecher Gottes. In Jesaja 6,5 ff.; Jeremia 1,6-10 und Ezechiel 3,1 ff. sagt uns die Bibel, wie Gott die Münder der Propheten als deren Hauptwerkzeug zurüstete, sein Wort zu proklamieren. Propheten wurden auch als *Männer Gottes* bezeichnet. Die Menschen sahen sie als Personen mit einer ganz besonderen Beziehung zu Gott. Mit dem Ruf in diese Beziehung erlangten die Propheten oft Einblick in spezielle Aspekte des Wesens Gottes. Beispiele dafür finden sich in Jesaja 61,1 ff.; Jeremia 1,5; Ezechiel 1,26 ff.; 3,12 und Jona 4,2.

Mitunter bekamen Propheten den Auftrag, ihre Botschaft zeichenhaft zu verdeutlichen:

- Jesaja ging drei Jahre lang nackt und barfuß (Jes 20,2 f.).
- Ezechiel lag 390 Tage lang nur auf seiner linken Seite und dann weitere vierzig nur auf der rechten (Ez 4,1-8).
- Sacharja zerbrach zwei Stäbe (Sach 11,7-14).
- Zuweilen wurden die Propheten so tief gedemütigt, dass sie sich zum Gespött machten. Sie zogen nicht bloß die Neugierde, sondern den Zorn ihrer Zeitgenossen auf sich (Jer 11,21).

Abgesehen vom Ruf Gottes verfügten die Propheten über keine besonderen Qualifikationen. Sie hatten die unterschiedlichsten Lebenswege und gehörten allen Gruppen der Gesellschaft an:

- Unter ihnen waren Schafhirten und Bauern wie Amos (Am 7,14) und Elisa (1. Kön 19,19).
- Es gab auch Fürsten wie Abraham (Gen 23,6) oder Priester wie Ezechiel (Ez 1,3).
- Selbst Frauen und Kinder wurden Propheten (1. Sam 3,19 f.; 2. Kön 22,14). In seltenen Fällen gebrauchte Gott Zaudernde oder Widerspenstige als Träger seiner Botschaft.
- Bileam gab Gottes Botschaft weiter (Num 22,6-24,24) – er, der eigentlich ein Feind Gottes war (2. Petr 2,15 f.; Offb 2,14).
- Saul stand ganz sicher nicht in Gemeinschaft mit Gott, als er weissagte (1. Sam 10,23 f.)

Ein Zug, der sie alle kennzeichnete, war die Weitergabe des Redens Gottes. Sie sprachen nicht ihre eigenen Worte (Jer 23,16; Ez 13,2). Wenn Jesus sich in Johannes 12,49 f. selbst als Prophet bezeichnet, dann nimmt er diesen Standard getreuer Wiedergabe des Wortes Gottes an die Menschen für sich in Anspruch.

Viele Gelehrte leugnen, dass Prophetie die Voraussage zukünftiger Geschehnisse beinhalte – dabei war die Erfüllung ebensolcher Ankündigungen der Lackmustest des Propheten (Dtn 18,20 ff.). Ob die Worte eines Propheten nun noch zu seinen Lebzeiten oder erst Jahrhunderte später in Erfüllung gingen, sie erfüllten sich buchstabengetreu (1. Kön 13,3; 2. Kön 23,15 f.). Doch unabhängig vom Zeitpunkt ihrer Erfüllung betraf die Botschaft eines Propheten seine eigene Generation ebenso sehr, wie sie uns Heutige betrifft.

Die Hauptaufgabe eines Propheten bestand darin, Gottes Reden zum Zwecke der

- Lehre,
- Überführung,
- Zurechtweisung und
- Unterweisung in der Gerechtigkeit

weiterzugeben (2. Tim 3,16).

Ob Propheten nun vor drohender Gefahr warnten oder den Menschen Gottes Willen enthüllten, ihre Funktion glich der des Predigers in der Kirche heute. Propheten werden bezeichnet als

- Botschafter des Herrn (Jes 44,26; Hag 1,13);
- Diener Gottes (Am 3,7);
- Hirten (Sach 11,4.7; Jer 17,16);
- Wächter (Jes 62,6).

Weitverbreitet ist die Ansicht, die Prophetie sei in Juda lange vor der Zeit Jesu und der Apostel ausgestorben gewesen. Gegen diese irrige Meinung erhebt das Neue Testament selbst Einspruch. Hier ist besonders auf Johannes den Täufer zu verweisen, der gewiss ein Prophet war und auch Prophet genannt wurde, ferner auf die Prophetin Hanna (Lk 2,36) und auf den jüdischen Propheten Barjesus, der im Gefolge des zyprischen Prokonsuls war (Apg 13,7). Zum Erweis des Gegenteils dienen auch die Warnungen vor falschen Propheten (Mt 7,15; 11,25; Mk 13,22; 1. Joh 4,1; 2. Petr 2,1).

Darüber hinaus sagen uns die Quellen, dass die Essener über die Gabe der Prophetie verfügten. Josephus (Antiq 20,5,1) weiß von einem gewissen Theudas zu berichten, der sich als Prophet ausgab. Der Historiker selbst schlüpfte vor Vespasian ungeniert und mit Erfolg in die Rolle eines Propheten. Auch Philo nannte sich Prophet, und aus der Diaspora hören wir von jüdischen Traumdeutern und weissagenden Magiern. Bezeichnender noch: die Flut zeitgenössischer jüdischer Apokalypsen, Orakelsprüche etc. beweist, dass die Prophetie ganz und gar nicht erloschen war, vielmehr in üppiger Blüte stand. Es gab zahlreiche Propheten, die ihre je eigenen Jünger und Leser hatten. Weiteste Kreise des Judentums dürften kaum überrascht gewesen sein, wenn ein Prophet auftrat. So wurden Johannes der Täufer und Jesus von Nazareth ohne viel Federlesens als Propheten willkommen geheißen. Ohnehin erwartete man die baldige Wiederkehr von Propheten alter Zeit; das war ein Glaubensartikel des Judentums. Daher war die christliche Prophetie von ihrem allerersten Aufkommen an keineswegs etwas Neues in formaler Hinsicht, sondern ein Phänomen, das sich ohne Weiteres mit ähnlichen Vorkommnissen im zeitgenössischen Judentum vergleichen ließ. Sowohl bei Christen als auch bei Juden versteht es sich von selbst, dass Propheten hohe Wertschätzung genossen, waren sie doch die Stimme Gottes. Soweit jemand als echter Prophet anerkannt war, besaß er als Prediger und Ratgeber absolute Autorität.

Allein die Sadduzäer wollten wohl rein gar nichts mit Propheten zu tun haben; freilich gab es auch noch eine Schule strengster Gesetzesobservanz, die außer der Thora nichts gelten lassen wollte. Zu vermuten steht weiterhin, dass die Priester und ihre Partei Propheten nicht eben schätzten. Nach Abschluss des Kanons scheint es eine offiziöse Doktrin gegeben zu haben, derzufolge man Propheten nicht bloß in erster Linie als Wundertäter sah, sondern geradezu von ihnen erwartete, dass sie Wunder vollführten. In der Kirche setzt sich der Dienst des Propheten fort, und zwar unter genau denselben Anforderungen, wie wir sie bereits als biblische Kriterien gesehen haben (1. Kor 14,29.32; Eph 4,11). Eine Anerkennung gegenwärtigen prophetischen Dienstes hat nichts damit zu tun, dass ein Mensch, der in solchem Dienst steht, etwa das geschriebene Wort fortschriebe. Nichtsdestoweniger argumentieren Prophetiegegner damit, dass eine Zulassung prophetischen Redens heute im Unterschied zur Kanzelrede einer Hinzufügung zur Bibel gleichkomme.

Das stimmt nicht, wie alle wissen, die die Weisheit haben, dieses Amt anzunehmen. Propheten sind mitnichten im Besitz spezieller Vorrechte, im Gegenteil: Der biblische Maßstab legt ihnen schwere Bürden auf. Was sie weissagen, muss sich erfüllen, andernfalls disqualifizieren sie sich selbst. Allerdings ist dieses Dienstamt in erster Linie dazu da, die Gemeinde zu mobilisieren und aufzubauen (Eph 4,11 f.), und nicht dazu, faszinierende Einblicke in die Zukunft zu bieten. Jeder, der prophetisch dient, sollte einen Rückhalt haben: Menschen, denen er Rechenschaft gibt und die seinen Dienst unterstützen, für ihn beten und ihn aussenden (Apg 13,1 ff.; 14,26 ff.).

Mose – Paradigma eines Propheten

Von alters her wurde Mose in der israelitischen Geschichte als Musterprophet gesehen, an dessen Beispiel sich die Propheten messen lassen mussten und dessen Lehre definierte, was als orthodox galt. Die nachfolgende Liste[109] zeigt, wie sich im Leben Moses die Kriterien erfüllten, die wir für den prophetischen Dienst aus der Schrift herausgelesen haben:

Facetten prophetischen Dienstes:	In Moses Dienst ersichtlich in:
Göttliche Berufung	Exodus 3,1-4,17
Ruf zum Gehorsam	Deuteronomium 4,1-40
Verantwortung für soziale Gerechtigkeit	Numeri 27,1-11
Fürbittendes Eintreten für das Volk	Exodus 32,7-14
Vorhersage zukünftiger Ereignisse	Deuteronomium 18,15-19

Die Gottesoffenbarung, die Mose empfangen hatte, wurde für die Propheten zur unerlässlichen Grundlage ihrer Botschaft, von der aus sie das Volk aufriefen, sich immer wieder aufs Neue in aller Konsequenz nach dem Gesetz auszurichten, das Mose in Gottes Namen aufgestellt hatte. Der Verfall des Offenbarungsglaubens zu bloßer Religiosität, wie er sich in Israel zutrug, förderte das Aufkommen der weithin wahrgenommenen Propheten. Die Menschen hielten Ausschau nach religiösen Führern, deren Werte sich mit ihren eigenen deckten. Israeliten und Judäer waren ebenso selbstzufrieden wie synkretistisch und nur allzu bereit, den Weg der Offenbarung zugunsten einer libertären Volksreligiosität zu verlassen.

109 Aus: J. W. Hayford, Focusing on the Future: Key Prophecies and Practical Living, Nashville, TN 1994.

Das Amt des Propheten (Apg 11,27-30)

Wie schon erwähnt, ist es wesentlich, zwischen der Gabe der Weissagung und dem Amt des Propheten zu unterscheiden. Das Amt des Propheten ist dazu gedacht und ausgestattet, auf einer höheren Dienstebene zu fungieren als die Geistesgabe der Weissagung. Jene Gabe wirkt in den Heiligen oder bei einem Amtsträger zur generellen Auferbauung, Ermutigung und Tröstung der Gemeinde (1. Kor 12,10; 14,3 f.). Dass wir es versäumen, zwischen diesen beiden Größen zu unterscheiden, mag durchaus der gravierendste Fehler sein, den wir überhaupt machen können. Der Dienst des Propheten in der Kirche ist keine Geistesgabe, sondern eine Dienstdarreichung des Herrn, ein Stück delegiertes Prophetentum Jesu Christi selbst.

Das Amt des Propheten unterscheidet sich von der Geistesgabe der Weissagung darin, dass es dauerhaft ist. Es wird dem Menschen gegeben, es gehört quasi zu seiner Person. Es ist eine Berufung, und es kann sehr wohl sein, dass Menschen, die das Amt des Propheten ausüben, in ihrem ganzen Leben nicht ein einziges Mal die Geistesgabe des Weissagens betätigen. Die Kirche heute leidet unter der Ignoranz, in der diese beiden Dinge miteinander vermischt werden.

Den göttlichen Ursprung des prophetischen Amtes verdeutlicht Mose in Deuteronomium 18,15-22. Nachdem er diverse illegitime Methoden, seinen Willen zu erkennen, verdammt hat (Vv. 9-14), enthüllt der Herr das wahre, von ihm gewollte Mittel, durch das sein Wort das Volk erreichen soll. Mit Recht sagt Freeman:

> *Der Ursprung der Institution Prophetie in Israel liegt weder in Kanaan noch in anderen nahöstlichen Kulturen, wie es die negative Kritik behauptet; vielmehr wurde sie eigenständig für den speziellen Zweck der Bewahrung Israels vor den abergläubischen Praktiken der Kanaanäer wie der Nachbarvölker begründet.*[110]

Nachdem sich die Israeliten am Berg Sinai davor fürchteten, Gottes Stimme zu hören (Dtn 18,16), sprach der Herr zu seinem Volk durch Mose. Und Mose erklärte, dieses Mittleramt werde fortdauern, indem Gott unter den Israeliten Männer aufstehen lassen werde, die sein Wort verkündigen.

Die Etymologie des hebräischen Hauptbegriffs für „Prophet" (vgl. oben) ist unter den Gelehrten umstritten[111], und dies, obwohl das Alte

110 H. Freeman, An Introduction to the Old Testament Prophets, Chicago, IL 1968, S. 26.

111 Vgl. L. Wood, The Prophets of Israel, Grand Rapids, MI 1979, S. 60; R. K. Harrison, Introduction to the Old Testament, Grand Rapids, MI 1969, S. 741-745.

Testament erfreulicherweise etwas über die genaue Bedeutung des Wortes aussagt. In Exodus 7,1 f. heißt es: „Und der HERR sprach zu Mose: Siehe, ich habe dich für den Pharao zum Gott eingesetzt, und dein Bruder Aaron soll dein Prophet sein. Du sollst alles reden, was ich dir befehlen werde, und dein Bruder Aaron soll zum Pharao reden, dass er die Söhne Israel aus seinem Land ziehen lassen soll."

> *Diese Verse stellen klar: Der Prophet ist einer, der die Botschaft weitersagt, die Gott ihm offenbart hat. Er ist also Sprecher, Sprachrohr oder Wortführer Gottes, dessen erstrangige Pflicht darin bestand, Gottes Botschaft an Gottes Volk auszurichten. Seit den Zeiten Moses existierten in Israel Propheten.*[112] *Die bekannteren unter den vorklassischen (keine Schriften verfassenden) Propheten waren Samuel, Nathan, Gad, Ahija, Elia und Elisa. David holte die Institution der Prophetie an den Hof, wie man es an der singulären Rolle „Nathans des Propheten" sehen kann.*[113]

Micha und Elisa standen dem königlichen Hof sehr nahe. Diese Propheten waren engstens mit dem Staatsleben befasst und besaßen genügend Einfluss und Kompetenz, den einzelnen Königen ihre Sünden auf den Kopf zuzusagen. Es lag am König, dafür zu sorgen, dass die Propheten ihr Gewicht zum Wohl des Landes einsetzen konnten. Ihren religiösen Zwecken dienende politische Aktivität machte sie zu Ratgebern, die zum Florieren des theokratischen Königtums beitrugen.[114]

Im achten Jahrhundert indessen unterlag das prophetische Reden einem Methodenwechsel. Zwar behielten auch die Propheten der klassischen Zeit die Botschaft des völligen Gehorsams gegenüber dem Gesetz Gottes bei, aber sie begannen das Volk insgesamt anzusprechen und verurteilten die Sünden des Landes und nicht nur die des Königs. In dieser Zeit war es, dass viele Propheten damit anfingen, ihre Offenbarungen nicht nur mündlich vorzutragen, sondern auch niederzuschreiben, woher das prophetische Schrifttum rührt, das einen eminent wichtigen Teil des alttestamentlichen Kanons bildet.

Für das „Amt" des „Propheten" im Neuen Testament bietet Agabus ein Beispiel. Diese Rolle ist eine andere als die Ausübung der Weissagungsgabe im Leben des gläubigen Menschen, besagt sie doch vielmehr den von Christus autorisierten Dienst einer Person, als die vom Heiligen Geist ausgeteilte Gabe, derer sich eine Person bedient. Im

112 Zwar wird auch Abraham Gen 20,7 als Prophet bezeichnet, aber dabei scheint es sich um ein einmaliges, nicht recht einzuordnendes Auftreten des Begriffs in vormosaischer Zeit zu handeln.

113 B. D. Napier, Prophets in Perspective, New York 1962, S. 70.

114 E. J. Young, My Servants the Prophets, Grand Rapids, MI 1952, S. 82.

Neuen Testament war dieses Amt ebenso wenig etwas Sensationelles, wie das heute der Fall sein sollte. Es ist unwürdig, so damit umzugehen, sowohl aufseiten des Propheten als auch bei denen, denen er dient – wo man das prophetische Amt dennoch sensationslüstern aufbauscht, darf man gewiss sein, dass das keine Frucht bringen wird. (Es scheint, als ob Paulus ebendieses Fehlverständnis des prophetischen Amtes im Sinn hätte, wenn er in 1. Korinther 14,37 seine Adressaten herausfordert, sich lieber geistlicher Autorität zu unterwerfen, als in Unabhängigkeit sich selbst zu gefallen.) Das prophetische Amt darf man nicht auf die leichte Schulter nehmen. Nirgendwo mildert das Neue Testament die strengen Regeln, die mit der Ausfüllung dieser Rolle verbunden sind. Wir sollten Deuteronomium 18,18-22 sehr ernst nehmen. Prophetie eignet sich nicht, um damit zu „experimentieren", wie einige es heute tun, denn bei der Ausübung eines jeden Dienstes stehen Seelen auf dem Spiel, und Leichtfertigkeit in diesem Bereich kann die Kirche sich nicht erlauben.

Zu weiserem Umgang mit diesem Dienstbereich können wir gelangen, wenn wir darauf achten, dass ein Prophet biblisch gesehen mehr als nur eine Kategorie von Dienst ausübt. Gewiss traten einige wenige Propheten durch bemerkenswerte Zukunftsvoraussagen hervor (Daniel, Sacharja, Johannes), aber wir finden auch andere Züge des prophetischen Amtes:

1. Predigt, vor allem auf der Ebene landesweiter bzw. internationaler Verkündigung (Johannes der Täufer);
2. Lehre, die sich besonders durch ungewöhnliche Einsichten auszeichnet und breiten Einfluss auf das Volk Gottes ausübt (Esra);
3. Wundertaten als auffällige Zeichen, die die Verkündigung eines Propheten begleiten (Elia);
4. Erneuerung wie bei Samuel (1. Sam 3,21; 4,1) oder wie sie vom Psalmisten oder auch von Amos gefordert wird (Ps 74,9; Am 8,11 f.).

Das Auftreten des Agabus führte zu wirkungsvollem Handeln der Kirche in Abwehr einer aufkommenden Gefahr – ein authentischer Test des prophetischen Amtes, das der Auferbauung dient, nicht der Unterhaltung, also den Leib vermehren und erfrischen soll, sei es vor Ort oder darüber hinaus. Manchmal nennen wir jemanden einen Propheten, der nicht das Amt des Propheten hat, sondern nur die Gabe der Weissagung ausübt. Und vielfach handelt es sich noch nicht einmal darum, sondern um eher irreführenden „christlichen Durchblick".

Wer wirklich Prophet ist, besitzt Leitungsautorität. Seine Verkündigungs- und Weissagungsvollmacht steht auf einer Stufe mit der Verkündigungs- und Seelsorgevollmacht des Pastors.

Propheten sind ein direkter „Ausbau" des Ecksteins Jesus, durch die er Gottes Bau, die Kirche, ausrichten und und gut strukturieren will.

Die Rolle der Propheten in Gottes Gericht über Israel

Israelitische Propheten übten im Wesentlichen drei Funktionen aus:

1. Sie waren von Gott ernannte Verkündiger. Als solche legten sie dem Volk das mosaische Gesetz aus. Sie hatten die Pflicht, Sünder zu ermahnen und zurechtzuweisen sowie die Sünde an den Pranger zu stellen. Sie mussten die Schrecken des Gerichts ansagen, zur Buße rufen, aber auch Trost bringen und Vergebung aussprechen. Ihr Vorgehen gegen die Sünde und der beständige Ruf zur Umkehr fraßen weit mehr von ihrer Zeit als jede andere Arbeit, die sie taten. Die Sündenkritik wurde angeschärft durch Vorhersagen über die Strafe, die Gott über die zu bringen beabsichtigte, die die Warnung des Propheten in den Wind schlugen (vgl. Jona 3,4).
2. Sie sagten zukünftige Geschehnisse voraus. Als Zukunftsseher kündigten die Propheten kommendes Gericht, Erlösung und Geschehnisse an, die mit dem Messias und seinem Reich zu tun hatten. Zukunftsweissagung war nie dazu gedacht, bloß die Neugier der Menschen zu befriedigen, sondern sollte zeigen, dass Gott die Zukunft kennt und beherrscht, und sinnreiche Offenbarung darüber vermitteln. Jede Zukunftsansage, die ein wahrer Prophet machte, würde sichtbar in Erfüllung gehen. Blieb die Erfüllung einer Voraussage aus, so zeigte sich, dass der Prophet nicht Jahwes Wort gesprochen hatte (vgl. Dtn 18,20 ff.). In 1. Samuel 3,19 heißt es von Samuel, dass der Herr mit ihm war und keines seiner prophetischen Worte fehlgehen (wörtlich „auf den Boden fallen") ließ.
3. Sie waren Wächter über die Angelegenheiten des Volkes Gottes. Die Propheten fungierten auch als Wächter über das Volk Israel (Ez 3,17). Ezechiel stand als Wächter auf den Mauern Zions, bereit, in die Posaune zu stoßen, um vor religiösem Abfall zu warnen. Er warnte das Volk vor politischen und militärischen Allianzen mit fremden Mächten, vor der Versuchung, sich auf Götzendienerei und die öffentlichen Kulte der Kanaanäer einzulassen, und vor der Gefahr, sich allzusehr auf religiösen Formalismus und bloße Opferrituale zu stützen.

Wenngleich die Propheten in ihrer Weitergabe der Botschaft Gottes unterschiedliche Funktionen ausübten, spielten sie doch eine ganz zentrale Rolle im religiösen Gefüge Israels. Sie besetzten nämlich die Stelle eines königlichen Diplomaten oder Staatsanwalts, der das Volk der Verletzung des mosaischen Bundes anklagte. Beschuldigten die Propheten Israel, Gottes Gesetz gebrochen zu haben, und verkündigten sie das kommende Gericht, so benutzten sie dabei Begriffe, die auf den Bundesschluss zurückzuweisen scheinen. Im Hintergrund ihrer Verkündigung steht immer der Bund. Deshalb kann nur der die Rolle des Propheten wertschätzen, der verstanden hat, worum es beim Sinaibund geht. Die Erforschung des historischen Umfeldes, in dem der Mosebund geschlossen wurde, hat ergeben, dass Gott sich eines zeitgenössischen kulturellen Musters bediente, um seinem Volk Israel seinen Willen deutlich zu machen. Im 15. bis 13. Jahrhundert v. Chr. benutzten Potentaten des Nahen Ostens ein bestimmtes Vertragsformular zur Regelung ihrer Herrscherbeziehungen, genauer zur Festlegung des Verhältnisses zwischen einem überlegenen Herrscher (dem sog. Suzerän) und von ihm unterworfenen Rivalen, seien es auswärtige Gegner (Vasallen) oder auch eigene Untertanen.[115]

Sowohl die Suzeränitätsverträge als auch der Sinaibund folgen einem regelhaften Schema mit folgenden Bestandteilen[116]:

1. historische Hinführung,
2. Präambel,
3. historischer Prolog,
4. Vertragsklauseln,
5. Anweisungen zur Verwahrung und Lektüre des Vertragswerkes,
6. Vertragszeugen,
7. Segens- und Fluchformel(n),
8. Ratifikation.

Die Einhaltung der Vertragsklauseln verhieß Wohlstand und Segen, Nichtbefolgung beschwor Fluch und Gericht herauf. Dass Gottes Boten, die Propheten, als Anklagevertreter Jahwes die Szene betraten, war Ergebnis des Ungehorsams Israels gegen den Bund. Als Bevollmächtigte Jahwes, des Großen Suzeräns, brachten die Propheten eine rechtsförmige Anklage (byri) gegen das Volk vor, riefen zur Buße auf und sagten für den Fall andauernden Ungehorsams Gericht an.

Diese prophetische Gerichtsansage aufgrund des Bundesbruchs stützte sich darauf, dass das Volk sich vor dem Herrn den Bundesbestimmungen samt Segens- und Fluchankündigungen unterworfen und Bundestreue gelobt hatte. Das Motiv der rechtsförmigen Anklage

115 K. A. Kitchen, Ancient Orient and Old Testament, Chicago, IL 1966, S. 90 f.

116 Vgl. C. Rogers, The Covenant with Moses and Its Historical Setting, JEThS 14, 1971, S. 147-154.

in den Gerichtsreden der Propheten macht dies deutlich, beschuldigten die Repräsentanten Jahwes das Volk doch immer wieder, das Gesetz gebrochen zu haben, nämlich die Klauseln des Bundesverhältnisses. McCarthy sagt, das byri-Muster sei das zugkräftigste Argument für eine Verbindung der prophetischen Drohreden mit dem vertragsförmigen Sinaibund.[117]

Der erste alttestamentliche Gelehrte, der detailliert der Hypothese nachging, die prophetischen Gerichtsreden hingen via Sinaibund mit den altorientalischen Suzeränitätsverträgen zusammen, war Herbert B. Huffmon.[118] Die gründlichste Studie zu diesem Zusammenhang verdanken wir J. Harvey[119], während James Limburg wenig später eine für den damaligen Stand aktuellere Untersuchung der Wurzel byri und der prophetischen Gerichtsreden vorgelegt hat[120]. Limburg zeigt zunächst, wie diese Wurzel im Bereich der internationalen Beziehungen benutzt wurde, und wendet seine Ergebnisse sodann auf die prophetischen Gerichtsreden an. Unter der Voraussetzung, dass die Suzeränitätsverträge dem Sinaibund Modell gestanden haben, kann er nachweisen, dass die prophetischen Strafreden im Blick auf den israelitischen Bundesbruch dem Muster der Strafandrohungen in den Vasallenverträgen folgen.

Das 67 Mal im Alten Testament vorkommende Verb byri hat die Grundbedeutungen „streiten, kämpfen". Nach gründlichem Studium von neun nicht theologischen Vorkommen des Verbums schlussfolgert Limburg, dass die Wurzel eine mündliche Klage meine, die eine geschädigte Partei gegen eine der Schädigung beschuldigte vorbringt (vgl. Gen 26,17-22; 31,36; Ri 6,28-32; 8,1 ff.; Neh 5,6-13; 13,11.17; Hi 13,6-12).[121] Bezeichnend ist, dass das Verb bei jedem Vorkommen mit Ausnahme von Exodus 21,18 einseitiges und nicht gegen- oder wechselseitiges Handeln bezeichnet. Es steht für: eine Klage vorbringen; Anklage gegen einen Beschuldigten führen.

Das kann nach zwei Mustern erfolgen:

1. A klagt gegen seinen Widersacher B.
2. C klagt im Namen A gegen B.

117 D. J. McCarthy, Old Testament Covenant, Richmond, VA 1972, S. 40. Siehe auch M. Weinfeld, Ancient Near Eastern Patterns in Prophetic Literature, VT 27, 1977, S. 187 ff.

118 H. B. Huffmon, The Covenant Lawsuit in the Prophets, JBL 78, 1959, S. 285-295.

119 J. Harvey, Le Rib-Pattern. Réquisitoire Prophétique sur la Rupture de l'Alliance, Biblica 43, 1962, S. 172-196.

120 J. Limburg, The Lawsuit of God in the Eighth Century Prophets, Phil Diss. New York (Union Theol. Seminary) 1969.

121 Ders., The Root byri and the Prophetic Lawsuit Speeches, JBL 88, 1969, S. 293 ff.

Das Auftreten der biblischen Propheten folgt dem Muster Nr. 2: Der Prophet C verklagt Israel (= B) im Namen Jahwes (= A). Bedeutung und Wichtigkeit des byri-Motivs treten scharf konturiert hervor, wenn man sich mit der Rolle des Propheten in Gottes Gerichtsprozess gegen Israel befasst.

Als Bote Jahwes hat der Prophet zu verkünden, dass er Klage gegen das Volk Israel aufgrund von dessen Übertretung der Bestimmungen des mosaischen Bundes zu führen habe.[122] Menschen im prophetischen Amt waren Boten Jahwes nicht nur in dem Sinne, dass durch sie göttliche Offenbarung kundwurde (Hebr 1,1), sondern ganz besonders in dem Sinne, dass sie unmissverständlich als Diplomaten auftraten. Im Blick auf diese prophetische Rolle schreibt Limburg:

> *Hat der internationale Vertrag also dem Bund Modell gestanden, so bietet die Gestalt des internationalen Botschafters oder königlichen Diplomaten eine Art Paradigma zum Verständnis des prophetischen Amtes. ... Von dieser Seite aus gesehen kann das prophetische Amt also als theopolitisches Amt bezeichnet werden. Der Prophet fungiert als Erfüllungsgehilfe der „Politik Gottes“, durch die Gott seine Herrschaft über die Welt ausübt. ... Der Prophet erscheint als Botschafter des göttlichen Oberherrn gegenüber einem aufständischen Untertanenvolk.*[123]

Die Propheten waren also Botschafter und offizielle Repräsentanten Jahwes in der Anwendung seines Bundes mit Israel. Ihre wirksame Verkündigung zielte darauf, Jahwes Forderungen Gehör zu verschaffen und dafür Sorge zu tragen, dass sein Wille geschah. Mit dieser ihrer diplomatischen Mission in Israel verbanden sich Meredith Kline zufolge vier konkrete Aufgaben[124]:

1. Sie riefen den Herrschernamen des Bundesherrn aus: Jahwe, Schöpfer und Herr der Heerscharen.
2. Sie erzählten von den huldvollen Taten seiner Herrschaft im Laufe seiner Beziehung zu Israel.
3. Sie riefen die Verpflichtungen in Erinnerung, die der Bund mit Gott dem Volk auferlegt hatte, und machten damit deutlich, wie aufrührerisch Israel sich verhielt.

122 Dass die Propheten Vokabular und Redeformen aus dem Bereich der diplomatischen Beziehungen benutzen, heißt nicht notwendigerweise, dass sie weltliche Vorlagen abgeschöpft haben müssen. Darauf werde ich in meiner Schlussfolgerung zurückkommen.

123 Limburg, Lawsuit, S. 297.

124 M. G. Kline, The Structure of Biblical Authority, Grand Rapids, MI 1972, S. 59.

4. Sie konfrontierten die sündhafte Nation mit den Fluchandrohungen, die der Bundestext enthielt und die das Volk im Ratifikationsritus bekräftigt hatte, und erneuerten zugleich Gottes Gnadenverheißungen.

Kurz gesagt bestand die prophetische Diplomatenmission gegenüber Israel darin, die Klauseln des Bundes herauszustreichen, das Volk der Verletzungen des Bundes anzuklagen und den Ungehorsamen Gericht anzukündigen, und zwar im Rahmen der Fluchandrohungen für den Fall des Bundesbruchs.

J. S. Holladay arbeitet überzeugend heraus, dass sich der Unterschied zwischen den vorklassischen (nicht schreibenden) und den klassischen (schreibenden) Propheten anhand eines Rollenwandels des königlichen Diplomaten in Assyrien erklären lässt.[125] Mit Recht bemerkt er, dass die vorklassischen Propheten in erster Linie „Hofpropheten" waren, die vor dem König und seinem Haus standen (vgl. 1. Kön 17,1; 2. Kön 1,16). Die klassischen Propheten dagegen waren vorwiegend „Volkspropheten", die das Volk als Vasallenvolk Jahwes ansprachen (vgl. Hos 4,1; Am 3,1; Mi 1,2).

Im achten und siebten Jahrhundert kam es zu einer drastischen Veränderung im Hinblick darauf, an wen sich die Propheten richteten. Ihre Adressaten waren jetzt nicht mehr die königlichen Herrscherhäuser, sondern das Volk Israel im Ganzen. Holladay schreibt diese Veränderung einem zu ebenjener Zeit eingetretenen Wandel der assyrischen Großmachtpolitik zu.[126] Gegen Ende des achten Jahrhunderts, gipfelnd in der Herrschaft Tiglatpilesers III. (745 bis 727), richtete die assyrische Staatskunst ihre Aufmerksamkeit

- von den Herren auf die Sklaven;
- von den Fürsten auf die Bauern;
- vom König auf den Bürger.

Nicht länger verhielt es sich so, dass nur der König und sein Hof abgeschlachtet oder gefangen geführt wurden – jetzt verschleppte man ganze Länder ins Exil. Dieser Wandel der Blickrichtung in der assyrischen Staatskunst ähnelt verblüffend dem Adressatenwechsel der israelitischen Propheten in etwa derselben historischen Epoche.

Es erscheint offensichtlich, dass die königlichen Gesandten, die ein Suzerän aussandte, um mit seinen Vasallen zu einem Abkommen

125 J. S. Holladay, Assyrian Statecraft and the Prophets of Israel, Harvard Theol. Review 63, 1970, S. 29-51.

126 Ebd.

zu gelangen, das Modell für die israelitischen Propheten darstellten, die Jahwe seinem Bundesvolk sandte. So verstehen wir z. B. Micha 6,1-5 am besten vor dem Hintergrund des zeitgenössischen Völkerrechts. Aus literarischen und Kommunikationsgründen hat Micha die dem internationalen diplomatischen Verkehr entlehnten rechtsförmigen Redeweisen adaptiert, um Gottes Anklage gegen das Volk Israel vorzubringen. Man kann den Textabschnitt etwa folgendermaßen gliedern:

1. Der Ruf nach Aufmerksamkeit. Das Volk hört die Aufforderung: „Hört doch, was der HERR sagt“ (V. 1 a).
2. Die Beauftragung des Propheten. Micha berichtet davon: „Mache dich auf, führe einen Rechtsstreit“ (byri; V. 1 b).
3. Die Aufrufung der Zeugen. „Berge“ und „Hügel“ werden als Bundeszeugen aufgeboten (Vv. 1b.2a).
4. Die Klage des Suzeräns:
   4.1 Eröffnungsfrage: Jahwe will wissen, aus welchen Gründen der Bund übertreten wurde (V. 3).
   4.2 Erinnerung an vergangene Wohltaten: Jahwe erinnert das Volk an die Beziehung, in der es früher zu ihm stand, und daran, wie er es versorgt hat (V. 4).
   4.3 Notwendigkeit der Buße: Israel kann Jahwe immer noch anerkennen, sich des Bundes erinnern und der nationalen Katastrophe entgehen (V. 5).

Auch Hosea 4,1 ff. spiegelt die Form völkerrechtlicher Abkommen wider. Hier geht es um Loyalität und Treue, die das Volk Israel (die Vasallen) Jahwe (dem Suzerän) erweisen soll. Der Text lässt sich folgendermaßen gliedern:

1. Der Ruf nach Aufmerksamkeit. Der Prophet ruft, als er, im Namen Jahwes auftretend, seine Verkündigung beginnt, ebendiesen Namen, den Namen des Großen Suzeräns, an (V. 1).
2. Die Klage des Suzeräns:
   2.1 Grund der Klage: keine Treue, keine Loyalität, keine Anerkennung Jahwes als Suzerän (V. 1 b).
   2.2 Bruch der Bundesbestimmungen, festgemacht vor allem an den Zehn Geboten (V. 2).
   2.3 Ankündigung eines Fluchs: Bundesbruch zieht Gericht nach sich (V. 3).

In Jesaja 1,2 f. ist eine Klage über Jahwes Volk überliefert. Es ist ein Text, der sich sehr gut mit der Klage eines Suzeräns im Blick auf ein aufrührerisches Vasallenvolk vergleichen lässt. Die Anklagerede gliedert sich wie folgt:

1. Aufruf der Zeugen: die „Himmel" und die „Erde" werden aufgeboten (V. 2 a).
2. Botenformel: „Denn der HERR hat geredet" (V. 2 b).
3. Klage des Suzeräns:
   2.1 Wohltaten der Vergangenheit, die Jahwe gewährt hat (V. 2 c).
   2.2 Die Bundesübertretung vonseiten des Volkes (V. 2 d).
   2.3 Mangelnde Unterwerfung unter den Suzerän (V. 3).

Die Verse 18 ff. desselben Kapitels setzen diese Gerichtsrede eigentlich fort; der Abschnitt unterscheidet sich davon aber doch so deutlich, dass es notwendig erscheint, ihn gesondert zu betrachten. Auch dieser Text ähnelt stark der Botschaft, die ein königlicher Gesandter im Namen eines Oberherrn einem aufrührerischen Volk mitteilen würde.

1. Aufforderung, zu Gericht zu gehen: der Fall muss rechtsförmig verhandelt werden (V. 18 a).
2. Botenformel: „… spricht der HERR" (V. 18 b).
3. Klage des Suzeräns:
   3.1 Der Vasall (das Volk) hat sich krass versündigt (soll aber die Folgen nicht tragen; V. 18 c-f).
   3.2 Es gibt Gelegenheit, den Bund zu erneuern und wieder Segen zu erfahren (V. 19).
   3.3 Werden die Bundesbestimmungen weiterhin verletzt, zieht das Volk sich Verfluchung zu (V. 20).

Alle diese Texte beinhalten prophetische Reden, in denen Jahwe und das Volk wie Parteien in einer Gerichtsverhandlung dargestellt werden. Gegenstand dieser Verhandlung ist der Bund: Ein Bevollmächtigter (der Prophet) bringt gegen die Vasallen (das Volk Israel) die Klage vor, ihr Bündnis (den Mosebund) mit dem Großen Suzerän (Jahwe) nicht eingehalten zu haben.

Um seinem Volk durch seine Sprecher seine inspirierte, unfehlbare Offenbarung zu bringen, bediente Gott sich der kulturell etablierten, also allgemein verständlichen literarischen Formen der Zeit. Um die prophetischen Gerichtsreden angemessen auslegen zu können, brauchen wir ein Grundverständnis der Rolle der Propheten, das uns zugleich nachhaltig hilft, die Beziehung zwischen dem Propheten, dem Herrn und seinem Volk zu begreifen.

Die Verkündigung des Propheten

Unsere bisherigen Betrachtungen haben gezeigt, dass der Dienst der Propheten in erster Linie darin bestand, Sprecher für Gott zu sein. Dieser Dienst hatte zwei Richtungen:

- den Ruf zur Gerechtigkeit (zum rechten Verhalten) *in der Beziehung zu Gott*;
- die Aufforderung zum gerechten Handeln *in den zwischenmenschlichen Beziehungen*. Das war die Krux der prophetischen Botschaft.

Daneben dürfen wir aber keinesfalls die Bedeutung der Zukunftsschau in der prophetischen Verkündigung vergessen – mitnichten waren die Propheten bloß religiöse oder soziale Reformer. Sie waren Männer und Frauen, die für ihre Verkündigung die Vollmacht Gottes in Anspruch nahmen und deren Aussagen Bestätigung erfuhren, und zwar z. T. dadurch, dass sie Zukunftsereignisse zutreffend vorhersagten. Dieser Aspekt prophetischen Dienstes steht sogar so sehr im Vordergrund, dass „prophezeien" gleichbedeutend mit „vorhersagen" geworden ist.

Geht es um den Vorhersageaspekt des prophetischen Schrifttums, so müssen wir fragen: Welche Schlüssel haben wir, um solche Prophetie auszulegen? Wieso prophezeiten die Propheten?

Prophetische Verkündigung war zwiefältig. Sie bestand aus Proklamation und Vorhersage: der Ausrufung von Gottes Wort und Willen einerseits sowie der Ankündigung von oder Warnung vor Gottes künftigem, oft richtendem Handeln andererseits. Das ist auch schon in der griechischen Vokabel „Prophet" ausgedrückt. In der Auslegung des Willens Gottes fließen diese beiden Aspekte ineinander: Ob es um einen Ruf zu unmittelbarer Buße und Heiligung oder um die Ankündigung zukünftigen Geschehens geht, letzter Zweck ist immer die Erhebung Gottes und seines Willens.

Auch wenn sie Gottes Gericht verkündigten, waren die Propheten doch Männer, denen das Los der Bürger ihres Landes schwer auf der Seele lag. Eine weitere Dienstfunktion des Propheten war denn auch die Fürbitte. Beispiele dafür finden sich in 1. Samuel 12,23; 1. Könige 18,41-46; Jeremia 7,12-16; Daniel 9,1 ff. und Amos 7,1-6.

Die Beglaubigung des Propheten

Wahre Propheten Gottes hatten häufig sehr unpopuläre Dinge zu verkündigen. Und es waren immer falsche Propheten zur Hand, die dem

Volk bereitwillig sagten, was es zu hören wünschte. Wie konnte Gottes Volk zwischen echten und falschen Propheten unterscheiden?

> *Doch wenn ein Prophet so vermessen ist, dass er redet in meinem Namen, was ich ihm nicht geboten habe, und wenn einer redet in dem Namen anderer Götter, dieser Prophet soll sterben. Wenn du aber in deinem Herzen sagen würdest: Wie kann ich merken, welches Wort der HERR nicht geredet hat? – wenn der Prophet redet in dem Namen des HERRN und es wird nichts daraus und es tritt nicht ein, dann ist das ein Wort, das der HERR nicht geredet hat. Der Prophet hat's aus Vermessenheit geredet; darum scheue dich nicht vor ihm. Es ist wichtig, dass wir genau auf den Wortlaut achten: Trifft etwas prophetisch Gesagtes nicht ein, so ist der, der es sprach, ein falscher Prophet. Trifft es aber ein, so dürfen wir dennoch nicht automatisch schlussfolgern, dass der Weissagende von Gott gesandt war. (Dtn 18,20-22)*

Zum Vergleich ziehen wir Deuteronomium 13,1-5 heran. Bestätigt sich ein Zeichen, das ein Prophet getan hat, wie können wir dennoch behaupten, dieser Prophet sei nicht von Gott? Neuerlich sehen wir: das entscheidende Kriterium wahrer Prophetie ist Gehorsam gegen Gott. Ein wahrer Prophet Gottes würde sich niemals in Widerspruch zum durch Mose vermittelten Gesetz Gottes setzen. Genau aus dieser Überzeugung heraus widersprachen die Pharisäer Jesus so energisch. In ihren Augen war Jesus ein Gesetzesbrecher und also ein falscher Prophet. Sie erkannten nicht, dass ihre eigene Gesetzesauslegung irrig war und dass in Jesus tatsächlich der lang erwartete Prophet aller Propheten vor ihnen stand, dessen Ankunft Mose vorausgesagt hatte (Dtn 18,15).

Wahre und falsche Propheten

Worin der Dienst des „wahren" Propheten besteht, sehen wir am klarsten im Kontrast zum Handeln des „falschen". Allerdings ist die Quellenlage schwierig, was die falschen Propheten angeht, sind uns doch nur relativ wenige Zwischenfälle berichtet, bei denen Gottes Propheten falschen Propheten begegneten (1. Kön 22; Jer 28). In der Konfrontation zwischen den wahren (Micha und Jeremia) und den falschen Propheten (Zedekia und Hananja) behaupteten beide Gruppen, im Namen des Herrn zu reden.

In Jeremia 23 haben wir eine nachdrückliche Bekundung Gottes über wahre und falsche Propheten: Es ist das eine, Verhängnis über Israel anzusagen. Wenn aber jemand Israels Propheten schmäht – die erhabensten, besten und vornehmsten Männer, die Israel aufzubieten hat –, so kann das nur Symbol oder Anzeichen dafür sein, wie tief ein Volk im Vorfeld seines Gerichts gesunken ist. „Ja, selbst Propheten und Priester sind ruchlos. Sogar in meinem Haus habe ich ihre Bosheit gefunden, spricht der HERR“ (V. 11).

Es fällt auf, wie selbstsüchtig und auf gegenseitigen Vorteil ausgerichtet das Verhältnis zwischen Volks-, Stammes- oder Sippenführern und den falschen Propheten ist, wie zufrieden sie miteinander sind und wie sie sich gegenseitig bestätigen: „Darum wird ihnen ihr Weg sein wie schlüpfrige Stellen, ein Weg, auf dem sie in der Dunkelheit gestoßen werden und fallen; denn ich bringe Unheil über sie, das Jahr ihrer Heimsuchung, spricht der HERR“ (V. 12). Die falschen Propheten waren Fürsprecher eines selektiven Lebensstils, der es erlaubte, zum einen gewisse Bestandteile der Offenbarung Gottes festzuhalten, zum anderen aber sich an den kulturellen Wandel anzupassen. Heute ist das eine wichtige theologische Thematik geworden.

Die falschen Propheten jedoch waren gesellschaftlich anerkannt, während Micha und Jeremia auf sich allein gestellt waren. Aber auch wenn sie misshandelt wurden, standen sie ihren Mann. Ihre entscheidende Durchschlagskraft schöpften sie aus dem Vertrauen, dass das durch sie gesprochene Wort Gottes sich erfüllen würde. Zwar konnten sie sich nicht selbst rechtfertigen, aber sie glaubten, dass Jahwe sie durch seine Präsenz in der Geschichte rechtfertigen werde.[127] Schauen wir uns einmal aus der Nähe an, wie Jeremia Hananja entgegentrat.

Jeremia und Hananja (Jer 28)

Hananja war ein Repräsentant der jerusalemischen Falschpropheten. Diese glaubten sehr wohl an Gottes Verheißungen: die Erwählung Israels, den Bund, die Unverletzlichkeit des Tempels, die Zusagen in Bezug auf David, die Erwählung des Zion und die göttlichen Segnungen. Aber nicht eine Sekunde lang waren sie bereit, Gottes Warnungen, Gerichte und Bedingungen im Blick auf sein Volk stehen zu lassen[128]:

- Sie ließen außer Acht, was Motyer das „Exodus-Viereck“ nennt: Heiligung (Gehorsam), Frieden, Sünde und Gericht.[129]

127 W. Zimmerli, Der Wahrheitserweis Jahwes nach der Botschaft der beiden Exilspropheten, in: E. Würthwein/O. Kaiser (Hrsg.), Tradition und Situation. Studien zur alttestamentlichen Prophetie (Fs. A. Weiser), Göttingen 1963, S. 133-151.

128 Hierzu John Goldingay: „Authentische Prophetie widersteht moralischem und theologischem Relativismus“ (J. Goldingay, God’s Prophet, God’s Servant: A Study in Jeremiah and Isaiah 40-55, Exeter 1984, S. 51).

129 J. A. Motyer, Art. *Prophecy, Prophets* in: J. D. Douglas (ed.), The Illustrated Bible Dictionary. Vol. 3, Wheaton, IL 1980, Sp. 1282.

- Sie anerkannten auch nicht, dass Gott, der Schöpfer aller Dinge, in seiner Herrschaft über seine Schöpfung völlig frei ist.
- Sie banden Gott an Israel und vermochten sich nicht vorzustellen, dass er sein Volk zugunsten heidnischer Nationen im Stich lassen könnte. Ihre Verkündigung war insofern selektiv.
- Sie waren Ideologen, die von der Überzeugung ausgingen, dass Mose wahr sei und auf immer wahr bleiben werde.
- Sie meinten, das judäische Volk sei legitimer Erbe von Bund, Tempel, Theokratie und davidischem Königtum.
- Die Zerstörung des Tempels überstieg ihre Vorstellungskraft. Jeremias radikale Worte über ebendiese Zerstörung sowie das Ende der davidischen Monarchie waren in ihren Ohren blasphemisch.
- Sie eiferten um die Bewahrung des „alten" Weges und versperrten dem Herrn den „neuen".
- Sie hielten Jerusalem, „die Stadt Gottes", für unbesiegbar. Hatte nicht Jesaja ausgerufen, Jahwe werde mit seinem Volk sein („Immanuel" – „Gott mit uns"; vgl. Jes 8,8.10)?

Diese falschen Propheten stützten sich auf traditionelle Werte und hatten ein geschlossenes theologisches System. Sie erhoben den Anspruch, in Kontinuität zum Reden Gottes sowohl zu Mose (Sinaitheologie) als auch zu David (Zionstheologie) zu stehen, aber sie vermochten Gottes Offenbarung nicht angemessen auf eine neue, konkrete Situation anzuwenden.

Nach einer Hypothese James L. Crenshaws war es unvermeidlich, dass falsche Propheten aufstanden, weil der Volksglaube (*vox populi*) Erwartungen kultivierte, die bedient werden mussten:

1. Die *vox populi*
   - bindet das Gewissen der Menschen;
   - begrenzt ihr Gesichtsfeld;
   - verschließt sie für neue, zeitgemäße Auslegungen und Anwendungen des Wortes Gottes.
2. Die *vox populi* repräsentiert das kollektive religiöse Bewusstsein und Unterbewusstsein und determiniert eine entsprechende Antwort auf die Offenbarung Gottes.
3. Die *vox populi* bestimmt, gegründet auf das kollektive religiöse Vorverständnis und die daraus erwachsenden Traditionen, was ein Prophet sagen oder nicht sagen konnte. Die wahren Propheten wandten die „alte" Offenbarung im Licht der „neuen" Offenbarung an, sie lasen sie gewissermaßen in die neue Offenbarung ein. Genossen die Falschpropheten dank ihrer Berufung auf Mose, ihres

> Eifers zur Erhaltung von Gott gesetzter Institutionen und ihrer Übereinstimmung mit dem Volksglauben breite Unterstützung, so forderten die Propheten des Herrn das Volk heraus, Gottes Wort aufzunehmen, wie sehr es auch ihre vorgefassten Meinungen und Lebensstile infrage stellen mochte.[130]

In ihrem Eifer um Jerusalem widersprachen die Falschpropheten der Botschaft Jeremias, die sie für unvereinbar mit ihrem Verständnis der Verheißungen Gottes hielten. Jeremia machte geltend, dass der jerusalemische Tempel kein magisches Symbol sei, das Jahwes Freiheit zu handeln eingrenze. Jahwe ist frei und kann in seiner Freiheit auch sein eigenes „Haus" zerstören, wie er es bereits in Silo getan hatte (Jer 26,6). Jeremias Theologie erzürnte Priester und Propheten, die ihn fragten: „Warum hast du im Namen des HERRN geweissagt: Dieses Haus wird wie Silo werden, und diese Stadt wird in Trümmern liegen, ohne Bewohner?" (V. 9.) Jeremia bedrohte ihre Tempeltheologie und damit ihr Gottesbild.[131]

Die judäische Gesellschaft anerkannte Hananja als „den Propheten" (Jer 28,1.15), der im Namen des Herrn sprach (V. 2). Er erfreute sich großer Unterstützung (V. 1), stimmte er doch mit der theologischen Sicht seiner Zeitgenossen überein.

Die Verkündigung des Falschpropheten fügte der Glaubwürdigkeit des wahren Gottesboten ernsten Schaden zu. Der wahre Prophet rief eine Botschaft aus, die sich erst nach langer Zeit bewahrheiten würde. Häufig wurden Propheten zu ihren eigenen Lebzeiten nicht mehr Zeugen der Erfüllung des Wortes Gottes und konnten nichts anderes tun, als künftigen Generationen eine Niederschrift ihrer Orakel als Beleg für die Wahrhaftigkeit des Redens Gottes zu hinterlassen.

Die Falschpropheten stellten die Wahrheitsliebe der Gottesboten nicht wenig auf die Probe. Wie konnten die Gottesfürchtigen die „wahren" von den „falschen" Propheten unterscheiden? Viele unterschiedliche Deutungen des Phänomens der Falschpropheten sind in die Debatte eingebracht worden. Von Rad nahm an, die falschen Propheten hätten stets eine Heilsbotschaft verkündigt und hätten in Verbindung zum israelitischen Opferkult gestanden.[132] R. P. Carroll zog eine psychologische Interpretation vor und las die ausbleibende Erfüllung unter dem Kriterium der kognitiven Dissonanz. Ihm zufolge lag

130 Crenshaw, James L. (1971): Prophetic Conflict: Its Effect upon Israelite Religion. Society of Biblical Literature.

131 W. E. Lemke, The Near and the Distant God: A Study of Jer 23:23-24 in Its Biblical Theological Context, JBL 100, 1981, S. 541-555.

132 G. von Rad, Theologie des Alten Testaments. Bd. II: Die Theologie der prophetischen Überlieferungen Israels, Berlin 5. Aufl. 1969, S. 218/Anm. 27.

das Dilemma der Propheten-Zeitgenossen in der sich verzögernden Erfüllung prophetischer Worte, seien es nun die Worte wahrer oder falscher Propheten. Diese Kluft zwischen Weissagung und Erfüllung stellte die Gottesfürchtigen vor ein Problem.

Falsche Prophetie zieht Konsequenzen nach sich. Sie schädigt das ganze Volk und, da dasselbe Prinzip auch neutestamentlich in Geltung ist, die ganze Kirche. Jeremia 23,14 erlaubt uns einen Blick auf diese zu erwartenden Auswirkungen: „Aber bei den Propheten Jerusalems habe ich Schauderhaftes gesehen: Ehebrechen und in der Lüge leben! Und sie stärken dabei noch die Hände der Übeltäter, damit sie nicht umkehren, jeder von seiner Bosheit. Sie alle sind für mich wie Sodom und seine Bewohner wie Gomorra."

Das innere Strickmuster falscher Propheten

Die Gemeinde Jesu Christi muss niemandem seine prophetische Berufung missgönnen. Wenn die Kirche auf dem Fundament der Apostel und Propheten errichtet ist, müssen wir bei der Behandlung dieses Themas äußerste Sorgfalt walten lassen.

- Reden unsere heutigen Propheten aus ihren eigenen Herzen bzw. aus ihrem eigenen Geist?
- Kopieren sie einer den anderen oder sprechen sie uns aus echter Abgeschiedenheit mit Gott heraus an? Welche geistlichen Prägungen haben diese Propheten erfahren?
- Hat ein Prophet angemessene Zurüstung erfahren, nicht bloß was seine Gabe, sondern auch was seinen Charakter angeht, ehe man ihn in der Kirche dienen ließ?
- Wie lange und mit welcher Bewährung ist ein Prophet Glied einer lokalen Gemeinde gewesen?
- Ist er von dieser Gemeinde auch ausgesandt worden, und zwar nicht nur im Rahmen einer äußeren Zeremonie? Wissen wir überhaupt, was eine wirkliche Aussendung ist?[133]

Falsche Propheten haben dank ihres sinnlichen, gottlosen Lebens einen verschobenen Blick auf Gott und die Wahrheit. Ihr „Dienst" stärkt eher den Übeltätern den Rücken, als dass er irgendetwas Gutes erbrächte. Ihre Verkündigung ruft weder Buße noch Umkehr hervor, sondern rechtfertigt eher diejenigen, die in Opposition zu Gott stehen. Wie unsere heutigen Richter sind die Falschpropheten außerstande, die Härte des Gesetzes gegen den Gesetzesbrecher in Anwendung zu bringen, weil sie selbst in Übertretung des Gesetzes leben.

133 Vgl. A. Katz, The Spirit of Prophecy: An examination of the Prophetic Call, Trenton, NJ 2000.

Darum, so spricht der HERR der Heerscharen über die Propheten: Siehe, ich will sie mit Wermut speisen und mit giftigem Wasser tränken; denn von den Propheten Jerusalems ist Ruchlosigkeit ausgegangen über das ganze Land. So spricht der HERR der Heerscharen: Hört nicht auf die Worte der Propheten, die euch weissagen. Jer 23,15-16a

Obwohl sie falsch weissagen, nennt der Herr sie immer noch Propheten – vielleicht deshalb, weil Gottes Gaben und Berufungen unbereubar sind. Nach wie vor tragen sie ihren offiziellen Titel, aber was sie so betitelt tun, ist aus Gottes Sicht abscheulich. Es gibt nichts Profaneres, als wenn das Heilige nicht authentisch heilig ist. Wer sagt: „So spricht der Herr" und diese Formel bloß als Mittel benutzt, um die Aufmerksamkeit seiner Zuhörer zu gewinnen, der entweiht das Heilige. Worauf kann die Welt überhaupt noch hoffen, wenn wir als ein Volk von Priestern nicht mehr den Unterschied zwischen Profanem und Heiligem wahren?

Sie täuschen euch, die Vision ihres Herzens reden sie, nichts aber aus dem Mund des HERRN. Sie sagen stets zu denen, die mich verworfen haben: „Der HERR hat geredet: Ihr werdet Frieden haben", und zu jedem, der in der Verstocktheit seines Herzens lebt, sagen sie: „Kein Unglück wird über euch kommen." Vv. 16b-17

Darin sehen wir den Inbegriff dessen, was einen falschen Propheten ausmacht:

- Er spendet falschen Trost.
- Er gibt falsche Friedenszusicherungen, ohne auf die Bedingungen zu achten, die Gott stellt, um seinen Frieden zu schenken.

Die Unwilligkeit falscher Propheten, Gottes Wort herauszustreichen, führt zu Weissagungen, die dem Fleisch schmeicheln und es ermutigen, anstatt dass es herausgefordert oder gewarnt wird.

In der Geschichte haben falsche Propheten Frieden geweissagt, wo kein Friede war. „Kein Unglück wird über euch kommen" – das ist bedauerlicherweise auch heute eine geläufige prophetische Aussage, besonders in Israel. Sie spenden Leuten falschen Trost, die noch nicht einmal ihr Leben mit Gott in Ordnung gebracht haben. Menschlich gesprochen würden wir in solchen Leuten noch nicht einmal Gottesverächter erkennen, aber der Herr sieht sie als solche, die ihn verachten, und darum sollten auch wir sie so sehen. Tatsächlich tragen die falschen Propheten Menschen, die sowieso schon außerhalb einer

Gottesbeziehung stehen, eine Art Ermutigung zu, indem sie ihnen versichern, ihr Verhältnis mit Gott sei in Ordnung.

Falsche Propheten stehlen einander Gottes Worte und geben oft identische Botschaften weiter

Überschaut man den prophetischen Dienst der vergangenen vierzig Jahre, so sieht man eine lange Reihe von Moden, Patentrezepten, Tricks und Dingen, auf die wir nur allzugern unsere Hoffnung setzen: „Woher weht der Wind? Was geht? Worauf stehen die Leute gerade?" – so ähnlich könnte eine Checkliste für den Zeitgeistpropheten lauten. Ich weiß: Spreche ich über apostolischen Dienst oder das Amt des Propheten, so komme ich bei den Leuten gut an. Es scheint immer wieder Perioden zu geben, in denen bestimmte Themen populär sind – wer dafür eine Nase hat und einfach dasselbe sagt, was andere auch sagen, der schwimmt mit dem Strom. Es ist einfach leichter, das Wort zu hören, das andere sprechen, um es dann zu imitieren und zu wiederholen, wohlwissend, dass es ja schon Anerkennung und Akzeptanz gefunden hat. Wir haben es bitter nötig zu hören, was Gott in unsere je eigene Situation hineinspricht, und das kann nur der wiedergeben, der durch beständige Kommunikation mit ihm seinem Herzen nahe genug ist. Es gibt eine Tür des Todes für unser Image, unseren Namen und unsere Beliebtheit, und diese Tür führt in die Abgeschiedenheit intimer Kommunikation mit Gott. Nur in dieser Zurückgezogenheit mit dem Herrn kann uns Gottes Wort – Gottes Wort und kein anderes – widerfahren.

Falsche Propheten trennen zwischen Dienst und Gemeinschaft mit dem Herrn

Auf vielen Konferenzen und Sitzungen, wo man Propheten, die nicht von Gott gesandt sind, so reden lässt, als wären sie es, herrschen eine gewisse Leichtigkeit und Nachlässigkeit. Traurig genug, dass sehr viele Christen auf der Welt noch nie ein echtes, in göttlicher Autorität ausgesprochenes prophetisches Wort gehört haben und dass sie deshalb das, was sie hörten, für normativ halten. Ihnen fehlt die Vergleichsbasis. Ein einziges Mal ein echtes prophetisches Wort gehört zu haben genügt, um sich nie wieder mit weniger zufriedenzugeben. Kein Wunder, dass der Ruf und das Verlangen nach solcher prophetischer Rede in der Kirche groß sind. Viele Christen sehnen sich nach einer gereinigten Kirche, die aufs Neue ein Ort der Wahrheit ist, an dem kein anderes „Event" geboten wird als Gottes Reden.

> *Denn wer hat im Rat des HERRN gestanden, dass er sein Wort gesehen und gehört hätte? Jer 23,18*

Im geistlichen Dienst ist es heute ein vorherrschender Trend, zwischen Dienst und Beziehung zu trennen. Dabei ist es unterm Strich gesehen so, dass alles, was wir für Gott zu tun versuchen, auf Beziehung hinausläuft. Viele geistliche Mitarbeiter haben den Dienst zu einer Sache für sich gemacht. Beziehung ist nicht nur der Schlüssel dazu, die Gabe bzw. die Tafeln des Gesetzes zu erhalten, sondern auch zu der anhaltenden Befähigung, das Gesetz recht zu lehren. Sobald ein Prophet Beziehung von Dienst scheidet, betritt er schlüpfrigen Boden; denn der Dienst fließt aus dem gelebten Leben und das Leben aus den Beziehungen, in denen es steht.

Zerbricht jemand diese Verbindung und entwickelt einen von seiner Gottesbeziehung unabhängigen Dienst, so wird dies kein Dienst sein, den Gott anerkennt, gebraucht oder ehrt. Als der Herr Mose auf den Berg rief, damit er dort die Tafeln des Gesetzes empfinge, um das Volk im Gesetz zu unterweisen, musste er zunächst hinaufsteigen und einfach dort verweilen. Wie können wir es wagen, „so spricht der Herr" zu sagen, wenn wir nicht im Ratschluss Gottes gestanden und sein Reden vernommen haben?

Für einen anmaßenden, vorgeblichen, seinen eigenen Vorteil suchenden Mitarbeiter ist es nach meiner Meinung unmöglich, sich auch nur an diesem Ort aufzuhalten.

Im Ratschluss des Herrn zu stehen erfordert

- eine gewisse Demut;
- eine gewisse Zerbrochenheit;
- äußerste Abhängigkeit von Gott;
- eine gewisse Geduld und
- das Abstehen von eigenen Interessen, Ruhm, Reichtum und Anerkennung.

Wer als Prophet nicht von diesen letztgenannten Dingen frei ist, kann nicht im Ratschluss des Herrn stehen –, aber allzu häufig sind es gerade solche Leute, die als Allererste sagen: „So spricht der Herr!"

Doch wer hat im Rat des Herrn gestanden …?

Diese Wendung impliziert Nähe zu Gott. Wie kommt es dann aber, dass jene Propheten, deren Worte ihre Wirkung nicht verfehlten und die das Volk zum Bösen hin beeinflussten, diese Nähe nicht hatten? Wieso empfingen sie nicht Gottes Wort aus seinem Ratschluss und seiner Gegenwart? Dieser Gott ist heilig und man kann nicht in jedem beliebigen Zustand in seine Gegenwart treten und seinen Ratschluss empfangen. Deshalb empfangen dann viele Leute ihre Worte von anderen Menschen oder beziehen sie aus dem eigenen Denken. Vor Gott zu stehen erfordert Heiligung. Es bedingt einen Zustand des Menschen, der jene Art von Beziehung erlaubt, die Gott will, ganz besonders dann, wenn wir am überfließenden Reichtum Gottes teilhaben möchten.

Wenn wir in Gottes Ratschluss und Gottes Gegenwart stehen, kann Gottes Wort uns erreichen. Machen wir aber das Empfangen des Wortes zur Vorbedingung dafür, dass wir bereit sind, in Gottes Gegenwart einzutreten, so haben wir den heiligen Boden bereits verlassen, weil wir dann in einer nutzorientierten Geisteshaltung und nicht im Geist der Hingabe an Gott um seiner selbst willen kommen.

Mose wurde aufgefordert, den Berg zu besteigen und dort zu verweilen, nicht um des Nutzens willen, der ihm dadurch zuteil werden würde – nicht einmal wegen des geistlichen Gewinns –, sondern einfach deshalb, weil Gott Gott ist! Deshalb ist alles, was wir sagen und tun, ohne dass es seine wirkliche Quelle in der Gegenwart Gottes hat – jenem Ort, an den man nicht kommt, solange man in bloßen Nützlichkeitskategorien denkt –, verzerrt.

Es ist eine außerordentlich schwierige Sache, den Herrn zu suchen, und nur wenige haben den Ansporn dazu.

Riefen die israelitischen Propheten: „So spricht der Herr!", so wusste jedermann, dass darauf Worte folgten, die ein letztes Gericht von solcher Schrecklichkeit ankündigten, dass Gott sogar die physische Rede selbst von seiner Gegenwart widerhallen ließ. So war vom ersten Wort einer prophetischen Rede an klar, dass hier nicht der Prophet selbst sprach, sondern Gott.

Bei uns ist es im Allgemeinen so, dass der Auftaktsatz „So spricht der Herr" noch gerade die Funktion hat, unsere Rede zu legitimieren. Dabei sollte die Botschaft selbst von Gottes Wahrheit und Gegenwart durchdrungen sein. Viele missbrauchen Prophetie als Qualitätsausweis ihres Dienstes. Ist aber Prophetie nicht echt, so wird sie die Integrität des Prophetischen herabsetzen und sie zu etwas oberflächlich Hingeworfenem machen, womit jeder nach Gutdünken umgehen kann.

Was Gott am meisten verletzt, wenn Menschen mit seinen heiligen Dingen verkehrt umgehen, ist, dass das alles in seiner Gegenwart passiert, dass die Leute meinen, er sehe und begreife es nicht, sei sich nicht dessen bewusst, was sich da abspielt. Aber diese monströse Mutmaßung kann Gott nicht entgehen. Letztlich handelt es sich um die völlige Abwesenheit jedweder Gottesfurcht oder Ehrfucht vor Gott als dem Herrn. Und solche Propheten meinen, sie hörten etwas von Gott und das, was sie weitergeben, sei Gottes Ratschluss! Sie täuschen sich selbst und andere. Sie haben sich eingeredet, es sei tatsächlich der Herr, der spreche, wenn sie nur sagten: „So spricht der Herr!" Jeder Prophet kann infolge allmählicher Erosion in diesen Zustand geraten, wenn er sich Stück um Stück von Gottes Stimme entfernt, so lange, bis er nicht nur zum falschen Propheten geworden ist, sondern in seiner Verblendung immer noch meint, er bewege sich in der Wahrheit.

Wo wir es tatsächlich mit Gottes Wort zu tun haben, merken wir nicht zuletzt an dem Kriterium, das Jeremia 23,29 zum Ausdruck bringt:

> *Ist mein Wort nicht brennend wie Feuer, spricht der HERR, und wie ein Hammer, der Felsen zerschmettert?*

Hier haben wir einen guten Maßstab der Unterscheidung zwischen einem prophetischen Wort, das von Gott kommt, und einem menschlich angemaßten, im Denken und der Vorstellungswelt eines Menschen zusammengereimten Wort: Gottes Wort gleicht dem Feuer. Es brennt und ist wie ein Felsbrocken zerkleinernder Hammer, aber immer bietet es auch Wegweisung, Trost und Ermutigung.

Der Ruf zum prophetischen Dienst ist ein Ruf zum Kreuz, ein Ruf zu häufigem, wenn nicht andauerndem Leiden von ausgesuchter, nicht zu überbietender Qualität. Kann ein Prophet unter der Ankündigung „so spricht der Herr" Worte formulieren oder eine Botschaft zum Ausdruck bringen, ohne dass diese Worte das Kreuz passiert haben? Wirkliche Prophetie kommt aus dem Tod. Sie beinhaltet nicht unsere eigenen Worte, sondern die des Herrn, die einzig und allein jenem Ort, dem Standort des Kreuzes, entspringen können. Das galt schon für die Propheten lange bevor das Kreuz aufgerichtet wurde. Elia ging historisch dem Kreuz voraus, aber er wusste etwas von dem damit verbundenen Tod, als er formulierte: „So wahr der HERR, der Gott Israels, lebt, vor dem ich stehe, wenn es in diesen Jahren Tau und Regen geben wird, es sei denn auf mein Wort!" (1. Kön 17,1.) Jesus wusste um das Kreuz, ehe er darangenagelt wurde. Das Kreuz exemplifizierte lediglich das, wofür sein Leben von Anfang an da gewesen war. Es machte den Sinn seines Kommens sichtbar.

> *… kann sich jemand in Schlupfwinkeln verbergen, und ich, ich sähe ihn nicht? spricht der HERR. Bin ich es nicht, der den Himmel und die Erde erfüllt? Ich habe gehört, was die Propheten sagen, die in meinem Namen Lüge weissagen und sprechen: Mir träumte, mir träumte! Jer 23,24 f.*

Jedes wahre prophetische Wort fordert unsere Antwort heraus –, wo nicht, haben wir es nicht wirklich gehört: „Heute, wenn ihr seine Stimme hört, verhärtet eure Herzen nicht!" (Hebr 4,7b.) Nicht zu antworten heißt sich zu verhärten. Neutralität gibt es nicht. Ist Gottes Wort ausgesprochen, so wird es Konsequenzen haben, zum Guten oder zum Schlechten. Nie und nimmer können wir es ignorieren oder einfach an uns vorübergehen lassen. Es fordert unseren ganzen Gehorsam, andernfalls verhärten wir uns. Aus diesem Grund trifft man heutzutage so viele Menschen, die verhärtet sind und Buße wie Freisetzung brauchen.

> *Darum siehe, ich will an die Propheten, spricht der HERR, die einer vom anderen meine Worte stehlen. Siehe, ich will an die Propheten, spricht der HERR, die ihre eigene Zunge nehmen und sprechen: Ausspruch des HERRN. Siehe, ich will an die, die Lügenträume weissagen, spricht der HERR, und die sie erzählen und mein Volk irreführen mit ihren Lügen und mit ihrer Flunkerei! Ich aber, ich habe sie nicht gesandt und ihnen nichts befohlen. Sie nützen diesem Volk gar nichts, spricht der HERR. (Vv. 30 ff.)*

Wahre Propheten

Die wirklichen Propheten bauten auf dem Fundament des mosaischen Gesetzes auf. Als Wächter der Theokratie bewegten sie sich ausschließlich im Rahmen göttlicher Offenbarung. Treu hielten sie sich an die Kernpunkte mosaischer Gesetzgebung: ausschließliche Loyalität gegen Jahwe als Bundesherrn (Suzerän), strikte Befolgung der sinaitischen Ethik (also der gesetzlichen Regelungen zu Heiligkeit, Gerechtigkeit und Recht, Liebe und Treue, auch der Sorge um den Frieden), Sensitivität für soziale Belange (Gerechtigkeit für und Sorge um das Recht der Armen, Fremden, Waisen und Witwen) sowie die Hoffnung, dass der Herr Israel das Vorrecht seiner Gegenwart in Segen und Schutz gewähren werde, sodass Israel zur Ruhe einginge.

Der wahre Prophet rief eine Botschaft aus, die sich über einen langen Zeitraum hin bewahrheiten würde. Häufig erlebte er selbst die Erfüllung des Wortes Gottes nicht mehr, hinterließ aber eine Niederschrift seiner Orakel als Bezeugung der Wahrheit des Redens Gottes gegenüber künftigen Generationen.

Jedenfalls bekräftigten die wahren Propheten den ganzen Ratschluss Gottes. Sie lehrten die Freiheit Gottes in seiner Gnade wie in seinem Gericht. Sie lehrten auch, dass der Schöpferkönig über seine gesamte Schöpfung souverän sei und dass der Lehm den Töpfer nicht verklagen könne. Die wahren Propheten standen nicht im Widerspruch zum Opferdienst, zur Weisheit oder zum Gesetz, wie es auf Mose zurückging, sondern sie widerrieten der Institutionalisierung, Beschränkung und Verdrehung der Offenbarung Gottes. Sie sprachen sich gegen jede menschliche Begrenzung der Freiheit Gottes aus, sei es im Raum des Tempels, des Gesetzes oder des Königtums. Herzstück des prophetischen Erbes ist die wahre Anbetung Gottes „im Geist“. Die Propheten beharrten darauf, dass Gott von Herzen angebetet werden müsse, und sagten, wahre Anbetung beginne immer mit der Offenheit des Menschen für die Freiheit Gottes. „Also erschüttert und verändert die prophetische Verkündigung die Tradition, um so das Nahekommen des Lebendigen anzusagen.“[134] Die wahren Propheten waren oft Einzelgänger, die Gott unabhängig von Machtstrukturen dienten, seien sie kultischer oder politischer Art. Doch stets bezeugten ihr Leben, ihr Leiden und ihre Botschaft die Macht des lebendigen Gottes.

Im Gegensatz zu vorgeblichen Propheten achteten die wahren nicht zuerst auf ihre soziale Stellung oder die Wünsche ihrer Zuhörer. Von Gott dazu ernannt, waren sie Kritiker der sozialen und religiösen Verhältnisse, und es verstand sich, dass das Publikum mit dem, was sie zu sagen hatten, kaum übereinstimmte.

Die wahren Propheten harrten aus – nicht weil sie zuallererst Mitglieder einer sozial definierten Institution gewesen wären, sondern weil sie Sprecher für Gott waren, Männer Gottes, deren Lebenszweck darin bestand, ihrem Herrn in Treue zu dienen. So definiert, war die Institution des Prophetentums sowohl eine göttliche als auch eine soziale. Im Rahmen der göttlichen Setzung beauftragte der Herr seinen Propheten mit einem Wort von oben. Im Rahmen der sozialen Setzung wurde vom Propheten erwartet, dass er Gottes Wort einem Volk mitteilte, dessen Erwartungen „realpolitisch“ waren, geprägt von sozialer Unterdrückung wie von volkstümlichen Glaubensinhalten und -praktiken.

Wahre Propheten hielten an der Überzeugung fest, dass Jahwe eingreifen werde, um den Lauf der Menschheitsgeschichte zu ändern. Sie betonten Gottes Freiheit als Präludium zu ihrer Einladung an alle Menschen, sich Jahwe zu unterwerfen.

Echtheitskriterien

Falsche Propheten beglaubigen sich gegenseitig, einer applaudiert dem anderen, bestätigt und stabilisiert ihn. Aber sie sind nicht von einer Gemeinschaft beglaubigt. Sie entstammen nicht dem organischen Werk Gottes selbst, wie es bei Paulus und Barnabas war, die von der antiochenischen Gemeinde ausgesandt wurden. Stattdessen leisten sie einer dem anderen Tribut und belobigen sich gegenseitig, vor allem solche, die in ein und demselben Fahrwasser unterwegs sind. Aus welcher Quelle fließt ihre prophetische Rede? Woher nimmt der Prophet

134 W. Zimmerli, Prophetic Proclamation and Reinterpretation, in: D. A. Knight (ed.), Tradition and Theology in the Old Testament, Philadelphia, PA 1977, S. 100.

sein Wort? Wenn ein Mensch behauptet, einen Auftrag zu haben, haben wir das Recht, auf einen Nachweis dafür zu pochen, dass er tatsächlich aus der Gegenwart Gottes kommt.

Gab es objektive Kriterien für die Prüfung der Echtheit eines Propheten? Ja und nein!

- Ja, wenn wir abermals auf die sieben von Mose gesetzten Kriterien zurückgreifen.
- Nein aufgrund der menschlichen Verderbnis der Offenbarung.

Die Lehre der falschen Propheten und der weite Anklang, den diese im Volk fand, beeinträchtigten die Institution des Prophetentums.

1. Daraus zieht James L. Crenshaw den Schluss, dass die Propheten nicht in der Lage waren, angemessene Methoden der Selbstbeglaubigung oder Authentisierung zu finden, und dies auch nicht taten.[135]
2. Diese radikale Hypothese modifiziert Blenkinsopp, indem er verdeutlicht, dass die soziopolitischen Bedingungen des siebten Jahrhunderts so komplex waren, dass „das Kriterium der historischen Widerlegung der komplexen Natur der Prophetie nicht gerecht wird"[136]. Daraus leitet er die Unfähigkeit des Prophetentums ab, sich in der nachexilischen Zeit am Leben zu erhalten.[137] Sowohl Crenshaw als auch Blenkinsopp zeichnen das Phänomen des Prophetentums konkret und realistisch, indem sie den Propheten als Gegenüber des Volkes und den Widerstreit unter den Propheten selbst darstellen.
3. Mit Recht bemerkt Wilson, das Problem sei wahrscheinlich noch komplexer, „als es selbst die scharfsichtigsten Ausleger wahrgenommen haben"[138]. Betrachten wir jene sieben Kriterien, die dabei helfen können, Wahres und Falsches zu unterscheiden. Es stimmt natürlich, dass wir Heutigen es dabei viel leichter haben, besitzen wir doch die historische Beglaubigung des Redens Gottes in Gestalt des Exils, der nachexilischen Wiederherstellung Israels, der Zeit zwischen den Testamenten, des Kommens unseres Herrn, des apostolischen sowie des jetzigen Gemeindezeitalters.

135 Crenshaw, James L. (1971): Prophetic Conflict: Its Effect upon Israelite Religion. Society of Biblical Literature.

136 J. Blenkinsopp, A History of Prophecy in Israel, Philadelphia, PA 1983, S. 186.

137 Ebd. S. 188.

138 R. Wilson, Sociological Approaches to the Old Testament, Philadelphia, PA 1984, S. 71.

Die sieben Kriterien sind wie folgt:

- Offenbarung.
- Ganzheitliche Verkündigung.
- Unabhängigkeit von Machtstrukturen.
- Göttliche und menschliche Institution.
- Schau des Reiches Gottes.
- Theozentrische Ethik.
- Leiden.

Stand und Wirksamkeit neutestamentlicher Propheten

1. Gemeinschaftsorientiert und -gebunden – Gemeinschaft ist der Charakter der Kirche.
2. Die Gemeinde ist auf der Erde multinational, sehr wohl aber eine einzige Nation unter Gott.
3. Neutestamentliche Propheten werden von der Kirche unterhalten, obwohl sie ihren Ruf, Propheten zu sein, von Christus empfangen haben. Hier liegt ein Unterschied zu den alttestamentlichen Propheten, die in der Verwirklichung ihrer Berufung nicht auf ein menschliches Netzwerk zurückgreifen konnten.
4. Gaben des Geistes, Zeichen und Wunder mitsamt der Ausgießung des Heiligen Geistes kommen der ganzen Gemeinde zugute, sodass der Geist jeden, den er will, zur Ausübung solcher Befähigungen ermächtigen kann. Dies stellt eine grundlegende Veränderung nicht des Wesens der Prophetie, aber der Begabung der glaubenden Gemeinschaft durch den Geist dar, wie sie zu Pfingsten begonnen hat.
5. Die Anerkennung des Amtes eines Propheten erfolgt gemeindlich. Sie kann durchaus ungleichmäßig sein insofern, als manche Ortsgemeinden einen Propheten anerkennen werden, andere jedoch nicht, weil sie ihn nicht kennen. Im Gegensatz dazu waren die alttestamentlichen Propheten Israels landesweit bekannt und verschafften sich im ganzen Volk Gehör.
6. Prophetische Dienste finden vielfältig abgestuft statt. Das reicht vom „einfachen“ Gemeindeglied über Älteste, die mit der Gabe der Prophetie umgehen, bis hin zu Propheten und Aposteln, die den Dienst oder das Amt des Propheten ausüben.

Notwendigerweise erklären sich neutestamentliche wie heutige Propheten und Prophetien von dieser fundamentalen heilszeitlichen Veränderung her: Es besteht kein Bedarf mehr an Prophezeiungen oder Propheten, die nach vorne weisen auf etwas, das wichtiger oder definitiver wäre als das, was in Christus bereits offenbart worden ist. Vielmehr liegt der Zweck des prophetischen Dienstes heute darin, Gottes Volk in die reale Unmittelbarkeit seiner Gegenwart unter uns jetzt und hier hineinzuführen und daheraus die Gemeinschaft der Gläubigen zu ermächtigen.

Das prophetische Presbyterium[139]

Prophetische Ältestenschaft findet ausschließlich im Rahmen charismatischer Dienste statt. Sie vollzieht sich so, dass zwei oder mehr Propheten und/oder prophetisch Dienende Menschen zu bestimmter Zeit an einem bestimmten Ort die Hände auflegen und über sie weissagen. Solch prophetischer Ältestendienst wird aus verschiedenen Gründen angeboten:

1. prophetische Offenbarung und Bestätigung für Menschen, die zur gemeindlichen Leiterschaft berufen sind;
2. Weitergabe eines prophetischen „Rhema"-Wortes von Gott an einzelne Menschen;
3. Bestätigung und Aktivierung von Gott geschenkter Begabungen, Gnadengaben und Berufungen;
4. Offenbarung, Klärung und Bestätigung lokaler Gemeindeleiterschaft;
5. Einsetzung zum fünffältigen Dienst durch „Handauflegung und Weissagung" über solchen, die dazu berufen und angemessen vorbereitet sind;
6. Fortschritt im christlichen Reifungsprozess.

Menschen in diesem Dienst sind fest davon überzeugt, dass jeder Christ den Segen und den Nutzen nötig hat, der durch Handauflegung und Weissagung durch von Gott gesalbte und von kirchlicher Leiterschaft eingesetzte Dienstträger kommt.

Denken wir auch daran, dass die Charismatiker alle leitend Tätigen ermutigen, ihren Glauben auszuüben und ein Wort der Weissagung über Menschen auszusprechen, während sie in einem prophetischen Ältestenteam mitdienen. Prophetische Ältestenschaft ersetzt nicht das Amt des einzelnen Propheten. Doch in jenem Bereich des Prophetischen, der dem Amt des Propheten zugewiesen ist, kann auch nur ein Prophet dienen. Tatsächlich ist der prophetische Dienst so ausgerichtet, dass ein Prophet in allen Bereichen prophetischer Ältestenschaft mitwirken, aber eben auch das Amt des Propheten ausfüllen kann. Ein Unterschied besteht freilich darin, dass der prophetischen

139 Nach 1. Timotheus 4,14, Hebräer 6,1 f. und Apostelgeschichte 13,1 ff.

Ältestenschaft die Ehre zukommt, jemanden formell und definitiv in einen Dienst, auch einen prophetischen, einzusetzen.

Im Alten Testament gab es zwei Gruppen, die Berufungen zu leitenden Diensten erkannten und Männer entsprechend salbten. Die erste, das aaronitische Priestertum, legte solchen die Hände auf, die zu Leviten und Priestern eingesetzt wurden. Das war ein Vorgang, in dessen Verlauf sowohl die ordinierenden Priester als auch die einzusetzenden Kandidaten einer Reihe von Bedingungen und Anforderungen gerecht werden mussten.

Die andere Gruppe, die Leiter zu salben hatte, waren die Propheten. Sie unterlagen nicht denselben Beschränkungen wie die Priester: Die Propheten sprachen schlicht denjenigen an, den Gott ihnen gezeigt hatte. Auf wen auch immer der Finger Gottes wies, sie riefen ihn heraus und salbten ihn, ohne auf irgendwelche sonstigen Umstände zu achten.

Weissagung[140]

Das Wort wird nicht in erster Linie im Sinne von Vorhersage benutzt, vielmehr steht es für ein Reden, das den Willen und Ratschluss Gottes auslegt, ausruft oder betont.

Paradoxerweise wurden die biblischen Prophezeiungen nicht bloß ausgesprochen, sondern niedergeschrieben, sodass auch wir Nutzen von ihnen haben. Nichtsdestotrotz stellt die Bibel selbst klar, dass Weissagung in erster Linie ausgesprochen werden soll, auch wenn nichts gegen eine Niederschrift spricht. Dessen ungeachtet gibt es auch Prophezeiungen, deren spezielle Botschaft sich an einen speziellen Empfänger richtet, zu einer bestimmten Zeit empfangen wird und sich auf eine bestimmte Gelegenheit bezieht bzw. einem bestimmten Zweck dient. Im technischen Sinne war es der Prophet, der zu weissagen hatte, und doch ist jede göttliche Wahrheit und alle Offenbarung prophetisch, indem sie auf eine zukünftige Person, ein Ereignis oder eine Sache hindeutet. Es handelt sich um spezielle Kundgebungen Gottes, häufig durch einen menschlichen Sprecher vorgebracht, die den Willen Gottes für die Menschheit auf der Erde und im Himmel besagen.

Die Propheten empfingen die Botschaften Gottes durch

1. die Stimme eines Engels (Gen 22,15-19);
2. die Stimme Gottes, einen Traum (Dan 2);
3. eine visionäre Schau (Ez 40,2 ff.).

140 Zur Bedeutung des Wortes „Prophetie“ vgl. oben unter Abschnitt „Propheten“.

Prophetische Äußerungen reichen von der trübseligen Verlesung des Letzten Willens eines Vaters (Gen 49) bis hin zum Singen eines frohlockenden Chorals im Tempel (Ps, 96).

Mitunter verdeutlichten Propheten ihre Botschaften auch durch symbolisches Handeln:

- Jesajas Nacktheit (Jes 20) sagte die Exilierung der Ägypter und Kuschiten voraus.
- Hoseas Ehe symbolisierte Gottes Geduld mit einer ungetreuen Gattin, welche für das israelitische Volk stand.
- Ahija zerteilte sein Gewand, um die Spaltung des Königtums vorherzusagen (1. Kön 11,30 f.).

Selbst die Namen mancher Propheten sind symbolisch und passen zu ihrer Botschaft:

- Hosea = „Heil“;
- Nahum = „Trost“;
- Zephanja = „der Herr verbirgt sich“;
- Sacharja = „der Herr gedenkt“.

Prophetie rief Gottes Wort für alle Zeit aus, deshalb sagt die Bibel nur selten etwas darüber, wann sich eine Weissagung erfüllen würde. Ausnahmen von dieser Regel sind die Zeittafel im Zusammenhang mit Daniels Siebzig-Wochen-Weissagung (Dan 9,24-27) und die Ankündigungen der Verleugnung des Petrus (Mt 26,34) sowie des Sterbens bestimmter Menschen (Jer 28,16 f.). Petrus gibt zu, dass es gemeinhin schwierig ist, die Zeit der Erfüllung einer Prophetie zu erkennen (2. Petr 1,11). Das liegt an einer Reihe von Faktoren.

Erstens stehen einige Prophezeiungen beieinander, so als würden sie gleichzeitig in Erfüllung gehen. So ist beispielsweise Jesaja 61,1 f. Lukas 4,18 f. zufolge bereits erfüllt, während der direkt dabeistehende Vers 2 noch der Erfüllung harrt. Gleiches gilt für Sacharja 9,9 f. Die Propheten sahen die Berggipfel prophetischer Ereignisse, nicht aber die Talsenken dazwischen, die für teils lange Zeiträume stehen. Ein weiterer Faktor, der das Problem verkompliziert, ist die Mehrdeutigkeit grammatischer Tempi in der hebräischen Sprache, die zwar die Art einer Handlung markieren, nicht jedoch deren Zeit.

Im Brennpunkt aller prophetischen Wahrheit steht Jesus Christus[141], der dazu ausersehen war, der größte aller Propheten zu sein (Dtn 18,15-18). Er sagte Gottes Wahrheit für dieses (Joh 3,31 ff.) und

141 Hebr 1,2; Lk 24,25 ff.

das kommende Zeitalter (Jes 2,2 ff.) aus. Als Verkörperung der Wahrheit strahlte Christus den vollen Glanz des Lichtes Gottes aus, welches die voraufgegangenen Propheten immer nur zum Teil widerspiegeln konnten.

Frühere Propheten nahmen etwas von Jesus Christus vorweg, indem sie in ihrem eigenen Leben und Dienst seine Person und Botschaft widerspiegelten[142]. Jeder trug im Heiligen Geist einen Teil zu der Wahrheit bei, die sich voll und ganz in Jesus Christus entfalten sollte (Joh 6,68).

Sowohl liberale als auch konservative Bibelausleger sind dieser Identität zwischen den Propheten des Alten Bundes und dem Inbegriff aller Prophetie, dem Herrn Jesus, bequemerweise aus dem Weg gegangen.[143]

Die Gesamtschau des Willens Gottes kann viele Formen annehmen; sie vermag sich durch Menschen, Ereignisse und Gegenstände auszudrücken. Geschichtliche Ereignisse wie das Passah nahmen etwas von Jesus Christus vorweg (Joh 1,29), ebenso wie diverse Gegenstände in der Stiftshütte wie das Manna (Joh 6,31-35) oder der innere Vorhang (Mt 27,51; Hebr 10,20).

Auch die Prophetie selbst kann in der „Werkstatt“ des Propheten vielfältige Ausdrucksformen annehmen: Er kann sie mit dem Mund oder auch durch die eine oder andere Handlung aussagen.

Die Propheten konzentrierten sich auf die Wirklichkeit ihrer Weissagungen, nicht auf die Zeit von deren Erfüllung. Aus ihrer Sicht hatten ihre Weissagungen sich ja schon erfüllt, vor allem da sie Gott die Geschichte beherrschen sahen.

---

142 Ex 34,29-35; 1. Kön 19,10; 2. Chr 24,20 f.

143 Darunter J. Benson, The Holy Bible, New York o. J., S. 114; R. D. Dentan, The First and Second Books of the Kings (The Layman's Bible Commentary), Richmond, VA 1964, S. 68 ff.; Josephus, Antiq. 8,15; J. M. Myers, II Chronicles (The Anchor Bible), Garden City, NY 1965, S. 104 f.; M. Poole, Annotations Upon the Holy Bible, New York 1853, S. 713.

P. P. Enns sieht folgende Typen göttlicher Offenbarung[144]:

Typen göttlicher Offenbarung

Typ	Manifestation	Bibelstelle	Bedeutung
allgemein	in der Natur	Ps 19,1-6	Offenbart, dass Gott existiert. Offenbart Gottes Herrlichkeit.
allgemein	in der Natur	Röm 1,18-21	Offenbart Gottes Allmacht. Offenbart, dass Gott richten wird.
allgemein	als Vorsehung	Mt 5,45	Offenbart Gottes Wohlwollen für alle Menschen.
allgemein	als Vorsehung	Apg 14,15 ff.	Offenbart, dass Gott allen Menschen zu essen gibt.
Offenbarung	im Gewissen	Dan 2,21	Offenbart, dass Gott sich erhebt und Herrschende vom Thron stößt.
Offenbarung	im Gewissen	Röm 2,14 f.	Offenbart, dass Gott sein Gesetz allen Menschen ins Herz gelegt hat.
speziell	in Christus	Joh 1,18	Offenbart, wie der Vater ist.
speziell	in Christus	Joh 5,36 f.	Offenbart das Mitleid des Vaters.
speziell	in Christus	Joh 6,36; 14,10	Offenbart, dass der Vater denen das Leben gibt, die an den Sohn glauben.
Offenbarung	in der Schrift	2. Tim 3,16 f.	Offenbart alle Lehre, Überführung, Zurechtweisung und Wegführung, die ein Christ braucht, um ein gutes Leben zu haben.
Offenbarung	in der Schrift	2. Petr 1,21	Offenbart alles, was Gott durch vom Heiligen Geist geleitete Schreiber enthüllen wollte.

Prophetie und die Heilige Schrift

Wie verhält sich die Autorität der Schrift zu Worten der Prophetie, die weitergegeben werden? Welche Bedeutung hat die Schrift für die Beurteilung von Wahrheit oder Nutzen prophetischer Worte? Wie sollte sich der einzelne Gläubige dazu verhalten, dass jedem Christen das Potenzial zu weissagen gegeben ist (Apg 2,17 f.; 1. Kor 14,31)? Hier kommen Schlüssel zur Freisetzung dieses Dienstpotenzials, ohne dass wir uns in Sackgassen der Überspanntheit oder des Irrtums locken lassen. Diese Untersuchung lehrt den Weg der Ausgewogenheit in zweierlei Hinsicht:

144 P. P. Enns, The Moody Handbook of Theology, Chicago, IL 1997[2].

1. darin, dass wir die Gabe der Weissagung so anwenden, wie der Heilige Geist uns heißt;
2. darin, dass wir dabei das ewige Wort der Heiligen Schrift im Mittelpunkt behalten und uns allein ihm unterwerfen.

1. Die Heilige Schrift und der Geist der Weissagung (Offb 19,10)
Die ganze Bibel ist ein Produkt des Heiligen Geistes, der nicht bloß „der Geist der Wahrheit" ist (Joh 16,13), sondern „der Geist der Weissagung" – ἡ γὰρ μαρτυρία Ἰησοῦ ἐστιν τὸ πνεῦμα τῆς προφητείας (Offb 19,10). Von daher ist „prophezeien" ein angemessener Ausdruck zur Bezeichnung der Weitergabe von Gottes Reden im Blick auf zukünftige Ereignisse. Genauso kann das Wort die freimütige, kühne oder konfrontierende Geltendmachung des Redens Gottes vor einer Gruppe von Menschen oder auch einem einzelnen Menschen bezeichnen – die unmissverständliche Ansage von Wahrheit und Willen Gottes. In beiderlei Hinsicht also ist die Bibel prophetisch: Sie ist ein Buch, das Gottes Willen durch sein Wort und seine Werke offenbart, und sie ist ein Buch, das Gottes Pläne und Vorhersagen offenbart.

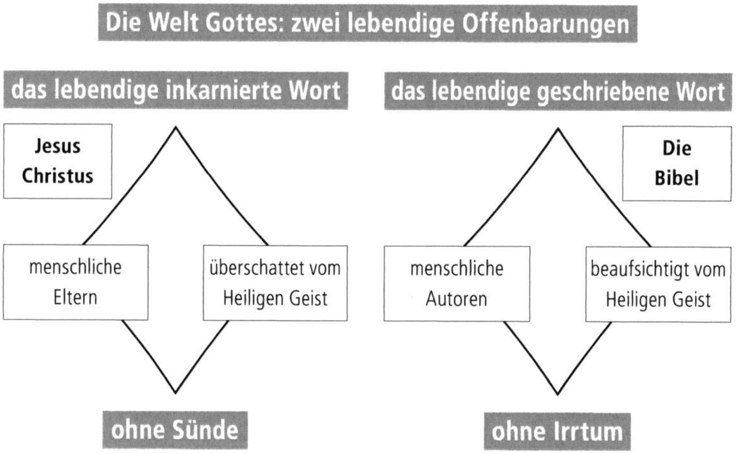

Der oben zitierte Offenbarungstext definiert das Zeugnis von Jesus Christus selbst als synonym mit dem Geist der Prophetie bzw. als dessen Herzstück. Das ist nicht bloß eine Definition der Heiligen Schrift, sondern auch eine Festlegung jedweder Äußerung, die beansprucht, wahre Prophetie zu sein: In ihrem Mittelpunkt muss genauso Jesus Christus stehen, wie er das Zentrum der ganzen Bibel ist.

1. Das Alte Testament ist dazu da, Christus zu offenbaren (Lk 24,27; Joh 5,39; 1. Petr 1,10 ff.).
2. Zum selben Zweck ist das Neue Testament durch den Heiligen Geist inspiriert (Joh 14,26; 16,13 ff.).

2. Nicht christozentrische Prophetie disqualifiziert sich selbst (1. Joh 4,1-6)

Da Christus selbst das Herz jeder wahren Prophetie ist (Offb 19,10), definiert das Wort „Prophetie" nicht bloß die Bibel, sondern legt auch jede Weissagung fest, die Wahrhaftigkeit für sich beansprucht. Der genannte Text zeigt, dass Johannes den Geist der Wahrheit anhand der Frage vom Irrtum schied, ob die sündlose Herrlichkeit und das Erlösertum unseres Herrn Jesus Christus im Mittelpunkt standen oder nicht. Paulus unterlegte jeden einem Fluch, der sich am feststehenden Wort des Evangeliums vergriff (Gal. 1,6-9). Beide Männer richteten sich an die frühen christlichen Gemeinden und kritisierten Übergriffe durch Lehrer bzw. Lehrinhalte, die prophetische Autorität für sich reklamierten, aber Jesus Christus weder auf eine mit der ganzen Bibel konforme Weise darstellten noch ihm entsprechend Ehre entgegenbrachten. Genauso sollten wir Gruppen oder Personen gegenüber Zurückhaltung walten lassen, die eine christliche Verwurzelung für sich reklamieren: Welchen Platz räumen sie Jesus selbst ein? Auch sollten wir jedwede Prophezeiung zurückweisen, die sich mit mystischen Ideen oder zweitrangigen Gegenständen abgibt. Alle wahre Prophetie ruht in und auf Christus als einzigem Fundament. Wo auf diesen Grund solide gebaut wird, wird alles, was entsteht, nach Jesus, Gottes Sohn, aussehen und klingen.

Es gilt ferner zu beachten, dass uns Offenbarung 19,10 c sagt, das Zeugnis Jesu sei der Geist der Prophetie. Das bedeutet, die gesamte biblische Prophetie und alles, was wirkliche Weissagung ist, also biblischen Kriterien genügt, hat immer mit Jesus, seinem Dienst und seiner Mission zu tun.

3. Der Geist der Offenbarung (Eph 1,17 ff.)

Das Wort „Offenbarung" wird in der Bibel auf zweierlei Weise benutzt, deren Unterscheidung wichtig ist – nicht nur, um im Umgang mit der Bibel Verwirrung zu vermeiden, sondern um sicherzustellen, dass niemand auf destruktive Abwege in Gestalt humanistischer Ideen und hoffnungsloser Irrtümer gerät. Die Heilige Schrift wird als „offenbartes Wort Gottes" bezeichnet. Die Bibel erklärt, dass Gottes „Gesetz" (Dtn 29,29) und die „Propheten" (Am 3,7) Ergebnis des offenbarenden Wirkens Gottes sind, womit im Prinzip die Gesamtheit des Alten Testaments als „offenbart" qualifiziert ist. Auch im Neuen Testament werden Schriften so eingeordnet (Röm 16,25; Eph 3,3; Offb 1,1), Schriften, die Teil des abgeschlossenen Kanons der Heiligen Schrift geworden sind. In Epheser 1,17 sagt Paulus, er bete für Menschen, dass sie „den Geist der Weisheit und Offenbarung" empfingen, und zwar mit einem doppelten Ziel: Sie sollten Christus erkennen und begreifen, was Gottes Wille für ihr Leben war und mit welcher Kraft er an ihnen wirken wollte. Solche „Offenbarung" hat also mit einer Entschleierung unseres Herzens zu tun, damit wir Einsicht erlangen, wie Gottes Wort in unserem Leben wirken will. Von Offenbarung kann man dann sprechen, wenn wir es mit Lehre oder Predigt zu tun haben, die in besonderer Weise gesalbt ist, Menschen die Herrlichkeit Christi, seinen Willen und seine Kraft für ihr Leben zu zeigen. Darüber hinaus aber hat das Wort noch eine andere, breitere Bedeutung, die wir uns klugerweise vor Augen halten sollten, wenn es uns biblisch angewandt wie hier in Epheser 1 begegnet.

Es ist ein Gebot der Weisheit wie des deutlichen, praxisbezogenen Sprachgebrauchs, dass Christen heute sich darüber im Klaren sind und unmissverständlich zu kommunizieren verstehen, was sie meinen, wenn sie von „Offenbarungen" sprechen. In der Tat vermittelt der Heilige Geist uns Offenbarung, wie der angeführte Text lehrt, doch derlei prophetischer Einblick in Gottes Wort darf niemals als gleichwertig zur Heiligen Schrift bzw. zum Akt ihrer Inspiration angesehen werden. So hilfreich aktuell geschenkte Einsicht in Gottes Wort auch sein mag, die ganze, abgeschlossene Offenbarung des geschriebenen Wortes Gottes bleibt dennoch der einzige sichere Grund, auf den wir unser Leben stützen können (Mt 7,24-29).

4. Schicklichkeit und Erwünschtheit von Prophetie (1. Kor 14,1)

Gott will, dass das Leben der neutestamentlichen Gemeinde durch die Gabe der Weissagung gesegnet ist, wie Paulus 1. Korinther 14,3, ausgehend von der Liebe als unserem erstrangigen Anliegen, feststellt: Prophetie sollte gemeinschaftlich und individuell erstrebt werden „zur Erbauung und Ermahnung und Tröstung" der Gemeinde. Wo wir einander so ermutigen, ist das prophetisch – nicht als mit der Bibel gleichziehendes „Wort Gottes", denn allein die Bibel enthält Gottes ureigenste Worte, aber im Sinne menschlicher Worte, die uns der Heilige Geist auf einzigartige Weise eingibt.

Mit der Gabe der Weissagung umzugehen ist ein Zweck der Erfüllung mit dem Heiligen Geist (Apg 2,17). Zugleich erfüllt sich darin die Prophetie Joels (Jo. 3,1) wie auch die Hoffnung, die Mose schon lange zuvor zum Ausdruck gebracht hatte (Num 11,29)

Petrus ermutigt zum Umgang mit der Gabe der Weissagung (1. Petr 4,11), und Paulus verdeutlicht, dass sie zum Potenzial eines jeden Gläubigen gehört (1. Kor 14,31). Mit dieser Gabe sollten nicht nur wenige in der Gemeinde umgehen, sondern sie sollte weitverbreitet sein, sodass einer dem anderen mit gesalbten, liebevollen Worten der Auferbauung, Erkenntnis und Bestätigung wohltut. Solche Prophetie kann Einsichten bewirken, die Menschen dazu bringen, sich anbetend vor Gott zu demütigen, weil sie ihnen jählings bewusst machen, dass Gottes Geist um ihre Bedürfnisse weiß und bereitwillig ist, darauf einzugehen (1. Kor 14,24 f.). Solche Gemeindeprophetie ist zugleich ein Mittel, durch das Vision und Erwartung vorangebracht und überhaupt erst bewirkt werden, während es dort, wo sie fehlt, zu Passivität und Nachlässigkeit kommen kann (1. Sam 3,1; Spr 29,18; Apg 2,17). Wie für alle Gaben des Heiligen Geistes gibt es auch für diese spezielle Leitlinien für die Praxis, damit sichergestellt ist, dass nicht eine einzelne Gabe die anderen erstickt oder die Autorität geistlicher Leiterschaft usurpiert. Ferner muss sich jedwede Gemeindeprophetie der Richtschnur des ewigen Gotteswortes unterordnen – allein die Bibel ist der Standard, an dem jede prophetische Äußerung in der Gemeinde gemessen werden muss (1. Kor 14,26-33).

5. Prophetie und das Genügen des Wortes Gottes (2. Petr 1,16-19)
Wenn Petrus Gläubige ermutigte, „Aussprüche Gottes“ zu reden (1. Petr 4,11), zielte er natürlich nicht darauf ab, dass vom Geist eingegebene Worte die Predigt und Lehre der Heiligen Schrift ersetzen sollten. Der Text aus dem 2. Petrusbrief zeigt, dass prophetische Worte, die wir empfangen, oder prophetische Erlebnisse, die wir machen, im Vergleich mit der Heiligen Schrift nur relative Bedeutung haben. Der Apostel vergleicht hier seine eigene Erfahrung mit Jesus auf dem Berg der Verklärung mit dem überfließenden „prophetischen Wort“ der Heiligen Schrift (Vv. 19 ff.). Er nennt das Bibelwort „befestigt“ – ein ungemein wichtiger Punkt für das korrekte Bibelverständnis quer durch die Kirchengeschichte. Wenn Petrus seine eigene Erfahrung mit Jesus als dem „sichereren“ Wort der Schrift untergeordnet betrachtet, gibt uns das sowohl eine Leitlinie als auch eine nicht hintergehbare Feststellung an die Hand. Die Leitlinie ist: Keine Erfahrung kann mehr Erkenntnis bringen als das Wort Gottes. Damit soll unsere Erfahrung mit dem Wirken des Geistes Gottes in Kraft oder Segen nicht ausgebremst werden, aber wir müssen im Auge behalten, dass jede Art von charismatischem „Wort“ in unserem Wertesystem nur relative Bedeutung haben kann.

Und wir haben es hier auch mit einer nicht hintergehbaren Feststellung zu tun. Oft wird heute gefragt, ob wir, die wir das Wirken der Gabe der Prophetie erstreben, das nicht deshalb tun, weil wir vom „Genügen“ des geschriebenen Wortes Gottes nicht überzeugt sind. Mit anderen Worten: glauben wir, dass die Bibel alles enthält, was wir zur Errettung, zum Glauben und für eine gehorsame Lebensführung brauchen? Selbstverständlich steht das für den Bibelgläubigen niemals infrage, denn der Geist und die praktische Wahrheit der Worte des Petrus lassen keine Gleichstellung zwischen dem ewigen geschriebenen Wort der Bibel und gegenwärtigen prophetischen Worten zu. Prophetien sind am Platz, die Bibel zeigt, dass sie erstrebenswert (1. Kor 14,1) und hilfreich (Vv. 3.5) sind, aber die Lehren der Heiligen Schrift sind von unüberbietbarer, abschließender Autorität, „köstlicher … als Gold" (Ps. 19,11). Allein die Bibel ist Gottes ewiges Wort.

Persönliche Prophetie

In 1. Timotheus 2,5 erklärt der Apostel Paulus: „Denn einer ist Gott, und einer ist Mittler zwischen Gott und Menschen, der Mensch Christus Jesus…" Diese großartige Aussage des Paulus macht deutlich, dass Christus als der Mittler nicht bloß Sünder wieder in die rechte Gottesbeziehung zurückbringt, sondern sie auch „zur Erkenntnis der Wahrheit" leitet (V. 4). Dasselbe Thema entfaltet der Hebräerbriefschreiber, indem er das große Vorrecht herausstreicht, das jedem Gläubigen durch den Neuen Bund zuteil wird. Dieser Bund räumt allen Christen direkten Zugang zur Gegenwart Gottes ein, und zwar ohne dass sie irgendeinen anderen Mittler bräuchten als Jesus Christus, der selbst Gott ist (Hebr 10,19).[145]

Schon der Prophet Jeremia begriff, dass der Neue Bund einige tief greifende Veränderungen mit sich bringen würde (Jer 31,29-34), darunter die, dass es nicht länger nötig sein würde, bestimmte besonders erwählte Menschen zu haben, die anderen den Willen Gottes für ihr persönliches Leben mitteilen konnten, würden doch im Neuen Bund alle wahren Gläubigen den Herrn persönlich kennen. Überzeugend erläutert D. A. Carson, dass Gott im Alten Bund seinem Volk im Rahmen einer Stammesreligion begegnete. Ihm zufolge zeichnet die Schrift „Gott, wie er mit seinem Volk als einer Stammesgruppe umgeht, deren Gotteserkenntnis und Gottesbeziehungen auf eigentümliche Weise von speziell eingeweihten Führern abhingen"[146].

Der Geist Gottes wurde nicht jedem Gläubigen gegeben, sondern ausschließlich Propheten, Priestern, Königen und wenigen anderen besonders ermächtigten Führern wie Bezalel (Ex 31,1 ff.). Carson zeigt:

145 S. E. Miller, The Christian & Authority: Part One, Forward Spring 1985, S. 14.

146 D. A. Carson, Showing the Spirit: A Theological Exposition of 1 Corinthians 12 bis 14, Grand Rapids, MI 1987, S. 151.

Wenn „diese Leiter in Sünde fielen (wie z. B. bei Davids Affäre mit Bathseba und der daraus folgenden Ermordung des Usia), stürzten die Menschen in die Qualen göttlichen Gerichts“[147]. Jeremia jedoch sagte einen Tag voraus, an dem diese Stammesstrukturen zusammenbrechen und für die Erkenntnis Gottes nicht länger die Mittlerdienste besonders gesalbter Führer vonnöten sein würden, weil dann alle Menschen im Bundesverhältnis ihn erkennen würden, vom Geringsten bis zum Größten (Jer 31,31-34). Mit dem Kommen des Neuen Bundes wurde die eindringliche Bitte Moses Wirklichkeit (s. Num 11,29), denn alle Gläubigen, die unter dem Neuen Bund leben, erfreuen sich der Innewohnung des Heiligen Geistes und genießen freien Zugang zum Thron Gottes, von dem sie alle Gnade, Kraft und Wegleitung empfangen, die sie in der Stunde der Versuchung und der Krise zur „rechtzeitigen Hilfe“ benötigen.[148]

Vortrefflich verdeutlicht Elliot Miller, Herausgeber des *Christian Research Journal*, den Unterschied zwischen den Bedingungen des Alten und des Neuen Bundes: Im Alten Bund konnte ein einziger Mann, der Hohepriester, an einem einzigen Tag im Jahr das Allerheiligste betreten, und die Glaubenden waren gebunden an das aaronitische Priestertum, ein Opfersystem, Gesetze und Verordnungen sowie einen Tempel. Der Neue Bund andererseits erlaubt jedem Gläubigen den vertrauensvollen Zutritt zum Thron der Gnade, und zwar zu jeder Zeit und an jedem Ort (Joh 4,21-24), wo er Stärkung, Führung und was immer er sonst noch braucht, finden kann (Hebr 4,14 ff.).[149]

Weiter führt Miller aus, dass unter dem Neuen Bund niemand ein einzigartiges Privileg des Zugangs zum Ratschluss Gottes besitzt. Der Herr hat sein Gesetz seinem ganzen Volk in Herz und Hirn geschrieben (Hebr 8,10) und alle Gläubigen mit prophetischem Geist ausgestattet (Jo 3,1 f.; Apg 2; 1. Kor 12,13; Röm 8,9 ff.). Deshalb besteht im Neuen Bund absolut kein Bedarf an besonders „gesalbten“ Einzelpersonen wie Mose oder David, dem König, die aufgrund ihres bevorrechtigten Zugangs zu Gott einzigartig befähigt waren, Gottes Willen seinem Bundesvolk aufzuschließen.[150] Im Neuen Bund kommt jedem Gläubigen sowohl die Freiheit als auch die Verantwortung zu, für sich selbst Gottes Willen zu erkennen (Hebr 8,11). Alle Gläubigen genießen freien Zutritt zur Gemeinschaft mit Gott und die Freiheit, die Schrift zu erforschen, um zur Erkenntnis des Willens Gottes zu gelangen: „Jeder … sei in seinem eigenen Sinn völlig überzeugt!“ (Röm 14,5b.)

147 Ebd. S. 151 f.

148 F. F. Bruce, *The Epistle to the Hebrews (NICNT)*, Grand Rapids, MI 1964, S. 87.

149 Vgl. Miller, a. a. O.

150 Ebd. S. 15.

Damit aber bleibt die Frage: Usurpieren heutige Propheten, die mit dem Anspruch „so spricht der Herr“ direktiv in das Leben von Menschen einzugreifen versuchen, die Rollen Christi als Mittler und des Heiligen Geistes als Lehrer aller Lehrer (1. Joh 2,27), oder arbeiten sie harmonisch mit dem Herrn und dem Heiligen Geist zusammen? Bill Hamon sagt in seinem Buch „Prophets and Personal Prophecy“[151]: „Ich glaube, wir fallen einem stolzen Egotrip anheim, wenn wir behaupten, Gott müsse stets zuerst zu uns persönlich reden, ehe er durch uns zu jemand anderem reden könne. Diese Meinung wird durch keine Bibelstelle unterstützt.“ Biblischer Offenbarung zufolge sind die Egoisten nicht diejenigen, die direkt zum Herrn gehen, um geistliche Führung zu erhalten, sondern die, die anderen Gottes Willen, wie sie ihn erkennen, als vermeintlich einzigen Weg aufzwingen wollen. Niemand hat das Recht, sich zwischen einen Gläubigen und Jesus Christus zu stellen. Viele Charismatiker werden durch skrupellose Leiter irregeführt, die in ihr Recht eingreifen, dem Herrn selbstverantwortlich zu folgen, indem sie ihnen persönliche Prophetien aufdrängen und ihnen glaubhaft machen wollen, sie müssten ihnen, den Leitern, gehorchen, wenn sie wirklich im Willen Gottes bleiben wollten.

Frank Damazio, Prophet der „Wiederherstellung“ (engl. *restoration,* eine genaue Definition siehe unten unter „Wiederherstellung“) setzt auf den Druck, den empfindsame Gläubige häufig verspüren, nachdem sie eine persönliche Weissagung empfangen haben, noch einen drauf, wenn er z. B. feststellt: Wenn ein gläubiger Mensch eine persönliche Weissagung gehört hat, fallen ihm bestimmte gottgegebene Pflichten zu, denen er entsprechen muss. Die Verantwortung dafür, ob eine solche Prophetie in Erfüllung geht oder nicht, liegt beim Empfänger, der gehorsam oder in fleischlicher Auflehnung reagieren kann: Wir können das Gesagte glauben und als Wort von Gott, das unbedingt befolgt werden muss, annehmen, oder wir können dem menschlichen Verstand Raum geben und damit dem Diktat unseres eigenen Herzens erlauben, uns zu lenken.[152]

Im Neuen Bund kommt eine göttliche Botschaft von dem alleinigen Mittler Jesus Christus (1. Tim 2,4 f.). Zwar kann der Herr bestimmte Menschen gebrauchen, um Führung und geistliche Weisheit in unser Leben hineinzusprechen, aber sie dürfen sich nicht über die Gebote unseres Gewissens hinwegsetzen und für sich selbst die Rolle des Heiligen Geistes beanspruchen. Die Gefahr, die solche Autoritätsübersteigerung mit sich bringt, hat sich längst ins charismatische Lager eingeschlichen.

151 Shippensburg, PA 1987, S. 174.

152 F. Damazio, Developing the Prophetic Ministry, Eugene, OR 1983, S. 54.

Neuoffenbarung oder Bestätigung?
In Bezug auf persönliche Weissagungen sollten wir uns noch einen weiteren wichtigen Grundsatz vor Augen halten, und zwar zur Spannung zwischen Neuoffenbarungen und Bestätigungen in prophetischen Worten. Traurigerweise hat irgendwann irgendjemand aus einem Grund, der nur ihm selbst bekannt ist, angefangen zu lehren, Prophetie dürfe lediglich Bekanntes bestätigen. In ihrer geläufigen Form beharrt diese Lehrauffassung darauf, wir sollten jedwede persönliche Prophezeiung zurückweisen, die uns mit einem für uns völlig neuen Gedanken kommt. Sie behauptet, in prophetischer Anrede sage Gott uns ausschließlich Dinge, die wir in unserem eigenen Geist bereits von ihm gehört haben. Prophetie diene also nur der Bestätigung. Idealerweise wäre es so, aber das ist nicht die Wirklichkeit.

Ich stimme insoweit zu, als Prophetie eher angenommen und befolgt wird, wenn sie etwas bestätigt, was der angesprochenen Person bereits durch den Kopf gegangen ist. Andererseits glaube ich, dass wir uns in falscher Sicherheit zu verschanzen suchen, wenn wir darauf bestehen, dass Gott uns niemals durch einen Propheten etwas sagen wird, was er uns nicht schon vorher selbst gesagt hat. Ja, ich glaube, wir fallen ebenso „einem stolzen Egotrip anheim, wenn wir behaupten, Gott müsse stets zuerst zu uns persönlich reden", ehe er durch jemand anders zu uns reden könne. Auch diese Meinung wird durch keine Bibelstelle gestützt.

Tatsächlich zeigen uns mehrere biblische Begebenheiten, dass ein Prophet einem Menschen von Gott her etwas Neues sagen kann, das dem Betreffenden nie zuvor in den Sinn gekommen ist. So sehen wir z. B. in der Lebensgeschichte Davids, wie ein Hirtenjunge von Samuel unter der Weissagung gesalbt wurde, er werde König werden. Es gibt keinen Hinweis darauf, dass dieser junge Mann jemals auch nur davon geträumt hatte, Israel zu regieren. Elisa war ein Bauer, der keinen Gedanken daran verwandte, in den geistlichen Dienst zu gehen, bis Elia ihm offenbarte, er werde ein Prophet sein. Jehu hatte keinen Schimmer davon, dass er eines Tages König über Israel sein werde, bis Elia es ihm offenbarte. Nichts deutet an, dass Hasael daran gedacht hatte, König über Syrien zu sein, bis Elisa es ihm prophezeite. Paulus empfing seine erste Ahnung davon, dass er als Apostel zu den Heiden gehen würde, nicht auf der damaszenischen Straße von Jesus und auch nicht durch die innere Stimme des Heiligen Geistes, sondern durch Ananias, als dieser ihm Gottes Reden weissagte und ihm mit Heilung diente. Es ist falsch, wenn wir das Wort eines Propheten zurückweisen oder als unzutreffend betrachten, nur weil uns das Geweissagte nicht schon vorher in den Sinn gekommen ist. Gott benutzt die Propheten, um neue Wahrheiten auszusprechen, und zwar nicht nur gegenüber der

Gemeinde, sondern auch in das Leben Einzelner hinein. Wir müssen jedes Wort prüfen, ehe wir es zurückweisen.

Sind persönliche Weissagungen an Bedingungen geknüpft oder nicht? Diejenigen, die dem Empfänger einer Weissagung die Verantwortung für dieselbe zuschieben, tun zwar recht daran, prophetische Spekulanten vor der Etikettierung als „falsche Propheten" in Schutz zu nehmen, aber sie befreien den Überbringer einer Prophetie auch von jedweder Verantwortung und Rechenschaftspflicht. Diese Sichtweise öffnet nicht nur solchen Propheten Tür und Tor, die eher auf Selbstdarstellung aus sind und empfindsamen Menschen mit subjektiven, unautorisierten Prophetien zusetzen, sondern widerspricht auch diversen Bibeltexten und dem allwissenden Gott, der diese inspiriert hat.

So zitieren viele moderne Propheten Texte wie z. B. Jona 3 als Rechtfertigung für ihre Ansicht, der Empfänger einer Prophetie sei selbst für deren Verwirklichung verantwortlich. Jona warnte die Niniviten, falls sie nicht innerhalb von vierzig Tagen Buße täten, würde ihre Stadt zerstört werden (V. 4). Die entsetzten Niniviten rangen sich durch, wie die Schrift bezeugt, sich vor Gott zu demütigen: „Und Gott sah ihre Taten, dass sie von ihrem bösen Weg umkehrten. Und Gott ließ sich das Unheil gereuen, das er ihnen zu tun angesagt hatte, und er tat es nicht" (V. 10). Viele ziehen daraus den Schluss: Weil die Niniviten der Warnung des Propheten Gehör schenkten, wurden sie verschont; hätten sie aber die Warnung in den Wind geschlagen, so wären sie verheert worden.

Die Buße eines Individuums oder einer Generation mag die Erfüllung einer solchen Prophetie hinausschieben, auslöschen kann sie die Weissagung nicht. So rief Gott beispielsweise durch Prophetie Zerstörung über das assyrische Großreich aus, indem er Jona sandte, die binnen vierzig Tagen anstehende Verwüstung von dessen Hauptstadt, Ninive, anzukündigen. Doch ganz Ninive tat Buße, woraufhin Gott seinen Zeitplan dehnte und die Erfüllung der Weissagung hinausschob. Ohnehin waren Buße und Glaube an die Prophezeiung vorübergehend, und nach nicht allzu langer Zeit kehrte Ninive zu seiner Gottlosigkeit zurück – für Gott Anlass, die Prophetie durch den Propheten Nahum wieder in Kraft zu setzen, der nun mitteilte, warum und wie das Gericht kommen würde. Jonas Generation wurde verschont, doch gerade mal gut hundert Jahre später wurden sowohl seine als auch Nahums Weissagung bis ins Letzte erfüllt.

Bedingungslose Prophetien also, die von Gottes umfassenden Vorkehrungen im Rahmen seines ultimativen, universellen Plans für die Menschheit handeln, können zur angekündigten Zeit in Erfüllung gehen oder auch hinausgeschoben werden – das hängt von der Antwort der Menschen ab. Nichts jedoch kann Gott davon abhalten, am Ende in die Tat umzusetzen, was er sich vorgenommen und prophetisch angekündigt hat. Bedingungslose Prophetien können angepasst oder mit einer anderen Zeitperspektive versehen, nicht jedoch gegenstandslos gemacht, zurückgenommen oder oder vor ihrer völligen Erfüllung annulliert werden.

Bedingte Prophetien dagegen sind prophetische Zusagen und Erklärungen Gottes an Einzelpersonen, die widerrufen, verändert, umgekehrt oder gemindert werden können. Sie können auch fehlgehen und sich niemals erfüllen. Damit sich solche Prophezeiungen verwirklichen, muss der Empfänger der prophetischen Anrede seinen Teil hinzutun und kooperieren.

Diese Messlatte wird nun auch an heutige Prophetien angelegt. Folgt der Empfänger dem prophetischen Wort, wird er gesegnet; gehorcht er nicht, entfernt er sich von Gott und kann des Segens Gottes völlig verlustig gehen. In den Worten Frank Damazios: „Soll persönliche Prophetie sich erfüllen, so muss der Gläubige so handeln, wie es ihm gesagt wird. Er muss direkten Anweisungen gehorchen, sich auf künftige Dienste vorbereiten, die ihm angekündigt werden, und seinen Lebensstil so ausrichten, dass er tagtäglich dem geweissagten Wort entspricht.“[153]

- Zunächst einmal müssen zeitgenössische Propheten, die alttestamentliche Bibelstellen für sich beanspruchen, um sich von der Verantwortung für nicht eintreffende Prophezeiungen freizumachen, ihren Dienst auch Deuteronomium 18 unterwerfen. Dieser Text sagt unmissverständlich, dass Propheten, die Voraussagen von sich geben, welche nicht eintreffen, offiziell dem Tode verfallen sind (V. 20). Zeitgenössische Propheten, die sich des Alten Testaments bedienen, um sich von der Verantwortung für zutreffende Voraussagen freizusprechen, unterliegen mit ihrem Dienst auch der Verbindlichkeit der übrigen alttestamentlichen Wahrheiten. Das ist wichtig, weil kein zeitgenössischer Prophet hundertprozentig zutreffend weissagt, wie selbst Hamon zugibt.[154]
- Zweitens müssen wir bei persönlichen Weissagungen sehen, dass das Fehlgehen einer solchen entweder Gottes Wissen begrenzt, falls er denn nicht im Vorhinein gewusst haben sollte, dass eine Prophezeiung sich nicht erfüllen würde, oder aber Gott selbst zum „falschen Propheten“ macht, da er derjenige

153 F. Damazio, Developing the Prophetic Ministry, Eugene, OR 1983.

154 Hamon, Prophets, S. 76.

> ist, der den menschlichen Propheten inspirierte, eine Voraussage zu treffen, von der er, Gott, wusste, dass sie sich nicht erfüllen würde. Damit würde Gott seiner eigenen Festlegung in Deuteronomium 18,20 widersprechen. Darüber hinaus können biblische Aussagen wie „Gott ließ sich des Bösen gereuen" oder „Gott ließ von dem Übel ab" nicht als Beweis dafür herangezogen werden, dass Gott seinen Sinn ändert oder die Erfüllung von Prophetien bei denen liegt, die das Reden Gottes empfangen. Bibelstellen, in denen es von Gott heißt, dass ihn etwas „gereute", müssen nach demselben Grundsatz ausgelegt werden wie die Aussage, er wandelte „im Garten … bei der Kühle des Tages" (Gen 3,8). Gott passt sich an, indem er eine Sprache verwendet, die sein Wesen und seinen Willen für uns verständlich macht.

Im Falle Jonas wusste der Herr zweifelsohne, worauf die Sache hinauslaufen würde. Hätte er aber seinen Propheten nicht inspiriert, „Buße oder Untergang" zu weissagen, so hätte er keine Gelegenheit gehabt, seine Geduld, seine Barmherzigkeit und sein Mitleid mit denen zu zeigen, die ihre Sünden bekennen und bereuen. Durch die feurige Verkündigung des Jona zeigte Gott seinen Hass auf die Sünde und seine Bereitwilligkeit zu vergeben. Weil die Niniviten Buße taten, setzte Gott in seiner Langmut die Strafe aus, und ein heidnisches Volk erlebte Gottes Gnade. Wer Texte wie Jona 3 benutzt, um die Schuld an prophetischen Fehlschlägen denjenigen zuzuschieben, die prophetisches Reden nicht annehmen (oder nicht annehmen können), macht sich einer erheblichen Manipulation biblischer Wahrheit schuldig und täte gut daran, besser auf die Mahnungen zu achten, die an solche gerichtet werden, welche die Bibel verdrehen (2. Petr 3,16).

Die Frage lautet also nicht: „Gibt es so etwas wie persönliche Prophetie?" oder: „Können wir persönliche Weissagung empfangen?" Die Frage ist: „Können wir ausmachen, was eine Prophetie ist, und kommt diese Prophetie vom Herrn?"

Eindeutig gibt die Bibel „persönlicher Prophetie" Raum:

1. Nathan konfrontierte David mit einem persönlichen Wort vom Herrn (2. Sam 12,13).
2. Jesaja sagte Hiskias Tod voraus (Jes 38,1).
3. Agabus kündigte Paulus an, dass er in Jerusalem in Schwierigkeiten geraten werde (Apg 21,11).

„Persönliche Prophetie" meint ein Wort der Weissagung, das der Heilige Geist jemandem eingibt, damit er es einem anderen mitteile, und das sich auf persönliche Angelegenheiten des Empfängers bezieht. Viele haben tiefe Vorbehalte gegen diese Wirkungsweise der prophetischen Gabe, weil sie mitunter missbraucht wird. Durchaus wahre prophetische Worte können zur Manipulation anderer Menschen herhalten oder sie können unweise oder übereilt ausgesprochen werden. Hier geht es um Sicherheitsvorkehrungen gegen missbräuchlichen Umgang mit persönlichen Prophezeiungen und, positiv gewendet, um den bibelgemäßen Umgang damit, wie ihn vor allem die Agabus-Paulus-Episode erkennen lässt.

Erstens wird ein solches Wort für gewöhnlich dem Angesprochenen nicht neu sein, sondern etwas bestätigen, worüber Gott bereits mit ihm im Gespräch ist. Apostelgeschichte 20,22 ff. gibt zu erkennen, dass Paulus bereits ein Empfinden für das hatte, was Agabus ihm sagen wollte.

Zweitens muss man den Charakter desjenigen, der das Wort überbringt, in Betracht ziehen. Die Glaubwürdigkeit des Agabus beruhte nicht darin, dass er behauptete, ein Wort vom Herrn zu haben, sondern darin, dass er als ein vertrauenswürdiger Mann Gottes bekannt war, den der Herr schon öfters mit dieser Gabe gebraucht hatte (Apg 11,28; 21,10).

Drittens darf nicht vergessen werden, dass eine Prophetie niemals Herrschaftsmittel sein sollte. Mit anderen Worten: Solchen Weissagungen sollte niemals gestattet sein, den freien Willen eines Menschen zu dominieren. Christliche Lebensführung ist niemals sektiererisch in dem Sinne, dass der gläubige Mensch durch Omen oder Maßgaben von Gurus gelenkt würde. Agabus' Weissagung vermochte Paulus nicht dazu zu bewegen, seine Pläne zu ändern, ebenso wenig das Drängen Dritter (Apg 21,12 ff.). Er nahm die prophetische Bekundung dankbar an, hielt aber unbeugsam an seinen Plänen fest.

Viertens ist alle Prophetie „Stückwerk" (1. Kor 13,9), d. h.: so wahr jeweils ein Teil sein mag, es ergibt niemals das ganze Bild. Agabus' Wort stimmte, Paulus wurde in Jerusalem in Fesseln gelegt, aber das eröffnete ihm auch die Möglichkeit, seinen Dienst schließlich nach Rom auszuweiten (Apg 23,11).

Schließlich sollten wir im Lichte eines prophetischen Wortes dieses betend erwägen, wie es Maria mit dem Bericht der Hirten tat (Lk 2,19). Niemals wird von uns eine übereilte Antwort verlangt – es ist gut, einfach auf Gott zu warten und dann im Vertrauen auf Gott vorwärtszugehen, wie Hiskia es tat, dem gesagt worden war, er werde in Bälde sterben. Doch statt sich der Prophetie fatalistisch zu unterwerfen, betete er mit dem Ergebnis, dass sein Leben so lange dauerte, wie es eigentlich sollte, und seine Krankheit es nicht verkürzen konnte. Gelegentliche persönliche Weissagungen bergen kein Risiko, solange sie biblisch fundiert bleiben, aber sie dürfen nicht zum entscheidenden Planungsmittel oder zur alles bestimmenden Richtungsanweisung unseres Lebens werden.

Vorsicht ist im Blick auf die Häufigkeit geboten, mit der Weissagungen in der ersten Person Singular ausgesprochen werden. Darin zeigt sich ein Missverständnis neutestamentlicher Prophetenautorität, und es wird die Mahnung des Paulus missachtet, alles Gesagte sorgsam zu wägen (1. Kor 14,29). Prophetische Kundgaben in der ersten Person führen oft zu der Vorstellung, bestimmte Leute hätten einen unbeschränkten Freibrief, in der vollen Autorität Gottes zu sprechen. Daraus kann schändliche Manipulation erwachsen, haben doch alle Leiter bloß eine bedingte Autorität inne, die sehr wohl hinterfragt werden kann, sobald jemand im Konflikt mit der einzig unbedingten Autorität, derjenigen der Heiligen Schrift, zu stehen scheint. Zu viele Christen sind subjektivistisch eingestellt und neigen dazu, auf jeden prophetischen Zug aufzuspringen, ohne auch nur zu fragen, wohin er unterwegs ist.

Häufig ist es in der Kirchengeschichte zu Problemen gekommen, weil Menschen mit einer reichen Fantasie sich einbildeten, Propheten zu sein. Allein der Anschein, dass ein charismatischer Leiter gut ausgearbeitete Erkennntisse und Ideen hat, die für eine Gemeinde göttliche Lösungen sein könnten, bedeutet noch nicht, dass diese seine Ideen solide oder zutreffend sind, und noch viel weniger, dass sie wesensmäßig prophetisch wären.

Ausgehend von diesen Beobachtungen sind zwei weitere Fragen zu stellen:

1. Kann tatsächlich der Wille eines Propheten zu weissagen Prophetie freisetzen?
2. Waren die biblischen Propheten imstande, willkürlich oder nach Gutdünken Offenbarungen weiterzugeben?

Wäre darauf mit Ja zu antworten, so könnte das eher zu religiösen Ekstasen führen, wie sie die primitiven Stämme des Vorderen Orients praktizierten, als zu biblischem Weissagen. Biblische Weissagung kann nicht heraufbeschworen oder erzwungen werden. Wahre Propheten gehen nicht davon aus, dass es Prophetie hervorbringt, wenn man sich nach innen wendet, so als müssten sie sich nur aus der physischen Welt zurückziehen und auf die „Wellenlänge“ des Geistlichen gehen, um Gottes Reden zu empfangen. Gott hängt nicht an einer geistlichen Hundeleine, die man bloß stramm ziehen muss, um ihn zum Sprechen zu bewegen, wann immer es einem Menschen beliebt. Das, was in den entscheidenden Lebensmomenten der alten Propheten geschah, brach nicht aus ihrem Inneren hervor, sondern kam über sie, denn Prophetie kommt aus der Gnade Gottes und von sonst nirgendwo. Die Gegenwart der Prophetie in der Kirche heute ist ein Anzeichen dafür, dass diese Kirche tatsächlich die Kirche des Geistes ist. Deshalb sollten wir Prophetie nicht bloß passiv erdulden, sondern aktiv fördern, was nicht heißt, dass wir darangehen sollten, Leute im aktiven Weissagen zu unterweisen, wie es einige moderne Charismatiker zu tun versuchen. Aber wir sollten offen dafür sein, was der Geist Gottes der Gemeinde sagen will. Wir müssen anerkennen, dass Gottes Wirken in der Kirche sein Reden einschließt, das uns in Form einer Offenbarung erreicht.

Hindernisse für die Erfüllung persönlicher Weissagungen

Wir wollen näher betrachten, wodurch persönliche Weissagungen gehindert werden, in Erfüllung zu gehen, und wozu unangemessene Reaktionen darauf führen. Im Grunde ist es so, dass dieselben Dinge, die uns hindern, biblische Verheißungen auf unser Leben anzuwenden, uns auch hindern, persönliche prophetische Zusagen, die wir vom Herrn bekommen, an uns heranzulassen und umzusetzen. In der Bibel finden wir verschiedene Berichte über Menschen, die durch einen Propheten oder sogar direkt von Gott ein wahres Wort gesagt bekamen, es aber nicht als angemessen oder überhaupt vorstellbar für ihr Leben annehmen konnten oder wollten. Es folgt eine Auflistung der verbreitetsten Hindernisse, die die Schrift uns nennt. Das also sind die Dinge, die uns davon abhalten, eine Weissagung anzunehmen, zu begreifen, uns auf sie einzulassen und sie in unserem Geist festzumachen.

Unglaube

Unglaube ist Blockade Nr. 1 für die Erfüllung persönlicher Weissagungen. Das belegt sowohl das Alte wie das Neue Testament. Numeri 13 f. berichten, wie die Kinder Israel es verfehlten, ihre persönliche Weissagung zu erfüllen, die ihnen durch Mose gegeben war. Gott hatte ihnen eine Prophetie zugesprochen und sich persönlich dafür verbürgt, dass sie aufgehen würde. Er zeigte seinen Wunsch, sich in seiner Macht zu erweisen. Er tat Wunder, um die Israeliten aus Ägypten herauszuholen, und erfüllte zwei Jahre lang auf ihrer Reise bis hin an die Grenzen des ihnen verheißenen Landes Kanaan alle ihre Bedürfnisse auf übernatürliche Weise. Doch trotz all der Beweise, die Gott ihnen geliefert hatte, waren sie voll von Unglauben: „Und wir sehen, dass sie wegen des Unglaubens nicht hineingehen konnten“ (Hebr 3,19).

Unglaube beherrscht das Leben eines Menschen dann, wenn er niemals zu persönlicher Gotteserkenntnis gelangt. Die Israeliten ließen sich von ihren fünf Sinnen und den äußeren Umständen statt von Gottes prophetischer Zusage leiten. Sie schauten nicht auf die Prophetie, sie schauten auf die Probleme. Sie fassten lieber die ummauerten Städte als Gottes Willen ins Auge, lieber die Riesen als die Größe Gottes, eher die natürlichen Unmöglichkeiten als das persönliche Versprechen des Allmächtigen. Der negative Bericht von zehn der zwölf Kundschafter brachte sie ins Schwanken. Sie entschieden sich lieber aufgrund von Vernunftüberlegungen und Selbsterhaltungserwägungen, als dass sie Gottes persönliches prophetisches Gelübde ernst nahmen. Wir müssen uns im Geist erheben und jedwede Versuchung durch Vernunft oder Zweifel abwehren und überwinden, wenn wir unsere persönliche Weissagung vom Herrn in Erfüllung bringen wollen. Unglaube wird ausnahmslos jeden hindern, die Zusagen des Logos oder ein persönliches Rhema Wirklichkeit werden zu sehen.

Denkart

Die meisten von uns haben vorgefasste Meinungen über das Leben, uns selbst und die Theologie, und sobald ein prophetisches Wort nicht zu unseren eingefahrenen Denkwegen passt, betrachten wir es als unannehmbar. Wir meinen dann, auf ein solches Wort nicht eingehen zu können, wir widerstreben ihm und neigen dazu, es ganz und gar abzulehnen. Als Jesus anfing, prophetisch über seinen Tod, sein Begräbnis und seine Auferstehung zu sprechen, begriffen die Jünger nicht, was er meinte. Er schien in Rätseln zu sprechen. Matthäus berichtet uns, dass Petrus Jesus sogar bei den Schultern packte und ihm sagte, er solle nicht so reden. Er widerstrebte und widersprach Jesu prophetischer Erklärung, weil sie nicht mit seinen persönlichen Zielvorstellungen und seinem Vorverständnis bezüglich des Messias zusammenpasste.

Die Juden hatten eine ganz bestimmte politische Vorstellung vom Kommen des Messias. Jedes dem zuwiderlaufende prophetische Wort, und mochte es auch von Jesus kommen, war ihnen unbegreiflich und also unannehmbar. Als Jesus dann von einem leidenden, sterbenden und wiederauferstehenden Erlöser sprach, war das nicht kompatibel mit ihren vorprogrammierten Überlegungen. Selbst die Apostel teilten die Denkweise ihrer Zeitgenossen, sodass es ihnen zunächst unmöglich war, das innere Zeugnis und Verständnis von dem, was Jesus weissagte, aufzufassen.

Vorurteile stehen wahren Weissagungen im Wege

Auch wir heute haben vielleicht eine bestimmte Denkweise im Blick auf Lebensstile, Methoden des geistlichen Dienstes oder religiöse Traditionen. Wenn es so ist, finden wir es buchstäblich ausgeschlossen, ein prophetisches Wort anzunehmen, das unserem Denken und unseren Zielen entgegenläuft. Derartige prophetische Worte bleiben unverstanden, bis sie tatsächlich in Erfüllung gehen. Erst dann begreifen wir endlich und sagen: „Darüber also hat der Prophet gesprochen."

Gott redet auf diese Weise, damit wir hinterher, nachdem das Gesagte sich erfüllt hat, wissen, dass er es die ganze Zeit im Sinn hatte, und zwar zu unserem Besten und zur Erfüllung seines Gesamtplans. Erst nachdem Jesus gelitten hatte, gestorben und wiederauferstanden war, konnten die Jünger die wahre, buchstäbliche Bedeutung seiner diesbezüglichen Prophetie erfassen, und dasselbe prophetische Wort, das sie verwirrt und erbost hatte, als es gesagt worden war, wurde zum Ausdruck ihrer größten Hoffnung, Ermutigung, Offenbarung und Tröstung.

Ich möchte ein Beispiel aus dem Dienst eines Propheten geben. Ich habe in den vergangenen 35 Jahren Tausenden von Menschen persönliche Weissagungen zugesprochen und Hunderte von Zeugnissen empfangen, die dieses prophetische Prinzip bestätigen. So predigte und weissagte ich z. B. 1981 in einer Gemeinde in Atlanta, Georgia. Mehr als Hundert leitenden Mitarbeitern der Gemeinde, darunter auch der Bischof, sprach ich persönliche Prophetien zu. Später bezeugte der Bischof, dass er einen Teil der an ihn ergangenen Weissagung aufgrund seiner damaligen persönlichen Denkweise zurückgewiesen hatte. In der Woche vor meinem Kommen hatte er seinem Mitarbeiterstab mitgeteilt, dass er nicht mehr ins Ausland reisen, sondern zu Hause bleiben und der Gemeinde als Pastor dienen werde. Doch in einer Passage seiner langen persönlichen Prophetie hieß es, er werde mehr denn je zu den Nationen reisen. Dieses Wort wies er so lange von sich, bis er zwei Jahre später Rückschau hielt und erkannte, dass er genau das umgesetzt hatte, was ihm durch das prophetische Wort gesagt worden war. Als ich drei Jahre darauf wieder in derselben Gemeinde diente, konnte der Bischof bestätigen, dass der Prophet wahrhaftig war und seine Worte sich buchstabengetreu erfüllt hatten.

Probleme mit prophetischen Worten aufgrund von Tempi

Bei einer anderen Gelegenheit weissagte ich in einer louisianischen Gemeinde, die die Wichtigkeit des Glaubens betont, über Menschen. Der dortige Pastor hatte sogar mehrere Bücher über positives Bekennen und konstanten Sieg für den im Glauben wandelnden Christen geschrieben. Diesem christlichen Mann und seiner Frau gab ich eine lange persönliche Prophetie weiter, in der es ungefähr zur Hälfte hieß: „Sei nicht entmutigt … Du bist nicht schuld an dem, was geschehen ist … Dein Glaube hat nicht versagt … Ich habe dich nicht verlassen …

Ich habe immer noch alles unter Kontrolle … Mach dir keine Vorwürfe und suche auch nicht Erkärungen für das, was passiert ist … Sei nicht verwirrt oder entmutigt, sondern halte dein Vertrauen auf Gottes Weisheit und Treue fest."

Nachdem ich mit seiner Familie fertig war und mich anderen zuwandte, um ihnen zu dienen, ging der Ehemann nach hinten zu unserem Schriften- und Kassettentisch, um mit meiner Frau zu sprechen. Er sagte, er begreife nicht, wieso der Prophet bei ihm so sehr danebenliege, wo er doch bei allen anderen voll ins Schwarze getroffen habe. Er bestand darauf, er sei nicht entmutigt, verwirrt oder perplex über irgendetwas, sein Glaube sei stark und gesund. Das Problem war, die Weissagung war in der Gegenwartsform ausgesprochen worden, obwohl sie sich eigentlich auf etwas Zukünftiges bezog. (Das trifft aber auch auf viele alttestamentliche Weissagungen zu.) Der Mann versuchte etwas zu verstehen, was noch gar nicht geschehen war. Er befand sich in Kapitel zwei seines Lebens, während die Weissagung auf etwas Bezug nahm, was erst in Kapitel drei passieren sollte.

Ungefähr ein Jahr später bekamen wir von ebendiesem Mann einen Brief, in dem er uns schrieb, wie ihm die Weissagung zum Segen geworden sei. Seine Frau hatte ein Kind erwartet und sie hatten über dem Ungeborenen eine sieghafte Geburt und ein ebensolches Leben ausgerufen, aber das Kind war tot zur Welt gekommen – ein für sie sowohl emotional als auch theologisch katastrophales Ereignis, weil sie sich nicht hatten vorstellen können, dass so etwas überhaupt geschehen könne. (Nur Gott weiß, wieso das Baby nicht lebte, und ich wusste nicht, dass die persönliche Weissagung in einer solchen Zeit und Lage zum Trost werden würde.)

Aber in dieser Zeit rief ihnen jemand in Erinnerung, dass sich die über ihnen ausgesprochene Prophetie auf genau so eine Situation bezogen hatte, also holten sie die Bandaufnahme hervor, schrieben sie ab und meditierten darüber. Sie entdeckten, dass die Weissagung detailliert die Gefühle und Gedanken beschrieben hatte, die sie jetzt erlebten. Im Ergebnis brachte die Weissagung ihnen tiefen Frieden und großen Trost und befreite sie von dem Druck und den Versagensgefühlen, mit denen der Teufel sie zu überhäufen versuchte.

Zahlreiche weitere Zeugnisse über Weissagungen dieser Art liegen mir vor. Viele sagten: „Damals, als Sie es aussprachen, konnte ich diesen Teil der Prophetie nicht verstehen und annehmen, aber jetzt, nachdem ich diese Erfahrung gemacht habe, begreife ich das Gesagte voll und ganz und stimme ihm von ganzem Herzen zu. Jetzt ziehe ich daraus in meinem Geist und meinen Gedanken ganz viel Trost."

Niemand kann sich voll und ganz auf ein wahres Wort von Gott einlassen, das sich auf eine noch kommende Situation bezieht, vor allem dann nicht, wenn es unserer Glaubenshaltung oder Denkart zuwiderläuft. Mag eine persönliche Weissagung uns auch ein bißchen negativ oder unserem derzeitigen Denken widersprechend erscheinen, so sollten wir sie dennoch aufschreiben und dann abwarten und zusehen. Genau wie bei der Weissagung Jesu über sein Leiden und seine Auferstehung mag etwas, das uns jetzt negativ oder verwirrend erscheint, in einem zukünftigen Kapitel unseres Lebens positiv, erhellend und ermutigend für uns werden. Auch sollten wir daran denken: eine falsche Prophetie wird sich nicht erfüllen. Ist es kein Wort vom Herrn, so müssen wir uns auch nicht davor fürchten, uns Sorgen darüber machen oder es zurückweisen, damit es sich nicht erfüllen kann. Handelt es sich aber um Gottes Wort, dann wird die Zeit kommen, zu der das, was negativ schien, sich als positiv, produktiv und profitabel erweist.

Das Problem des Selbstbildes

Eine bestimmte Form des Vorverständnisses wirkt sich besonders mächtig aus, wenn es darum geht, uns am Empfangen und Umsetzen persönlicher Weissagungen zu hindern: ein falsches Selbstbild. Haben wir einen ausgeprägten „Versagerkomplex", wie Mose ihn angesichts des brennenden Dornbusches zeigte, so werden wir kein Wort Gottes darüber annehmen können, wie erfolgreich wir sein können (Ex 3,4).

Am brennenden Busch sprach Gott unmittelbar zu Mose, begleitet von übernatürlichen Manifestationen. Doch selbst der Allmächtige höchstpersönlich konnte Mose kaum davon überzeugen, dass die Weissagung zutraf und in seinem Leben in Erfüllung gehen konnte. Wäre solch ein Wort durch einen Propheten und nicht direkt von Gott zu ihm gesagt worden, so hätte er es vermutlich noch nicht einmal in Betracht gezogen.

Falsche Selbstbilder sabotieren persönliche Weissagungen. Sogar Gott selbst fällt es schwer, jemanden zu überzeugen, der ein niedriges Selbstwertgefühl und einen Versagerkomplex hat. Wie oft haben wir wie Mose versucht, Gottes Willen zu tun und Gottes „Befreier" für andere Menschen zu sein, aber wir haben nichts anderes zuwege gebracht als ein Riesendurcheinander, sind aus dem leitenden Dienst ausgestiegen und haben uns auf die andere Seite der Wüste geflüchtet, zufrieden damit, durch einen weltlichen Job unsere Familie zu ernähren. Wo das geschieht, muss Gott das prophetische Reden durch übernatürliche Salbung und Manifestationen untermauern, damit wir es als für uns passend und umsetzbar akzeptieren.

Weisen Sie die Furcht vor Zurückweisung zurück. Wenn wir jahrelang versucht haben, etwas zu verwirklichen, ohne dass jemals etwas daraus geworden ist, und dann das Wort des Herrn kommt, dass es nun endlich geschehen werde, verschanzt sich die Seele, indem sie die Prophetie zurückweist. Wir wollen nicht schon wieder enttäuscht werden und denken uns, dass das ja noch nie funktioniert habe, warum also sollte es jetzt anders sein? Wir dürfen keinen Versagerkomplex entwickeln, der der Prophetie im Wege steht. Wir müssen mit aller Sorgfalt auf unsere Seele, unser Herz, unser Denken und unseren Geist achten und an unserer prophetischen Zusage festhalten, bis sie sich erfüllt. Gott ist treu, über sein Wort zu wachen, auf dass er es tue.

Prophetie zielt auf das Unmögliche. Richten wir unseren Blick auf die Zusage selbst und nicht auf die Zeit, die Probleme oder den widerstreitenden Augenschein, so werden wir sehen, dass menschliche Unmöglichkeiten zu Gottes Gelegenheiten werden. Ja, es ist Gottes höchstes Ziel und seine größte Freude zu warten, bis der Mensch überhaupt keinen Weg mehr sieht, auf dem Gottes Zusage sich erfüllen kann, es sei denn durch übernatürliches Eingreifen. Deshalb wartete Gott bei Sarah so lange, bis die Zeit ihrer natürlichen Fruchtbarkeit vorüber war, und gab ihr erst dann einen Sohn; und deshalb wartete Jesus, bis Lazarus vier Tage tot war, und betrat erst dann die Szene. Der Glaube muss sich auf Gott allein richten, nicht auf die Worte, sondern auf Gott, der sie spricht, und nicht auf unser Vermögen, uns recht auf diese Worte einzustellen, sondern auf Gottes Fähigkeit, das, was er selbst durch Weissagung in unser Leben hineingesprochen hat, auch in die Tat umzusetzen.

Natürliche Gründe und wissenschaftliche Logik sind Hindernisse. Paulus erklärte, dass der natürliche Verstand die Dinge des Geistes nicht fassen kann, weil sie geistlich erkannt werden müssen. Manchmal lässt der gesunde Menschenverstand oder wissenschaftliche Logik das, was Gott verheißen hat, ausgeschlossen und abwegig erscheinen. Für diese Art von Prophetie gibt es zahlreiche biblische Beispiele: die Teilung des Roten Meeres (Ex 14), die Einnahme Jerichos durch Herummarschieren und einen Schlachtruf (Jos 6,1-20), die Vermehrung von Öl (2. Kön 4,1-7), den Wechsel von schwerer Hungersnot zu Überfluss binnen eines einzigen Tages (2. Kön 6,24-33; 7,1-20). Persönliche Prophetie funktioniert „im Geist". Sie muss in unserem Geist angenommen und im Glauben an Gott befolgt werden.

Seelische Blockaden

Mitunter ist es weder eine Idee noch eine Denkart, die uns hindert, einer Prophetie zu glauben, sondern eher ein Gefühl, ein halsstarriger Wunsch oder ein persönliches Streben. So etwas können wir als seelische Blockade bezeichnen, denn Denken, Wille und Gefühle gehören der Seele an. Gefühle hindern uns beispielsweise dann am Glauben, wenn wir Menschen mehr fürchten als Gott und es mehr darauf anlegen, anderen zu gefallen als ihm. Das war das Problem der Könige Zedekia (Jer 38,19) und Saul (1. Sam 15,24). Unsere Gefühle halten uns auch vom Glauben ab, wenn wir gegen den Menschen, der das prophetische Wort weitergibt, eine persönliche Abneigung hegen oder auch die Prophetie selbst uns nicht gefällt. So ging es dem König Joram im Blick auf Micha (1. Kön 22,8) und Zedekia mit Jeremia (Jer 38,14-28). Weitere Unglaubensgründe sind etwa die Fokussierung auf das Problem statt auf die Verheißung (Num 13,30 f.), mangelnde persönliche Vertrautheit mit Gott (Dan 11,32) oder dass wir unseren Selbstschutz wichtiger nehmen als Gottes Herrlichkeit (Offb 12,11).

Ungeduld

Ein weiterer Hauptgrund dafür, dass wir der Erfüllung persönlicher Weissagungen im Wege stehen, ist Ungeduld. Auch für dieses Problem kennt die Schrift viele Beispiele. Wie wir sahen, hat Saul durch Ungeduld das prophetische Wort, das er empfangen hatte, nicht nur behindert, sondern sogar durchkreuzt (1. Sam 13,12). Ruhelos „zwang" er sich, ein Opfer zu bringen, anstatt abzuwarten, bis Samuel kam, wie er es prophetisch versprochen hatte. Auch Mose zeigte Ungeduld, als er den Ägypter erschlug. Er versuchte seine Berufung zum Befreier des Volkes in die Tat umzusetzen, noch ehe Gott ihm gezeigt hatte, wie das vor sich gehen sollte. Im Ergebnis sah er sich gezwungen, in die Wüste zu flüchten und vierzig Jahre lang zu warten, bis Gott den Weg freimachte und die rechte Zeit anzeigte.

Abraham und Sarah warteten zehn Jahre, nachdem sie nach Kanaan eingewandert waren, in der Hoffnung, dass Abrahams persönliche Weissagung, er werde einen Sohn haben, sich erfüllen würde. Sarah wurde ungeduldig und entschloss sich, nicht länger zu warten. Vermutlich dachte sie bei sich, Gott habe Abraham niemals gesagt, dass sie die Mutter des Kindes sein müsse. Also kam sie auf die Idee, der Verwirklichung der Weissagung nachzuhelfen, indem sie ihre Magd Hagar zur Leihmutter auserkor und mit Abraham schlafen ließ.

Ungeduld bringt einen „Ismaeldienst" hervor. Abraham wurde Vater, aber das Kind war nicht der ihm verheißene Nachkomme. Das Ehepaar hatte weder Gottes Willen getan noch seinen Weg eingeschlagen. Das Ergebnis war Ismael, der dem verheißenen Nachkommen, Isaak, übel zusetzte. Bis heute haben Ismaels Nachfahren nicht aufgehört, Isaaks Nachfahren zu verfolgen.

Immer wenn wir es nicht schaffen, geduldig abzuwarten, bis Gott zeigt, auf welchem Weg ein uns geweissagter Dienst sich vollziehen soll, pflanzt sich ein „Ismaeldienst" in die Kirche hinein, ein Stachel im Fleisch wahren geistlichen Dienstes, dem zuwiderlaufend, was Gott eigentlich will, weil auf unsere Art und Weise und nicht auf Gottes Art entstanden. Gottesmänner und -frauen müssen warten, warten und nochmals warten, bis Gott ihnen deutlich seinen Weg und die von ihm ersehene Zeit zeigt, in der sich Geweissagtes erfüllen soll.

In dieser Hinsicht ist Maria ein gutes Beispiel für uns. Sie verbarg ihre persönliche Weissagung in ihrem Herzen, bewegte sie innerlich und wartete mehr als 33 Jahre, ehe sie sie in ihrem Sohn Jesus in Erfüllung gehen sah. Vieles musste erst geschehen, ehe sie die Erfüllung des Wortes, dass er sein Volk von seinen Sünden retten werde, sehen konnte. Jesus musste umgebracht, begraben und wiederauferweckt werden, ehe er uns alle durch sein Blut reinigen konnte.

Nur Gott kennt alle Dinge, die geschehen müssen, ehe unsere persönlichen Weissagungen sich erfüllen können. Menschliche Ungeduld kann nur hinderlich sein. Vielmehr müssen wir im Glauben ruhen, in Geduld abwarten und dürfen uns nicht auf unseren eigenen Verstand verlassen. Wir müssen nach Gottes Weg ausschauen und ihn Schritt für Schritt gehen.

Nachlässigkeit, Zaudern und Faulheit

Nachlässigkeit und Zaudern addieren sich zu Faulheit – einem weiteren Hindernis für die Erfüllung persönlicher Prophetie. Mose z. B. kam beinahe durch die Hand Gottes um, ehe sich seine Prophetie erfüllte, weil er bei seinen Söhnen den Abrahamsbund der Beschneidung vernachlässigte. Er dürfte schon vorgehabt haben, das irgendwann zu machen, er kam bloß nie dazu. Seine Faulheit in dieser Sache kostete ihn ums Haar das Leben, als Gott ihm an einer Herberge entgegentrat, um ihn umzubringen (Ex 4,24).

Abzutun, was Gott uns aufgetragen hat, kann uns in ernste Schwierigkeiten bringen. Ehe ich mit dem Schreiben meines ersten Buches, „The Eternal Church“ („Die ewige Gemeinde“), begann, wurde ich in meinem Reisedienst, es war in Atlanta, Georgia, durch akuten Befall mit Nierensteinen ausgebremst. „Wie konnte mir das denn bloß passieren?“, fragte ich mich. Seit ich 1963 zum ersten Mal mit Nierensteinen zu tun gehabt hatte, war ich von diesem Leiden drei Mal wundersam geheilt worden. Also legte ich mich fest, dass ich auch diesmal Heilung erleben müsse.

Ich machte dem Schmerz zum Trotz eine Zeit lang mit meinem Dienst weiter, aber es wurde so schlimm, dass ich ins Krankenhaus gebracht werden musste. Die Blutuntersuchungen zeigten, dass eine sofortige Operation vonnöten war. Obwohl ich zu Gott schrie, er möge doch übernatürlich eingreifen, und ihm alle Bibelstellen vorhielt, die ich zum Thema Heilung kannte, half diesmal alles nichts. Es kam nichts anderes als die stille Zusicherung Gottes, es gehe schon vollauf in Ordnung, sich unters Messer zu legen.

Das Prinzip des Festhaltens und Lesens, auf die harte Tour gelernt. Ich verpasste mehrere wichtige Veranstaltungen, und meine Frau musste eng geplante Reiseverpflichtungen für mehrere Wochen absagen. Während dieser Zeit gab der Herr mir den Eindruck, sämtliche mitgeschnittenen Prophetien herauszusuchen, die ich seit der allerersten im Jahre 1952 empfangen hatte, und sie chronologisch geordnet niederzuschreiben. Zu meiner Überraschung tauchte in prophetischen Worten, die ich längst vergessen gehabt hatte, ein bestimmtes Thema wieder und wieder auf. Viele Male hatte Gott gesagt, ich solle das Buch schreiben, und zwar gleich. Nach dem Lesen einer bestimmten Prophetie, in der sieben Mal „das Buch!" vorkam, bat ich Gott, er möge mir das genaue Thema sagen. Ich fing an zu recherchieren und zu schreiben, aber sobald ich gesundheitlich ganz wiederhergestellt war, begann sich der Reisekalender auch wieder zu füllen.

Eines Tages, als ich mich gerade fertig machte, um auf eine Dienstreise zu gehen, rief eine gute christliche Freundin an und kam auf ein Gespräch vorbei. Kaum eingetroffen, sagte sie: „Als ich zu euch rüberfuhr, hat Gott zu mir gesagt, wenn du nicht mit dem Schreiben des Buches weitermachst, wird er dich körperlich wieder lahmlegen." Ich spürte, es war Gottes Reden, sagte meine Versammlungen ab und schrieb weiter. Tatsächlich konzentrierte ich mich während der nächsten drei Jahre aufs Schreiben und reduzierte meinen Reisedienst auf ein Minimum, bis das Buch, „The Eternal Church", fertiggestellt und veröffentlicht war.

Falsche Anwendung und Auslegung von Prophetie

Ein weiteres Problem, das die Erfüllung persönlicher Weissagungen behindern kann, ist unsere Neigung, das, was wir von Gott hören, falsch anzuwenden oder auszulegen. Einmal mehr bietet Saul das klassische biblische Beispiel für dieses Hindernis. Er manipulierte seine persönliche Prophezeiung dahingehend, dass sie dem Volk und ihm selbst in den Kram passte, indem er Opfer an die Stelle von Gehorsam setzte. Gott hatte ihm gesagt, er solle alles Vieh seiner besiegten Feinde schlachten, er aber behielt die besten Stücke aus den eroberten Herden, um sie Gott als Opfertiere darzubringen. So fromm und vernünftig die Idee auch klingt, letztlich lief sein Handeln darauf hinaus, dass das Volk sein eigenes Vieh, das es hätte opfern sollen, sparte und dafür die Tiere der Feinde heranzog.

In Reaktion auf diesen Ungehorsam erklärte Samuel, nach Gottes Maßstäben komme eine solche Manipulation prophetischer Anweisungen nach eigenem Gutdünken der Sünde der Zauberei gleich, und willkürliches, sturköpfiges Falschauslegen prophetischen Redens gleiche dem Götzendienst. Sauls Verhalten wurde ihm also als frevelhaftes Vergehen gegen Gott selbst angerechnet, das umso schwerer wog, als der Prophet ihm das Wort im Namen des Herrn gesagt hatte.

Persönliche Prophetie ist kein Spielzeug. Gott erachtete die Regelverletzung, Prophetie auf die leichte Schulter zu nehmen, statt sie ernsthaft zu befolgen, nicht als nebensächlich. Gott sandte Saul den Propheten, um ihm zu sagen, dass seine Weigerung, alles, aber auch alles zu zerstören, was den Amalekitern gehört hatte, ihn so erboste, dass es ihm sogar leid tat, Saul jemals mit der Königswürde versehen zu haben. Konsequenterweise zog er seine Salbung von Saul zurück und sandte Samuel aus, damit er an Sauls Stelle David zum König salbte.

Dienern am Evangelium und allen Heiligen in der Kirche muss eingeschärft werden, dass persönliche Prophetie nichts ist, womit man herumspielen oder was man auf die leichte Schulter nehmen kann. Wir können es nicht einfach so machen wie Saul und denken: „Mensch, der Prophet hat doch keine Ahnung davon, was das alles kostet! Ein Prophet ist kein Geschäftsmann, und außerdem: Denk bloß mal, wie gut das der Gemeinde gefallen würde!"

Jawohl, das, was Saul und die Soldaten taten, war weitaus logischer, ergab wirtschaftlich mehr Sinn und brachte dem Volk mehr ein. Es ließ sich sogar religiös bemänteln – ging es nicht um Opfer und Gotteslob? Doch noch so viel menschliche und wirtschaftliche Weltvernunft kann uns nicht von der Sünde der Zauberei und des Götzendienstes freisprechen, die wir begehen, wenn wir persönliche Weissagungen nach unserem eigenen Gutdünken manipulieren. Für Gehorsam akzeptiert Gott keinen Ersatz, wie fromm und nutzbringend er auch immer erscheinen mag.

Stolz

Stolz ist vielleicht eines der gefährlichsten Hindernisse, die der Erfüllung persönlicher Prophetie im Wege stehen. Luzifer verfehlte den Dienst, zu dem er eigentlich eingesetzt war, aufgrund seines Stolzes. Jesaja teilt uns mit, dass er sich in seinem Herzen sagte: „... hoch über den Sternen Gottes [will ich] meinen Thron aufrichten ... Ich will hinaufsteigen auf Wolkenhöhen, dem Höchsten mich gleichmachen" (Jes 14,13 f.). Im Ergebnis wurde er aus dem Himmel geworfen.

Offenbar wurde auch Saul stolz, was zu seinem Sturz beitrug. Samuel nahm Bezug auf die vergangenen Tage, in denen Saul niedrig von sich gedacht hatte, was ja nahelegt, dass er sich mittlerweile für etwas Großes hielt (1. Sam 15,17). Stolz zerstörte Sauls Dienst, wie er Luzifers Dienst zerstört hatte.

Enttäuschung und Desillusionierung
Laufen die Dinge nicht so, wie wir es wollen, dann können unsere Enttäuschung und Desillusionierung die Erfüllung dessen, was Gott zu uns geredet hat, behindern. Sarah ist ein biblisches Beispiel dafür, wie diese Gefühle Unglauben hervorrufen können, wenn wir eine Prophetie empfangen. 25 Jahre nachdem sie das prophetische Wort gehört hatte, sie werde mit Abraham einen Sohn haben, war aus dieser Sache immer noch nichts geworden. Zwölf Mal in jedem dieser Jahre war sie enttäuscht worden, immer dann, wenn ihre monatliche Regel eingetreten war und ihr vor Augen geführt hatte, dass sie nach wie vor nicht schwanger war. Mehr als 300 Mal hatte sie hoffnungsvolle Erwartungen aufgebaut, die sich ein ums andere Mal zerschlugen.

Es überrascht nicht, dass sie in ihrer Desillusioniertheit nur Nein sagen konnte, als im 99. Lebensjahr Abrahams ein Engel erschien und sagte, dass sie in neun Monaten ein Kind gebären werde. Sie überging die Ankündigung mit Lachen, um ja nicht wieder enttäuscht zu werden. Die immer neuen Enttäuschungen, die beständig ausbleibende Schwangerschaft hatten sie zu der Einbildung gebracht, unfruchtbar zu sein. Sämtliche natürlichen Anhaltspunkte, alle inneren Empfindungen bestätigten geradezu übermächtig ihre Schlussfolgerung, dass sich in ihrem Fall das prophetische Wort nicht erfüllen könne. Anscheinend hatte Gott zu lange gewartet. Sie und Abraham waren beide über ihre fruchtbaren Jahre hinaus. Nichtsdestotrotz kam Isaak zur Welt. Die Erfüllung dieser Prophetie sollte uns ermutigen, nicht zuzulassen, dass unsere Enttäuschung uns davon abhält, Gottes Reden Glauben zu schenken. Wir müssen bereit sein zu warten, auch wenn die Weissagung sich nicht zu erfüllen scheint, und Gottes geistlichem „Wertschöpfungsprozess“ Raum geben.

Der ausgestreckte Zeigefinger, Selbsttäuschung und Liebedienerei
Wie viele Pastoren, Propheten oder andere geistliche Mitarbeiter sind an der Erfüllung einer persönlichen Prophetie gescheitert, weil sie Angst hatten vor den Diakonen, den Ältesten, dem Verwaltungsrat oder dem Gemeindeplenum. Sie richteten sich nach dem Votum der Menschen, statt nach der Stimme Gottes. Und als die Dinge dann schiefliefen, zeigten sie mit dem Finger auf andere. Dieses Verhaltens machte sich auch Saul schuldig, als er seiner persönlichen Weissagung nicht Folge leistete. „Ich fürchtete das Volk“, sagte er, „und hörte auf seine Stimme“ (1. Sam 15,24). Dass er seiner Angst die Zügel ließ und dann den anderen die Schuld gab, führte zu massiver Selbsttäuschung, beharrte er doch trotz allem darauf, Gott gehorcht zu haben (V. 20).

Ein ähnliches Problem bekam Mose, als er sein Mitgefühl mit dem Volk ins Kraut schießen ließ, bis er überzeugt war, die gerade lebende Generation sei diejenige, der das verheißene Land zufallen werde (Num 14,11-21; 20,7-12). Schließlich schlugen seine Gefühle um in solchen Zorn auf die Menschen, dass er sich verleiten ließ, Gott ungehorsam zu sein. Im Endergebnis wurde weder dem Volk noch ihm selbst die Verheißung Gottes zuteil.

Ergebnisse unangemessener Reaktionen
Quer durch die Bibel sehen wir die Ergebnisse unangemessener Reaktionen auf persönliche Weissagungen. Als z. B. Zacharias nicht glaubte, was der Engel ihm sagte, verlor er neun Monate lang die Stimme. Mose ließ sich durch seine Ungeduld, seine Frustration und den Unwillen des Volkes Gottes zu der Dummheit verleiten, zweimal auf den Felsen zu schlagen, und verwirkte mit dieser einen Tat seine prophetische Zusage, das verheißene Land zu betreten. Mehr als eine Million israelitischer Männer und Frauen kamen dank ihrer Rebellion trotz Gottes prophetischer Zusage, die sie erhalten hatten, in der Wüste um. Und König Zedekias unangemessene Reaktion auf Jeremias Weissagungen kostete ihn seinen Thron, sein Augenlicht und seine Freiheit, wurde er doch gefesselt von seinen Feinden verschleppt.

Ein besonders wichtiges Beispiel unangemessener Reaktion ist das des Königs Joasch, des Enkelsohnes Jehus (2. Kön 13,14-20). Als Elisa krank lag, kam Joasch ihn besuchen und weinte über die todbringende Krankheit des Propheten. Daraufhin vollzog Elisa eine prophetische Zeichenhandlung, die mit den zukünftigen Taten des Königs zu tun hatte. Er forderte ihn auf, Bogen und Pfeile herbeizuschaffen. Dann wies er den König an, ein nach Osten gehendes Fenster zu öffnen, seine Hände an den Bogen zu legen und zu schießen. Dabei legte Elisa seine eigenen Hände auf die des Königs. Weil Joasch dem Propheten präzise gehorchte, weissagte dieser, der König werde die Syrer in Aphek niederringen. Die Reaktion des Angesprochenen auf das Wort des Propheten bestimmt die Erfüllung oder Nichterfüllung der Prophetie. Als Nächstes jedoch gab Elisa Joasch die Gelegenheit, nach seinem eigenen Herzen und Geist in eigener Initiative zu handeln. Jetzt hing vieles davon ab, wie er auf das Wort Elisas reagieren würde. Elisa sagte dem König, er solle die anderen Pfeile nehmen und mit ihnen auf den Boden schlagen, was auch geschah, und zwar drei Mal. Da schrie der Prophet den König erbost an: „Zu schlagen war fünf- oder sechsmal, dann hättest du Aram [d. i. Syrien] bis zur Vernichtung geschlagen. Jetzt aber wirst du Aram nur dreimal schlagen" (V. 19). Also: Joasch verpasste eine goldene Gelegenheit durch unangemessene Reaktion auf das Wort des Propheten. Er hätte einen totalen Sieg anstelle eines nur partiellen erringen können, aber sein Mangel an Eifer und Entschlossenheit verminderte sein prophetisches Potenzial.

Diese Geschichte verdeutlicht ein wichtiges Prinzip: Durch unangemessene Reaktion auf das Wort eines Propheten verringern wir die Durchschlagskraft einer Prophetie. Spricht uns ein Mann Gottes in der Rolle des Propheten an und heißt uns etwas tun, dann sollten wir das mit Enthusiasmus umsetzen. Gehorsam ist das beste Gegenmittel, um unser Potenzial zur kraftvollen Umsetzung des Redens Gottes nicht zu verwirken.

Offenbarung durch den Geist

Der dritte Dienstbereich des Heiligen Geistes im Alten Testament, die Offenbarung göttlicher Wahrheit durch göttliche Worte, ergibt sich unmittelbar und logisch aus unserer vorstehenden Erörterung prophetischer Ermächtigung. Der Hebräerbriefschreiber beginnt seinen Text so: „Nachdem Gott vielfältig und auf vielerlei Weise ehemals zu den Vätern geredet hat in den Propheten …" Dazu führt F. F. Bruce aus:

> *Die frühere Stufe der Offenbarung [das Alte Testament] wurde in vielfältigen Formen dargeboten: Gott redete durch seine mächtigen Werke der Barmherzigkeit und des Gerichts und machte durch seine Knechte, die Propheten, kund, welchen Sinn und Zweck diese Werke hatten; die Propheten hatten Zugang zu seinem geheimen Ratschluss und erfuhren seine Pläne im Voraus. Zu Mose redete er in Sturm und Donner, zu Elisa wiederum mit leiser, sanfter Stimme.*[155]

Der Heilige Geist war nicht einfach nur zugegen und griff von Zeit zu Zeit einmal in die Geschehnisse des Alten Testaments ein. Er war und ist der Urheber der alttestamentlichen Schriften, so wie wir sie bis heute lesen. Diese mächtige Wahrheit ergibt sich unmittelbar aus der klassischen Feststellung des Apostels Paulus in 2. Timotheus 3,16: „Alle Schrift ist von Gott eingegeben …" Als Paulus das schrieb, meinte „alle Schrift" das Alte Testament. Es ist also offensichtlich, dass der Heilige Geist an der offenbarenden Mitteilung des Wortes Gottes an die Schreiber des Alten Testaments aktiv beteiligt war.

Die Wendung „von Gott eingegeben" ist Äquivalent des wichtigen griechischen *theopneustos*, was buchstäblich „gottgehaucht" bedeutet. Allein schon dieser Ausdruck, abgeleitet von *pneuma*, Geist, ist ein starker Hinweis darauf, dass der Heilige Geist in den gesamten Vorgang der Offenbarung von Gottes Wort einbezogen war. Jeder Gedanke, jeder Satz sowohl des Alten als auch des Neuen Testaments ist

155 F. F. Bruce, The Epistle to the Hebrews (NICNT), Grand Rapids, MI 1964, S. 2 f.

„ausgehauchtes“ Wort Gottes, wie es vom Heiligen Geist getreulich an geistgeleitete Schreiber übermittelt wurde.

Die Worte des Apostels Petrus geben uns einen weiteren neutestamentlichen Beweis dafür, dass der Heilige Geist am Werk war, als Mose, den Propheten und all den anderen gottesfürchtigen Schreibern das Wort des Alten Bundes offenbart wurde: „… indem ihr dies zuerst wisst, dass keine Weissagung der Schrift aus eigener Deutung geschieht. Denn niemals wurde eine Weissagung durch den Willen eines Menschen hervorgebracht, sondern von Gott her redeten Menschen, getrieben vom Heiligen Geist“ (2. Petr 1,20 f.).

Auch im Alten Testament selbst bezeugen die Männer, die Gott für die Niederschrift seines Wortes benutzte, die Rolle des Heiligen Geistes in diesem Vorgang:

- „Und dies sind die letzten Worte Davids: Ausspruch Davids, des Sohnes Isais, Ausspruch des Mannes, der hochgestellt ist, des Gesalbten des Gottes Jakobs und des Lieblings in den Gesängen Israels. Der Geist des HERRN hat durch mich geredet, und sein Wort war auf meiner Zunge“ (2. Sam 23,1 f.).
- „Und du [Gott] … tratest als Zeuge gegen sie auf durch deinen Geist, durch das Wort deiner Propheten …“ (Neh 9,30).
- „Und sie machten ihr Herz zu Diamant, um die Weisung nicht zu hören, noch die Worte, die der HERR der Heerscharen durch seinen Geist sandte durch die früheren Propheten“ (Sach 7,12).

Sanftmut – Schlüssel zur Offenbarung

Der eigentliche Schlüssel zu apostolischem oder prophetischem Sehen und dazu, die Geheimnisse Gottes offenbart zu bekommen, ist in Epheser 3,8 zu finden: „Mir, dem allergeringsten von allen Heiligen, ist diese Gnade gegeben worden, den Nationen den unausforschlichen Reichtum des Christus zu verkündigen …“

Mit anderen Worten: Jede wahre geistliche Erkenntnis wird Menschen wie Paulus zuteil, Menschen, die sich tatsächlich als „die Geringsten unter allen Heiligen“ sehen. Paulus will keine höfliche Bescheidenheit an den Tag legen, indem er sich so einlässt, wie es etwa der Konvention am Rednerpult eines Handelskammertages entspräche. Nein, er sieht sich wirklich so. Er war der Apostel, dem so gewaltige Visionen zuteil wurden, dass Gott ihm einen „Pfahl im Fleisch“ geben musste, damit er nicht über alles Maß emporgehoben wurde dank der Herrlichkeit der Offenbarungen, die er empfing. Wir dürfen keinesfalls den apostolischen Charakter übersehen, der aus tiefer Demut, authentischer Sanftmut und Christusähnlichkeit besteht, durch die sich apostolische und prophetische Menschen auszeichnen. Repräsentiert der Mensch in seiner eigenen Person die Sache, für die er steht, dann ist diese Sache weit mehr als das, was er weiß. Sie ist sein ganzes, eigentliches Leben, sein Charakter, seine Gotteserkenntnis – sie ist das, was er mitteilt als jemand, der aus der Gegenwart Gottes heraus zu uns kommt. Diese Bezeugung, „der geringste unter allen Heiligen" zu sein, ist Paulus' tatsächliches, ergriffenes, zutiefst empfundenes Bewusstsein dessen, wie er sich ohne alle Affektiertheit vor Gott sieht.

Der Zweck der Prophetie

Wir sahen: Prophetie muss nicht chronologisch-folgerichtig ergehen, sie kann sowohl Zeitlücken als auch einander überlappende, mehrfache Erfüllungen beinhalten. Diese Züge können uns das Verständnis von Prophetie erschweren. Ja, die Propheten selbst verstanden auch nicht alles, was sie sahen (1. Petr 1,10 ff.). Die Tatsache, dass die Propheten seinerzeit und ihre Erforscher heute bei manchen Prophetien nicht begreifen konnten und können, worin deren exakte Anwendung besteht, sollte uns nicht aus der Ruhe bringen. Gottes Absichten, die hinter den von ihm gegebenen Weissagungen stehen, gehen weit darüber hinaus, bloß die menschliche Neugierde auf die Zukunft zu befriedigen. Vielmehr redete Gott durch die Propheten, weil er zeigen wollte, dass er alles im Vorhinein weiß und alles Geschehen unter den Menschen kontrolliert.

In Jesaja 41,21-29 redet Gott, wie auch immer wir das einordnen mögen, zu Götzen und fordert von ihnen einen dreifachen Beweis dafür ein, dass sie Götter seien (ähnlich Jes 42,1-4; 44,28-45,7). Dieser ganze Abschnitt bei Jesaja ist nichts anderes als ein Beispiel mehrfacher Erfüllung von Prophetie. Viele Textteile erfüllen sich im Messias und beziehen sich doch zugleich auf Kyros von Persien, der den Juden die Heimkehr in ihr Land und den Wiederaufbau des Tempels gestatten sollte. Darüber hinaus jedoch zeigt Jesaja, wie der Herr seine Gottheit beweist, indem er im Vorhinein ankündigt, was geschehen wird, also genau das tut, was die Götzen als dämonische Mächte nicht können. Wir sehen also: Ein Prophet musste sich sehr angespornt fühlen, das, was er sagte, auch bestätigt zu sehen (Jes 44,24 ff.)[156]. Der Trost, der durch prophetische Botschaften kommt, ist der kostbarste und liebevollste unter den Zwecken, die Gott mit prophetischem Reden verfolgt.

156 Ähnliche Textpassagen zum Zweck prophetischer Rede finden sich in Ezechiel 14,21 ff.; Sacharja 1,17; Römer 15,41; 1. Thessalonicher 4,16 ff.

Hauptthemen und -gegenstände der Prophetie
Nachdem wir Dienst und Botschaft der Propheten untersucht und einige Eigenschaften des prophetischen Schrifttums betrachtet haben, die uns zu einem besseren Verständnis dieser Texte verhelfen, können wir jetzt vier Kernprinzipien ins Auge fassen, die uns eine Gesamtschau der biblischen Prophetie vermitteln. Dazu ist es nicht notwendig, sämtliche Parallelen und gemeinsamen Bausteine auszuschlachten, die wir in den prophetischen Büchern finden; vielmehr geht es um echte Schlüsselthemen sowohl des Alten als auch des Neuen Testaments, die uns zeigen, wie das Gedankengut der Propheten und sonstigen Verfasser beider Testamente ineinandergreift und ein Ganzes bildet.

Prophetie und Dissonanz
Prophetie ist eine Gabe des Heiligen Geistes (1. Kor 12,12), zu deren Gebrauch – wenn auch auf einer Ebene, die sich von der des prophetischen Amtes unterscheidet (Eph 4,11) – die neutestamentlichen Gläubigen aufgefordert werden.

In kritischen Kreisen gilt der Grundsatz, prophetisches Reden enthalte immer ein Element des Fehlgehens. Robert P. Carroll zieht die Theorie von der kognitiven Dissonanz heran, um die Krise zu erklären, die sich aus der Nichtübereinstimmung von Vorschau und Erfüllung ergibt.[157] Anhand von fünf Kriterien überprüfte er sein Verständnismodell im Blick auf das nachexilische Judentum:

1. Überzeugtsein;
2. entsprechendes Handeln;
3. die Überzeugung muss entschieden genug festgehalten werden, um Nichtbestätigung abwehren zu können;
4. dennoch muss es zur Nichtbestätigung kommen;
5. die Nichtbestätigungserfahrung muss durch eine soziale Unterstützergruppe aufgefangen werden.

Von Anfang an gesteht Carroll die Probleme zu, die dem Modell innewohnen. So lässt es die Möglichkeit der Buße (wie z. B. bei Jona in Ninive) außer Acht, ebenso die redaktionelle Bearbeitung prophetischer Sprüche sowie das prophetische Eigenbewusstsein der Dissonanz zwischen Weissagungswort und ausbleibender Erfüllung. Nichtsdestotrotz hält Carroll an der Schlussfolgerung fest, dass Gottes Volk Disso-

157 Dieses Modell geht auf sozialpsychologische Forschungen der 50er-Jahre zurück; vgl. L. Festinger/H. W. Reicken/S. Schlachter, When Prophecy Fails, Minneapolis, MN 1956. Siehe R. P. Carroll, Prophecy, Dissonance, and Jeremiah XXVI, in: L. G. Perdue/B. W. Kovacs (eds.), A Prophet to the Nations, Winona Lake, IN 1984, S. 381-391; hier S. 386.

nanzerfahrungen machte und dass diese Erfahrungen einen komplexen hermeneutischen Verständnisprozess anstießen: „den hermeneutischen Prozess der Rationalisierung und Erläuterung". Carroll kommt zu dem Ergebnis, dass die Prophetie in der nachexilischen Zeit fehlgehen musste, weil die Propheten für die ausbleibende Erfüllung keine Rechenschaft mehr ablegen konnten und weil es nicht genügend sozialen Konsens gab, um ein Moment der Hoffnung aufrechtzuerhalten. Dies erklärt den Aufstieg der Apokalyptik als einer Form der Hermeneutik und einer programmatischen Tendenz zu sozioreligiösen Ausdrucksformen. Carroll würdigt Hansons Untersuchung der Apokalyptik als eine Form der Hermeneutik, die das Grundproblem des Fehlschlagens prophetischer Erwartungen dadurch zu bewältigen versucht, dass sie „derlei Hoffnungen auf einen transzendenten Akt Gottes gründet, durch den er die Menschheit segnet"[158].

Weiter erklärt Carroll die auch im Neuen Testament ausbleibende Erfüllung. Folgt man ihm, so griff die frühe Kirche nicht auf ein komplexes System transformatorischer Glaubensüberzeugungen zurück, sondern auf eine „christologische Auslegung des Alten Testaments". Das reduzierte die Spannung zwischen Altem und Neuem Testament ebenso wie zwischen dem Kommen Christi und der Erwartung seiner Parusie durch Betonung seiner irdischen Mission. Mit anderen Worten, Christologie und Eschatologie werden gegeneinander ausgespielt. Flusser drückt es so aus: „Wo die Christologie stark ist, ist die Sehnsucht nach dem Millennium vergleichsweise schwach."[159]

Apokalyptik und Prophetie

Der Kernpunkt des Verständnisses der Apokalyptik liegt in deren Verhältnis zur Prophetie: Wurzelt die Apokalyptik in der Prophetie oder ist sie fremden Ursprungs? In einer zukunftsweisenden Studie hat Otto Plöger zwischen zwei Entwicklungslinien der nachexilischen Zeit differenziert: der theokratischen und der apokalyptischen.[160] Erstere befasste sich mit Tempel, Torah und Priestertum (vgl. die Chronikbücher sowie Esra-Nehemia), während sich Letztere in Reaktion auf das zadokitische Priestertum entwickelte, und zwar als eine Bewegung der Desillusionierung. Plöger postuliert, dass die Apokalyptik als hermeneutische Ideologie im Kontext des Pessimismus entstand.[161] Paul

158 Vgl. P. D. Hanson, The Dawn of Apocalyptic: The Historical and Sociological Roots of Jewish Apocalyptic Eschatology, Philadelphia, PA 1975.

159 D. Flusser, Salvation Present and Future, Numen 16, 1969, S. 155.

160 O. Plöger, Theokratie und Eschatologie, Neukirchen-Vluyn 1959.

161 Kritisch dazu J. Blenkinsopp, Prophecy and Canon: A Contribution to the Study of Jewish Origins, Notre Dame, IN 1977, S. 114 ff.

Hanson schärfte die Begrifflichkeit, indem er „Apokalypse" als literarischen Begriff definierte und darüber hinaus differenzierte zwischen „Apokalyptizismus" als sozialreligiöser Bewegung und „apokalyptischer Eschatologie" als religiöser Sichtweise.[162] Sein Ausgangspunkt ist, dass die Propheten als „Übersetzer" der göttlichen Schau in ein soziopolitisches Milieu hinein fungierten, und er stellt ihren Beitrag in Kontrast zu dem der eschatologischen Apokalyptiker. Letztere hatten wenig oder kein Interesse daran, „Vision" in die politische, historische und soziale Wirklichkeit zu übersetzen.[163] Da beide Gruppen, Propheten und Visionäre, die Sicht der Wiederherstellung teilen, schlussfolgert Hanson, es gebe „einen ungebrochenen Strang, der sich durch die gesamte Geschichte der prophetischen und apokalyptischen Eschatologie hindurchzieht"[164].

Der Vorgang der Auslegung, der Verbindung von Prophetie und Apokalyptik, Verheißung und Erfüllung, Wirklichkeit und Eschatologie ist eine komplexe hermeneutische Aufgabe.[165]

Die Propheten erhalten die dialektische Spannung zwischen Hoffnung und Wirklichkeit aufrecht, während die nachfolgenden, gewissermaßen nachprophetischen Generationen das taten, wozu auch wir neigen, nämlich – in den Worten Hansons – „die prophetische Botschaft fest in der Geschichte verankern"[166].

Die Apokalyptik hat ihren Ort im Kanon: Sowohl die Propheten als auch der Apostel Johannes bedienen sich apokalyptischer Bildsprache. Im Verlauf der Geschichte muss sich die Gemeinschaft des Volkes Gottes kontinuierlich der Realität der Erfüllung einerseits und der Schau der Propheten andererseits anpassen. Die daraus entstehenden Spannungen zwischen Prophetie und Vision, Vision und Wirklichkeit, Gegenwart und Zukunft sowie zwischen Schöpfung und Erlösung müssen bestehen bleiben. Solange diese Spannung in unserem Leben vorhanden ist, treibt uns das prophetische Wort zur Evangelisation, zur Gemeindearbeit und zum gesellschaftlichen Engagement als Lichtträger. Das Licht trübt sich, wenn der Christ damit beschäftigt ist, die Einzelheiten seiner himmlischen Vision auszuarbeiten, während er seine Erlösung aus dieser Welt heraus erwartet. Die Entwicklung von Schismen und Ideologien vor der Inkarnation unseres Herrn mit der

162 Hanson, S. 10f.430f.

163 Ebd. S. 11 f.

164 Ebd. S. 12. Plögers Sichtweise lehnt Hanson mit der Begründung ab, diese verenge den Blick auf eine bestimmte Sekte.

165 Vgl. H. P. Müller, Ursprünge und Strukturen alttestamentlicher Eschatologie (BZAW 109), Berlin 1969.

166 Hanson, S. 27.

Folge der Verwerfung des Messias Israels ist eine lebendige Warnung vor den Fallen (Systematisierung, Rigidität der Auslegung, Separation der Inhalte auf Kosten einer integralen Gesamtschau der biblischen Offenbarung), von denen auch heute eine Menge herumstehen.[167]

Hermeneutik

Die Frage des richtigen Zugangs zum prophetischen Wort ist durch die Diskussion über wahre und falsche Propheten, kognitive Dissonanzen und den Ort der Apokalyptik wieder neu gestellt worden. Carroll beispielsweise spricht sich für eine Hermeneutik der prophetischen Schriften aus, die so „komplex und ausgefeilt" sein muss, dass sie den Text auf seinen eigentlichen Sinn hin zu befragen versteht.[168]

Das Phänomen der Prophetie in Israel ist komplex und wird durch unsere Hermeneutik der prophetischen Schriften noch komplizierter. Liest man die Prophetenbücher in erster Linie als historische Dokumente, so gerät die kanonische Botschaft der Propheten als Sprecher Gottes allzu leicht aus dem Blick. Gottes Wort erweist sich immer wieder dann als solches, wenn das Volk Gottes seine Stimme von den Stimmen der Menschen zu unterscheiden weiß.

Diejenigen, die die prophetische Stimme hören, leben mit der Spannung zwischen Himmlischem und Irdischem, Materiellem und Geistlichem, den Plänen Gottes und seiner Freiheit, dem „schon jetzt" und dem „noch nicht".

Um diesem Thema gerecht zu werden, müssen wir folgende sieben Thesen in Betracht ziehen[169]:

1. Das prophetische Wort ist seinem Wesen nach eschatologisch.
2. Gottes Verheißungen verwirklichen sich progressiv.
3. Das prophetische Wort ist Gottes Wort an sein Volk vor und nach dem Kommen Christi.
4. Einmütig und ernstlich warnen die Propheten davor, auf menschliche Strukturen und Verständnisweisen zu vertrauen.
5. Die prophetische Botschaft lässt sich auf eine große Bandbreite historischer Kontexte anwenden, denn in jeder historischen Gegebenheit hört Gottes Volk das Wort Gottes so, wie der Geist es erhellt.

---

167 Vgl. S. Talmon, Typen der Messiaserwartung um die Zeitenwende, in: H. W. Wolff (Hrsg.), Probleme biblischer Theologie. Fs. G. v. Rad, München 1971, S. 571-588.

168 R. P. Carroll, *Prophecy, Dissonance, and Jeremiah XXVI*, S. 381-391.

169 Ausführlicher zu diesem hermeneutischen Ansatz W. A. VanGemeren, Interpreting the Prophetic Word, Grand Rapids, MI 1990, S. 80-99; ders., The Progress of Redemption: The Story of Salvation from Creation to the New Jerusalem, Grand Rapids, MI 1988; ders., Israel als the Hermeneutical Crux in the Interpretation of Prophecy, WTJ 45, 1983, S. 132-144; 46, 1984, S. 254-297.

6. Die Auslegung des prophetischen Wortes ist nicht eine Option für diejenigen, die eine Neigung dazu verspüren, sondern ein Imperativ für die Kirche Jesu Christi. Zusammen mit den Evangelien, den Briefen und der Apokalypse bezeugen die Sprüche und Schauungen der Propheten das transformierende Wirken Gottes. Propheten, seien sie nun mehr oder weniger visionär, und Apostel, für die das Gleiche gilt, weisen harmonisch und in großer Vielfalt über die Gegenwart hinaus auf die künftige Hoffnung der Herrlichkeit. Propheten und Apostel verbindet eine transzendentale Perspektive[170], aber die Sprache der prophetischen Schau operiert mit Metaphern[171].
7. Der Heilige Geist erhält die Spannung zwischen Schöpfung und Erlösung, Israel und der Gemeinde, Gegenwart und Ewigkeit sowie zwischen uns selbst und der Welt um uns herum lebendig.

Mit Recht postuliert T. E. Torrance die „Kommunion“ des Geistes als einen Weg, Zugang zur Welt Gottes zu erlangen: Die Kirche besitzt das Mysterium nicht in sich selbst oder für sich selbst. Sie hat teil daran, aber das hat die gesamte Schöpfung ebenfalls, sodass die Grenzen der Kirche stets für alle Menschen außerhalb von ihr und für die letzterfüllende Vollendung des Ratschlusses Gottes über alle Dinge durchlässig sein müssen. Die Reichweite der Kommunion des Geistes kann also nicht auf die Kirche begrenzt und an sie gebunden werden, vielmehr wird die Kirche durch das universale Ausgreifen des Geistes katholisiert oder universalisiert – erst dadurch wird es ihr möglich, an die Fülle dessen, der alles in allen erfüllt, heranzureichen.[172]

Die Propheten mahnen uns, dass eine zu einseitige Beschäftigung mit der Erlösung und der Verheißung auf Kosten der Schöpfung zu Myopie führt, zur Beschneidung der Freiheit Gottes und also des Geistes Gottes.[173] Die Gefahr, den Heiligen Geist in Zeit und Raum einzuhegen, ist äußerst naheliegend – umso mehr muss die Christenheit Gemeinschaft des Geistes bleiben und darf es niemals zulassen, auf

170 Ähnlich J. H. Olthuis mit seinem Postulat einer dem Text „innewohnenden“ Vision im hermeneutischen Prozess, s. J. H. Olthuis, Proposal for a Hermeneutics of Ultimacy, in: ders., A Hermeneutics of Ultimacy: Peril or Promise, Lanham, MD 1987, S. 28. Ich für meinen Teil stimme Olthuis' Sicht nicht zu und pflichte der Kritik bei, die C. H. Pinnock daran geäußert hat, s. C. H. Pinnock, Peril with Promise, ebd. S. 55-59. Pinnock macht deutlich, dass es unausweichlich zu verschiedenen Auffassungen über das Wesen der prophetischen Schauung kommen muss.

171 Vgl. C. B. Caird, The Language and Imagery of the Bible, Philadelphia, PA 1980, S. 131-197; P. Ricoeur, The Rule of Metaphor, Toronto 1979; ders. Biblical Hermeneutics, Semeia 4, 1975, S. 27-148; D. Tracy, Metaphor and Religion: The Test Case of Christian Texts, in: S. Sacks (ed.), On Metaphor, Chicago, IL 1978, S. 89-104.

172 T. E. Torrance, The School of Faith, London 1959, S. CXXIV.

173 Vgl. T. M. Raitt, A Theology of Exile, Philadelphia, PA 1977, S. 215-222.

zeitliche und räumliche Kategorien beschränkt zu werden.[174] Hendrikus Berkhof beschreibt das Wirken des Geistes als immer weiteres Ausgreifen in Raum und Zeit:

> *... das Wirken des Geistes muss als ein Geschehen charkterisiert werden, das auf völlig neue Weise an der Geschichte teilhat und in die Geschichte eingreift. ... Teilhabe bedeutet, dass der Geist, ausgehend von der exklusiven Mitte, welche Christus ist, fortwährend neue Kreise in Zeit und Raum zieht. ... Der Geist ... berührt uns, verwandelt uns und nimmt uns für den Dienst in seinem fortlaufenden Werk in Beschlag, ein Werk, das in der gegenwärtigen Welt nicht zur Vollendung gelangen wird, sodass alles, was er hier vollbringt, über sich selbst hinausweist und immer und immer aufs Neue seine eigenen Grenzen überschreiten muss.*[175]

Das Fortschreiten der Heilsgeschichte schließt Gottes Volk, aber auch die Schöpfung ein (vgl. Röm 8,19-22). Seit der Zeit der Inkarnation können wir über den Geist nur noch im Verhältnis zur Mission und zum Werk unseres Herrn reflektieren, aber wir müssen den Geist auch mit Jesu Herrschaft über die Schöpfung in Verbindung setzen. Torrance schreibt:

> *Mit der Inkarnation und der Vollendung des Werkes Christi jedoch müssen wir uns das gesamte Verhältnis zwischen dem Geist Gottes und seiner Schöpfung gewandelt denken ..., aber diese Wandlung muss christologisch mit Bezug auf Christus als Erstgeborenen und Haupt aller Schöpfung interpretiert werden, d. h., es bedarf einer eschatologischen Interpretation vom Gesichtspunkt der Neuschöpfung her. ... Nach wie vor müssen wir die Gegenwart des Geistes in Schöpfung und Natur so verstehen, dass es eine gewisse Distanz zwischen der Schöpfung und Gott gibt, in welcher er die Fülle seiner Gegenwart bis zur festgelegten Stunde des Gerichts und der Neuschöpfung zurückhält.*[176]

Das *tota-scriptura*-Prinzip stützt das Mitwirken des Geistes in der Ganzheit der Wiederherstellung. Das Neue Testament offenbart eine Interdependenz zwischen Christus, dem Heiligen Geist, der neuen

---

174 Vgl. J. Ellul, The Subversion of Christianity, Grand Rapids, MI 1986.

175 H. Berkhof. *The Christian Faith: An Introduction to the Study of the Faith*. Grand Rapids, MI 1986², S. 333.

176 Torrance, S. CII.

Gemeinschaft und dem Eschaton.[177] Diese Korrelation erwächst aus der prophetischen Botschaft des Alten Testaments, in welcher sich ein neues Zeitalter abzeichnet, welches äußerlich durch den Messias und innerlich durch den Geist Gottes verwirklicht wird. Sie fördert die Spannung zwischen diesem und dem kommenden Zeitalter, der materiellen und der geistlichen Welt, Israel und der Gemeinde, den Mächten dieser Welt und der Herrschaft des Messias Gottes, schließlich zwischen dem Geist der Wiederherstellung und den Mächten der Zerstörung. Ungeachtet dieser Spannungspunkte kündigen die alttestamentlichen Propheten die Beteiligung des Geistes an der Wiederherstellung an (Jes 32,15 ff.; 44,3; Ez 36,27; 37,14-39; 59,21; Jo 3,1 ff.; Sach 4,6; 12,10). In seiner Freiheit gründet der Vater sein Reich auf Erden durch den Messias und seinen Geist.

Zusammenfassend ist zu sagen, dass das prophetische Wort sich allen erschließt, die sich dem Geist und der ganzen Bibel (*tota scriptura*) mit ihrem Zeugnis von der progressiven Erfüllung des Heilsplanes Gottes im Verlauf der Heilsgeschichte unterwerfen. Auslegung von Prophetie beginnt und endet bei Gott. Er, der Schöpfer-König, ist frei – unbeeinträchtigt von menschlichen Verständnisweisen, Traditionen und Institutionen – und steht treu zu seinen Verheißungen, die die Gesamtheit seiner Schöpfung umgreifen, wie er es gegenüber Adam, Noah, Mose, David, den Propheten, unserem Herrn und den Aposteln bekräftigt hat. Er, der Erlöser-König, setzt seine Verheißungen Schritt für Schritt in die Tat um, aber so, dass niemand sich rühmen kann zu wissen, wie die fortschreitende Erfüllung seines Planes im Einzelnen beschaffen ist. Er, der Schöpfer-Erlöser-König, fordert die Antwort des Menschen auf seine prophetische und apostolische Offenbarung ein, indem er zur Hoffnung, zum Lobpreis und zur Hingabe an den Dienst für unseren Herrn Jesus und den Vater in der Freiheit des Geistes aufruft.

Prophetie ist diskursiv

Für die Auslegung und das Verständnis der prophetischen Schriften ist es wichtig zu erkennen, dass Prophetie diskursiv ist. „Diskursiv" bedeutet im Prinzip, dass der Sprecher oder Schreiber ohne chronologische Ordnung oder sonst einen erkennbaren roten Faden von einem Thema zum nächsten springt. Angewandt auf die Prophetie meint der Ausdruck, dass die Propheten Visionen empfingen und das berichte-

177 H. Berkhof. *The Doctrine of the Holy Spirit*. Richmond, VA 1964, erörtert den eschatologischen Kontext des Heiligen Geistes ausgehend von vier Thesen:

1. Christus, der Geist und die Vollendung gehören zusammen.
2. Die Vollendung beginnt im Werk des Geistes.
3. Der Heilige Geist ruft ein Verlangen nach der Vollendung hervor.
4. Der Heilige Geist ist Inhalt der Vollendung.

ten, was sie gesehen hatten. Aber ihre Schauungen standen nicht notwendigerweise im Zusammenhang miteinander, weder folgerichtig noch chronologisch. Zwei hintereinander stehende Prophetien mögen sich durchaus in entsprechender zeitlicher Abfolge erfüllen, die Erfüllung kann aber genausogut umgekehrt eintreten, oder aber beide Erfüllungen haben überhaupt nichts miteinander zu tun. In anderen Fällen waren sich die Propheten der großen Zeitlücken innerhalb ihrer eigenen Weissagungen nicht bewusst, so wie ein entfernter Betrachter eine Bergkette ansehen kann, ohne dass er eine Vorstellung von der Weite der Täler zwischen den Gipfeln gewinnt. Ebenso haben sich die Zeiträume zwischen den Erfüllungen einzelner Weissagungen der Wahrnehmung der Propheten entzogen.

Und wiederum kann ein Prophet auch Gesichte haben, die sich überlappen, so als würde er ein und dasselbe Ereignis aus einer Reihe unterschiedlicher Blickwinkel sehen. Dass Prophetie diskursiv ist, ist eine der wichtigsten Erkenntnisse überhaupt zu diesem Bereich der biblischen Schriften.[178]

Schauen wir uns noch einige Beispiele diskursiver Elemente in der biblischen Prophetie an:

Nicht sequenzielle Prophetie

Anhand von Jesaja 9 lässt sich zeigen, was nicht sequenzielle Prophetie ist:

- Wann erfüllte sich Jesaja 9,1 f.?
- Wann erfüllte sich Jesaja 9,6?
- Ist Jesaja 9,7 bereits erfüllt, harrt er noch der Erfüllung oder sind wir mitten in der Erfüllung?
- Worauf beziehen sich die Verse 8-21? Sind sie schon erfüllt, und wenn ja, wann?
- Was zeigt uns die Abfolge dieser Weissagungen im neunten Kapitel über den diskursiven Charakter der Prophetie?

Überlappende Prophetie

Das deutlichste Beispiel für das Überlappen prophetischer Schauungen findet sich bei Daniel in den Kapiteln 7, 8 und 11,2 ff.: Daniel sieht in drei separaten Visionen ein und dieselben historischen Ereignisse. Nirgendwo anders im prophetischen Schrifttum ist das Überlappen verschiedender Visionen so offensichtlich. Für uns aber ist wichtig: Wir haben den Vorteil der Rückschau, die dieses Überlappen klar er-

178 Vgl. J. W. Hayford. *Focusing on the Future: Key Prophecies and Practical Living*. Nashville, TN 1994.

kennen lässt. Bei Prophetien, deren Erfüllung noch aussteht (z. B. im Buch der Offenbarung) mag es sein, dass sie sich weit mehr überlappen, als wir es jetzt zu erkennen vermögen.

Zeitlücken innerhalb prophetischer Offenbarungen
Zeitlücken sind im prophetischen Schrifttum geläufige Phänomene, denn die Propheten sahen und berichteten oft wichtige Geschehnisse, ohne dass sie sich der zeitlichen Abstände zwischen diesen Geschehnissen bewusst waren (Jo 3,1 ff.). Zwischen dem Teil, der bereits in Erfüllung gegangen ist, und dem, der sich erst noch erfüllen muss, liegt eine Pause.

In dem Joel-Beispiel sehen wir eine Zeitlücke, die bis jetzt mehr als 1900 Jahre andauert. Joel hatte offenbar keine Ahnung davon, dass es diese Zeitlücke überhaupt geben würde. Er sah die letzten Tage kommen, und zwar mit der Ausgießung des Geistes und Gottes Gericht.

Ein weiteres Beispiel für eine prophetische Zeitlücke finden wir in Ezechiels Weissagung der Zerstörung von Tyrus. Untersucht man die Geschichte dieses Ereignisses, so wird deutlich, wie es mit der Weissagung Ezechiels zusammenhängt.

Im Licht dieser historischen Fakten versteht man die Jahre vorher mitgeteilte Vorausschau Ezechiels weit besser (Ez 26,7-14; 29,17-20).

Mehrfache Erfüllungen von Prophetien
Nachdem wir die verschiedenen Aspekte des diskursiven Charakters der Prophetie betrachtet haben, wenden wir uns nun einem weiteren Wesenszug der Prophetie zu, den wir verstehen müssen, wenn wir Prophetie richtig auslegen wollen. Häufig ist es so, dass eine durch einen Propheten gegebene Botschaft mehrere Erfüllungen erfahren wird: eine nahe bevorstehende, also kurzfristige, und eine weiter in der Zukunft liegende. Das muss beim Umgang mit Prophetie im Auge behalten werden. Es ist sehr gut möglich, dass zu einer Prophetie mehr als eine Anwendung gehört: Ein Prophet kann eine Tatsache geschaut haben, ohne dass er notwendigerweise die verschiedenen Aspekte erkennen oder sehen musste, unter denen sich diese eine Prophetie auf je eigene Weise zu verschiedenen Zeiten erfüllen würde.

Das vielleicht bekannteste Beispiel für mehrfache Erfüllungen ist die Immanuel-Weissagung in Jesaja 7,1-17 und 8,1-10 (vgl. (Mt 1,18-25).

Bitte betrachten Sie einmal Jesaja 7,16 und 8,4 unter dem Gesichtspunkt, ob es wohl noch eine andere, zeitlich nähere Erfüllung dieser Weissagung gegeben hat. Beachten Sie auch den Gebrauch des Namens Immanuel in 8,8 und der Wendung „Gott mit uns“ in 8,10.

Neun Prüfungskriterien

1. Endzweck aller wahren Prophetie ist die Auferbauung, Ermahnung und Ermutigung des Volkes Gottes.
2. Alle wahre Prophetie stimmt stets mit Buchstaben und Geist der Heiligen Schrift überein.
3. Alle wahre Prophetie dreht sich um Jesus, erhebt und verherrlicht ihn.
4. Alle wahre Prophetie bringt charakterliche Frucht und eine Lebensführung hervor, die mit dem Heiligen Geist in Übereinstimmung ist.
5. Enthält eine prophetische Offenbarung Voraussagen, die nicht eintreffen, so ist sie falsch (Dtn 18,20 ff.).
6. Trifft das Vorausgesagte ein, führt aber von Gott weg, so ist die Weissagung falsch (Dtn 13,1-5).
7. Wahre Prophetie führt zur Freiheit, nicht zur Gebundenheit (Röm 8,15; 1. Kor 14,33; 2. Tim 1,7).
8. Wahre Prophetie bringt Leben, nicht Tod hervor (2. Kor 3,6).
9. Wahre Prophetie wird vom Heiligen Geist in jedem Gläubigen, der sie hört, bestätigt (1. Joh 2,27).

3 Der Evangelist

Das Wort geht zurück auf das griechische *euangelizomai* – gute Nachricht (*euangélion*) ausrufen. Es gibt auch die Erweiterung *proeuangelizomai* – Gutes im Vorhinein ankündigen.

Das alttestamentliche bśr
Dieses Wort bedeutet „gute Nachrichten ausrufen". Im Lichte von 1. Könige 1,42 ist die Grundbedeutung vielleicht einfach „eine Botschaft überbringen", doch der Stamm enthält das Element der Freude, woraus sich ergibt, dass das Wort gemeinhin benutzt wird, wenn es darum geht, einen Sieg auszurufen, und dass der Überbringer der Botschaft sich selbst als Träger froher Kunde sieht (2. Sam 4,10). Von besonderer Bedeutung ist der Ausdruck in Jesaja 40 ff., wo der Botschafter nach Zion kommt, um den weltweiten Sieg Gottes zu verkünden, welcher das Zeitalter der Erlösung einleitet (52,7) – eine Erklärung, die nicht einfach nur auf der Ebene der Menschen ergeht, denn Gott selbst äußert sich durch sie und lässt geschehen, was in seinem eigenen schöpferischen Wort gesagt ist.

Die große eschatologische Stunde ist gekommen und die Nachricht von Gottes Machttaten geht hinaus zu den Nationen. Nach Jesaja 60,6 sind es die Heiden selbst, die sie ausrufen werden. Alle diese Themen:

- die eschatologische Erwartung an sich;
- die Einbeziehung der Heiden;
- die Zusammenhänge mit Erlösung, Gerechtigkeit und Frieden (Ps 95,1; 40,9; Jes 52,7)

weisen voraus auf das Neue Testament.

Zum Sprachgebrauch in der LXX, bei Philo und Josephus führt Kittels neutestamentliches Begriffslexikon aus:

1. *Die Septuaginta gibt* בשׂר *gewöhnlich mit εὐαγγελιζεσθαι bzw. mit εὐαγγελιζειν wieder. Nur 1 Bas 4,17 übersetzt sie den Trauerboten vom Schlachtfeld mit παιδάριον … An den entscheidenden Stellen, an denen der* מְבַשֵּׂר *vorkam, (Jes 40,9; 41,27; 52,7; ψ 67,12) ändert die LXX den Text. Jes 40,9 und ψ 67,12 verwandelt sie die feminine Form in ein Maskulinum. Das bedeutet nicht eine Verstärkung der Anschauung vom Freudenboten, sondern Erleichterung und Abschwächung. Der Gedanke wird verallgemeinert. … Auch die Mächtigkeit des Wortes wird abgeschwächt, die Anschauung von der hereinbrechenden Gottesherrschaft verloren*

> *gegangen [sic]. ... In der LXX ist die Verbindung von εὐαγγελιζεσθαι mit σωτηρία noch häufiger als in Mas. ... Sonst ist das Äquivalent δοξα (Ex 15,11), ἀρετή (Jes 42,12), ... αἰνεσις (Ps 106 [105], 47).*
> 2. *Philo lebt ganz in der griechischen Gedankenwelt. Er hat das Verb 9-mal; 3-mal verwendet er es in der Wiedergabe alttestamentlicher Erzählungen von frohen Botschaften in ganz allgemeinem Sinn. ... wo in der Allegorie zu Ex 14,30 von Gott ein εὐαγγελιζεσθαι ausgesagt ist, hat das Verb den im A. T. unbekannten Sinn: verheißen.*
> 3. *Josephus bietet uns dasselbe Bild des griech. Sprachgebrauchs wie Philo. εὐαγγελιζομαι handelt von Siegesnachrichten ... Dass er nicht alttestamentlich empfindet, zeigt sich darin, dass man εὐαγγελιζεσθαι bei ihm mit verheißen übersetzen kann. ... Deutlicher noch wird dies Ant 5,277 in der Geschichte der Ankündigung der Geburt eines Sohnes an Manoah und seine Frau aus Ri 13.*
>
> *Bei Philo wie bei Josephus findet sich nirgendwo der Gedanke an den Freudenboten aus Deuterojesaja. ... Sie ... kennen keine Heilsgeschichte, keine wahre Eschatologie. Anstelle der großen Gottesgeschichte treten die Erlebnisse des Einzelnen, die an keine Zeiten gebunden sind und sich immer wiederholen lassen.*[179]

Philo und Josephus haben mithin keinen Raum für den Überbringer guter Nachrichten im Sinne von Jes 40 ff.

euangelízomai im Neuen Testament

Wie auch das Nomen euangélion ist dieses Verbum geläufig im lukanischen Doppelwerk, abgeschwächt bei Paulus, während es im johanneischen Schrifttum mit Ausnahme von zwei Vorkommen von euangelízein fehlt (vielleicht weil bei Johannes der Gedanke der Erfüllung im Vordergrund steht). Ebensowenig finden wir das Verb bei Markus, Jakobus, im 2. Petrus- oder im Judasbrief. Bei Matthäus steht es einmal, im Hebräerbrief zweimal, im 1. Petrusbrief dreimal.

Betrachten wir den konkreten Sprachgebrauch:

1. *Johannes der Täufer:* Lukas 3,18 sagt von Johannes, dass er dem Volk gute Botschaft verkündigte. Wie Elia es tat, ruft er den Anbruch des Reiches Gottes aus (Lk 1,17; Mt 11,4; 17,12). Obwohl er noch ins Zeitalter des Alten Bundes gehört, ist er doch mehr als ein

179 Friedrich, Gerhard (1935): „prophetes". In: Kittel, Gerhard (Hg.): Theologisches Wörterbuch zum Neuen Testament. Zweiter Band: D-H, Stuttgart, 710-712.

Prophet. Deshalb ist es ein Engel, der die gute Nachricht seiner Geburt überbringt (Lk 1,19). Er bereitet Gott den Weg und ist der Vorläufer des Messias, ein Evangelist, dessen Geschichte den Anfang des Evangeliums selbst bildet (Mk 1,1).

2. *Jesus:* Jesus bringt die gute Nachricht von der lang erwarteten Endzeit (Mt 11,5). Die Botschaft trägt ihre Erfüllung schon in sich. Die Werke Jesu sind Zeichen des messianischen Zeitalters. In Nazareth wendet Jesus Jesaja 61,1 auf sich selbst an (Lk 4,18). Durch ihn wird die gute Nachricht des Reiches Gottes gepredigt (Lk 16,16). Lukas 8,1 fasst den gesamten Dienst Jesu zusammen, indem er Herold und Botschafter der Königsherrschaft Gottes genannt wird. Sein ganzes Leben proklamiert das Evangelium. Schon seine Geburt ist eine „gute Nachricht" (Lk 2,10). Sein Kommen, seine Taten und sein Tod sind die große Proklamation des Friedens (Eph 2,14 ff.). Selbst den Toten verkündigt er die gute Nachricht (vgl. 1. Petr 3,19; 4,6).
3. *Die Wolke der Zeugen:* Römer 10,15 bezieht Jesaja 52,7 nicht auf den Messias, sondern auf die Boten des Evangeliums, obschon sowohl der masoretische Text als auch die Septuaginta in Jesaja 52,7 den Singular haben. Der Grund dafür ist, dass Jesus die Zwölf ausgesandt hatte, das Evangelium zu predigen (Lk 9,1 ff.), und danach der Kirche den Auftrag erteilte zu evangelisieren, also die gute Nachricht von ihm weiterzusagen (vgl. Apg 5,42 sowie den Dienst des Philippus Apg 8,12.35.40). Diese Botschaft erreicht sowohl Juden als auch Heiden (Apg 11,20). Paulus wird speziell berufen, unter den Heiden zu evangelisieren (Gal 1,16; Röm 15,20; 1. Kor 15,1; 2. Kor 10,16; Apg 14,10; 17,18). Das ist seine Gnade (Eph 3,8). Sein ganzer Dienst ist euvaggeli,zesqai (1. Kor 1,17). Sowohl Christen als auch Heiden verkündigt er ein und dieselbe Botschaft (Röm 1,15; Apg 14,15), denn Gott selbst spricht durch ihn zu allen Menschen. Inhalte seiner Botschaft sind Jesus selbst (Gal 1,16), sein Leiden und seine Auferstehung (1. Petr 1,11 ff.; Apg 17,18), das Reich Gottes (Apg 8,12), das Alte Testament in seinem Zeugnis über Christus (Apg 8,35), das Wort (Apg 15,35) und der Glaube (Gal 1,23). „Predigen", „lehren" und „bezeugen" sind parallel benutzte Ausdrücke. euvaggeli,zesqai heißt nicht bloß reden, sondern in Kraft verkündigen, begleitet von Zeichen. Es bringt also Heilung (Mt 4,23), Freude (Apg 8,8), Erlösung (1. Kor 15,1 f.) und Wiederherstellung (1. Petr 1,23 ff.) mit sich, da es Gottes eigenes Wort in der Kraft seines Geistes ist (1. Petr 1,12). Als Proklamation der guten Nachricht von Gott trägt es in sich das Angebot und die Kraft der Errettung. – Auf zwei besondere Verwendungen ist hinzuweisen:

- In 1. Thessalonicher 3,6 sind Glaube und Liebe der Thessalonicher Inhalt der guten Nachricht, die Timotheus überbringt.
- In Hebräer 4,2.6 schließt das Evangelisieren die Verkündigung des Alten Testaments mit seinem Moment der Verheißung ein.

4. *Engel:* In Lukas 1,19 ist es Gabriel, der die gute Nachricht von der Geburt des Täufers überbringt; in Lukas 2,10 kündigt der Engel die Geburt des Erlösers an. In beiden Fällen handelt es sich um Evangelisation, denn die Zeit der Errettung ist gekommen, weshalb es große Freude auszurufen gilt.

Evangelisten
Das Wort „Evangelist“ darf nicht in zu engem Sinne von seiner heutigen Verwendung her verstanden werden. Das biblische Bedeutungsspektrum ist viel weiter, die Benutzung des Wortes in den ersten Jahrhunderten vielfältiger. Gerhard Kittel[180] kommt nach ausgiebigen Untersuchungen zu dem Schluss, dass die Evangelisten Helfer der Apostel und deren rechtmäßige Nachfolger waren. Sie vollführten einen dem apostolischen vergleichbaren Dienst, verfügten aber nicht über dieselbe Würde und Autorität wie die Apostel. Von daher war ihre Hauptaufgabe:

1. das Evangelium in unevangelisierten Gebieten zu verkündigen;
2. Gläubige zu offiziellen Gemeinden zusammenzuführen;
3. sie in Glaube, Lehre und Leben zu gründen.

Abgesehen vom christlichen Schrifttum kommt das Wort selten vor. Im Neuen Testament steht es drei Mal:

- bezogen auf Philippus Apostelgeschichte 21,8;
- Timotheus arbeitet als Evangelist: 2. Timotheus 4,5;
- als definierte Dienstfunktion Epheser 4,11.

Das nur dreimalige Vorkommen des Wortes „Evangelist“ im Neuen Testament sollte seine Bedeutung nicht verringern. Auch der Titel „Bischof“ oder „Aufseher“ findet sich nur an drei Textstellen, während von Diakonen lediglich zweimal und vom Pastor ein einziges Mal die Rede ist.

Bezogen auf Philippus steht der Evangelistentitel Apostelgeschichte 4,11; 21,8. Philippus war einer der sieben zu Diakonen erwählten Männer (Apg 6), der nach dem Martyrium des Stephanus als Verkün-

180 Ebd.

diger des Evangeliums in unerreichten Gebieten hervortrat (z. B. Apg 8,5.12.35.40). Obwohl er Evangelist war, zählte er nicht zum Kreis der Apostel (Apg 8,14). Timotheus wird 2. Timotheus 4,5 Evangelist geheißen: Paulus ermahnt ihn, das Werk eines Evangelisten zu tun, d. h. die Heilstatsachen des Evangeliums bekannt zu machen. Als Gruppe von Dienstträgern figurieren Evangelisten Epheser 4,11.

Folgende Bemerkungen verdanke ich F. C. Conybeare[181] und Howson:

> *Das Wort „Evangelist" findet bei solchen Missionaren Anwendung, die wie Philippus und Timotheus von Ort zu Ort reisten, um die Frohbotschaft von Christus zu ungläubigen Völkern oder Einzelpersonen zu tragen. Der Evangelist gibt nicht, wie bei den Griechen, Orakel kund, sondern die gute Nachricht (Röm 10,15). Der Ausdruck bezeichnet eine Funktion, wie sie auch die Apostel ausübten, obgleich nicht alle Evangelisten Apostel waren und ihr Dienst in allen drei Aspekten unter dem der Apostel rangiert. Von daher unterscheiden 2. Korinther 1,1 und Kolosser 1,1 zwischen Timotheus und den Aposteln. Es wird sich also zeigen, dass zwar die Apostel Evangelisten, nicht aber alle Evangelisten Apostel waren. Diese Unterscheidung bestätigt sich in Epheser 4,11, wo das Amt des „Evangelisten" hinter denen der „Apostel" und „Propheten" und vor dem „Pastor" und „Lehrer" eingereiht ist. Verkündigt haben die Evangelisten sowohl in den Gemeinden als auch missionarisch (vgl. 2. Tim 4,5). Die ausdrücklichen Anweisungen jedoch, die Timotheus in den beiden an ihn gerichteten Briefen empfängt, stellen unmissverständlich klar, dass sein Dienst zurzeit der Abfassung dieser Briefe weitestgehend auf den lokalen Rahmen bezogen und von pastoraler Natur war. Dass ihm auferlegt wird, das Werk eines Evangelisten zu tun, zeigt, dass ein Mann, der Evangelist war, zugleich Pastor und Lehrer sein konnte. In der frühen Kirche führen die Evangelisten den Dienst der Apostel fort. Zugleich kommt das Wort für den Verfasser eines Evangeliums in Gebrauch. Klar ist, dass die Gabe eines Evangelisten in der christlichen Kirche eine Gabe für sich war, und obwohl zweifelsohne alle Christen je nach Gelegenheit diese heilige Aufgabe erfüllten, gab es einige, die ganz besonders zu dieser Arbeit ausersehen und vom Heiligen Geist dafür ausgestattet waren.*

181 Conybeare, F. C. (Hg.). The Key of Truth. A Manual of the Paulician Church of Armenia. Oxford 1989.

Das neutestamentliche Amt des Evangelisten

Das Evangelium bildet das Herzstück des Neuen Testaments und die Träger des Evangeliums sind von zentraler Bedeutung. Deshalb legt das Neue Testament großen Wert auf das Evangelisieren. Es gibt 55 Textstellen, die auf diesen wichtigen Dienst Bezug nehmen, und Evangelisieren ist genau wie Zeugnisgeben eine Verbindlichkeit, der alle Gläubigen unterliegen.

Augustinus wendet das Wort zwar in erster Linie auf die Evangelienschreiber an, ist sich aber durchaus bewusst, dass es einen weiteren Bedeutungshorizont hat. Euseb, der erste Kirchengeschichtsschreiber, berichtet:

> *So erleuchtete mit einem Mal durch das machtvolle Wirken des Himmels das erlösende Wort gleich einem Sonnenstrahl die ganze Welt. Sofort „verbreitete sich", wie die göttliche Schrift verkündet hatte, „über die ganze Erde die Stimme" seiner gottbegnadeten Evangelisten und Apostel „und ihre Worte bis an die Grenzen des Erdkreises". In allen Städten und Dörfern erstanden mit einem Mal von Tausenden besuchte, voll besetzte Kirchen gleich gefüllten Scheunen. Diejenigen, deren Seelen sowohl als Erbschaft von den Vorfahren als auch infolge des alten Irregehens von der alten Krankheit des abergläubischen Götzendienstes gefesselt waren, wurden in der Kraft Christi durch die Lehre seiner Schüler sowie auch durch ihre Wunder wie von schrecklichen Tyrannen befreit und aus düstersten Gefängnissen erlöst. Deshalb verwarfen sie die ganze teuflische Vielgötterei, bekannten sich nur noch zu dem einen Gott, dem Weltschöpfer, und verehrten ihn nach den Bestimmungen wahrer Frömmigkeit in von Gottes Geist durchwaltetem, vernünftigem, von unserem Erlöser dem menschlichen Leben übermitteltem Gottesdienst. Die göttliche Gnade wurde nämlich nunmehr auch über die übrigen Völker ausgegossen.*[182]

Bischof Westcott schreibt: „Das Werk des Evangelisten bestand vermutlich darin, dass er als Missionar zu den Ungläubigen ging."[183]

Fausset nimmt wie folgt zum Amt des Evangelisten Stellung:

> *Der Evangelist gründete die Gemeinde, der Lehrer baute sie im Glauben auf. ... Sie [die Evangelisten] reisten fast völlig unbe-*

182 Euseb, KG 2,3,1 ff.; zit. n.: *Eusebius von Caesarea, Kirchengeschichte.* Ed. H. Kraft, München 1967, S. 121.

183 B. F. Westcott, St. Paul's Epistle to the Ephesians, London 1906, S. 231.

schränkt dorthin, wo man ihren Dienst brauchte, entweder um das Evangelium auszubreiten oder um bereits entstandene Gemeinden zu inspizieren und zu stärken.

Im *Dictionary of the Apostolic Church* ist zu lesen: „Auf jeden Fall lässt sich gut zeigen, dass diejenigen, die als Missionare unter den Heiden wirkten, Evangelisten genannt wurden. … Philippus erhielt den Beinamen ‚der Evangelist' dank seiner guten Predigttätigkeit unter den Heiden."[184] Der Evangelist wird hier mit dem modernen Missionar in eins gesetzt.

Vincent geht kurz auf Epheser 4,11 ein und bezeichnet die Evangelisten als „reisende Missionare". Mit Bezug auf 2. Timotheus 4,5 spricht er von „einem reisenden Geistlichen, dessen Arbeit nicht auf eine bestimmte Gemeinde begrenzt war …, einem Helfer der Apostel".[185] Vine weiter: Der Begriff des Evangelisten, „wörtlich ein Botschafter des Guten, bezeichnet einen Prediger des Evangeliums. Apostelgeschichte 21,8 und Epheser 4,11 klären die voneinander unterschiedenen Dienstfunktionen in den Gemeinden. … Missionare sind Evangelisten, denn im Kern ihrer Tätigkeit liegt die Verkündigung des Evangeliums".[186] Das stimmt mit Theodoret überein, der die Evangelisten ebenfalls als reisende Missionare bezeichnet.

Im späteren geschichtlichen Gebrauch hat sich der Wortsinn gewandelt, und zwar hin zu einer in der Bibel so nicht verankerten Verständnisweise.

Die Dauerhaftigkeit der evangelistischen Dienstanweisung

Aus der Untersuchung verschiedenster Kommentare sowohl wissenschaftlichen als auch erbaulichen Zuschnitts mit Erscheinungsdaten zwischen 1677 und 1986 ergibt sich, dass 38 Verfasser unter dem Evangelisten einen Missionar verstehen, und zwar weitgehend nach heutigem Muster. Überraschenderweise steht an zweiter Stelle bei den Kommentatoren mit 22 Belegen die Auffassung, die Evangelisten seien Helfer der Apostel gewesen, woraus sich die Folgerung ergibt, es handle sich um ein außerordentliches und zeitweiliges Amt. 14 Kommentatoren verstehen den Evangelisten schlicht als Prediger des Evangeliums, sechs als Reiseprediger, fünf gehen mehr vom Bild des modernen

184 Plummer, A. (1915-18): „Evangelists". In: Dictionary of the Apostolic Church, ed. J. Hastings 2 vols.

185 Vincent, Marvin. (1985): Vicent's N. T. Word Studies. 4 vols.

186 Vine, W. E./Unger, Merrill F. (1940): Vine's Complete Expository Dictionary of Old and New Testament Words.

Erweckungspredigers aus. Fünf Ausleger binden den Begriff an die Person des Philippus, drei sehen den evangelistischen Dienst nicht als Amt, sondern bloß als Beschäftigung. Einer sagt, man könne nicht definieren, was den Evangelisten ausmache, und ein anderer betrachtet diesen als Evangelienschreiber.

Manche stellen die Dauerhaftigkeit des evangelistischen Amtes infrage, auch wenn es sich dabei um eine sehr geringe Minderheit innerhalb der christlichen Kirche handelt. Irgendwie hat die Christenheit stets an Evangelisation und Evangelisten geglaubt. Ja, die geringe Zahl der Letzteren hat die Kirche oft verstört und sogar alarmiert. Seltsamerweise findet sich quer durch die Kirchengeschichte das Empfinden, dass man Evangelisten brauche und wolle. Zu fragen ist: Wieso hat dieses Gefühl das Volk Gottes bewogen, Gott um die Aussendung eines von ihm mit der Gabe der Evangelisation ausgestatteten Mannes zu bitten? Gibt es nicht einen Geist der Hoffnung in der Kirche, dass sich das Evangelium ausbreite, die Kirche wachse und die Welt evangelisiert werde?

Das steht in völliger Übereinstimmung mit Gottes Wort. Nirgendwo finden wir darin einen Hinweis, dass das Amt des Evangelisten jemals aufhören werde oder die Funktion des Apostels im allgemeinen Sinne des Wortes jemals zum Erliegen komme. Evangelisten- und Apostelamt sind vom Heiligen Geist begründete Dienstfunktionen, bei denen es darum geht, dass die Kirche sowohl quantitativ als auch qualitativ wächst, die Nationen der Welt das Evangelium hören und errettet werden. Es gibt keinen Befehl und keinen Hinweis, mit der Weltevangelisation aufzuhören, solange diese Welt besteht. Ein vorzeitiges Ende von Weltevangelisation oder Mission kann aus keiner biblischen Anweisung, keiner Textauslegung, keinem biblischen Beispiel und keiner biblischen Vorhersage erschlossen werden. Wer vom Ende der missionarischen Epoche und des Missionsbefehls spricht, spricht nicht aus der Bibel heraus, weder aus biblischem Realismus noch aus biblischem Idealismus. Biblisch ist die Dienstanweisung des Evangelisten/Missionars genau so dauerhaft wie die Mission der Kirche an sich. Beides wird am Ende aller Zeit aufhören.

Die einzigartige Gabe des Evangelisten

Worin besteht die spezielle Gabe des Evangelisten? Sie konstituiert sich aus sieben verschiedenen Faktoren:

1. *Evangelisten sind getrieben von einer unwiderstehlichen Liebe zu den Verlorenen.* Die Verlorenen sind ihnen extrem wichtig, weil Gott seine Liebe auf besondere Weise in ihre Herzen ausgegossen hat. Die Bibel sagt: „Da wir nun den Schrecken des Herrn kennen, so

überreden wir Menschen“ (2. Kor 5,11). Gottes Wort hat offenbar gemacht, was den verlorenen Menschen nicht klar ist: Für jedermann steht bei der Frage, Jesus zu erkennen und als Herrn und Erlöser anzunehmen, das ewige Leben auf dem Spiel.

2. *Evangelisten verspüren den starken Wunsch, Nichtglaubenden von Christus zu sagen.* Durch den Heiligen Geist hat der Herr ihnen Empfindsamkeit für und Sorge um die von Gott geliebten Menschen eingepflanzt, die ihm noch nicht vertrauen. In jeder lokalen Gemeinde finden sich Mitglieder, denen unaufhörlich daran gelegen ist, dass sowohl die öffentliche Verkündigung als auch das private, persönliche Kommunikationsverhalten stärker auf Nichtglaubende ausgerichtet werden. Das sind die Evangelisten.
3. *Evangelisten können eine Sprache sprechen, die ihre Adressaten verstehen. Sie haben die Fähigkeit, mit Menschen zu kommunizieren, die nicht an Christus glauben.* Natürlich müssen die Menschen verstehen können. Aber ehe das geschehen kann, müssen wir erst die Aufmerksamkeit der Menschen gewinnen. Es sollte sie reizen, uns zuzuhören; sie sollten neugierig werden, mehr von dem zu erfahren, was wir zu sagen haben. Ein Evangelist hat sowohl das Anliegen als auch die Gabe, mit Menschen zu kommunizieren, die nicht an Christus glauben und sich vielleicht gar nicht für ihn interessieren.
4. *Evangelisten können zuhören und nachvollziehen, was Ungläubige denken und fühlen, wenn es um das Evangelium geht.* Evangelisten haben es mit der Zwangslage der Menschheit zu tun, nämlich ihrer Sündhaftigkeit, die Trennung von Gott und ewigen Tod bedeutet und von der kein Mensch sich frei machen kann. Darüber hinaus ist jeder Mensch in einer bestimmten Zeit, Kultur und Gesellschaft sozialisiert, sein Leben bestimmt von speziellen Haltungen und Überzeugungen. Der Evangelist hat die Fähigkeit, diese speziellen Bedingungen zu durchschauen und den Menschen heute die Botschaft von Jesus nahezubringen. Natürlich erfordert das ein gutes Verständnis der Botschaft selbst.
5. *Evangelisten erleben in ihrem Bemühen, Menschen zu Christus zu führen, Bestätigung durch die Kraft des Heiligen Geistes.* Das lässt Apostelgeschichte 11,21 erkennen: „Und des Herrn Hand war mit ihnen, und eine große Zahl, die gläubig wurde, bekehrte sich zum Herrn.“ Die Liebe drängt uns, in Bezug auf Methoden und Techniken unser Bestes zu geben, wenn es sich um die Weitergabe des Evangeliums handelt, und doch hängt es nicht von Kommunikationstechniken ab, ob ein Mensch Jesus als seinen Herrn annimmt. Der Heilige Geist ist es, der den Menschen Verständnis gibt. Der Heilige Geist muss Menschen von ihrer Sünde überzeugen und

überführen und ihnen zeigen, dass sie Versöhnung mit Gott brauchen. Das haben die Evangelisten nicht in der Hand. Der Herr gebraucht sie als seine Werkzeuge. Also sind Evangelisten Menschen, die unter der Bestätigung der Kraft des Heiligen Geistes andere zu Christus führen.

6. *Evangelisten verfügen über eine gottgegebene Fähigkeit, andere zur Entscheidung für Christus aufzurufen.* Am Pfingsttag fragten die Menschen: „Was sollen wir tun?" Die apostolische Antwort war: „Tut Buße, und jeder von euch lasse sich taufen auf den Namen Jesu Christi zur Vergebung eurer Sünden!" (Apg 2,38a.) Der Dienst des Evangelisten gleicht dem einer Hebamme. Derjenige, der das neue Leben schafft, ist einzig und allein der Heilige Geist, der Evangelist aber ist das Werkzeug Gottes, durch welches das neue Leben zur Geburt kommt. Er besitzt also die Autorität, Menschen zu rufen, sodass sie auf die Einladung reagieren und sich für Christus entscheiden. Die Errettung basiert auf Gottes Entschluss, aus dem heraus er Menschen ruft und in die Lage versetzt, sich Jesus anzuvertrauen. Deshalb können wir Menschen zur Entscheidung rufen.
7. *Methodisch sind Evangelisten flexibel.* „Ich bin allen alles geworden, damit ich auf alle Weise einige rette" (1. Kor 9,22b), sagt Paulus. Getrieben von der Liebe, wollen wir die Herzen der Menschen erreichen. Menschen sind so unterschiedlich, obschon sie allesamt ohne Jesus verloren sind und ihn als ihren Erretter brauchen.

Die spezielle Aufgabe des Evangelisten

Worin besteht demnach die spezielle Beauftragung des Evangelisten? Sein Dienst wird meistens mit der Begabung zur öffentlichen evangelistischen Predigt in Verbindung gebracht. Das Neue Testament macht indessen deutlich, dass evangelistische Arbeit nicht bloß dort geschieht, wo Scharen von Zuhörern der Evangeliumsverkündigung lauschen:

- Philippus predigte erst den Volksmengen in Samaria und dann einem einzelnen Menschen, dem nubischen Finanzminister (s. Apg 8).
- Paulus sprach zu einer kleinen Schar in Philippi (s. Apg 16), in Lystra jedoch zu einer großen Menge (s. Apg 14).

Die spezifische Aufgabe des Evangelisten besteht *erstens* darin, die Grundlagen des Evangeliums Ungläubigen zu verkündigen. Die Lehrer der Kirche decken ein weitaus breiteres Spektrum biblischer Themen ab als der Evangelist. Grundlagenpredigt bedeutet, den Menschen, die ihn weder kennen noch an ihn glauben, Jesus bekannt zu machen. Manche von uns predigen Menschen, die zwar etwas über Jesus wissen, ihn jedoch nicht kennen, weil sie keine persönliche Beziehung zu ihm haben. Andere predigen weitaus mehr vor Menschen, die überhaupt keine Ahnung von Jesus haben. Hauptaufgabe ist, von Jesus zu berichten. Die besten Vorbilder dafür, Jesus Menschen zu verkündigen, die ihn nicht kennen, sind die vier „Evangelisten" (Evangelienverfasser) des Neuen Testaments.

Wir müssen im Sinn behalten, dass allein das Evangelium vom gekreuzigten und wieder auferweckten Jesus Menschen zur errettenden Erkenntnis dieses Jesus bringen kann. Das beinhaltet die Botschaft, dass die Erlösung ausschließlich durch Gnade und Glauben geschieht. Wir müssen auf die Wahrheit des Evangeliums achten, wozu uns Paulus in Galater 1,6-10 mahnt. Wir unterliegen stetig der Versuchung, das Evangelium von Jesus dadurch zu verderben, dass wir weit mehr betonen, was Menschen tun müssen, als dass wir von dem sprechen, was Gott durch Jesus für uns getan hat. Wir müssen die Grundlagen des Evangeliums predigen.

So grundlegend wie die Theologie für die Evangelisation ist, so lebensnotwendig ist die Evangelisation für die Theologie. Gottes Wahrheit erfordert sowohl Verkündigung als auch Studium. Beanspruchen wir Christen zu sein, so müssen wir uns um die Sache Christi kümmern. Napoleons Offiziere trugen in ihren Uniformjacken, dicht an ihren Herzen, Weltkarten. Welteroberung war ihre Aufgabe, weil es Napoleons Absicht war, die Welt zu erobern. Dafür kämpften sie, dafür opferten sie sich, litten und starben. Christliche Gelehrsamkeit ist dafür da, dem Volk Christi in der Welt zu dienen.[187]

Zweitens sprechen wir eine klare Einladung aus. Das ist die spezifische Aufgabe des Evangelisten: Er muss seine Zuhörer unmissverständlich einladen, ihnen zeigen, wie sie umkehren und sich Jesus Christus als ihrem Herrn und Erretter anvertrauen können. Der Evangelist muss vorgeben, wie seine Zuhörer auf die Verkündigung des Evangeliums reagieren können. Das kann auf vielfältigste Weise geschehen. Verschiedene Wege sind gut, weil wir es mit verschiedenen Menschen zu tun haben.

Von großer Bedeutung ist der Grund, warum jemand reagieren sollte. Jesus versprach seinen Jüngern: „Wer euch hört, hört mich" (Lk 10,16). Jesus identifiziert sich mit uns. Seine Worte vollbringen stets, was sie besagen. Er rief Lazarus zu, er solle aus dem Grab hervorkommen. Inwieweit kann ein Leichnam Entscheidungen treffen? Hat ein toter Mensch einen freien Willen? Hier ging es nicht um eine Freiheit, die Lazarus besaß oder nicht besaß, sondern um jene Freiheit, die Jesu

187 Robinson, Haddon W. „The Theologian and The Evangelist". *JEThS* 28/1, März 1985, S. 3-8.

Wort in ihm herstellte – diese Freiheit befähigte ihn aufzustehen und aus dem Grab hinauszugehen (s. Joh 11,1-44).

Es war die Kraft Jesu, die die Lahmen freisetzte, sie befähigte aufzustehen und zu gehen, sobald Jesus ihnen sagte, dass sie das tun sollten (s. Mt 15,30 f.). Eben dieselbe Kraft versetzte Levi in die Lage, seinen Zolleinnehmertisch und damit seine Existenz hinter sich zu lassen und Jesus nachzufolgen (s. Mk 2,14). Und dieselbe Kraft setzt auch heute Menschen frei, die die Einladung eines Evangelisten hören. Setzen Sie Ihr Vertrauen nicht auf Qualifikationen, die Menschen haben mögen oder auch nicht. Das könnte Sie verwirren. Sie könnten der Versuchung erliegen, psychologischen Druck auf die Zuhörerschaft auszuüben. Oder vielleicht wagen Sie es überhaupt nicht mehr, eine Einladung auszusprechen. Gott selbst ist es, der unsere Bereitwilligkeit und Fähigkeit hervorruft, seinen Willen zu tun, wie wir es in Philipper 2,13 sehen. Deshalb können wir Menschen aufrufen, auf die Einladung zu reagieren, die wir ihnen im Namen des Herrn Jesus Christus überbringen. Also:

- *Erstens* ist es notwendig, die Grundlagen des Evangeliums zu verkündigen.
- *Zweitens* müssen wir eine unmissverständliche Einladung aussprechen.
- *Drittens* müssen wir erklären, dass die Bekehrung der Anfang der Jüngerschaft ist.

Niemals dürfen wir vergessen, dass Bekehrung der Anfang eines Weges ist und nicht ein Ziel an sich. Es ergibt keinen Sinn, wenn man die Bedeutung einer Geburt überbetont, ohne klarzumachen, dass der Zweck einer Geburt das Leben ist, das mit ihr beginnt. Neugeburt ist der Ausgangspunkt einer Entwicklung, die nicht aufhört, bis wir den Herrn in seiner Herrlichkeit sehen.

Evangelisten müssen die spezielle Arbeit tun, die Jesus ihnen anvertraut hat. Deshalb dürfen sie nicht versuchen, Aufgaben und Verantwortungsbereiche an sich zu ziehen, die nicht die ihren sind. *Der Evangelist des 21. Jahrhunderts sollte einen sowohl evangelistischen als auch zurüstenden Dienst haben. Der Evangelist muss fähig sein, den Sünder auf Buße hin anzusprechen und den Gläubigen auf Erweckung hin. Die Stellung des Evangelisten ist unabdingbar zur Herstellung eines Brückenschlages zwischen den apostolischen und den prophetischen Diensten in der Kirche, und sie ist ein notwendiges Verbindungsstück zwischen Buße und Erweckung.*

Damit Evangelisten und Pastoren biblisch wirken können, müssen ihre Botschaft, ihre Motive und Methoden sowie ihre praktische

Dienstausübung mit den von Christus gegebenen Dienstfunktionen von Epheser 4,13-16 übereinstimmen. Diese Funktionen sind dazu gedacht, dass Gemeinden unterstützt werden, um zur vollen Wachstumsreife zu gelangen (V. 13), stabil zu werden (V. 14), die Wahrheit kommunizieren zu können (V. 15) und dienstfähig zu sein (V. 16). Innerkirchliche Diskussionen sollten sich nicht darum drehen, ob jemand nun eher ein Evangelist oder ein Erweckungsprediger ist. Wer im Reisedienst steht, sollte sich ermutigt sehen, seine neustestamentliche Stellung und Zweckbestimmung als Evangelist auszufüllen. Evangelisten spielen eine doppelte Rolle: Ihr Dienst ist auf Seelengewinnung und die Stärkung der Gläubigen ausgerichtet.

Evangelisten konzentrieren sich aufs Evangelisieren und auf Botschaften, die zum Glauben anspornen. Sie haben eine gottgegebene, einzigartige Leidenschaft für Menschen ohne Jesus. Manchmal sehen sie Dinge, die Pastoren nicht sehen – Menschen in Ihrer Gemeinde, die Sie womöglich übersehen oder vergessen haben. Sie hören einen Herzensschrei, den andere vielleicht in all ihrem Beschäftigtsein und im Gewirr der vielen anderen Stimmen ausgeblendet haben. Sie spüren negative Haltungen in Ihrer Gemeinde, mit denen Sie in Ihrer Erschöpfung vielleicht längst zu leben gelernt haben, und sie fordern Sie heraus, sich neu anspornen zu lassen und für den Glauben zu kämpfen, der in vielen Ihrer Gemeindeglieder nur noch lauwarm vorhanden sein dürfte.

Pionier-Evangelist (Apg 8)	pastoraler Evangelist (2. Tim 4,5)
übernatürliche Wunder (Vv. 5-8)	gründlich bewertendes Nachdenken (V. 5)
Arbeit mit der Schrift (Vv. 9-12)	unerschöpfliche Ausdauer (V. 5)
hingebungsvolle Bereitwilligkeit (Vv. 13-24)	unermüdliche Evangelisation (V. 5)
geistgeleitetes Zeugnis (Vv. 25-40)	totaler Einsatz (V. 5)
erreicht eine Stadt	**unterweist eine Gemeinde**

Checkliste für Pastoren zur Auswahl eines Evangelisten

1. *Welchen Zweck verfolgt die geplante Veranstaltung? Evangelisation (Apg 8)? Zurüstung (Eph 4,11-16)? Beides?*
2. *Wird der Evangelist den Zwecken dieser Aktion gerecht werden?*
3. *Ist der Evangelist als solider bibelfundierter Prediger bekannt (Apg 8,9-12; Eph 4,11 f.)?*
4. *Wird der Evangelist Gläubige zur Evangelisation unter den Verlorenen anleiten (Eph 4,11-16?)*
5. *Führt der Evangelist einen Lebenswandel, der ihn zum glaubhaften Botschafter des Christentums macht (Lk 10,1)?*
6. *Lebt der Evangelist im Glauben für alle finanziellen Bedürfnisse (Lk 10,4-8)?*
7. *Ist die Ortsgemeinde darauf eingestellt, die Reisekosten des Evangelisten zu decken und ihm ein angemessenes Honorar zu zahlen (Lk 10,7)?*
8. *Ist die Verkündigung des Evangelisten von übernatürlichen Zeichen begleitet (Lk 10,17 ff.; Apg 8,6 ff.)?*
9. *Ist der Reiseprediger anderen geistlichen Mitarbeitern gegenüber rechenschaftspflichtig (Lk 10,1; Apg 8,13-24)?*
10. *Nimmt der Evangelist Abstand davon, Sensationsmeldungen herauszugeben, um Menschenmengen anzuziehen (Apg 8,9-12)?*
11. *Ist der Evangelist geistgeleitet (Apg 8,26 ff.)?*
12. *Verhält sich der Evangelist in allen Bereichen seines Dienstes ethisch korrekt (Apg 8; Eph 4,14)?*
13. *Achtet der Evangelist Autorität (Lk 10,1; 18,19)?*
14. *Passt mein Dienst als Pastor mit dem Dienst des Evangelisten zusammen (2. Tim 4,5)?*
15. *Konzentriert der Evangelist sich darauf, Christus zu verherrlichen (Apg 8,12)?*
16. *Ist der Evangelist ein persönlicher Seelengewinner (Apg 8,26-40)?*[188]

Keine Kriterienliste gibt eine Garantie dafür, dass jemand ein wahrer Evangelist ist. Im Zuge einer verantwortungsvollen Beurteilung wird jedoch darauf zu achten sein, ob der Evangelist Folgendes tut:

188 Davis, James O. (Winter 1999): „The New Testament Evangelist & 21st Century Church". Enrichment Journal. Elektronische Ausgabe. (Zugriff: 14.06.2008)

1. die Grundwahrheiten über Christus weitergeben, die ein Mensch wissen muss, um sich zum Herrn wenden zu können;
2. zur persönlichen Antwort auf die Heilsvorsehung Christi herausfordern, also Menschen ermutigen, einen persönlichen Glaubensschritt zu tun;
3. in seinem ganzen Verhalten als verantwortlicher Botschafter Christi auftreten, der voll und ganz in das Leben des Leibes Jesu, also seiner Gemeinde, integriert ist.

Viele glauben, die Gaben eines Evangelisten und die eines Pastors schlössen sich gegenseitig so sehr aus, dass ein Evangelist nie zum erfolgreichen Pastor werden kann. Woher kommt diese Denkweise?

Zum Teil rührt sie aus diversen Mythen.[189] So halten sich hartnäckig die Ansichten, dass ein Evangelist als Pastor niemals sesshaft werde, er nie das Herz eines Pastors haben werde. Er habe nur drei Predigten, und die drehen sich alle ums Seelengewinnen. Auch könne er seinen Kassettenversand und seinen Postverteiler nicht aufgeben.

Dabei gibt es durchaus Vorteile bei der Wahl eines Evangelisten zum Pastor:

1. Er weiß um die Verantwortung fürs Wesentliche.
2. In seinem Dienst zeigt sich die Gabe der Evangelisation.
3. Er hat Zugang zu einem gewaltigen Netzwerk von Ressourcen und Ideen.
4. Menschenkenntnis ist lebensnotwendig für den Dienst als Evangelist.
5. Er hat Flexibilität gelernt, weil er sich an immer wieder andere gemeindliche Gewohnheiten anpassen musste.

189 Vergl. Garrison, Alton. (Winter 1999): „An Evangelist for our Pastor? Never!". Enrichment Journal. Elektronische Ausgabe. (Zugriff: 14.06.2008)

4 Der Pastor

Einführung in den pastoralen Dienst

In der heutigen Zeit besteht ein großes Bedürfnis, die Wichtigkeit neu zu betonen, die die Ortsgemeinde und der örtliche Pastor in Gottes Heilsplan haben. Ohne pastorale Leiterschaft würde das Werk der lokalen Gemeinde leiden und am Ende zweifellos eingehen. Und ohne Lokalgemeinden würde jeder andere Bereich der Reichsgottesarbeit letzten Endes unmöglich. So könnte etwa der Dienst der Gemeindegründung nicht weitergeführt werden; denn woher sollten wir Leitungskompetenz, Mitarbeiter und Geld für die Gründung neuer Gemeinden nehmen, wenn nicht von älteren, bereits bestehenden? Aus demselben Grund wäre Auslandsmission unmöglich. Woher sollten denn die Missionare und die finanziellen Mittel zu ihrem Unterhalt auf den Feldern der Arbeit kommen? Gewiss gäbe es weder Seminare noch christliche Hochschulen, hätten wir keine treuen Pastoren und Ortsgemeinden in aller Welt, die solche notwendigen Projekte unterstützen. Und dasselbe ließe sich von jedem Bereich kirchlicher Arbeit sagen. Ohne Seelengewinner kann man keine Seelen erretten. Und Seelengewinner gehen aus dem lehrenden und zurüstenden Dienst von Pastoren hervor. All das liegt in der Logik von Römer 10,14: „Wie aber sollen sie hören ohne einen Prediger?"

Wenn wir nun diese so wichtige Gabe betrachten, werden wir zunächst einmal vor dem allergrößten Problem stehen: nämlich dass wir allesamt meinen, wir wüssten doch längst, was ein Pastor ist. Die meisten von uns haben aus erster Hand Erfahrungen mit einem oder mehreren Pastoren gemacht, und unsere Sicht von dem, was die Bibel hierzu lehrt, ist von unseren Erfahrungen überformt. Doch auch an dieser Stelle müssen wir unsere vorgefassten Meinungen ablegen und sogfältig untersuchen, was das Neue Testament sagen will.

In diesem Kapitel mache ich zur Voraussetzung, dass die „Pastoren", von denen Epheser 4,11 spricht, anderswo im Neuen Testament „Älteste" oder „Aufseher" genannt werden, dass diese drei Begriffe also austauschbar sind.

Es ist allgemein anerkannt, dass die einzige praktische Leitlinie, die wir für die Rolle des Pastors besitzen, diejenige ist, die den Ältesten und Aufsehern mitgeteilt wird. Selbst wo also der biblische Text zwischen diesen drei Ausdrücken hin und her wechselt, gehen wir für den Moment davon aus, es gäbe keinen sachlichen Unterschied zwischen ihnen, nehmen also an, dass „Pastor", „Ältester" und „Aufseher" zurzeit der Abfassung des Neuen Testaments drei Ausdrücke für dieselbe Tätigkeit waren. Wie man diese Lehre heute in der Praxis umsetzt, muss jede Gemeindeleitung vor Ort für sich entscheiden.

Wir werden uns mit dem Thema befassen, indem wir folgende Bereiche untersuchen:

- pastoraler Dienst in der Geschichte;
- Hirten im Alten und Neuen Testament;
- die frühe Kirche;
- das pastorale Team im Neuen Testament und Pastoren heute.

Pastoraler Dienst in der Geschichte

Zwar entfaltet sich in der Geschichte nicht eine unveränderliche Tradition oder ein hermeneutisches Prinzip für das Verständnis des geistlichen Dienstes, aber „im Fluss der Zeit zeigen sich göttliche Souveränität und göttliches Vorwissen, und so enthält die Geschichte ein Stück allgemeiner, wenngleich nicht spezieller Offenbarung Gottes selbst“[190]. Die Untersuchung von Bemühungen, eher biblischen Dienstmustern als verbreiteten Traditionen und eingefahrenen Praktiken des geistlichen Dienstes zu folgen, kann für eine kommende Generation, die eben das will, einen hilfreichen Leitfaden ergeben. Solche historischen Untersuchungen führen zu wertvollen Erkenntnissen, indem sie Christen und Gemeinden befähigen, aus der Vergangenheit zu lernen. Die wahre Theologie des pastoralen Dienstes kann allein die Bibel vermitteln, doch das, was der Heilige Geist im Laufe der Jahrhunderte in den Herzen kirchlicher Leiter gewirkt hat, vermag diese Theologie und ihre praktische Umsetzung zu verfeinern.

Altes Testament

Eine Geschichte des pastoralen Dienstes muss im Alten Testament beginnen. Das Motto „der Herr ist mein Hirte“ (Ps 23,1) bringt die Hirtenrolle Gottes gegenüber seinem Volk auf den Punkt. Tidball bezeichnet dieses Bild als „das allem geistlichen Dienst zugrunde liegende Paradigma“ und weist darauf hin, es enthalte „Bezüge auf die Autorität und liebevolle Fürsorge, die speziellen Aufgaben des Pastors sowie den Mut und die Opferbereitschaft, die von ihm gefordert werden“[191].

190 M. Mueller, What Is History, unv. Vortragsms., The Master's Seminary, Sun Valley, CA 16.2.1989, S. 5.

191 D. T. Tidball, Skillful Shepherds: An Introduction to Pastoral Theology, Grand Rapids, MI 1986, S. 54.

Viele Bibeltexte – wie z. B. Genesis 49,24; Jesaja 53,6 sowie Ps 78,52 f.; 80,2 – tragen zur Entfaltung dieser Thematik bei. Häufig beschreibt das Alte Testament Israel als Schaf, das einen Hirten nötig hat (Ps 100,3; s. auch Ps 44,23; 119,176; Jer 23,1; 50,6).

In das Hirtenmotiv geht auch das Motiv der Liebe Gottes mit ein. So fließt das Alte Testament beispielsweise über von Bekundungen der Liebe Gottes zu seinem Volk. In Jesaja 43,4 f. schreibt der Prophet: „Weil du teuer bist in meinen Augen und wertvoll bist und ich dich lieb habe … Fürchte dich nicht, denn ich bin mit dir!“[192] Und an anderer Stelle wird hervorgehoben: „Ja, mit ewiger Liebe habe ich dich geliebt; darum habe ich dir meine Güte bewahrt“ (Jer 31,3).

Mit der Liebe Gottes hängt seine Züchtigung derer, die er liebt, zusammen (Spr 3,11), ebenso dass er diejenigen, die er liebt, rechenschaftspflichtig macht (Ps 11,7) und den Menschen gebietet, ihn wiederzulieben (Dtn 6,5). Ferner steht das tiefgründige Thema der Barmherzigkeit Gottes, d. h. seiner Loyalität in Liebe (Ps 62,13; Jes 54,10; 55,3)[193], im Zusammenhang mit der göttlichen Hirtensorge, ebenso wie Gottes Mitleid (Ps 145,9) und sein Wohlgefallen (2. Sam 22,20). Neben dem Beispiel Gottes selbst finden wir zahlreiche Vorbilder dienender Leiter wie Abraham, Joseph, Mose, Samuel und David, die die Treue Gottes vorlebten, indem sie glaubensvoll sein Werk verwirklichten (Hebr 11). Der göttliche Hirte höchstselbst erweist seine väterliche Fürsorge, Liebe, Barmherzigkeit, Züchtigung, sein Mitleid und sein Wohlgefallen seinem Volk, das er nur zu gern liebt und von dem er sich wünscht, dass es auch ihn liebe und ihn mit reinem Herzen fürchte. Von daher bildet das Alte Testament eine wichtige Grundlage zum Verständnis von Amt und Tätigkeit des Pastors.

Das Bild des Hirten demonstriert ebenso Gottes Autorität und Treue wie die Notwendigkeit, ihm zu gehorchen, und die daraus zu ziehenden Folgerungen.

Die biblische Zeit

Viele Forscher sagen, die Pastoraltheologie sei ein schwer zu umreißendes, komplexes und von daher sich einer raschen Definition ent-

192 Siehe L. Morris, Testaments of Love: A Study of Love in the Bible, Grand Rapids, MI 1981, S. 8-100; auch N. Snaith, The Distinctive Ideas of the Old Testament, New York 1964, S. 131-142.

193 Das hebräische נָבִיא wird sehr unterschiedlich übersetzt; gebräuchliche Synonyme sind: Barmherzigkeit, Liebe, loyale Liebe, unverbrüchliche Liebe, anhaltende Liebe, starke/treue Liebe, Herzensgüte (vgl. Morris, S. 66 f.). Die Liebe/Barmherzigkeit Gottes, in der er sich mit seinem Volk verbündet , um es zu lieben und an dieser Liebe festzuhalten, ist immer ein ergiebiges Thema, dessen Untersuchung wichtige Erkenntnisse für den wahren pastoralen Dienst liefert (s. N. Glueck, Hesed in the Bible, New York 1975; auch Snaith, S. 94-130).

ziehendes Gebiet. Wie Tidball sagt, „rührt diese Unbestimmbarkeit aus der Vielfalt von Benennungen her, die es in diesem Bereich gibt und die scheinbar ohne jede Verständigung über ihre genaue Bedeutung oder ihr Verhältnis zueinander gebraucht werden". Einen weiteren Grund sieht er darin, „dass von so vielen Unterdisziplinen der Praktischen Theologie so gesprochen wird, als handele es sich dabei um Pastoraltheologie"[194]. Ohne Zweifel hat die historische Entwicklung der Lehre von der Kirche im allgemeinen und der Praktischen Theologie im besonderen zu dieser Unbestimmtheit der Pastoraltheologie beigetragen, denn vom Anfang der Kirchengeschichte an gibt es in diesem Themenbereich ungeklärte Spannungen.[195]

Thomas C. Oden bemerkt bei der Darlegung seiner Definition von Pastoraltheologie: „Die Pastoraltheologie ist jener Zweig der christlichen Theologie, in dem es um das Amt, die Gaben und Tätigkeiten des Pastors geht. Als Theologie versucht die Pastoraltheologie sich Rechenschaft zu geben über jene Selbstoffenbarung Gottes, die die Schrift bezeugt und die Tradition vermittelt, über die die kritische Vernunft nachdenkt und die sich in persönlicher und sozialer Erfahrung konkretisiert."[196]

Quer durch die Geschichte geschah es immer dann, wenn das Gewicht von Tradition, kritischer Vernunft und Erfahrung in die Waagschale geworfen wurde, dass die Pastoraltheologie sich am ehesten von ihrer biblischen Verankerung löste. Natürlich wäre es abwegig zu sagen, man habe zu diesem Thema weder Traditionen noch kritische Gedanken. Um so unabdingbarer ist es, dass man das Studium wahrer Pastoraltheologie bei der Bibel beginnt, mit der Bibel durchführt und auch abschließt. Startpunkt ist die Untersuchung verschiedener Aspekte des biblischen Dienstes in der frühen Kirche, soweit er mit Amt und Tätigkeit des Pastors zu tun hatte. Eine kurze Zusammenfassung des biblischen Befundes kann als Grundlage dafür dienen, historische Bemühungen zur Wiederherstellung jener Art von geistlichem Dienst auszumachen.

Das neutestamentliche Amt des Hirten und Lehrers

Die neutestamentliche Offenbarung des Erzhirten Christus in all seiner Weisheit, Herrlichkeit, Macht und Niedrigkeit (Joh 10,11; 14,1; 1.

194 Tidball, S. 18.

195 Gut erkennbar werden die unterschiedlichen Sichtweisen z. B. in Berkhofs Ausarbeitung der Lehre von der Kirche (L. Berkhof, The History of Christian Doctrines, Edinburgh o. J., S. 227-241).

196 T. Oden, Pastoral Theology, New York 1983, S. 311.

Petr 5,4) baut auf das oben umrissene Fundament auf, welches das Alte Testament legt. Christus selbst ist zuallererst Lehrer. Er befiehlt seinen Jüngern, das Evangelium zu predigen und die Gläubigwerdenden zu lehren, alle Dinge zu bewahren (vgl. Mk 16,15; Mt 28,19). Persönlichkeit und Wirken des Erzhirten kulminieren in seinem Tod (d. h. im Blut des ewigen Bundes; Hebr 13,20; 1. Petr 2,25) und seiner Auferstehung. Der gute Hirte gab sein Leben für seine Schafe, die er zu sich ruft (Joh 10,11-16). Diese „Herausgerufenen" bilden seine Gemeinde. Christus als Haupt der Gemeinde führt (Eph 1,22; 5,23 ff.) und hütet sie, und er beruft Pastoren als „Unterhirten", die unter seiner Autorität amtieren und die Gemeinde beaufsichtigen (1. Petr 5,1-4).

Paulus redet von sich selbst in ein und demselben Vers als Prediger, Apostel und Lehrer der Nationen in Glauben und Wahrheit (vgl. 1. Tim 2,7; 2. Tim 1,11). Interessant ist es zu sehen, dass Paulus sich nirgendwo als Propheten qualifiziert, vielleicht deshalb, weil das apostolische Amt die spezielle Begabung eines Propheten mit umfasste. Wahrscheinlicher noch ist, dass dies deshalb unterblieb, weil der Herr ein spezielles prophetisches Amt eingerichtet hatte, dessen Funktion innerhalb der missionarischen Bewegung im Dienst des Hirten und Lehrers weiterlebte.

Auf Gottes Weise zu führen hat für unterschiedliche Menschen verschiedene Bedeutungen. Es herrschen diverse Meinungen darüber, inwieweit Gemeinde überhaupt Leiterschaft haben sollte und welche Rolle Laien dabei spielen sollten. Während die einen ein pastorenzentriertes institutionelles Leiterschaftsmodell bevorzugen, sehen die anderen den Pastor als „Spielertrainer", also als jemanden, der andere als Jünger ausbildet und zum Dienst ausrüstet, während er selbst im Team mit ihnen dient. Manche begreifen die Schafe (Gemeinde) als abhängig vom Hirten (Pastor). Der Hirte führt, tränkt, weidet und schützt die Herde. Er tut alles für die Schafe, also werden sie abhängig von ihm. Im Ergebnis finden die Schafe nur noch wenig Gelegenheit, ihre eigenen Leiterschaftsbegabungen zu entwickeln. Wo sie überhaupt leiten, da für gewöhnlich in den „weniger geistlichen" Bereichen der Gemeindearbeit.

Das pastorale Amt wird in der Schrift mit fünf verschiedenen Begriffen belegt:

- Ältester *(presbyteros)*,
- Bischof *(episkopos)*,
- Hirte *(poimen)*,
- Prediger *(keryx)*,
- Lehrer *(didaskalos)*.

Sowohl lehrmäßig (1. Kor 12) als auch durchs lebendige Beispiel zeigt das Neue Testament das Wesen der Kirche sowie all ihrer Glieder und Aktivitäten. Und es bietet auch klare Lehre über kirchliche Amtsträger und ihre Funktionen. Rolle und Pflichten des Pastors, wie das Neue Testament sie darstellt, sind die Grundlage jedes weiteren biblischen Dienstes.

Zu den o. g. fünf Begriffen ist Folgendes zu sagen:

1. Der *Ältesten*titel hebt Verwaltung und geistliche Wegführung der Gemeinde hervor (Apg 15,6; 1. Tim 5,17; Jak 5,14; 1. Petr 5,1-4).
2. Der *Bischofs-* oder Aufsehertitel betont Führung, Beaufsichtigung und Leiterschaft in der Gemeinde (Apg 20,28; Phil 1,1; 1. Tim 3,2-5; Tit 1,7).
3. Der *Hirten-* oder Pastorentitel benennt eine Funktion der Leiterschaft und Autorität (Apg 20,28-31; Eph 4,11) gleichwie der Führung und Vorsorge (1. Petr 2,25; 5,2 f.).
4. Der *Prediger* hat mit der öffentlichen Verkündigung des Evangeliums und der Unterweisung der Herde zu tun (Röm 10,14; 1. Tim 2,7; 2. Tim 1,11).
5. Der *Lehrer* schließlich trägt Verantwortung für die Weitergabe biblischer Inhalte sowie die Auslegung der Schrift. Seine Aufgabe hat sowohl unterweisenden (1. Tim 2,7) als auch zurechtweisenden (1. Kor 12,28 f.) Charakter.

Biblisch gesehen ist es ziemlich deutlich, dass diese fünf Titel sich auf ein und dasselbe pastorale Amt beziehen. Die Ausdrücke „Ältester" und „Bischof" werden Apostelgeschichte 20,17 und Titus 1,5 ff. synonym gebraucht. Dass Älteste Leitungsfunktionen ausübten, wird auch bei der Hirtenaktivität deutlich, die Jakobus 5,14 benennt. Wie Lightfoot unterstreicht, waren „Ältester" und „Bischof" in biblischen Zeiten synonyme Begriffe.[197] Erst mit dem Aufkommen der apostolischen Sukzession im zweiten Jahrhundert begannen Bischöfe die Plätze der Apostel einzunehmen und Ältestenkollegien vorzustehen.[198]

1. Timotheus 5,17 und Hebräer 13,7 verknüpfen die Begriffe „Lehrer" und „Prediger" miteinander. Epheser 4,11 verbindet die Hirten (Pastoren) mit den Lehrern, ebenso wie 1. Timotheus 5,17 und Hebrä-

197 J. B. Lightfoot, The Christian Ministry, in: ders., Saint Paul's Epistle to the Philippians, Grand Rapids, MI 1953², S. 196-201. Auch wenn Lightfoot selbst 1879 Bischof von Durham wurde und der anglikanischen Tradition sehr stark verhaftet blieb, ist sein Werk doch immer noch maßgebend für das Verständnis des kirchlichen Dienstes in der Frühzeit sowie der Weiterungen, die das geistliche Amt im Laufe der Kirchengeschichte erfuhr.

198 Ebd. S. 95-99.193-196. Sowohl der biblische als auch der frühe patristische Befund stützen diese Erkenntnis (s. J. Gill, Body of Divinity, Atlanta, GA 1965², S. 863 f.; A. E. Harvey, Elders, Journal of Theological Studies ns 25, 1974, S. 326).

er 13,7. Aus diesen beiden letztgenannten Texten lassen sich exegetisch keine Gründe ableiten, den Dienst des Leitens von dem des Lehrens zu trennen.[199] Daraus ist zu schlussfolgern, dass die pastorale Leiterschaft in der Kirche Predigt, Lehre, Aufsicht und Hirtendienst beinhaltete. Die Parität der Titel deutet auf eine einzige Dienstrolle, die des Pastors, hin.

Über die fünf Grundbegriffe hinaus haben wir eine Reihe von Ausdrücken, die den Dienst des Pastors in der Bibel besser ausleuchten helfen:

Vorsteher	1. Thess 5,12; 1. Tim 3,4 f.; 5,17
Botschafter	2. Kor 5,20
Diener	1. Kor 4,1; 2. Kor 4,5
Beschützer	Phil 1,7
Verwalter	1. Kor 4,1
Vorbild	1. Tim 4,12; 1. Petr 5,3
Der Pastor predigt	1. Kor 1,17
nährt	1. Petr 5,2
baut die Gemeinde auf	Eph 4,12
auferbaut	2. Kor 13,10
betet	Kol 1,9
wacht über die Seelen	Hebr 13,17
kämpft	1. Tim 1,18
überzeugt	Tit 1,9
tröstet	2. Kor 1,4 ff.
schilt	Tit 1,13
warnt	Apg 20,31
weist zurecht	2. Thess 3,15
mahnt	Tit 1,9; 2,15

Die im Blick auf den geistlichen Dienst vielleicht aussagekräftigsten Schriften des Neuen Testaments sind der 1. und 2. Thessalonicherbrief. Eine sorgsame Untersuchung dieser pastoralen Episteln führt zu einer grundlegenden Definition geistlichen Dienstes, derzufolge unter den wesentlichen Tätigkeiten eines Pastors die oben gelisteten aufzuführen sind.[200]

199 Siehe Lightfoot, S. 195.

200 Vgl. J. F. MacArthur, Jr./R. Mayhue/R. L. Thomas, Rediscovering Pastoral Ministry: Shaping Contemporary Ministry with Biblical Mandates. CD-ROM, Dallas, TX 1995.

Im Laufe der Zeit jedoch trat eine komplexere, umfänglichere Kirchenlehre an die Stelle jener frühkirchlichen Schlichtheit – eine Entwicklung mit unmittelbarer Auswirkung auf den pastoralen Dienst, ging doch damit eine parallele Veränderung des Schwerpunkts und der Komplexitität der Pastorenrolle einher. Im verbleibenden Rest dieses Kapitels wollen wir uns wesentliche Beispiele dafür vor Augen führen, wie im Verlauf der Kirchengeschichte versucht worden ist, zum pastoralen Dienstverständnis der Kirche des ersten Jahrhunderts zurückzukehren.

Aufseher

Das andere neutestamentliche Wort, das zuweilen anstelle von „Pastor" gebraucht wird, ist „Aufseher" (gr. *episkopos*). Manche älteren Bibelübersetzungen haben statt „Aufseher" „Bischof" (z. B. in 1. Tim 3,1).

Die Tatsache jedoch, dass sich unser deutsches Wort „Bischof" vom griechischen *episkopos* ableitet, besagt nicht im Geringsten, dass neutestamentliche Aufseher das waren, was in manchen kirchlichen Prägungen heute die Bischöfe sind. Das Wort bezeichnet schlicht jemanden, der Aufsicht führt oder über etwas wacht, am ehesten im Sinne unseres heutigen Begriffs „Supervision" (der buchstäblich dasselbe bedeutet). Wie wir bereits sahen, waren diese Leute dafür zuständig, Gottes Herde zu überwachen und zu hüten (Apg 20,28; 1. Petr 5,1-4). Sie waren also die Pastoren der Gemeinden.

Prinzipien, die der Dienst des Apollos zeigt

Aus dem Dienst des Apollos lassen sich verschiedene Prinzipien ableiten:

1. Er war ein reisender Diener am Wort Gottes, ein Hirte und Lehrer ohne Bindung an eine bestimmte Ortsgemeinde.
2. Er war ein Hirte und Lehrer, ein Missionar des Wortes Gottes, dessen Dienst sich eher an Gläubige und junge Gemeinden richtete, als in evangelistischer Manier an die Welt. Er kräftigte und bewässerte das, was andere gepflanzt hatten.
3. Er vermochte seinen Dienst dem Rahmen einzupassen, den die Pionierevangelisten gesetzt hatten. Er ergänzte also beträchtlich deren Dienste und bereicherte die Gemeinden, ohne vorausgegangene Dienste schlechtzumachen oder begonnene Entwicklungen abzubrechen.

Der Dienst des Hirten und Lehrers ergänzt den des Evangelisten. Während Letzterer hauptsächlich außerhalb der Gemeinde arbeitet, indem er evangelisiert und neue Gemeinden pflanzt, nährt und gründet der Hirte und Lehrer die Gemeinde in Glauben und Leben. Mithin führt er den Dienst des Evangelisten fort, und zwar in einer Weise, die den Dienst der lokalen Amtsträger, also der Bischöfe und Presbyter, vervollständigt.

Der fortdauernde Dienst der Lehre als Handreichung an der Universalkirche lässt sich geschichtlich gut belegen. Adolf von Harnack präsentiert das einschlägige Material aus den apostolischen Vätern und weiteren Väterschriften. Seine Ergebnisse sind wie folgt zusammenzufassen: Eine frühe Quelle der Apostelgeschichte, Paulus, Hermas und der Verfasser der Didache bezeugen einmütig die Tatsache, dass in den frühesten Christengemeinden diejenigen, „die das Wort Gottes redeten", den höchsten Rang einnahmen und dass diese Verkündiger sich unterteilten in Apostel, Propheten und Lehrer. Die Quellen belegen auch, dass diese Apostel, Propheten und Lehrer nicht als Amtsträger einer einzelnen Gemeinschaft galten, sondern als von Gott ernannte Prediger verehrt wurden, deren Dienst sich an die Kirche als Ganze richtete. Durch diese Gegebenheit besaß das Christentum bei all seinen zerstreuten Fragmenten einen gewissen Zusammenhalt und ein Band der Einheit, welche häufig unterschätzt worden sind. Diese Apostel und Propheten wanderten von Ort zu Ort und wurden von jeder einzelnen Gemeinde mit allerhöchstem Respekt empfangen. Dadurch lässt sich erklären, wie die kirchliche Entwicklung in verschiedenen Provinzen und unter äußerst disparaten Umständen doch in einem hohen Maß von Homogenität vonstattengehen konnte.[201]

Hirte und Lehrer (Eph 4,11)

Die Formulierung in Epheser 4,11 zeigt eine einzige Gabe, nicht zwei. Das Wort „Pastor" (griech. *poimen*) bedeutet wörtlich „Hirte" und wird im Neuen Testament nur hier mit Bezug auf eine Dienstgabe benutzt. Allerdings wird es auch für Christus gebraucht, der der gute Hirte ist (Joh 10,11.14.16; Hebr 13,20; 1. Petr 2,25). Es bezeichnet den geistlichen Hirtendienst desjenigen, der Hirte und Lehrer ist. Die Arbeit eines Pastors ist ohne Weiteres mit der eines Hirten vergleichbar: Es geht um die Fürsorge für die Schafe. „Als Pastor sorgt er für die Herde. Er führt, wacht und schützt, und er treibt Vorsorge für die, die unter seiner Aufsicht stehen."[202] Ein Beispiel dafür findet sich in Apostelgeschichte 20,28, wo Paulus die ephesischen Ältesten ermahnt, „die

201 Harnack, Adolf von (1924):. *Die Mission und Ausbreitung des Christentums in den ersten drei Jahrhunderten*. 4. Aufl. Leipzig, 1924.

202 J. D. Pentecost, The Divine Comforter: The Person and Work of the Holy Spirit, Grand Rapids, MI 1998, S. 173.

Gemeinde Gottes zu hüten". Das soll freiwillig geschehen, nicht aus materiellen Interessen oder um die Gläubigen zu beherrschen, sondern indem die Ältesten ein Beispiel der Demut geben (1. Petr 5,2-5).

Diese Gabe umfasst einen zweiten Aspekt, bei dem es um die Fähigkeit zu lehren geht. Manchmal hört man über einen Gemeindepastor sagen: „Lehren kann er nicht besonders gut, aber er ist ein feiner Pastor." Das kann nun allerdings nicht sein. Hat jemand diese Gabe, so ist er sowohl Hirte als auch Lehrer. „Beim Lehrdienst liegt die Betonung auf der Methode, nach der der Hirte seine Arbeit durchführt. Er führt, wacht und schützt durch Lehren."[203]

Das ist wichtig für die Reife der Gläubigen in einer Ortsgemeinde. Mit Nachdruck ermahnte Paulus den Timotheus, in Treue das Wort zu lehren (1. Tim 1,3.5; 4,11; 6,2.17).

Es gibt verschiedene verwandte Begriffe. „Ältester" (Tit 1,5) betont die Würde des Amtes; „Aufseher" bezeichnet die Funktion oder Arbeit des Ältesten (1. Tim 3,2), nämlich die Tätigkeit des Hütens der Schafe; „Pastor" hebt die Gabe hervor und betont gleichfalls die Arbeit als Hirte und Lehrer. C. Peter Wagner schreibt: „Manche Leiter betonen das Lehrelement so nachdrücklich, dass sie sie in ihrer Gedankenführung sogar noch einen Schritt weiter gehen. Sie behaupten, in Epheser 4,11 seien unter ‚Hirten und Lehrer' nicht zwei separate Ämter zu verstehen, sondern beide Titel seien zu kombinieren zu einem zusammengehörigen pastoralen Lehramt. Ich teile diese Schlussfolgerung nicht."[204] Derselben Meinung ist der Forscher George Barra: „Solange die Kirche darauf besteht, dass ihre Leiter Lehrer sein sollten, wird sie sich abstrampeln. Das Finden, Entwickeln, Aufstellen und Unterstützen begabter Leiter wird Vision, Energie und Wirksamkeit der Kirche erneuern."[205] Neue apostolische Gemeinden haben typischerweise Pastoren, die in erster Linie Leiter sind, von denen die meisten aber auch gut lehren. Diese Unterscheidung ist sehr bedeutend.

Die Alte Kirche (70 bis 476)

Wie wir oben sahen, lässt sich das biblische Muster für den pastoralen Dienst aus beiden biblischen Testamenten ablesen. Abweichungen von diesem Muster schlichen sich während des zweiten Jahrhunderts in die Kirche ein und dauerten mit zunehmendem Gewicht bis ins Mit-

203 Ebd.

204 C. Peter Wagner, The Apostles Prophets: The Foundation of the Church, Ventura, CA o. J., S. 11.

205 G. Barra, The Second Coming of the Church, Enrichment Winter 2000, S. 18.

telalter an. Nichtsdestoweniger gab es einige wenige Getreue, die am biblischen Muster festhielten. Dazu gehörten in der Alten Kirche Chrysostomos und Augustin, im Mittelalter Paulicianer, Waldenser und Männer wie Wyclif und Hus. In der Reformationszeit kam es dank der obrigkeitlichen Reformation Luthers und Calvins sowie der Täuferreformation auf breiterer Front zu einer Rückkehr zum biblischen Muster. In der Neuzeit waren es puritanische Führer wie Baxter, Perkins und Edwards, die Vorreiter einer Rückwendung zu biblischen Prinzipien des pastoralen Dienstes waren. Für das 19. Jahrhundert wären Bridges, Morgan und Spurgeon als biblisch arbeitende Geistliche zu nennen. Auch für das späte 20. Jahrhundert gibt es einschlägige Namen wie David M. Lloyd-Jones, J. E. Adams und J. MacArthur, Jr.

Pflicht und Vorrecht pastoralen Dienstes haben zur Herausbildung des Faches Pastoraltheologie innerhalb des weiteren Rahmens der Praktischen Theologie geführt.[206] Und sie haben eine lange Reihe von Persönlichkeiten hervorgebracht, die durch ihren Gehorsam gegen Gottes Ruf, treue Pastoren und Geistliche der Kirche zu sein, die Seiten der Kirchengeschichtsschreibung gefüllt haben. Traurigerweise haben Traditionen[207], die nicht den eng gefassten Standards der Bibel entsprachen, viel von dem, was man geistlichen Dienst nennt, verfälschen und mit fremden Elementen anreichern können.

Verschafft man sich einen Überblick über die Geschichte des geistlichen Dienstes, so begegnet man einer Überfülle von Denkweisen und vielfach einander widerstreitenden Traditionen, wenngleich alle Traditionen für sich beanspruchen, aus den Gegebenheiten des apostolischen Zeitalters hervorgegangen zu sein. In jeder Generation hat es Menschen gegeben, die danach gestrebt haben, zu den Grundlagen des ursprünglichen geistlichen Dienstes zurückzukehren. Dieses Streben nach der wahren oder „urchristlichen" Kirche hat Littell und andere

206 T. C. Oden schreibt dazu: „Die Pastoraltheologie ist eine spezielle Spielart der Praktischen Theologie, konzentriert sie sich doch auf die Praxis des geistlichen Dienstes, wobei sie ihre Aufmerksamkeit besonders der systematischen Definition des pastoralen Amtes und seiner Funktion widmet" (T. C. Oden, Pastoral Theology: Essentials of Ministry, San Francisco 1983, S. X).

207 In der frühen Kirchengeschichte verstanden Christen die Tradition als „Offenbarung vonseiten Gottes, die er seinen Getreuen durch den Mund seiner Propheten und Apostel hat zukommen lassen". Sie war etwas Anvertrautes, nicht etwas als Erbe Übriggebliebenes, und stand von daher im Einklang mit der göttlichen Offenbarung. Seit dem Ende der Alten Kirche bedeutet Tradition „den anhaltenden Strom der Auslegung und Erhellung des ursprünglichen Glaubens, der Selbstdarstellung und Selbstverständnis des Christentums vergangener Zeiten sichtbar macht. Tradition ist also die angesammelte Weisheit der Vergangenheit" (F. L. Cross/E. A. Livingstone [eds.], The Oxford Dictionary of the Christian Church, Oxford 1983^2, s. v. *Tradition*, Sp. 1388). Das spätere Verständnis von Tradition hat vielerlei Abweichungen vom schlichten, ursprünglichen, biblischen Verständnis des geistlichen Dienstes Raum gegeben.

von der „Gemeinde der Gläubigen" sprechen lassen[208], verstanden als eine Kirche von Menschen verschiedenen Alters und unterschiedlicher Herkunft, die gemeinsamen Prinzipien der Verbindlichkeit gegenüber der apostolischen Wahrheit folgten, also von Gläubigen, die „eine ‚wahre Kirche' nach apostolischem Muster, wie sie es verstanden, sammelten und heranzogen"[209]. Wahrheit war für diese Menschen ein stets zu erstrebendes Ziel und nicht ein geschlossenes Buch in sektiererischem Sinne. Ihnen ging es um Gemeinschaft mit allen, die den Namen Jesu trugen und in einem Bund des guten Gewissens mit Gott lebten.

Von Anbeginn an hat die christliche Kirche in ihrem Wandel vom spontanen lebenden Organismus zu einer eher festgefügten Organisation eine Entwicklung vom Einfachen zum Komplexen durchlaufen.[210] Zu dieser der Kirche immer drohenden Institutionalisierung kam es gleichzeitig in der zweiten Generation weit voneinander entfernter Gemeinden. Das lebhafteste Beispiel dafür bietet die Kirche des zweiten Jahrhunderts, in der sich starke ekklesiale Traditionen[211] entwickelten, indem man die Bischöfe zunehmend als Nachfolger der Apostel begriff.[212]

---

208 F. H. Littell, The Concept of the Believers' Church, in: J. L. Garrett, Jr. (ed.), The Concept of the Believers' Church, Scottdale, PA 1969, S. 27-32. Littell arbeitet mindestens sechs Grundprinzipien oder Kennzeichen der „Gemeinde der Gläubigen" heraus, die allgemeinen Themen in verschiedenen Kirchen entsprechen, und zwar:

1. Die Gemeinde der Gläubigen, wenngleich ihrer äußeren Gestalt nach von freiwilligen Mitgliedern gebildet, ist Kirche Christi und nicht Kirche der Mitglieder.
2. Die Mitgliedschaft in der Gemeinde der Gläubigen ist freiwillig, sie kann nur durch eigenen Willensentschluss erlangt werden.
3. Grundlegend ist das Prinzip der Absonderung von der Welt, sooft es auch missverstanden worden ist.
4. Mission und Zeugnis sind Schlüsselelemente der Gemeinde der Gläubigen; daran nehmen alle Mitglieder teil.
5. Innere Integrität und Gemeindezucht werden betont.
6. Man strebt nach einem angemessenen Verhältnis zwischen Weltlichem und Heiligem. Abgelehnt wird das Konzept einer Staatskirche, in dem es der Regierung zukommt, jedwede Ideologie und alles Denken zu kontrollieren, wodurch die Freiheit des Menschen eingeschränkt wird.

209 Ders., The Origins of Sectarian Protestantism, New York 1964, S. XVII.

210 Siehe W. A. Clebsch/C. R. Jaekle, Pastoral Care in Historical Perspective, New York 1967, S. 11-31; vgl. auch C. A. Volz, The Pastoral Office in the Early Church, Word and World 9, 1989, S. 359-366; T. D. Price, The Emergence of the Christian Ministry, Review and Expositor 46, 1949, S. 216-238; B. H. Streeter, The Primitive Church, New York 1929; T. W. Manson, The Church's Ministry, Philadelphia, PA 1948.

211 Siehe H. Frhr. v. Campenhausen, Kirchliches Amt und geistliche Vollmacht in den ersten drei Jahrhunderten (BHTh 14), Tübingen 1953. Campenhausen beschreibt diesen Prozess dahingehend, dass die apostolische und traditionelle Lehre „mehr und mehr historisches, rechtliches und dogmatisches Material in sich aufnahm".

212 Die Hierarchie Bischof – Presbyter – Diakone wurde als „dreifältiger Dienst" bekannt. Im Ergebnis der Lehre von der „apostolischen Sukzession" bildeten diese Autoritätsebenen die tragende Struktur für das Papsttum (s. D. G. Dix, The Ministry in the Early Church, in: K. E. Kirk [ed.], The Apostolic Ministry, London 1946, S. 183-304; bes. 186-191).

Dieser Trend hielt bis ins vierte Jahrhundert an und führte die Kirche zunehmend in eine Ära der „Spekulation über das Gesetz und Lehre über die Kirche“ hinein[213]. Aufkommen und Ausbreitung des Klerikalismus mit seiner Erhebung der Amtsträger in den Status von Priestern machten den Geistlichen dann vollends zu einem Werkzeug der rettenden Gnade Gottes, welches im Zusammenwirken mit Gott die Rettung von Menschen bewerkstelligte.[214] Diese Entwicklung des dreifältigen Amtes der Bischöfe, Ältesten und Diakone stellte eine gravierende Abweichung vom schlichten neutestamentlichen Dienstmodell dar.

Im Gegensatz zu dieser generellen Tendenz standen während dieser Zeit einige starke Fürsprecher des biblischen Dienstmodells. So schrieb Polykarp um 70 bis 75 n. Chr.:

> *Auch die Presbyter (sollen) barmherzig (sein), mitleidig gegen alle, das Verirrte zurückholen, nach allen Kranken sehen und nicht die Witwe, die Waise oder den Armen vernachlässigen, sondern stets Sorge tragen für das, was vor Gott und Menschen gut ist. … So wollen wir ihm nun dienen mit Furcht und aller Scheu, wie er es befohlen hat sowie die Apostel, die uns das Evangelium verkündigt, und die Propheten, die das Kommen unseres Herrn im Voraus gepredigt haben.*[215]

Hier spricht ein Geist des demütigen, liebenden Dienstes, der keine Rücksicht auf ein hierarchisches Verhältnis von Bischöfen und Ältesten erkennen lässt. Ein ähnlicher Ton findet sich bei Clemens von Alexandrien (ca. 155 bis 220), der betont, Geistliche seien solche, die erwählt seien, dem Herrn zu dienen, ihre Leidenschaften im Zaum hätten, Übergeordneten gehorchten und die Schafe als Hirten lehrten und versorgten.[216] Für ihn widerspiegelten Bischöfe, Presbyter und Diakone die Herrlichkeit der Engel und haben die Verheißung derer, die den Fußstapfen der Apostel folgen, welche in vollkommener Rechtschaffenheit dem Evangelium gemäß wandelten.[217] Ähnlich beschrieb sein Schüler Origenes (ca. 185 bis 254) denjenigen, der Christus und

---

213 Ebd. S. 177. Siehe auch F. J. A. Hort, The Christian Ecclesia, London 1914, S. 224.

214 Siehe B. B. Warfield, The Plan of Salvation, Grand Rapids, MI 1955, S. 52-68.

215 Polyk 6,1.3; zit. n.: A. Lindemann/H. Paulsen (Hrsg.), Die Apostolischen Väter. Griechisch-deutsche Parallelausgabe auf der Grundlage der Ausgaben von F. X. Funk/K. Bihlmeyer und M. Whittaker mit Übersetzungen von M. Dibelius und D.-A. Koch, Tübingen 1992, S. 249.251.

216 Clemens Alex., Strom. 6,13; 7,7.

217 Siehe ebd. 6,13. Obwohl Clemens das dreifältige Amt erwähnt, betont er es doch nicht und spricht auch nicht dem Bischof besondere Autorität zu.

sein Haus, die Kirche, repräsentiert und andere in diesen Wahrheiten unterweist.[218] Im scharfen Gegensatz dazu steht die Position Cyprians (ca. 200 bis 258), des bekannten Bischofs von Karthago, der seine pastoraltheologische Erörterung offenbar darauf beschränkte, den Bischof auf die Ebene des Apostels zu erheben.[219]

Die einflussreiche Feder von Johannes Chrysostomos (ca. 347 bis 407) trug nachhaltig zum frühkirchlichen Verständnis der Stellung des Pastors bei.[220] Sowohl in seinen Kommentaren zu den Pastoralbriefen als auch in seinen Abhandlungen entfaltete Chrysostomos Rolle und Funktion des Pastors und traf dabei sehr bibelgetreue Feststellungen zum Wesen des geistlichen Dienstes:

> *Wenn wir fehlgegangen sind, ist uns bloß eine einzige Methode, ein einziger Weg der Heilung angewiesen, und das ist die machtvolle Anwendung des Wortes Gottes. Dies ist das eine Werkzeug, die allerbeste Luft. Dies genügt als ärztliche Kunst, als Brennen und Schneiden, und sollte es nötig sein auszubrennen und abzuschneiden, so ist dies das Mittel, das wir anwenden müssen, und hilft dieses nichts, so ist alles andere vergeudet: Hiermit erwecken wir zum einen die Seele, die schläft, und dämpfen zum anderen diejenige, die entflammt ist; hiermit schneiden wir Wucherungen ab, füllen Mängel aus und vollführen auch sonst jedweden Eingriff, der zum Wohlergehen der Seele erforderlich ist.*[221]

Hinzu rechnet Chrysostomos die Notwendigkeit vorbildhaften Lebens mit dem Anspruch, dass das Wort Christi reichlich in den Menschen wohne.[222] Seine Einlassungen sind herzerwärmend, stellen sie doch die wohl nützlichste Abhandlung zum pastoralen Dienst aus dieser Zeit dar, aber sie zeigen auch erste Merkmale des monastischen Würgegriffs, der sich rasch um die Amtskirche seiner Zeit legte.[223] Das mönchische Verständnis des Hirtendienstes sollte sich alsbald schwerwiegend auf die kirchliche Leiterschaft auswirken.

Ein weiterer wichtiger Vertreter dieser Epoche ist Augustin von Hippo (354 bis 430). Wenngleich meist als Theologe und Prediger be-

---

218 Or.Cels. 5,33.

219 Cyp.ep. 68,8.

220 Chrys., De Sacerdotio 9,25-83.

221 Ebd. 64.

222 Ebd. 64 f. Vgl. die ausgezeichnete Schilderung Chrysostomos' bei Tidball, S. 154-163.

223 Vgl. Chrysostomos' Bemerkungen über die Abgeschiedenheit, ebd. 74 bis 77. Das Mönchtum hatte unmittelbar vor den Lebzeiten des Chrysostomos bei Antonius von Ägypten seinen Ausgang genommen.

kannt, widmete Augustin sein Leben doch dem pastoralen Dienst. Kurz nach seiner Ordination schrieb er an seinen Vorgesetzten Valerius:

> *Erstens und zuvörderst bitte ich Eure weise Heiligkeit zu bedenken, dass es in diesem Leben und vor allem in unseren eigenen Tagen nichts gibt, was einem Manne leichter fiele, vergnüglicher und annehmlicher wäre als das Amt eines Bischofs, Priesters oder Diakons, sofern er sich der damit verbundenen Pflichten mechanisch schmeichlerisch entledigt; aber es gibt auch nichts Wertloseres, Kläglicheres und aus Gottes Sicht Strafwürdigeres – und dass es andererseits nichts in diesem Leben und vor allem in unseren eigenen Tagen gibt, das schwieriger, anstrengender und gewagter wäre als das Amt eines Bischofs, Priesters oder Diakons; aber auch nichts, das aus Gottes Sicht gesegneter wäre, sofern unser Dienen in Übereinstimmung mit den Befehlen unseres Hauptmannes erfolgt.*[224]

Der Dienst des Augustin umfasste eine Reihe wohl artikulierter biblischer Funktionen, so die des Apologeten, Administrators, Seelsorgers, Predigers und Lehrers, Richters und geistlichen Führers.[225] Es gereicht ihm sehr zur Ehre, dass er beträchtliche Zeit und Kraft in den persönlichen biblischen Dienst steckte. Auch als Herzstück seines Buches „Der Gottesstaat" scheinen pastorale Interaktion und pastoraler Dienst auf, wo er sich mit denen beschäftigt, die den Gottesstaat durch einen irdischen ersetzen wollen.[226] Zugleich aber führte Augustin den verderblichen Einfluss des Mönchtums – männlich wie weiblich – in die Kirche ein, indem er den Grund für die Augustinische Regel legte.

Die Zeit des Mittelalters (476 bis 1500)

Das Hauptbauelement der westlichen Kirche des Mittelalters bestand in der Autorität ihres zölibatären Klerus. Viele kirchliche Führer hatten sich ins asketische Mönchsleben zurückgezogen, um der Weltlichkeit der Christenheit ihrer Zeit zu entfliehen. Die Spitze des Autoritätsgefüges befand sich seit dem ersten Papst, Gregor dem Großen (540 bis 604, Papst seit 590), in Rom.

---

224 Aug.ep. 21,1.

225 Siehe J. B. Bernardin, St. Augustine the Pastor, in: R. W. Battenhouse (ed.), A Companion to the Study of St. Augustine, New York/Oxford 1955, S. 57-89.

226 Aug.civ.; deutsche Ausgabe: Aurelius Augustinus, Vom Gottesstaat (De civitate dei). Ed. C. Andresen. 2 Bde., München 1985².

In seinem Buch „Regula pastoralis" erörtert Gregor vielerlei Gegenstände, darunter die Qualifikationen und Pflichten der Geistlichen, und listet dreißig Kategorien von Kirchengliedern auf, denen er jeweils bestimmte paränetische Anweisungen erteilt. Er handelt von den Armen, Trauernden, Törichten, Kranken, Hochmütigen, Wankelmütigen und vielen anderen. Dieses Monumentalwerk wurde zum Lehrbuch der mittalterlichen Pastoraltheologie[227], auch wenn Gregors eigenes Hauptaugenmerk sich auf die politischen Interessen des Papsttums richtete, sodass er die Seelen der Menschen zugunsten seiner Besitzungen vernachlässigte.[228]

In dem Jahrtausend zwischen dem Nicänum und John Wyclif fand geistlicher Dienst eher der Amtskirche zum Trotz als durch sie gefördert statt.

Sogar noch mehr als in der Zeit der Alten Kirche geschah geistlicher Dienst in den Kreisen kirchlicher Dissidenten, die gemeinhin als Häretiker betrachtet wurden und werden.[229] Gruppen wie die Paulicianer (ca. 625), Katharer (ca. 1050), Albigenser (1140) und Waldenser (1180) zeigten eine unbändige Leidenschaft für eine reine Kirche mit bibelorientiertem Dienst. Wie Bainton sagt, waren diese Gruppen „mit großer Bestimmtheit keine Häretiker, sondern lediglich Schismatiker, und Schismatiker waren sie auch nur, weil man sie gegen ihren Willen ausschied"[230]. Im paulicianischen Handbuch „Der Schlüssel der Wahrheit" ist die Rede von einer schlichten, auf „Buße und Glauben" aufbauenden Kirche, für die es darauf ankommt, das umzusetzen, was man vom Herrn über die Kirche gelernt habe. Leiter der Kirche waren „gute Hirten", zu deren Aufgaben das Vorstehen, Hüten, Predigen, Sorgen und die Verwaltung der Sakramente gehörten.[231]

Die vielleicht größten Stimmen, die sich für einen bibelorientierten geistlichen Dienst stark machten, waren die der vorreformatorischen Reformer. Diese riefen nach wahrem biblischen Dienst in einer Zeit, in der Männer für solche Überzeugungen nur allzu oft mit ihrem Leben einstehen mussten.

227 Vgl. R. H. Bainton, The Ministry in the Middle Ages, in: R. Niebuhr/D. D. Williams (eds.), The Ministry in Historical Perspectives, New York 1956, S. 98.

228 Ebd. S. 86.

229 Man beachte, wie leicht der Ausdruck „Häretiker" selbst evangelikalen Historikern aus der Feder fließt: s. z. B. J. D. Douglas, The New International Dictionary of the Christian Church, Grand Rapids, MI 1978². Wenn jemand als Häretiker etikettiert wird, muss man immer nach dem Blickwinkel dessen fragen, der so spricht.

230 Bainton, a. a. O. S. 108.

231 Vgl. F. C. Conybeare (ed.), The Key of Truth, a Manual of the Paulician Church of Armenia, Oxford 1989, S. 76f.106-111.

John Wyclif (1324 bis 1384), der führende Oxforder Gelehrte seiner Zeit, äußerte sich zum Thema des bibelgemäßen geistlichen Dienstes sehr klar in seinen 43 Thesen.[232] Seine Schriften „reduzieren die Aufgabe des Predigers auf die Auslegung der Bibel" und stellen fest, die Priester sollten „ihrer vornehmsten Aufgabe, nämlich der pastoralen Fürsorge, nachgehen. Sie sollten sich nicht hinter Klostermauern versteckt halten".[233] Die eindrücklichsten Aussagen trifft er in seinem Buch über das pastorale Amt, wo es heißt:

> *Zum Stand des geistlichen Hirten gehören zwei Dinge: die Heiligkeit des Hirten und die Gesundheit seiner Lehre. Er muss heilig sein, in jeder Art von Tugend so stark, dass er eher jedwedem menschlichen Verkehr und all den zeitlichen Dingen dieser Welt, ja selbst dem sterblichen Leben an sich, entflöhe, als dass er sündhafterweise von der Wahrheit Christi abwiche. ... Zweitens muss er vor seinen Schäflein mit rechtweisender Lehre glänzen."*[234]

Johannes Hus (1373 bis 1415) machte sich Wyclifs nachdrückliche Betonung des bibelgemäßen Dienstes zu eigen, indem er nach der Reinheit von Kirche und Dienst rief. In seinen Schriften findet man viele Beispiele seiner Lehre. So sagte er: „Die Kirche strahlt in ihren Mauern, aber sie darbt in ihren armen Heiligen; sie kleidet ihre Steine in Gold und lässt ihre Kinder nackt zurück."[235] Gillett fasst Huss' Lehre so zusammen:

> *In der Alten Kirche gab es nur zwei geistliche Dienstgrade, den Diakon und den Presbyter; alles daneben stammt aus späterer Zeit und verdankt sich menschlicher Erfindung. Gott jedoch kann seine Kirche zu dem alten Muster zurückbringen, nach dem die Apostel und Priester, ehe das Amt des Papstes eingeführt wurde, alle Angelegenheiten der Kirche beaufsichtigten, die zu ihrem Wohlergehen unerlässlich waren.*[236]

Ferner lehrte Hus: Nicht das Amt macht den Priester, sondern der Priester das Amt. Nicht jeder Priester ist ein Heiliger, aber jeder Heili-

---

232 Siehe H. Bettenson (ed.), Documents of the Christian Church, Oxford 1963, S. 173 ff.

233 H. E. Winn (ed.), Wyclif: Select English Writings, London/Oxford 1929, S. 41.68.

234 J. Wyclif, On the Pastoral Office, in: M. Spinka (ed.), The Library of Christian Classics: Advocates of Reform, London 1953, S. 32.48 (eigene Übersetzung). In diesem Zusammenhang spricht Wyclif mehrfach von der Kirche des Urchristentums und ihrer Wichtigkeit (z. B. a. a. O. S. 40).

235 Zit. n. E. H. Gillett, The Life and Times of John Huss; or the Bohemian Reformation of the Fifteenth Century. Vol. 1, Boston, MA 1864, S. 285 (eigene Übersetzung).

236 Ebd. S. 248.

ge ein Priester."[237] Eine ähnliche Verpflichtung gegenüber dem urchristlichen geistlichen Dienst bringen die Schriften William Tyndales (1494 bis 1536) zum Ausdruck.[238]

Zusammengefasst war das Mittelalter, wenngleich von einer machtvollen, korrupten Amtskirche beherrscht, eine Zeit, in der viele sich erhoben, um aus ihrem Eifer für die Wahrheit heraus diese Institution zu hinterfragen.

Die Zeit der Reformation (1500 bis 1648)

Die protestantische Reformation, die ein Ausfluss der Frömmigkeit, des Mystizismus und der Gelehrsamkeit des Spätmittelalters war[239], hatte die Reform der existierenden Kirche nach biblischen Maßstäben im Brennpunkt. Genauer gesagt handelte es sich um eine „obrigkeitliche Reformation", da die Reformatoren nicht von dem Prinzip der obrigkeitlichen Überwachung der Untertanen in Fragen des Denkens und Glaubens abgingen. Dagegen wandten sich die Vertreter der sogenannten vierten (neben Luthertum, Calvinismus und Anglikanismus) oder radikalen Reformation[240]. Auch wenn diese längst nicht in allen Lehrfragen einer Meinung waren, führt Williams doch aus:

> *Obwohl Täufer, Spiritualisten und evangelische Rationalisten einander widersprachen, was die Wurzel von Glauben und Ordnung und die letzte Quelle göttlicher Autorität anging ..., stimmten alle drei Gruppen im Spektrum der radikalen Reformation doch darin überein, zu dieser Wurzel zurückzuwollen und Kirche und Bekenntnis von dem zu befreien, was sie als erstickenden Wildwuchs ekklesialer Tradition und staatlicher Bevormundung ansahen. Genau das ist es, was ihre Reformation zu einer „radikalen" macht.*[241]

---

237 Ebd. S. 56.

238 Siehe S. L. Greenslade, The Works of William Tyndale, London 1938, S. 181-196. Tyndales Aussagen stehen in scharfem Widerspruch zu denen seiner spätmittelalterlichen Zeitgenossen; s. D. D. Martin, Popular and Monastic Pastoral Issues in the Later Middle Ages, Church History 56, 1987, S. 320-332.

239 Siehe S. Ozment, The Age of Reform 1250-1550: An Intellectual and Religious History of Late Medieval and Reformation Europe, New Haven, CT 1980, S. XI f.1-21; H. A. Oberman, Spätscholastik und Reformation: Bd. I: Der Herbst der mittelalterlichen Theologie, Zürich 1965; ders., Werden und Wertung der Reformation. Vom Wegestreit zum Glaubenskampf, Tübingen 1989^3.

240 Siehe G. H. Williams, The Radical Reformation, Philadelphia, PA 1962, S. XXIII-XXXI; ferner R. Bainton, The Left Wing of Reformation, JR 21, 1941, S. 127.

241 Williams, S. 22. Siehe auch P. Schaff, The German Reformation (History of the Christian Church - Modern Christianity, vol. 7), Grand Rapids, MI 1967, S. 607.

Will man ein Verständnis des Beitrages der Reformation zum bibelgemäßen geistlichen Dienst gewinnen, so muss man sowohl auf die obrigkeitlichen Reformatoren (Luther, Bucer, Calvin und Knox) als auch auf den sogenannten linken Flügel der Reformation und hier speziell auf die Täufer blicken. Erstere schwenkten das Banner der *reformatio*, Letztere das der *restitutio*. Beiden verdanken wir wichtige Erkenntnisse.

Luther betonte unter den Pflichten des Pastors, aber auch aller Gläubigen, den Dienst am Wort. Besondere Aufgaben des Pastors sah Luther in Wortverkündigung, Taufen, Verwaltung des heiligen Abendmahls, Binden und Lösen von Sünden sowie Opfern. Großen Wert legte er auf die pastorale Fürsorge, die er stets in direkter Verbindung mit dem Dienst am Wort sah.

Martin Bucer (1491 bis 1551), ein bedeutender Schüler Luthers und seinerseits Lehrer Calvins, tat einen wichtigen Dienst in Straßburg. Zu Recht nennt Tidball ihn „den Pastoraltheologen der Reformation“[242], legte er doch ausführliche Schriften zum Amt und Dienst des Pastors vor. In „De Regno Christi“ benannte er drei Dienstpflichten eines Pastors:

1. ein gründlicher Lehrer der Heiligen Schrift zu sein;
2. treu die Sakramente zu verwalten;
3. sich mit seiner Person der kirchlichen Zucht zu unterwerfen.

Zur dritten Obliegenheit gehörte dreierlei:

- Leben und Sitten;
- Beichtpflicht (auch bei schweren Sünden);
- Einhaltung heiliger Ordnungen (z. B. Fastenzeiten).

Eine vierte Pflicht bestand in der Fürsorge für Notleidende[243].

Bucer schreibt:

Jene Hirten und Lehrer der Gemeinden, die ihrem Amt nachkommen und sich vom Blut derer aus ihren Herden, die verloren gehen, reinhalten wollen, sollten nicht allein öffentlich die christliche Lehre erteilen, sondern auch Umkehr zu Gott und Glauben an unseren Herrn Jesus Christus und was immer sonst noch zur Frömmigkeit beiträgt, unter all jenen ausrufen, lehren und erflehen, die diese

242 Tidball, S. 184.

243 M. Bucer, De Regno Christi; zit. n.: W. Pauck, Melanchthon and Bucer (The Library of Christian Classics, vol. 19), London 1969, S. 232-259.

> *Lehre des Heils nicht zurückweisen, selbst in den Häusern und mit jedem einzelnen persönlich. ... Denn die treuen Diener Christi sollten diesen ihren Meister und Oberhirten der Gemeinden nachahmen und in eigener Person mit innigster Liebe suchen, was verloren ist, eingeschlossen das hundertste Schaf, das der Hürde entwichen ist, zurücklassend die 99, die in der Hürde des Herrn verblieben (Mt 18,12).*[244]

Calvin hat enorm zu einem biblischen Verständnis des pastoralen Dienstes beigetragen. Mag er auch oft vorrangig als Theologe und Exeget angesehen werden, so war Calvin durchaus auch Pastor und Kirchenmann.[245] Das vierte Buch seiner *Institutio* widmet er der Kirche und macht darin deutlich, wie notwendig es ist, dass die Kirche ihre Aufgabe erfüllt:

> *... damit die Predigt des Evangeliums ihre Wirkung tut, hat er [Gott] der Kirche diesen Schatz in Bewahrung gegeben. Er hat „Hirten" und „Lehrer" eingesetzt (Eph 4,11), um durch ihren Mund die Seinen zu unterweisen. Dazu hat er sie auch mit Autorität ausgerüstet. Kurz, er hat nichts unterlassen, was zur heiligen Einigkeit im Glauben und zu rechter Ordnung dienlich sein konnte.*[246]

Um Bedeutung und Ort der Kirche zu unterstreichen, betitelte er sie als „Mutter":

> *Denn es gibt für uns keinen anderen Weg ins Leben hinein, als dass sie [die Mutter] uns in ihrem Schoße empfängt, uns gebiert, an ihrer Brust nährt und schließlich unter ihrer Hut und Leitung in Schutz nimmt, bis wir das sterbliche Fleisch von uns gelegt haben und den Engeln gleich sein werden (Mt 22,30). Denn unsere Schwachheit erträgt es auch nicht, dass wir von der Schule entlassen werden, ehe wir im ganzen Lauf unseres Lebens Schüler gewesen sind.*[247]

Überall in der Bibel stieß Calvin auf die Pflichten eines Hirten. Besonders fiel ihm auf, dass Lehre und Beispiel des Neuen Testaments We-

244 Ebd. S. 235 (eigene Übersetzung aus dem Englischen).

245 Eine ausgezeichnete Darstellung dieser Seite Calvins bei W. S. Reid, John Calvin, Pastoral Theologian, The Reformed Theological Review 42, 1982, S. 65-73. Vgl. auch J. van Zyl, John Calvin the Pastor, in: The Way Ahead (a paper read to the 1975 Carey Conference), Haywards Heath 1975, S. 69-78.

246 J. Calvin, Institutio Christianae religionis IV,1,1; zit. n.: J . Calvin, Unterricht in der christlichen Religion. Ed. O. Weber. Bd. 3, Neunkirchen-Vluyn 1938, S. 683.

247 Ebd. S. 686.

sen und Werk des Pastorats anhand von Berufung und Lehre der Apostel verdeutlichen. Deshalb, so sagt er, ist die Ausarbeitung des geistlichen Dienstes in der Kirche ein wichtiger Aspekt der Theologie.

Längst ist das vierfältige geistliche Amt des Pastors, Lehrers, Ältesten und Diakons im Genf Calvins geschildert worden.[248] Calvin legte großen Wert auf Predigt, Kirchenregierung und pastoralen Dienst. In seinem Tituskommentar führte er aus, ein Pastor brauche zwei Stimmen: eine, um die Schafe zu sammeln, und die andere, um Wölfe und Diebe zu vertreiben. Hauptaufgabe des Lehrers war für ihn mit Paulus das rechte Zuschneiden des göttlichen Wortes: Dies müsse so geschehen, wie ein Vater seinen Kindern das Brot in mundgerechte Happen schneidet.

Man kann die Zeit der Reformation nicht untersuchen, ohne das Vermächtnis in Hinsicht auf den bibelgemäßen geistlichen Dienst zu betrachten, das John Knox (1514-1572) hinterlassen hat. Calvins Vorgaben gemäß erarbeitete er ein Handbuch für die englischsprachige Gemeinde in Genf, deren Pastor er in den Jahren 1556-1559 war.[249] Darüber hinaus zeigen seine Briefe und Pastoralberichte, wie sehr er es bejahte und sich dafür einsetzte, dass Gottes Wort mit großer Leidenschaft, tiefem Interesse und gebührender Sorgfalt gepredigt werde, um des geistlichen Wohlergehens der Menschen willen.[250]

Im Rahmen eines urchristlichen Gemeindeverständnisses lehrte das Täufertum einen schlichten Stil des geistlichen Dienstes, von Michael Sattler wie folgt beschrieben:

> *Sein [des Hirten] Amt soll sein Lesen und Ermahnen und Lehren, Mahnen, Zurechtweisen, Bannen in der Gemeinde und allen Brüdern und Schwestern zur Besserung vorbeten, das Brot anfangen zu brechen und in allen Dingen des Leibes Christi achthaben, dass er gebaut und gebessert und dem Lästerer der Mund verstopft wird.*[251]

Ähnliches vertraten Conrad Grebel, dessen Wirksamkeit zwar nur kurz währte, aber um so bedeutender ist[252], und Balthasar Hubmaier,

248 Siehe J. T. McNeill, The History and Character of Calvinism, New York/Oxford 1954, S. 214-221.

249 J. Knox, The Form of Prayers and Ministration of the Sacraments. Used in the English Congregation at Geneva (1556), in: D. Laing (ed.), The Works of John Knox. Vol. 4, Edinburgh 1895, S. 141-216.

250 Vgl. W. S. Reid, John Knox, Pastor of Souls, Westminster Theological Journal 40, 1977, S. 20 f.

251 Brüderliche Vereinigung etlicher Kinder Gottes, sieben Artikel betreffend (1527; = Schleitheimer Bekenntnis); zit. n.: J. C. Wenger, Die Täuferbewegung. Eine kurze Einführung in ihre Geschichte und Lehre. Neubearbeitet und ergänzt durch M. Bärenfänger, Wuppertal/Kassel 1984², S. 155.

252 Vgl. H. S. Bender, Conrad Grebel c. 1498-1526, Goshen, IN 1950, S. 204-208.

Gelehrter und Pastor zu Waldshut und Nikolsburg, in seinem wichtigen Werk[253]. Eine täuferische Gemeindeordnung von 1529 fasst ihre Position zusammen: „... die erwelten dienner von der Gemain / Sollen mit vleiß auff die Not der Armen Sehen / vnd Inen nach dem beuelch [Befehl] des herren anstat der Gmain die Notdurfft raichen."[254] Von Menno Simons wird berichtet, er habe auf seinem Sterbebett gesagt, nichts auf Erden sei ihm so kostbar wie die Gemeinde[255] – eine gute Zusammenfassung täuferischer Wertschätzung für die Urgemeinde und ihren Dienst, eine Wertschätzung, für die viele Täufer den höchsten nur denkbaren Preis bezahlten[256].

Die vorstehende Erörterung zeigt, dass die Reformationszeit eine Neuausrichtung der Kirche auf eine biblische Vorgabe für den geistlichen Dienst erbrachte. Die mit den Obrigkeiten verbündeten Reformatoren erzielten in ihren kirchlichen Reformen beträchtliche Fortschritte. Diejenigen, die dieser Zielsetzung so weit folgten, dass sie konsequent nach der Wiederherstellung eines bibelgemäßen geistlichen Dienstes trachteten, finden sich unter den radikalen Reformatoren.

Die Neuzeit (1649 bis heute)

Der Frühpuritaner Richard Baxter (1615-1691) ist hauptsächlich durch sein Buch „The Reformed Pastor" (1656) bekannt geworden, entstanden während eines 19-jährigen Pastorats im englischen Kidderminster. Ausgehend von Apostelgeschichte 20,28 entwickelt Baxter hier seine Philosophie des geistlichen Dienstes. Er setzt sich mit den Mühen,

253 Siehe H. W. Pipkin/J. H. Yoder (eds.), Balthasar Hubmaier, Theologian of Anabaptism, Scottdale, PA 1989, S. 386-425. Eine sorgfältige Untersuchung der Schriften Hubmaiers zeigt, wie sehr er sich sowohl solider Wortverkündigung als auch fester pastoraler Verbindlichkeit verpflichtet sah.

254 Ordnung der gmain wie ein Crist leben Soll, Rattenberg (?) 1529 [bzw. 1527/28]; zit. n.: Ziegelschmid, Älteste Chronik der Hutterischen Brüder, Ithaca, NY 1943, S. 84.

255 In einem an Gellius Faber gerichteten Brief über die Gemeinde und ihren Dienst benennt Menno folgende Kennzeichen der Gemeinde:
1. die unverfälschte Lehre des göttlichen Wortes;
2. den schriftgemäßen Gebrauch der Sakramente;
3. den Gehorsam gegenüber Gottes Wort;
4. die ungeheuchelte Liebe zum Nächsten;
5. das glaubensvolle Bekenntnis zu Christus;
6. das Festhalten am Christuszeugnis unter Verfolgung

(Antwort an Gellius Faber; s. The Complete Writings of Menno Simons, Scottdale, PA 1956, S. 739 ff.).

256 Zu den Täufermartyrien s. T. J. v. Braght (Hrsg.), Der blutige Schauplatz oder Märtyrer-Spiegel der Taufgesinnten oder Wehrlosen Christen ... (Doordrecht 1659), Aylmer, ON/LaGrange, IN 1967; vgl. W. R. Estep, The Anabaptist Story, Nashville, TN 1963.

Zugeständnissen, Beweggründen, Zwängen und Beanspruchungen des pastoralen Dienstes auseinander. Es handelt sich um ein äußerst tiefgründiges, geistlich intensives Buch voller Ratschläge für Pastorenkollegen aus dem Herzen eines demütigen Pastors:

> *Um Christi willen, um der Sache seiner Kirche und um der unsterblichen Menschenseelen willen bitte ich nunmehr alle treuen Diener Christi inständigst, dass sie diesem Werke ganzheitlich und wirksam obliegen. ... Dieses Werk erwächst nicht aus uns selbst, sondern aus dem Herrn, und mich für meinen Teil ... hat es in den Schmutz getreten.*[257]

Ein puritanischer Geistlicher hatte zu predigen, die Sakramente zu verwalten und zu beten. Dabei stand das Predigen im Vordergrund, hing aber eng mit einer gottesfürchtigen Lebensführung zusammen.[258] William Perkins (1558-1602) bezeichnet den Geistlichen in seinem Buch „Of the Calling of the Ministry" zuerst als einen Engel oder „Botschafter von Gott", nämlich dem Herrn der Heerscharen, an die Menschen. Zweitens ist er ein Übersetzer, d. h. „einer, der befähigt ist, in rechter Weise die Versöhnung zu vermitteln, die zwischen Gott und dem Menschen geschehen ist". „Jeder Geistliche", versichert er, „ist ein Übersetzer im doppelten Sinne: der Übersetzer Gottes an die Menschen und der Übersetzer der Menschen an Gott."[259] Dem fügt er die Notwendigkeit an, ein „gottwohlgefälliger Geistlicher" zu sein, und drängt Väter, ihre Söhne diesem, dem allerhöchsten Amt zu weihen:

> *Denn die Sorge des Arztes um den Leib oder die Sorge des Anwalts um den Fall sind alle beide minderwertige Pflichten gegenüber derjenigen des Geistlichen. Jeder Zehnte mag ein guter Anwalt, jeder Zwanzigste ein guter Arzt, jeder Hundertste ein guter Mann sein – aber nur jeder Tausendste ist ein guter Geistlicher. Mag auch ein guter Anwalt erklären, worum es in einem Fall wirklich geht, und mag ein guter Arzt sagen können, wie es um einen Körper wirklich bestellt ist: Kein anderer Beruf, kein anderer Mann kann dir deine Gerechtigkeit zusprechen, wohl aber ein guter Geistlicher.*[260]

---

257 R. Baxter, The Reformed Pastor, London 1939, S. 58. Dt. u. d. T.: Der evangelische Geistliche. Ermahnungen an Prediger, ihr Amt im Geist und in der Kraft des Herrn zu führen, Berlin 1834^2.

258 Die Puritaner konnten zwischen Theologie und Spiritualität nicht trennen. Siehe J. I. Packer, A Quest for Godliness: The Puritan Vision of the Christian Life, Wheaton, IL 1990, S. 11-17.

259 W. Perkins, The Workes of That Famous and Worthie Minister of Christ in the University of Cambridge, M. W. Perkins. Vol. 3, Cambridge 1609, S. 430 f.

260 Ebd. S. 435 f.

Auch der als tiefschürfender Philosoph und Theologe wohlbekannte Jonathan Edwards (1703 bis 1758) war zugleich Pastor. In einer Predigt sagte er:

> *Genauer gesagt ist die Vereinigung eines treuen Geistlichen mit einer bestimmten Schar von Christen als deren Pastor, wenn sie in angemessener Weise geschieht, wie die Hochzeit eines jungen Mannes mit einer Jungfrau. … Der Geistliche gibt sich mit Freuden dem Dienst seines Herrn in dem Werk des Amtes hin, einem Werk, an dem er sich entzückt, und zugleich vereinigt er sich mit Freuden mit der Gemeinschaft der Heiligen, über die er gesetzt ist … . Und sie [die Heiligen] nehmen ihn andererseits mit Freuden als eine kostbare Gabe ihres erhöhten Erlösers auf.*[261]

Charles Spurgeon (1834 bis 1892), der eher für seine Predigten als für seinen alltäglichen pastoralen Dienst bekannt ist, lehrte seine Schüler die Grundsätze des Predigens[262], als Dreh- und Angelpunkt des geistlichen Dienstes sah er jedoch die Sorge um die geistlichen Bedürfnisse der anvertrauten Menschen. „Geistliche sind für Gemeinden da und nicht Gemeinden für Geistliche", schrieb er.[263] Bezeichnenderweise hatten alle Auseinandersetzungen, die sich um Spurgeons Dienst entspannen, mit der Anwendung seiner Theologie auf die pastoralen Dienstpflichten wie die Evangelisation im Besonderen und die Philosophie des Dienstes im Allgemeinen zu tun.[264]

Weitere wichtige Beispiele treuen geistlichen Dienstes verdanken wir anderen Pastoren des 19. Jahrhunderts wie G. Campbell Morgan (1863 bis 1945)[265] und Missionar Roland Allen (1868 bis 1947)[266]. Das langwährende Lehramt Benjamin B. Warfields (1851 bis 1921) am *Princeton Theological Seminary* (1887 bis 1921) hatte weitreichenden positiven Einfluss auf die Förderung bibelgemäßen Dienstes.[267]

261 J. Edwards, The Church's Marriage to Her Sons, and to Her God. Predigt, gehalten in East Hampton, NY am 19.9.1746, in: The Works of Jonathan Edwards. Vol. 2, Peabody, MA 5. Aufl. 2005, S. 19 f.

262 Siehe C. H. Spurgeon, Ratschläge für Prediger. 21 Vorlesungen, Wuppertal 1975.

263 Ders., All Around Ministry, Edinburgh 1960², S. 256.

264 I. H. Murray, The Forgotten Spurgeon, Edinburgh 1966, S. 45 f.; 99 ff.; 153-165.

265 Siehe G. C. Morgan, The Ministry of the Word, London 1919; J. Morgan, A Man of the Word: Life of G. Campbell Morgan, New York 1951.

266 Allen ist besonders durch seine Arbeit über missionarische Inkulturation bekannt geworden; s. R. Allen, The Spontaneous Expansion of the Church, London 1960.

267 B. B. Warfield, The Indispensableness of Systematic Theology to the Preacher, in: J. E. Meeter (ed.), Selected Shorter Writings of Benjamin B. Warfield. Vol. II, Nutley, NJ 1973, S. 280-288. An anderer Stelle schreibt Warfield: „Die systematische Theologie ist mit anderen Worten das wahre Lehrbuch des Predigers" (a. a. O. S. 228).

Seit dem Anbruch des 20. Jahrhunderts hat sich die liberale Theologie ihren Weg in jede verbreitete Denomination gebahnt und vielfach ein soziales Evangelium anstelle der Leidenschaft für den bibelgemäßen Dienst auf deren Tagesordnungen gesetzt.[268] Das Aufkommen des *New Evangelicalism*[269] im Jahre 1958 mit seinem willentlichen Einlenken in den Irrtum und seinen daraus folgenden Tributen[270] an ein pragmatisches Dienstverständnis war ein weiterer Schritt fort von bibelgemäßem geistlichen Dienst[271]. In jüngerer Zeit trifft man meist in kleineren Denominationen oder Kirchen, die in der Tradition des Freikirchentums stehen[272], auf wahren biblischen Dienst. Vieles davon bleibt allerdings im Verborgenen und wird kaum wahrgenommen, weil es nicht nach außen tritt.

Für die zweite Hälfte des 20. Jahrhunderts verdienen einige herausragende Beispiele bibelgemäßen Dienstes unsere Aufmerksamkeit. Diese Männer erwähne ich aufgrund der ungewöhnlichen Weise, in der Gott sie gebraucht hat. Natürlich könnte man noch etliche andere Beispiele anführen.

Ein ganz besonderes Vorbild ist D. Martin Lloyd-Jones (1899 bis 1981). Lloyd-Jones genoss hohen Respekt als expositorischer Prediger, war aber zugleich ein hingegebener, treuer Pastor. Seine Biografie ist voll von Beispielen dafür, wie er zugleich predigte und seine Herde hütete.[273] Als Erstes war er Prediger und betonte die Unersetzbarkeit biblischer Verkündigung, die Wichtigkeit einer guten Beziehung zwischen Pastor und Gemeinde (die Gemeinde darf niemals diktieren, was der Pastor predigt, aber der Prediger muss auf seine Leute hören) und die Notwendigkeit einer sorgfältigen Vorbereitung des Predigers in allen Bereichen.[274] Lloyd-Jones genoss auch einen ausgezeichneten Ruf als pastoraler Seelsorger.

Ein weiteres Beispiel für biblischen Dienst ist das von Jay Adams, langjähriger Professor am *Westminster Theological Seminary* und immer wieder auch im pastoralen Dienst. Adams hat zu unserem heuti-

---

268 Siehe B. J. Longfield, Dictionary of Christianity in America, Downers Grove, IL 1990, S. 646 ff., s. v. *Liberalism/Modernism, Protestant.*

269 E. J. Carnell, The Case for Orthodox Theology, Philadelphia, PA 1959; R. Nash, The New Evangelicalism, Grand Rapids, MI 1963, S. 13-17.

270 Siehe R. Quebedaux, The Young Evangelicals: Revolution in Orthodoxy, New York 1973; ders., The Wordly Evangelicals, New York 1977.

271 Siehe J. MacArthur, Jr., Ashamed of the Gospel: When the Church Becomes Like the World, Wheaton, IL 1993; ders., Our Sufficiency in Christ, Dallas, TX 1991.

272 Siehe E. A. Payne, Free Churchmen: Unrepentant and Repentant, London 1965.

273 Siehe I. H. Murray, David Martyn Lloyd-Jones: The First Forty Years, 1899 bis 1939, Edinburgh 1982; ders., David Martyn Lloyd-Jones: The Fight of Faith, 1939 bis 1981, Edinburgh 1990.

274 D. M. Lloyd-Jones, Preaching and Preachers, Grand Rapids, MI 1971, S. 26.143.165.

gen Verständnis des biblischen Dienstes in mehreren Bereichen erheblich beigetragen. Jedenfalls basiert sein eigener pastoraltheologischer Standpunkt fest auf seiner biblischen und exegetischen Theologie. Seinen ersten Arbeitsschwerpunkt bildete die Seelsorge, worin er mit einem biblischen Modell nuthetischer Beratung (abgeleitet vom griechischen *noutheteo*) hervortrat und die Notwendigkeit betonte, der Sünde mit biblischer Belehrung entgegenzutreten.[275] Weiter hat Adams eine Reihe von pastoraltheologischen Lehrbüchern erarbeitet, die das Leben des Pastors, die Pastoralseelsorge und pastorale Führung behandeln. Inhalte der Praktischen Theologie sind demzufolge das Studium und die Anwendung biblischer Methoden der Umsetzung des eigenen theologischen Denkens.[276]

Ein weiterer wichtiger Vertreter bibelgemäßen Dienens ist John MacArthur, Jr., der unter Hirtentum (engl. *shepherdology*) Folgendes versteht:

1. die Erforschung des Hirtendienstes;
2. die Wissenschaft, eine Herde zu leiten;
3. eine Methode biblischer Gemeindeleitung.

Seinen Spezialterminus entwickelt MacArthur aus dem Verständnis heraus, dass jedweder geistlicher Dienst Ausfluss biblischer Lehre ist.[277] Auch in seinem Aufsatz „The Anatomy of the Church" bietet MacArthur einen bedeutenden Beitrag zu einer biblischen Philosophie des Dienstes, indem er die Kirche mit dem Bild des menschlichen Organismus beschreibt, der sich differenziert in

1. das Skelettsystem: unveränderliche Lehren oder unverhandelbare Wahrheiten;
2. das System der inneren Organe: angemessene geistliche Haltungen;
3. das muskuläre System: geistliche Aktivitäten, darunter Predigt und Lehre, Lobpreis, Jüngerschaft, Hirtendienst und Gemeinschaft;
4. den Kopf: Person und Werk Christi.[278]

---

275 J. E. Adams, Befreiende Seelsorge. Theorie und Praxis einer biblischen Lebensberatung, Gießen/Basel 8. Aufl. 1988, S. 37-67. Dieser Ansatz steht auf einer soliden theologischen Verankerung, s. ebd. S. IX-XX. Adams zieht u. a. das von den grundlegenden Denkvoraussetzungen her aufgebaute apologetische Modell C. Van Tils heran; s. C. Van Til, The Defence of the Faith, Philadelphia, PA 1955.

276 J. Adams, Shepherding God's Flock, Grand Rapids, MI 1986, S. 1 f.

277 J. MacArthur, Jr., Shepherdology: A Master Plan for Church Leadership, Panorama City, CA 1989, S. 3 ff. (überarbeitete Neuauflage u. d. T. The Master's Plan for the Church, Chicago, IL 1991).

278 Ebd. S. 9-64.

Dieses Modell ist in vielen Gemeinden zur Grundlage biblischen Dienstes geworden. Immer noch tritt MacArthur mit bedeutenden Arbeiten hervor, in denen er die Kirche herausfordert, nicht von der Wahrheit abzuweichen. In dem wichtigsten seiner Beiträge vergleicht er die *Down-Grade*-Kontroverse aus Spurgeons Tagen mit dem Pragmatismus vieler evangelikaler Gemeinden heute.[279]

Ein abschließender Gedanke:
Dies ist nur eine kurze Geschichte bibelorientierten pastoralen Dienstes. Solche Berichte greifen oft auf Lebenswerke zurück, deren genauere Erforschung künftige Generationen erst noch zu leisten haben. Wer heute als Pastor arbeitet, kann viel Ermutigung und Herausforderung aus den Lebenserfahrungen und Überzeugungen treuer Diener Christi vergangener Zeiten ziehen.

279 MacArthur, Ashamed, S. XI-XX; s. auch dens., Sufficiency, S. 25-43.

5 Der Lehrer

Zum Wort und Wortgebrauch

Zwei griechische Begriffe bzw. Wortfelder sind hier einschlägig:

1. γραμματεύς: ein Mann, der sich einen hohen Grad an Bildung erarbeitet hat, sei es literarisch oder in irgendeiner Tugend – ein Gelehrter also. Vgl. 1. Kor 1,20: ποῦ σοφός; ποῦ γραμματεύς; ποῦ συζητητὴς τοῦ αἰῶνος τούτου; Mt 13,52: ὁ δὲ εἶπεν αὐτοῖς, Διὰ τοῦτο πᾶς γραμματεὺς μαθητευθεὶς τῇ βασιλείᾳ τῶν οὐρανῶν ὅμοιός ἐστιν ἀνθρώπῳ οἰκοδεσπότῃ. Herkömmliche Übersetzungen geben den Ausdruck an beiden Stellen mit „Schriftgelehrter“ wieder, was jedoch irreführt, da man unter einem Schriftgelehrten gewöhnlich jemanden versteht, der Dokumente schreibt oder abschreibt, also einen Schreibkundigen. Der jüdische Sprachgebrauch biblischer Zeit versteht darunter allerdings einen Gesetzeskundigen oder Bibelfachmann und eben gerade nicht einen bloßen Abschreiber von Texten.
2. διδάσκω: Das Verb steht 97 Mal im griechischen Grundtext des Neuen Testaments, stets übersetzt mit „lehren“. Mehr als jedes andere Verb wird es zur Bezeichnung dessen benutzt, was Jesus während seines Dienstes tat – sogar noch häufiger als das Äquivalent für „heilen“. Der unter den Menschen lebende und wirkende Jesus erwählte sich die Rolle des Lehrers (διδάσκαλος). Darin stimmen alle vier Evangelien überein. Die Leute sprachen ihn als Lehrer an und erzählten von ihm als solchem.

Das Wort διδάσκαλος im Sinne von „Lehrer“ ist seit den Hymnen Homers und Aischylos bezeugt. Es tritt sogar gelegentlich in femininer Form zur Bezeichnung lehrender Frauen auf. Von Anbeginn zeigt das Wort einen technischen Sprachgebrauch: Ein διδάσκαλος ist demnach ein Lehrmeister, Ausbilder oder Unterweiser. Das kann zweierlei heißen:

- Zum einen kann es sich um jemanden handeln, der Sachwissen vermittelt: einen „Schulmeister“, dem man den Nachwuchs anvertraut, damit er ihm Elementarwissen beibringe, beispielsweise Lesen und Schreiben. Bei Platon finden sich die Wendungen „zum Lehrer gehen“ oder „beim Lehrer sein“ als Synonyme für den Schulbesuch. Im gleichen Sinne verwenden auch die spätjüdischen Schriftsteller Philo und Josephus das Wort διδάσκαλος.

- Zum anderen kann das Wort in voralexandrinischer Zeit auch einen Sangesmeister meinen, also jemanden, dessen Aufgabe im öffentlichen Vortrag gesungener Dichtung bestand.

διδασκαλία im Neuen Testament

1. Bei Matthäus 15,9 und Markus 7,7 steht das Wort im Plural. Es handelt sich um ein Zitat aus Jesaja 29,13, welches Jesus gegen die Pharisäer und Schriftgelehrten (γραμματεῖς) wendet. In Anspielung auf dasselbe Jesajawort wird die Vokabel aus Kolosser 2,22 in der Formel ἐντάλματα καὶ διδασκαλίας τῶν ἀνθρώπων verwendet. Sonst steht es nur noch 1. Timotheus 4,1 im Plural, wo die Abgeirrten als προσέχοντες πνεύμασιν πλάνοις καὶ διδασκαλίαις δαιμονίων apostrophiert werden. Wir haben es hier mit einer Rezeption des LXX-Sprachgebrauchs zu tun, wo es üblich ist, von διδασκαλίαι statt διδασκαλία zu reden, wenn es um fremde Lehren, also nicht um die Lehre Gottes geht.
2. Derselben Logik folgend wird im Neuen Testament stets der Singular gebraucht, wenn Lehre den Willen Gottes repräsentiert. Das gilt für Römer 12,7, wo Paulus den Lehrenden ermahnt, „in der Lehre" (ἐν τῇ διδασκαλίᾳ) zu sein, seinen Dienst also im Rahmen der „Lehrgemeinschaft" der Gemeinde zu tun und dabei das Ganze der Lehre nicht aus dem Blick zu lassen. Haben wir es hier mit der aktiven Tätigkeit des Unterweisens zu tun, so spielt Paulus Römer 15,4 mit der Formulierung ὅσα γὰρ προεγράφη, εἰς τὴν ἡμετέραν διδασκαλίαν ἐγράφη, ἵνα διὰ τῆς ὑπομονῆς καὶ διὰ τῆς παρακλήσεως τῶν γραφῶν τὴν ἐλπίδα ἔχωμεν auf Psalm 102,19 an: Das in der Schrift Niedergelegte belehrt die Gemeinde. Schließlich sollte in diesem Zusammenhang Epheser 4,14 beachtet werden: να μηκέτι ὦμεν νήπιοι, κλυδωνιζόμενοι καὶ περιφερόμενοι παντὶ ἀνέμῳ τῆς διδασκαλίας ἐν τῇ κυβείᾳ τῶν ἀνθρώπων, ἐν πανουργίᾳ πρὸς τὴν μεθοδείαν τῆς πλάνης. Der Charakter des Epheserbriefes macht offensichtlich, dass es hier nicht um spezielle Irrtümer gehen kann, vor denen der Schreiber seine Leser warnen will. Das zeigt sich auch daran, dass πᾶς zu ἄνεμος und nicht zu διδασκαλία gesetzt ist, was bedeutet, dass der Verfasser an eine einzelne διδασκαλία denkt, nämlich die in der Gemeinde hochgehaltene. Von daher muss die Formulierung wie folgt verstanden werden: Rückbezüglich auf das, was die Gemeinde in Gestalt des historisch verbürgten Jesuszeugnissses besitzt (4,1-11)[280], warnt Paulus sie davor, sich durch jeden

280 Vgl. E. Haupt, Die Gefangenschaftsbriefe, Göttingen 1902, z. St.

wechselhaften Wind abspenstig machen zu lassen, der mit dem Anspruch einer Lehre daherkommt und behauptet, den eigentlichen Willen Gottes mitzuteilen. Diese Auslegung stimmt voll und ganz mit dem oben aufgezeigten Gebrauch von διδασκαλία überein. Der einzige Unterschied besteht darin, dass dem Wort ein stark objektivierender Anstrich in Bezug auf historisch Bezeugtes anhaftet, mag dies nun wie in Römer 15,4 in einem einzelnen alttestamentlichen Spruch oder auch wie in Römer 12,7 in der generellen Offenbarung des Willens Gottes im Alten Testament bestehen, wie Jesus sie gesehen und ausgelegt hat.[281]

3. Der letzte Punkt ist von hoher Bedeutung für das Verständnis von διδασκαλία in den Pastoralbriefen, wo das Wort sehr verbreitet ist: Allein 15 der neutestamentlichen Fundstellen gehören den Pastoralbriefen an. Die Verbindung zur historischen Offenbarung Gottes, wie die Schrift sie bezeugt und wie sie sich in Jesus erfüllt hat, liegt vom Kontext her häufig auf der Hand, wie in 1. Timotheus 4,13, wo sowohl zur διδασκαλία als auch zu ἀνάγνωσις und παράκλησις ermahnt wird, oder in 2. Timotheus 3,16, wo von „aller Schrift" gesagt ist, sie sei ὠφέλιμος πρὸς διδασκαλίαν, und vielleicht auch in Titus 2,10: ἵνα τὴν διδασκαλίαν τὴν τοῦ σωτῆρος ἡμῶν θεοῦ κοσμῶσιν ἐν πᾶσιν (vgl. ferner 1. Tim 6,3). Die Formel ὑγιαίνουσα διδασκαλία (1. Tim 1,10; 2. Tim 4,3; Tit 1,9; 2,1) muss ebenfalls im Licht des historischen Charakters von διδασκαλία gelesen werden, trägt sie doch der Tatsache Rechnung, dass diese διδασκαλία solide ist und also zum Heil führt, da sie von Gott kommt. Wenn hier διδασκαλία und nicht kh,rugma oder irgendein ähnliches Wort gebraucht wird, liegt ein Grund darin, dass διδασκαλία sich besonders gut eignet, um den bindenden Charakter der historischen Heilsverkündigung zu betonen; ein zweiter ist, dass dieser Begriff den essenziellen Unterschied zwischen der christlichen Verkündigung und den verschiedenen Bewegungen markiert, die die Gemeinde bedrohen.[282] Die Formulierung ἡκαλὴ διδασκαλία die Inhalt und praktische Auswirkung der Lehre mehr betont (1. Tim 4,6), markiert also im Vergleich mit ἡ ὑγιαίνουσα διδασκαλία welche Wendung das Wesen der Lehre hervorhebt, keinen wirklichen Wechsel im Sprachgebrauch, den es auch in den an-

281 Der objektive, historische Charakter des Wortes scheint in seinem strikt singularischen Gebrauch auf, wo es sich auf Gott oder darauf bezieht, dass unser Blick auf ihn gerichtet wird. Nur wo nicht Gott als das absolute Subjekt alles Erscheinenden in den Blick gefasst wird, nimmt das Wort subjektiven Charakter an.

282 Dass das Wort διδαχή in den Pastoralbriefen keine sonderliche Betonung erfährt, zeigt, dass es weder um das Lehren des einzelnen Christen geht noch um seine jeweilige Weise, das Evangelium darzubieten oder Bestimmtes daraus zu betonen, sondern um das große Ganze der christlichen Verkündigung, wie es sich im Dienst des Paulus zeigt (1. Tim 1,10; Tit 1,3).

deren Textabschnitten (1. Tim 4,16; 5,17; 6,1; 2. Tim 3,10; Tit 2,7) nicht gibt.[283]

4. Der Sprachgebrauch der frühen Kirche entspricht der Bedeutungsveränderung, die das Wort διδάσκαλος bereits durchlaufen hatte, ehe es in den kirchlichen Sprachschatz aufgenommen wurde. διδασκαλία hieß jetzt „Summe der Lehre", insbesondere derjenigen Lehre, die über die Lippen der Apostel gekommen war. Die Apostel waren von Pastoren und Beratern der Ortsgemeinden zu Lehrern der Kirche geworden, welche auf Dauer in ihren Lehren gegründet war, also in ihrer Weise, Jesus zu verkündigen. Das überraschende Element, das jetzt in der Geschichte des Wortgebrauchs aufkam, ist nicht weniger als die Wandlung der apostolischen Botschaft in traditionelle Lehre, mithin die beginnende Ossifizierung des frühchristlichen Kerygmas zum Dogma der Alten Kirche.

Prophet und Lehrer in neutestamentlicher Zeit

Worin bestand demnach in der apostolischen Zeit die Verbindung zwischen Prophet und Lehrer im Gefüge der neutestamentlichen Gemeinde? Meinen beide Titel dasselbe? Überlappen sich beide Funktionen? Oder sind sie grundverschieden?

Als Erstes ist zu bemerken, dass der Prophet schon in den frühen Tagen der neutestamentlichen Gemeinde in seiner Funktion beschnitten zu werden beginnt. Im älteren Teil der Apostelgeschichte vollführt der christliche Prophet nämlich nur zwei der Funktionen des Propheten des Alten Bundes und der Evangelien: Er sagt die Zukunft voraus (11,27 f.; vgl. 21,10-14) und er lehrt (15,32).

Nirgendwo in der Apostelgeschichte oder im übrigen Neuen Testament mit Ausnahme der Offenbarung[284] sehen wir den christlichen Propheten die Gabe der Wunderwirkungen ausüben, wie es Christus und die Apostel taten; und seine Hauptfunktion, die der Lehre, wird durch eine andere Gruppe weitergeführt (Apg 13,1; Röm 12,6 f.).

Die prophetische Funktion scheint in der weiteren Entwicklung der Kirche darauf beschränkt worden zu sein, unter der Eingebung des Heiligen Geistes bestimmte inspirierte Äußerungen von sich zu geben (1. Kor 14,29-32).

283 Von daher mag man in der Verbindung von λόγος und διδασκαλία die notwendige Verknüpfung zwischen Glaubensverkündigung und Unterweisung im christlichen Leben erkennen, mithin einen spezialisierten Gebrauch von διδασκαλία wie er auch anderswo vorausgesetzt ist und vorgenommen wird, ohne dass dies gesondert vermerkt würde.

284 Diese Ausnahme, Offb 11,3-10, bildet eine spezielle Kategorie, wie oben bemerkt.

Wie lässt sich plausibel erklären, wie es zu dieser Verengung des prophetischen Dienstes kam?

Erstens lässt sich beobachten, dass die Apostel Christi, genau wie der Erretter selbst, soweit es um konkrete Betätigungen geht, Propheten sind[285]: Sie sind Gottes Sprecher, geleitet vom Heiligen Geist (1. Kor 7,40); sie sagen die Zukunft voraus (1. Thess; 2. Thess; 2. Petr 3; Offb); sie lehren (1. Tim 2,7); und sie wirken Wunder (Mt 10,8; Apg 3,1-8; 13,8-11; 20,9 f.).

Zweitens sieht man, wie im Zuge der Entwicklung der neutestamentlichen Gemeinde unter der Leiterschaft der Apostel jene Gaben, die sie selbst besaßen und auch weiterhin ausübten, mindestens teilweise zwecks verbesserter Wirksamkeit der Gemeinde unter deren Glieder ausgeteilt wurden, vermutlich deshalb, weil den Aposteln klar wurde, dass sie nicht jederzeit persönlich würden zugegen sein können, um den Fortschritt der jungen Kirche zu fördern. Von daher sind für die apostolische Zeit Lehrer und Wundertäter separat von jenen aufgelistet, die als Propheten fungierten. In der Auflistung der Gaben, die die korinthische Gemeinde empfangen hatte (ca. 56/57 n. Chr.), ist die Stellung des Propheten klar sowohl von der des διδάσκαλος als auch von der Gabe der Wunderwirkungen bzw. Krafttaten (δυνάμεις; 1. Kor 12,28) getrennt; und ein paar Jahre später, zurzeit der Abfassung des Epheserbriefes (ca. 60/61 n. Chr.), wird der Prophet nicht nur separat vom Lehrer aufgeführt[286], sondern Letzterer ist nunmehr mit der breiter angelegten Tätigkeit des Pastors verknüpft.

Daraus schließen wir, dass der Prophet in der sich entfaltenden neutestamentlichen Gemeinde nicht länger als Lehrer im allgemeinen Sinne des Wortes fungierte und der Dienst des Lehrens auch nicht mehr dem Prophetenamt zugeordnet war, vielmehr von einem anderen Amtsträger, nämlich dem διδάσκαλος, ausgeübt wurde.

Das Lehren Jesu nach den Synoptikern

1. Lehren ist eine der Haupttätigkeiten Jesu (Mt 4,23; 9,35; 11,1). Er lehrt sowohl in den Synagogen (Mt 9,35) und im Tempel (Mk 12,35) als auch außerhalb davon.
2. Seine Lehrweise ist die eines typischen Lehrers seiner Zeit: In Nazareth verliest er den Bibeltext, setzt sich und legt sodann den gele-

285 In Eph 2,20 werden die Apostel zusammen mit den Propheten als Teil der grundlegenden Struktur der Kirche einer generellen Rubrik zugeordnet – man beachte im Griechischen den einen Artikel mit zwei Nomina.

286 Als wolle er diese Unterscheidung hervorheben, trennt Paulus die beiden Stellungen in Eph 4,11, indem er das Amt des Evangelisten zwischen ihnen einschiebt.

senen Abschnitt aus (Lk 4,16 ff.). Auch Matthäus 5,1 ff.; Markus 9,35; Lukas 5,3 berichten davon, wie Jesus saß und lehrte.

3. Auch Jesu Lehrstoff folgt der Tradition. Lukas 4,16 ff. sowie Matthäus 5,21 ff. berichten, wie er von der Schriftlesung ausgeht; freilich bleibt er nicht beim Gesetz stehen und widersetzt sich der gängigen kasuistischen Auslegung.

Er zielt darauf ab, das gesamte Leben seiner Zuhörer auf die Beziehung zu Gott und zum Nächsten auszurichten (Mt 22,37 ff.). Er appelliert an den Willen der Hörer und ruft zur Entscheidung für oder gegen Gott auf. Wie die Rabbinen findet er in der Schrift Gottes Willen offenbart (vgl. Mt 5,17 f.). Der Hauptunterschied liegt darin, dass er sich seiner Gottessohnschaft bewusst war.

Lehren in der frühen Christenheit

1. Noch zu den Lebzeiten Jesu begannen auch die Jünger zu lehren (Mk 6,30). Das Lehren wird in Matthäus 28,20 zum Bestandteil ihrer Beauftragung, als Voraussetzung sowohl des Taufens als auch des Jüngermachens und mit Jesu eigener Lehre als Inhalt. In Apostelgeschichte 4 lehren die Apostel im Namen Jesu (V. 18), indem sie die Auferstehung ausrufen (V. 2). Soweit dieses Lehren Auslegung des Alten Testaments umfasst, kulminiert diese in einem Ruf zur Buße. Was die äußeren Formen angeht, folgen auch sie jüdischem Gebrauch (vgl. Apg 5,25).
2. Christliche Lehre zielt folglich in erster Linie darauf ab zu zeigen, dass Jesus der verheißene Messias ist. In diesem Sinne ist sie Verkündigung des Evangeliums von Jesus (s. Apg 8,35). Die Verbindung von Lehre und Verkündigung (*keryssein*) vervollständigt unsere Vorstellung vom Wirken der Apostel. Sie geben Tatsachen weiter, aber so, dass der Hörer diese entweder annehmen oder die Schrift verwerfen muss. Widersacher sahen hierin natürlich eine Mose und dem Gesetz zuwiderlaufende Lehre (Apg 21,21.28). Das Wort Gottes, das Paulus Apostelgeschichte 18,11 lehrte, dürfte ebendies besagt haben – es geht nicht um eine allgemeine Erlösungsbotschaft, sondern um die Botschaft der Erlösung auf der Grundlage und im Licht der alttestamentlichen Schriften.
3. Wenn Paulus den Begriff „lehren" (*didaskein*) nicht oft benutzt, so vermutlich deshalb, weil er sich in Kreisen bewegte, in denen das Alte Testament weniger geläufig war. Von daher bedeutet Lehren für ihn die Unterweisung, die Gemeinden zu ihrer Entstehung (2. Thess 2,15; Kol 2,7; Eph 4,21) wie auch zu ihrer Stärkung gegen jü-

dische Angriffe brauchen. Römer 12,7 gehört in einen Erbauuungskontext, es ist also wahrscheinlich von solchen die Rede, die praktische Anweisungen für ein Leben als Christ geben. In Kolosser 1,28; 3,16 tritt *didaskein* mit *nouthetein* in eine pastorale wie ethische Verbindung. Ähnlich wird es 1. Timotheus 4,11; 6,2; 2. Timotheus 2,2; Titus 1,11 gebraucht, abgesehen davon, dass es mittlerweile offizielle Lehrer gab. Titus 1,11 zeigt, dass die Rückbindung an die Schrift unverändert intakt war. Wenn Paulus das Alte Testament auch nicht zur Quelle ethischer Anweisungen zu machen scheint, so benutzt er es doch offensichtlich in seiner eigenen Lehre (vgl. Röm 3,31). Er scheint aber sein Lehren in erster Linie auf die Lehre Jesu (vgl. Gal 5,14) sowie auf dessen Liebe und Selbstaufopferung bis hin zum Tod am Kreuz (Phil 2,1 ff.) gründen zu wollen. So beugt er Gemeindespaltungen infolge des Eindringens bestimmter anderer Lehrer (vgl. Mt 23,8) vor.

Erziehung durch Gott

In der lukanischen Passionsgeschichte wird *paideuein* zweimal für „geißeln" gebraucht (23,16.20). Dieser Wortgebrauch ist außerbiblisch nicht bezeugt, aber zum griechischen Konzept der Kindererziehung gehörte das Auspeitschen, und im volkstümlichen Sprachgebrauch, wenngleich nicht im literarischen, hatte das Wort sehr wohl diesen Bedeutungsgehalt. Hebräer 12 handelt von der Züchtigung durch Leiden. Leiden ist Züchtigung durch den Vater, der in seiner verantwortungsvollen Liebe so handelt. Im Licht der Passion Christi ist es die Gewähr der Sohnschaft, mithin göttlicher Gnade und Vergebung. Es ist nicht bloß athletische Stählung, sondern Lebensverbindung mit Christus. εἰς παιδείαν (V. 7) markiert wohl kaum eine christliche „Kultur" als Zielsetzung. παιδεία ist nicht das Ziel, sondern der Weg: Gläubige müssen ausharren zum Zweck ihrer Erziehung. Genau wie irdische Eltern Züchtigung zum Besten ihrer Kinder ausüben, züchtigt der himmlische Vater die Gläubigen mit Blick auf deren Heiligung (V. 10). Ist παιδεία zunächst auch schmerzhaft, so resultiert sie doch in der „friedvollen Frucht der Gerechtigkeit" (V. 11). Eine eschatologische Sichtweise hebt diese Aussage über die Ebene praktischer Weisheit hinaus, ist das Endziel doch Teilhabe am ewigen Lobpreis Gottes im Himmel. Die Sendbriefe der Offenbarung vermitteln eben dieselbe Botschaft. Diejenigen, die Gott liebt, die schilt und züchtigt er (3,19). Die beiden hier benutzten Verben drücken gutwilliges Prüfen, Beurteilen, Strafen und Erziehen aus, nicht im moralisierenden Sinn, sondern in Kategorien göttlichen Handelns. Auch in Titus 2,12 steht Gottes liebevoller Vaterwille hinter dem, was eingeübt werden muss. Errettung ist das Ziel (V. 11), und dahin erzieht Gottes Wort, indem es zur Absage an alles Gottwidrige mahnt und die Hoffnung auf das Erscheinen Christi nährt. In 1. Korinther 11,32 greift Paulus den Gedanken auf, dass die Züchtigung Gottes an seinem Volk nicht der Verdammnis dient, denn diese harrt der Welt. Diese Züchtigung aber ist Ausfluss väterlicher Liebe. Dasselbe sagt 2. Korinther 6,9. Die Schläge, die Paulus als Apostel einstecken muss, sind die Erziehung, die der Herr ihm angedeihen lässt. Sie erscheinen negativ, bedeuten aber in Wirklichkeit Leben, Sieg über den Tod und Freude.

In diesem Zusammenhang steht *paratithemi* (anvertrauen) als Imperativ; gemeint ist ursprünglich, etwas aus der Hand zu geben, damit es sicher deponiert wird. Dieses mit dem im voranstehenden Kapitel zweimal auftretenden Nomen *paratheke* verwandte Verbum bezieht sich auf den Schatz, der Paulus vom Herrn anvertraut ist (2. Tim 1,12) und den Paulus jetzt seinerseits Timotheus anvertraut (V. 14), namentlich den Schatz „der gesunden Worte, die du von mir gehört hast" (V. 13). Nunmehr war es für Timotheus an der Zeit, den Schatz, der ihm anvertraut worden war, wieder anderen anzuvertrauen.

Timotheus fiel sozusagen die Aufgabe zu, in diesem geistlichen Staffellauf die zweite Runde zu laufen, in der er die Dinge, die er selbst von Paulus bekommen hatte – also die in die Tiefe gehende Lehre des Wortes Gottes –, seinerseits unter seiner Obhut stehenden vertrauenswürdigen Männern anvertrauen sollte. Das, was er sorgsam bewahren sollte (V. 14; 1. Tim 6,20), sollte er auch sorgsam lehren.

Die Wahrheit, von der Paulus hier redet, geht über die elementare Evangeliumsbotschaft von der Erlösung hinaus, welche allen gepredigt werden soll, die sie hören wollen. Hier spricht er vielmehr von der sorgsamen, systematischen Unterweisung von Leitern in der Gemeinde, die ihrerseits wieder andere Gläubige die Fülle des Wortes Gottes lehren und sie in diese Fülle hineinführen werden. Dieser Dienst der Unterweisung muss selektiv erfolgen. Er darf sich nur an treue Menschen richten, die selbst befähigt sind, wieder andere zu lehren. Paulus lenkt Timotheus dahin, dass er sich in das Leben geistlich hingegebener Menschen investiert, die begabt sind, potenzielle Pastoren und Evangelisten zu unterweisen. Solche Menschen müssen ihre Liebe zum Herrn und ihre Eignung zu diesem Dienst bereits unter Beweis gestellt haben. Sie müssen sich im Vorhinein durch einen bewährten geistlichen Charakter und entsprechende Fähigkeiten ausgezeichnet haben, ebenso wie durch fruchtbare Arbeit.

Mit anderen Worten, dieses besondere Vertrauen ist Menschen vorbehalten, deren Charakter die Treue von Gottes Wort und Gottes Sohn widerspiegelt. In diesem Zusammenhang bezieht sich Treue nicht allein auf einen geistlichen Charakter, sondern auch auf geistliche Begabung. Gott beruft nicht jeden Gläubigen, ein Lehrer und dann noch ein Lehrer von Lehrern zu sein. Paulus wusste, dass Timotheus dafür begabt war (s. 1,6), und weist ihn hier an, andere Menschen zu finden, die genauso begabt sind, um sie zu lehren.

Genau wie Timotheus muss jeder Prediger und Lehrer die Reinheit und Integrität des Wortes Gottes bewahren. Manche unter den Predigern und Lehrern sind darüber hinaus berufen, aus ihrem inneren Reichtum heraus und mit großer Sorgfalt andere gottgefällige Leiter in der Kirche zu unterweisen. Wie schon gesagt: Ist die Kirche schwach, dann deshalb, weil ihre Leiter schwach sind. Und umgekehrt gilt: Soll die Kirche stark sein, so müssen ihre Leiter stark sein. Und Leiter können nur stark werden, wenn sie sorgfältig im Wort Gottes auferbaut werden. Wir alle haben die Wahrheit von treuen Menschen empfangen, die uns voraus waren, und nun müssen wir sie bewahren, sodass sie in ihrer ganzen Fülle akkurat an die nächste Generation weitergegeben wird (vgl. 1. Tim 6,20; 2. Tim 2,14).

Hauptsächlich aus diesem Grund hat man Bibelschulen, christliche Hochschulen und Seminare ins Leben gerufen sowie Bücher und Kommentare verfasst: damit hingegebene christliche Männer und Frauen zum wirksamen Dienst an Kirche und Welt zugerüstet werden. Innerhalb dieser breiten Zielsetzung gibt es eine engere, nämlich dass wir besonders darauf achten müssen, neue Generationen reifer geistlicher Leiter hervorzubringen, die einzig und allein dazu ausgebildet und bestimmt sind, umsichtig über Gottes Wahrheit zu wachen und diese Wahrheit treu zu Gehör zu bringen. In die dritte Runde des Staffellaufs sollen diejenigen starten, die geistlich reife Leiter oder treue Menschen sind, selbst sorgfältig zugerüstet, und nun andere lehren können, die vielversprechend erscheinen. Das ist nur der Anfang eines anhaltenden Prozesses geistlicher Reproduktion, des Gelehrtwerdens und Lehrens, das weitergehen wird, bis unser Herr wiederkommt.

In einem allgemeineren Sinn sollten alle Gläubigen in einen solchen Prozess eingebunden sein, welche geistlichen Gaben sie auch immer haben mögen. Die Verantwortung dafür kommt insbesondere den Ältesten zu, „die in Wort und Lehre arbeiten" (1. Tim 5,17).[287]

287 Vgl. J. MacArthur, Second Timothy (The MacArthur New Testament Commentary), Chicago, IL 1995.

Die Gabe des Lehrens

Die Gabe des Lehrens wird an einigen Stellen des Neuen Testaments ausdrücklich erwähnt (Röm 12,7; 1. Kor 12,28; Eph 4,11) und ist als eine der wesentlichsten Gaben anzusehen. Der grundlegende Charakter des Lehrdienstes zeigt sich im Vorgehen der Apostel. Ihre Hauptarbeit war die Belehrung neugeborener Christen, die aus dem Heidentum herausgerettet worden waren. Die Lehrgabe bestand in einer übernatürlichen Fähigkeit, die Wahrheiten zu erklären und anzuwenden, die die Kirche bereits empfangen hatte. Insofern hängt sie, ohne damit identisch zu sein, mit der Erleuchtung zusammen, welche ein gottgewirktes Begreifen der Wahrheit meint. Offenkundig sind viele Christen vom Geist belehrt, besitzen aber nicht die Befähigung, das, was sie wissen, anderen so wirkungsvoll beizubringen wie diejenigen, die die Gabe des Lehrens besitzen. Die Lehrgabe beinhaltet nicht notwendigerweise zusätzliche, weitergehende Wahrheitserkenntnis – sie unterscheidet sich von der Gabe der Prophetie, bei welcher der Prophet Sprechorgan Gottes ist. Der Lehrer muss die Wahrheit verstehen und selbst vom Geist unterwiesen sein, die Lehrgabe beinhaltet jedoch eher Erklärung und Anwendung der Wahrheit als die Methode, durch die jene Wahrheit ursprünglich empfangen wurde. Heutzutage besteht die Gabe des Lehrens ausschließlich in der Lehre des Wortes Gottes mittels gottgewirkter Befähigung.

Universaler Lehrdienst

Während der Dienst des Hirten und Lehrers zumindest teilweise in die örtliche Gemeinde gehört (Apg 13,1; Hebr 5,12; Jak 3,1, 1. Tim 3,2; 5,17; 2. Tim 2,2.24), gibt es auch einen Lehrdienst von universalem Charakter (1. Kor 12,8.28f.; Eph 4,11; 1. Tim 2,7; 2. Tim 1,11).

Den besten Nachweis für dieses Prinzip bilden Leben und Dienst des Apollos. Auch wenn er sowohl in der Apostelgeschichte als auch in den Briefen nur gelegentlich erwähnt ist (Apg 18,24-28; 19,1; 1. Kor 1,4; 16,12; Tit 3,13), kann uns sein Leben Wichtiges lehren. Das Bild, das die Schrift von ihm zeichnet, ist von Bedeutung, weil er dieses ungemein wichtige missionarische Prinzip verkörpert. Er ist ein alexandrinischer Jude, ein gelehrter Mann, vollmächtig im Umgang mit der Schrift, unterwiesen im Weg des Herrn, brennend im Geist, geschickt und eifrig im Lehren, kraftvoll und überzeugend in der Rede. Doch ungeachtet all dieser Qualifikationen war er *Mit*arbeiter, jemand, der im Team wirkte. Er scheint kein evangelistischer Pioniermissionar gewesen zu sein, sondern ein überzeugender pastoraler und lehrender

Missionar. Als solchen empfahlen ihn die ephesischen Brüder den Jüngern von Achaja. Dort angekommen, war er „den Glaubenden durch die Gnade sehr behilflich“ (Apg 18,27). Als Nächstes finden wir ihn als Mitarbeiter der korinthischen Gemeinde (Apg 19,1; 1. Kor 1,4), wo er bewässerte, was Paulus gepflanzt hatte. Aller Wahrscheinlichkeit nach kehrte er von Korinth nach Ephesus zurück (1. Kor 16,12), wo er anscheinend gemeinsam mit Paulus arbeitete. Lange danach besuchte er die Gemeinden auf der Insel Kreta (Tit 1,5; 3,13) und festigte die dortigen Gläubigen.

6 Der Missionar

Biblische Qualifikationen eines Missionars

Ein bleibendes Prinzip: „So sende ich euch!" In den letzten zwölf Jahren hatte ich das Vorrecht, einiges an missionarischer Arbeit zu tun. Durch unseren Dienst in mehr als vierzig Ländern der Welt habe ich eine Menge gelernt. Der Gedanke, wir lebten in einer postmissionarischen Epoche, entspringt weder der Heiligen Schrift noch der Bedürfnislage der Welt, weder den Erwartungen der jüngeren Kirchen in der Welt noch dem christlichen Gewissen. Es bleibt dabei, dass die Nöte überhandnehmen, die Bitten dringlich, die Möglichkeiten überwältigend und die Erfolge beispiellos sind. Gott wirkt wie nie zuvor. Im Allgemeinen ist die Christenheit davon überzeugt, dass der Missionsbefehl von dauerhafter Geltung ist. Umso wichtiger ist es, dass wir genau auf seinen Wortlaut achten. Wenn man die beiden Textstellen des Johannesevangeliums vergleicht, die unmittelbar mit der Aussendung der Apostel zu tun haben, muss man sich zuerst mit Johannes 17,18 beschäftigen, wo das „gesandt" einen griechischen Aorist wiedergibt, also von einem Akt des Sendens die Rede ist – im Unterschied zu 20,21, wo wir es mit einer Indikativ-aktiv-Präsensform zu tun haben, die im Sinne eines Prozesses des Sendens bzw. einer fortwährenden Sendung verstanden werden kann.

Auch wenn man seine Argumentation nicht allein auf so einer grammatischen Unterscheidung aufbauen will, ist doch davon auszugehen, dass Johannes 20,21 implizit von einem beständigen Prinzip des Sendens spricht, das durch das gegenwärtige Heilszeitalter andauert. In Westcotts Johanneskommentar kann man nach einer Erörterung aller Johannesstellen, die mit der Sendung des Sohnes und der Apostel zu tun haben, nachlesen: „In allen Fällen [in denen der Aorist benutzt wird] lässt sich zeigen, dass die eigentliche Kraft des Lehrens in der konkreten Tatsache der Mission Christi liegt." Wiederum wird an anderen Stellen häufig genug das Perfekt eingesetzt, „um zu zeigen, dass es seine eigentliche Bedeutung wahrt und eine Mission bezeichnet, die in ihren sichtbaren Auswirkungen fortdauert".

Zu 20,21 bemerkt Bischof Westcott:

> *Die Mission Christi wird hier nicht unter dem Gesichtspunkt ihrer historischen Erfüllung („sandte") betrachtet, sondern mit Blick auf die Dauerhaftigkeit ihrer Wirkungen („gesandt hat"). Zwar sollte sich jetzt die Art und Weise der Erfüllung von Christi Mission ändern, die Mission selbst aber ging weiter und zeitigte weiterhin Wir-*

> *kung. Die Apostel wurden beauftragt, das Werk Christi weiterzuführen und nicht etwa ein neues zu beginnen. Ihr Amt war Umsetzung seines Amtes gemäß den Bedürfnissen der Menschen.*[288]

Fakt ist: das Prinzip der Sendung dauert ebenso fort wie das Werk Christi und die Bedürfnisse der Menschen. Dies lässt sich auch durch Römer 10,12-15 untermauern, wo die Sendung überaus entscheidend wird und eben vielmehr ein Prinzip als bloßen einzelnen Akt darstellt. Mag sich die Tätigkeit des Missionars als dauerhafte Ordnung innerhalb des Gesamtrahmens kirchlicher Dienste also auch nicht unbedingt auf einen direkten Befehl zurückführen lassen, so ergibt sie sich doch durch Rückschluss und Notwendigkeit.

Unsere Zeit erfordert es, dass wir mutig und risikobereit sind, um Größeres für Gott zu tun als jemals zuvor – in der Ernte und auf dem Schlachtfeld. Und sie fordert absolute Loyalität zum Wort Gottes, völlige Hingabe an unseren Gott, vorbehaltlosen Gehorsam gegenüber dem Heiligen Geist ebenso wie rückhaltloses Vertrauen auf ihn, unverbrüchliche Entschlossenheit, die Evangelisation der Welt nach Gottes Plan und gemäß dem Befehl unseres Herrn zu vollenden, schließlich sowohl radikales Denken als auch durchgreifende Innovation, um die Mission auf den Stand der Dinge zu bringen und unsere Aufgabe zu erfüllen.

Christus, der Gesandte

Mehrmals sprach unser Herr von sich selbst als dem Gesandten. Er wandelte, wirkte und litt in der tiefen Überzeugung, in die Welt gesandt zu sein (s. v. a. Joh 6 ff.). In der Tat, er war ein Apostel, ein Ausgesandter (vgl. Hebr 3,1).

Seine eigenen Worte machen deutlich, dass er in Segensgemeinschaft mit dem Vater wandelte, der ihn gesandt hatte, dass die Vollmacht des Vaters auf ihm ruhte und der Vater an seinem Dienst teilhatte. Die Erfahrung des Gesandtseins umschloss sowohl Bevollmächtigung als auch Gemeinschaftlichkeit. Das erleuchtete seinen Pfad und machte ihm die Last leichter, die er zu tragen hatte. In Unterordnung unter den Vater wie in Gemeinschaft mit ihm, der ihn gesandt hatte, stellte Jesus sich jedem Widerstand, all den Bedrängnissen des Dienstes und jedweder Kritik. Er ertrug Leiden, Schande und Tod und triumphierte in jeder Hinsicht.

288 Westcott, B. F. (1906): St. Paul's Epistle to the Ephesians. London.

Die Jünger als Gesandte

Wie wir im ersten Teil unserer Untersuchung sahen, erlebten die Jünger ihre Rolle ganz ähnlich. Auch sie waren Gesandte – Botschafter bzw. Apostel. Mehrmals sandte Christus sie zu bestimmten Diensten aus. Ja, er erwählte sie eben dazu, Apostel bzw. „Gesandte" zu sein (Lk 6,13). Auch wenn in den Evangelien eher der Aspekt der Jüngerschaft im Vordergrund steht, gebricht es doch nicht am Bewusstsein des Apostolats. Neun Mal werden die Jünger in den Evangelien Apostel genannt. In der Apostelgeschichte tritt dann die Jüngerschaft voll zugunsten des Apostolats zurück. Somit wandelten und wirkten auch die Jünger im vollen Bewusstsein, zu einem bestimmten Zweck und mit einer definitiven Botschaft in die Welt gesandt zu sein.

Indessen gibt es einen absoluten Unterschied zwischen der Sendung der Jünger und derjenigen unseres Herrn: Niemals heißt es von ihnen, der Vater habe sie gesandt. Im Gegenteil, zweimal wird ausdrücklich vermerkt, dass sie von Christus gesandt sind (Joh 17,18; 20,21). Schon vor diesen Vermerken hatte Christus sie in seinem eigenen Namen ausgesandt (s. Mt 10,1 f.; Mk 3,13-19; 6,6-13; Lk 9,1-6; 10,1-20). Es verhält sich mithin so, dass Christus der Apostel des Vaters ist, die Jünger jedoch Apostel Jesu Christi sind. Paulus bezeichnet sich wiederholt als „Apostel Jesu Christi", und Gleiches gilt für Petrus, wie schon in früheren Kapiteln gezeigt wurde. Christus war ihre sendende Autorität, von Christus waren sie bevollmächtigt. Und Christus hatte auch teil an ihrem Dienst.

Somit wird der Aussendende selbst zum engsten Wegbegleiter im Dienst. Die Apostel waren nicht aufgefordert, Missionsarbeit für Christus zu tun – sie sollten mit Christus missionieren. Das ist in der Tat wahre Missionspartnerschaft. Paulus konnte mit innerer Genugtuung sagen, er sei Mitarbeiter Gottes. Christus identifiziert sich mit denen, die er sendet. Seine Gegenwart, sein Geleit sind fortwährende Erfahrung und bleibendes Erbe der von ihm Gesandten. Umso mehr haben sie es nötig, anhaltend im Bewusstsein seiner Gegenwart zu leben.

Der Missionar als Gesandter

Ein Missionar heute ist „Gesandter", sofern er Missionar im biblischen Sinne des Wortes ist. Ein Missionar ist nicht jemand, der hinausgegangen ist, sondern jemand, der ausgesandt wurde. Die Sendung macht den ganzen Unterschied aus. Es sei denn, ein Missionar kann in der segensreichen Gewissheit voranschreiten, ausgesandt worden zu sein, so kann er nicht Strapazen und Frustrationen, Bedrängnisse und Enttäuschungen des Lebens in der Mission aushalten. Die entscheidende Frage lautet mithin:

1. Wer sendet heute Missionare aus?
2. Worin besteht die Vollmacht der Sendung?
3. Kann diese Vollmacht weiterdelegiert werden?

Es liegt auf der Hand, dass ein Missionar von heute seine Aussendung nicht genauso erfährt, wie es die Apostel Christi taten. Damit verbindet sich eine schwerwiegende Frage, die es verdient, dass wir sie sorgsam und betend erwägen.

Unsere Zeit leidet unter zwei Extremen:

- Auf der eine Seite steht die Unabhängigkeit des Individuums, die eher aus dem westlichen Individualismus als aus dem individuellen Priestertum des Gläubigen und der daraus resultierenden Eigenständigkeit erwächst.
- Auf der anderen Seite steht das hierarchische System mit seiner straffen, zentralisierten Organisation, innerhalb derer dem Individuum nur wenig oder gar kein Bewegungsspielraum bleibt. Unter diesen Umständen müssen wir uns der biblischen Grundlagen und Direktiven vergewissern.

Das Neue Testament bietet bestimmte Tatsachenbehauptungen, die uns sowohl vor dem einen wie auch vor dem anderen Extrem bewahren und uns in dieser wichtigen Angelegenheit mit den notwendigen Direktiven versehen können. Diese Tatsachen haben mit dem neutestamentlichen Apostolat einerseits und dem Gewicht der Kirche andererseits zu tun. Daraus ergibt sich nachstehendes Profil eines Missionars. Der Missionar ist also

1. ein Gesandter – ein Botschafter, Herold, ein Mann auf dem Weg;
2. ein Apostel: ausgesandt durch die Kirche in göttlicher Autorität für eine bestimmte Mission;
3. ein Evangelist – einer, der die Gute Nachricht hinausträgt, ein Träger des Evangeliums.

Diese drei Definitionen bestätigen sehr schön unsere Beschreibung des Missionars.

Der Missionar: eine vorläufige Definition

Auf die Frage: „Wer ist wirklich ein Missionar?" kann man mit verschiedenen Definitionsansätzen antworten.

Ein Missionar zeichnet sich durch mindestens drei Grundqualitäten aus:

1. Er ist ein Gläubiger, der sich hat aussenden lassen, ein Botschafter und Herold des Herrn.
2. Er hat einen feststehenden Auftrag zu erfüllen: das Evangelium zu predigen und Gemeinden zu pflanzen.
3. Er muss mit diesen Gemeinden zusammenarbeiten, um Gottes Plan in der jeweiligen Gesellschaft und weltweit zur Erfüllung zu bringen.

Die Überzeugung, dass jeder Christ eine missionarische Verpflichtung hat, darf nicht zurückgeschraubt werden, trägt sie doch einer wichtigen biblischen Tatsache Rechnung und harmoniert vollkommen mit der biblischen Elementarlehre vom Priestertum aller Gläubigen und dem unabdingbar missionarischen Wesen der Kirche. In unseren Tagen der Verallgemeinerungen

- ist fast alles Mission,
- ist fast jeder ein Missionar,
- fast so sehr, wie jeder Apostel oder Prophet ist.

Die Bibel bietet keine formale Definition von „Mission" oder „Missionar". Aber der Schrift gemäß (bitte untersuchen Sie sorgfältig den Missionsbefehl: Mt 28,18 ff.; Mk 16,14-20; Lk 24,44-48; Joh 20,19-23; Apg 1,8; 26,13-20) ist ein Missionar ein Botschafter mit einer Botschaft von Gott, ausgesandt, nachdem er von Gott berufen wurde, Missionar zu sein, und ausgestattet mit göttlicher Autorität zum feststehenden Zweck von Evangelisation, Gemeindegründung und Gemeindeaufbau. Im technischen und traditionellen Wortsinn ist ein Missionar ein christlicher Botschafter des Evangeliums von Jesus Christus, ausgesandt in der Autorität des Herrn und der Kirche, damit er um des Dienstes willen in fremde Länder gehe.

Qualifikationen und Dienstvorbereitung eines Missionars sind nicht ohne Weiteres zu bemessen, zu standardisieren oder festzulegen. Unterm Strich ist missionarische Arbeit Arbeit von Mensch zu Mensch und hängt weitestgehend von den natürlichen Befähigungen, der Persönlichkeit und dem Charakter des christlichen Mitarbeiters ab, viel mehr als von seiner akademischen Vorbildung. Im Allgemeinen werden Vorbildung und Qualifikationen eines Missionskandidaten nach verschiedenen Maßgaben eingeschätzt, die man wie folgt benennen kann:

1. geistliche Voraussetzungen,
2. lehrmäßige Voraussetzungen,
3. akademische Voraussetzungen,
4. qualifizierende Persönlichkeitsmerkmale,
5. soziale Voraussetzungen,
6. körperliche Voraussetzungen.

Es liegen ebenso gelungene wie umfassende Listen von Voraussetzungen zum missionarischen Dienst vor, die man bei fast jeder Missionsgesellschaft anfordern kann.

Im Einzelnen hängen diese Voraussetzungen noch von folgenden Faktoren ab:

1. der Regierung des Landes, in dem der Missionar arbeiten möchte;
2. der Denomination oder Missionsgesellschaft, in deren Auftrag der Missionar seine Arbeit durchführt;
3. dem Zustand der Kirche in dem Land, in dem der Missionar dienen will;
4. der konkreten Aufgabe, die er zu erfüllen, bzw. der Position, die er wahrzunehmen hat: im Bildungsbereich, in der medizinischen Versorgung, in der kirchlichen Gemeindearbeit, in der Evangelisation oder im Bereich technischer Unterstützung.

Alle diese Faktoren müssen im Blick auf die Eignung eines Missionars zusammenspielen. Göttliche Zurüstung und Qualifikation jedoch sind nicht mechanisch, denn Gott lässt weder unsere Persönlichkeit außer Acht noch überschreitet er die Gesetzmäßigkeiten unseres Denkens. Unsere Vorbereitung auf den Dienst hat sowohl eine menschliche als auch eine göttliche Seite. Unsere göttliche Bestimmung wird uns zur Herausforderung, uns nach besten Kräften vorzubereiten, um die Aufgabe, die Gott uns stellt, zu erfüllen. Unterm Strich ist es allein der Heilige Geist, der uns wirklich für das Werk des Herrn geeignet machen kann – wie Gottes Wort sagt: „Nicht durch Heer oder Kraft, sondern durch meinen Geist, spricht der Herr."

Christus hatte in seinem Dienst nicht bloß eine große Anhängerschaft, sondern er hatte auch Freunde, Jünger und Mitarbeiter, die ihm überaus nahestanden. Seine Jünger waren beständig bei ihm (Apg 1,21 f.). Sie waren seine Schüler und seine Unterstützer, die mit ihm dienten, für ihn beteten und schließlich zu seinen Aposteln wurden.

Auch Paulus hatte seine Mitarbeiter. Ohne Zweifel war ihm sein Apostolat als Alleinstellungsmerkmal bewusst: seine unteilbare apostolische Mission, Autorität und Verantwortung. Dennoch ging er höchst vertraut und herzlich mit seinen Gefährten um. Er kannte sie als

- Mitarbeiter (Phil 4,3; 1. Thess 3,2; Phlm 24; Röm 16,3.9.21; Phil 2,25; Kol 4,11);
- Mithelfer (2. Kor 8,23);
- Mitkämpfer (Phil 2,25; Phlm 2);
- Mitsklaven (Kol 1,7; 4,7);
- Mitgefangene (Röm 16,7; Kol 4,10; Phlm 23).

Sie waren seine Partner (2. Kor 8,23), Gefährten (Phil 2,25), Helfer (Röm 16,3.9). Sie teilten seine Mühen (1. Kor 3,9). Durch all das wurden sie reif und zugerüstet, seine Mission mit ihm zu teilen.

Hudson Taylor, der große Vordenker der modernen Mission, führt folgende Eigenschaften auf, die zur Dienstfähigkeit eines Missionars gehören:

- ein Gott ausgeliefertes, von seinem Geist beherrschtes Leben;
- ein ruhiges Vertrauen auf Gott dafür, dass er alle Bedürfnisse erfüllen wird;
- ein ansprechendes Wesen und die Bereitschaft, eine niedrige Stellung einzunehmen;
- Takt im Umgang mit Menschen und Anpassungsfähigkeit an wechselnde Umstände;
- Eifer im Dienst und Standhaftigkeit in Enttäuschungen;
- Liebe zur Gemeinschaft mit Gott und zum Studium seines Wortes;
- einige Erfahrung und Bewährung in der Reichsgottesarbeit zu Hause;
- einen gesunden Körper und einen vitalen Geist.

Von Gott berufen zu sein ist eine äußerst ernste, heilige Angelegenheit, die das Beste von uns fordert. Paulus sagt: „… soviel an mir ist, [bin ich] willig, … das Evangelium zu verkündigen“ (Röm 1,15). Das könnten wir so paraphrasieren: „Ich habe alle Fähigkeiten, die ich in mir trage, auf einen einzigen Zweck hin mobilisiert, entfaltet und ausgerichtet, nämlich das Evangelium von Jesus Christus zu verkündigen.“ Das müssen wir lernen und tun, um der Herausforderung des göttlichen Rufs zu begegnen.

Insgesamt ist der Dienst des Missionars dem des Apostels sehr ähnlich. Er ist apostolischer Dienst ohne apostolisches Amt.

Teil 3

Die Funktion des fünffältigen Dienstes
in der Gemeinde heute

1 Aspekte des fünffältigen Dienstes

Sagen wir einmal, Gemeindeleiter haben mittlerweile die Bedeutung der Gaben und Ämter erkannt, aus denen die „große Fünf" besteht – für eine rapide wachsende Zahl von ihnen trifft das tatsächlich zu. Daraus ergibt sich unmittelbar die Notwendigkeit zu bestimmen, wie jedes dieser fünf Ämter sich zu den anderen vier verhält. Dabei könnte sehr leicht herauskommen, dass die schwierigste Kombination unter allen möglichen die zwischen Leuten, die gegenwärtig im pastoralen Dienst stehen, einerseits und Propheten und Aposteln andererseits ist – und umgekehrt.

Wir müssen uns noch einmal aus zwei unterschiedlichen Perspektiven – nämlich zum einen der ekklesialen, zum anderen der historischen – mit den gemeindlichen Leitungsämtern befassen. Es ist wichtig, diese beiden Perspektiven erfasst zu haben, damit wir das Gesamtbild dessen in den Blick bekommen, was der Herr heute tut.

Unter dem ekklesialen Gesichtspunkt gingen wir von Epheser 2,20 aus: Die Haushaltung Gottes ist „aufgebaut auf der Grundlage der Apostel und Propheten, wobei Christus Jesus selbst Eckstein ist". Ein Kommentar erübrigt sich. Nehmen wir allerdings den historischen Blickwinkel ein, so erkennen wir, dass die Ordnung umgedreht worden ist – zumindest begann diese Verdrehung nach den ersten paar Jahrhunderten und beschleunigte sich im weiteren Verlauf.

Im Februar 1948 geschahen in einer Reihe von Gottesdiensten eingehende Weissagungen, gleichzeitig kam es zu verzücktem Lobpreis. Diese Geschehnisse wurden als Auftakt einer Heimsuchung Gottes aufgefasst, die die endzeitliche Erweckung einläutete. Sie wurden unter der Bezeichnung „Spätregen-Bewegung" bekannt. Diese Bewegung wurde zu einer mächtigen Kraft, die die Pfingstbewegung im Nordwesten Kanadas und in den zentralen Bundesstaaten der USA entflammte. Sie brachte aber nicht nur geistliche „Erfrischung" mit sich, sondern löste auch sofortige Ablehnung seitens etablierter Denominationen aus, und zwar nicht nur von pfingstkirchlicher Seite, sondern quer durch die Ökumene. Spätregen-Einflüsse spalteten viele Ortsgemeinden und brachten lehrmäßige wie glaubenspraktische Übersteigerungen mit sich, behauptete man doch, „neues Licht" von Gott zu empfangen.

Der Hauptteil der heutigen Lehre vom fünffältigen Dienst reicht mindestens in die Zeit der Spätregen-Bewegung zurück. Michael G. Moriarty benennt sieben Punkte, die die Spätregen-Bewegung lehrmäßig in den Neopentekostalismus eingetragen habe[289]:

289 M. G. Moriarty, The New Charismatics, Grand Rapids, MI 1992.

1. die *Restaurationslehre:* Dabei handelt es sich um die Überzeugung, dass Gott seit der Reformation Zug um Zug verloren gegangene Wahrheiten in der Kirche wiederherstellt, darunter die Lehre von der Rechtfertigung aus Glauben, die Praxis der Wassertaufe durch Untertauchen, die Lehre der Heiligung, den Glauben an göttliche Heilung, die Taufe im Heiligen Geist und schließlich den fünffältigen Dienst;
2. den *fünffältigen Dienst:* die Ansicht, Kirche könne nicht „voll wirksam sein, ohne dass alle fünf Ämter ... im Leib Jesu aktiv sind";
3. *geistliche Tugenden*, darunter Hingabe, Fasten und Handauflegung;
4. die *Prophetie:* „Das Weissagen beschränkte sich nicht länger auf allgemeine Worte der Ermahnung, sondern umfasste detaillierte persönliche Offenbarungen, die Lebensführung und konkrete Weisung brachten";
5. die *Wiederentdeckung wahrer Anbetung:* „die Überzeugung, dass die Manifestation der Gegenwart Gottes von einer bestimmten Ordnung des Lobpreises einschließlich Zungensingen, Klatschen, Rufen, gesungenen Weissagungen und einer neuen Weise des Lobpreistanzes abhängt";
6. die Ansicht von der *Unsterblichwerdung der Heiligen:* „die Überzeugung, dass nur diejenigen Gläubigen, die sich zu den Wahrheiten der Spätregen-Bewegung halten, jedoch nicht notwendigerweise alle, die zur Kirche gehören, einen Status der Unsterblichkeit erlangen werden, noch ehe Christus wiederkommt";
7. die Lehre von der *Einheit im Glauben:* „die Lehre, dass die Kirche Einheit im Glauben erlangen werde, ehe Christus wiederkommt".

Anhänger des fünffältigen Dienstes sagen, die Kirche werde ihren Auftrag besser erfüllen und das zweite Kommen Jesu beschleunigen, wenn sie die fünf Ämter der Kirchenleitung annehme, wie Paulus sie in seinem Brief an die Epheser aufführt (4,11 ff.): Evangelist, Pastor, Lehrer, Apostel und Prophet.

Buchstäblich kein einziger Christ hat irgendwelche Schwierigkeiten mit der anhaltenden Bedeutung von Evangelisten, Pastoren und Lehrern. Worin die Fürsprecher des fünffältigen Dienstes und ihre Kritiker nicht übereinstimmen ist die Frage, ob die Ämter des Apostels und des Propheten über die frühe Kirche hinaus Bestand hatten oder nicht. Seit langer Zeit glauben die Bischöfe der römisch-katholischen wie der anglikanischen Kirche an die „apostolische Sukzession", womit gemeint ist, dass sie ihre Amtsweihe in direkter Linie bis auf die Apostel des Herrn zurückführen können. Kritiker des fünffältigen Dienstes hegen die Sorge, die Bewegung erhebe im Blick auf das heutige Apostolat Ansprüche, die noch über diejenigen der apostolischen Sukzession hinausgingen.

Der Präsident des *Christian Research Institute*, Hank Hanegraaff,[290] formulierte seine Bedenken in einer Radiosendung so:

> *Wenn man unter „Aposteln" und „Propheten" christliche Führer derselben Art versteht wie die zwölf Apostel oder der Apostel Paulus, geht man eindeutig irre. Es gibt heute keine kirchlichen Führer, deren Autorität nicht hinterfragt werden kann oder durch die der Kirche neue lehrmäßige Offenbarungen vermittelt werden oder deren Lehren alle Christen annehmen müssen.*

Manche Fürsprecher des fünffältigen Dienstes, unter ihnen der Pastor der *Evangel Christian Fellowship* im kalifornischen San Jose, David Cannistraci, geben zu, dass die Apostel der Neunzigerjahre nicht denselben Mantel der Autorität für sich beanspruchen können wie die Apostel Jesu.[291] „Es ist offensichtlich, dass die zwölf Apostel eine einzigartige, autoritative Position im Reich Gottes innehaben", schreibt Dr. David Cannistraci und fährt fort: „Die Verwechslung der zwölf Apostel (die einzigartig sind und deren Wirken vollkommen ist) mit den anderen Aposteln im Neuen Testament (deren Wirken von manchen für vollkommen gehalten wird, was aber nicht zutrifft) hat den Irrtum genährt, dass es mit dem Apostelamt sein Bewenden habe." Und schließlich argumentiert Cannistraci:

> *Die Bibel lehrt, dass das Apostelamt ein immerwährendes ist. Damit haben wir natürlich das überzeugendste Argument für die Wertschätzung heutiger apostolischer Amtsausübung. Paulus stellt fest, dass Apostel (genau wie Propheten, Evangelisten, Hirten und Lehrer) so lange eine Rolle im Plan Gottes spielen werden, „bis wir alle hingelangen zur Einheit des Glaubens und der Erkenntnis des Sohnes Gottes, zur vollen Mannesreife, zum Maß der vollen Reife Christi" (Eph 4,13). Wichtig ist das Wörtchen „bis". Natürlich hat die Kirche diesen Status der Vollkommenheit und abgeschlossenen Reife noch nicht erreicht. Funktion, Amt und Berufung des Apostels*

---

290 The Christian Research Institute (CRI) bietet eine christliche Hilfe für Apologetik. CRI wurde eingerichtet, um gläubige Christen zuzurüsten, die traditionellen, biblischen Werte zu verteidigen. Dabei konzentriert man sich auf wesentliche Glaubensaussagen, um so falsche Lehren zu entlarven und zu widerlegen. Ein tägliches Radioprogramm („The Bible Answer Man"), diverse Bücher, die Veröffentlichung verschiedener Essays und eine eigene Website (www.equip.org) helfen CRI dabei, dieses Ziel zu erreichen. Seit 1989 leitet Hank Hanegraaff CRI. (gefunden unter www.ministrywatch.com. Stand: 12.05.2008. Eigene Übertragung des Übersetzers)

291 News Watch column of the Christian Research Journal, volume 22, number 1 (1999). Dangerous New Trends. Zondervan Publishing House, Academic and Professional Books. Grand Rapids, MI, A Division of Harper Collins Publishers.

müssen als unabdingbare Teile des Leibes Christi bestehen bleiben, bis dieses Ziel erreicht ist.[292]

In den Augen vieler charismatischer Leiter ist das Wiederauftreten echter Apostel und Propheten in der heutigen Zeit notwendiger Bestandteil der kraftvollen Wiederherstellung der neutestamentlichen Gemeinde. Ihrer Überzeugung nach treten im Leib Jesu verfaulte Fundamente zutage und das Heilmittel dagegen ist die Wiederherstellung apostolischer und prophetischer Dienstvollzüge (Eph 2,20). Gott wollte die Kirche niemals auf die Dienste der Evangelisten, Hirten und Lehrer allein gegründet sehen. Sie braucht alle fünf in Epheser 4,11 erwähnten Ämter, wenn sie ihr volles Potenzial in Christus erlangen will. Für die völlige Zurüstung des Volkes Gottes und einen Gemeindeaufbau, wie Gott ihn will, ist apostolische und prophetische Leiterschaft in der Kirche absolut notwendig. Mit dieser Feststellung sagen die Charismatiker über die Kirche unserer Tage, dass sie nicht der Lehre der neutestamentlichen Apostel und Propheten folgt, wie wir sie in der Schrift vorfinden. Ich stimme dem nicht zu. Eine wirkliche bibelgläubige Gemeinde ruht sehr wohl auf dem Fundament der neutestamentlichen Apostel und Propheten, denn in ihr folgt man deren Lehre, deren Umgang mit geistlichen Gaben und Diensten und deren Mandat zur Evangelisation, man unterwirft sich ihren geistlichen Prinzipien und anerkennt ihre Autorität in der Kirche.

Dr. Bill Hamon, Gründer der Schulen und Dienstwerke unter dem Label *Christian International* und einer der am weitesten anerkannten Propheten in den heutigen charismatischen Kreisen, schreibt:

Ich glaube, dies ist ein Zeitalter, in dem Gott eine Vielheit von Propheten aufstehen lässt, die gesalbt und beauftragt sind – ehrliche, wahrhaftige, zugerüstete und durch Erfahrung gereifte Leute. … Jesus ist entzückt von dem Gedanken, dass seine Propheten bald volle Anerkennung finden und von seiner Gemeinde angenommen sein werden. Wenn dies geschieht, wird es das Herannahen der Vollendung der Zeiten fördern. Es wird die „Zubereitung eines Volkes für den Herrn" beschleunigen, sodass er wiederkommen kann. Es ist das Weissagen der Propheten, das die Kirche aus einem disparaten Tal der Totengebeine in eine vereinigte Versammlung verwandelt, die wächst und reift, bis sich die Kirche als überaus große und mächtige Armee des Herrn erhebt (Ez 37,1-14).[293]

292 D. Cannistraci. *Apostles and the Emerging Apostolic Movement.* Ventura, CA 1996, S. 37.

293 Hamon, Bill. (1997): Apostles, Prophets and the Coming Moves of God. Shippensburg, PA: Destiny Image Publishers Inc.

Die Charismatiker glauben, genau wie der Prophet Johannes der Täufer im Geist Elias kam, um Christi erstem Kommen den Weg zu bereiten, schickt sich heute eine Schar zeitgenössischer Propheten an, die Kirche im Geist und in der Kraft Elias so zuzurüsten, dass sie dem zweiten Kommen Christi den Weg bereitet (Mal 4,5). Diese Überzeugung sprechen führende charismatische Propheten und Apostel öffentlich aus, ohne dass sie aber bei der Mehrheit der Gläubigen Gehör finden.

Genau wie der Prophet Jeremia den Ballon des falschen Zutrauens zu religiösen Ritualen zum Platzen bringen musste, werden die modernen Propheten der Kirche Offenbarung und Klarsicht im Hinblick darauf verschaffen, was Gott in dieser Zeit vorhat. Moderne Propheten veranlassen Leiter dazu, die Aktivitäten ihrer Gemeinden im Lichte der von ihnen verkündigten neuen Wahrheiten auf den Prüfstand zu stellen. Sie agieren an vielen Gemeinden als prophetische Operateure und erwecken die Gemeinden so für Gottes Wahrheit heute. Manche Charismatiker behaupten, ohne die *Vision* und die *frische Offenbarung* moderner Propheten habe die Kirche keinerlei Chance auf Erneuerung. Wenn wir allerdings glauben, das Wort Gottes besitze keine Kraft zu erneuern und könne keine Hoffnung auf Vervollkommnung vermitteln, wie es nur frische Offenbarungen durch prophetische Dienste könnten, dann schätzen wir die Kraft des Wortes Gottes gröblich falsch ein. Die Kirche hat den Auftrag, Gottes Reich auf Erden auszubreiten – deshalb reaktiviert Gott das Amt des Apostels und den Dienst apostolischer Teams.

Vertreter dieser Auffassung gehen davon aus, dass moderne Apostel und „apostolische Teams“ das biblische Mittel zum Aufbau oder Wiederaufbau der Kirche und zum Voranbringen des Reiches Gottes auf Erden sind. Demnach muss ein heutiger Apostel bzw. in manchen Fällen eine Gruppe von Aposteln *in einer Ortsgemeinde verankert sein und eifrig daran arbeiten, neue Gemeinden zu gründen sowie den Wiederaufbau und die weitere Entwicklung bestehender Gemeinden zu beaufsichtigen.* Gemeinden, die dem Wiederaufkommen von Aposteln Raum geben, werden zu reifen Bastionen der Kraft und Herrlichkeit Gottes heranwachsen. Doch diejenigen, die sich dem Apostolat verweigern, versäumen Gottes Plan für die Kirche, weil sie nicht die von ihm gewollten Vorkehrungen treffen. Für die neuen Charismatiker gilt: „Genau wie der Dienst des Apostels und Propheten die Kirche begründete, wird es auch der Dienst des Apostels und Propheten sein, der letzte Hand an die Kirche legt.“

Auf den Wiederherstellungsapostel (Definition siehe unten) Terry Virgo gehen die folgenden Bemerkungen über das Bedürfnis nach apostolischer Autorität zurück:

> *Älteste fühlen sich häufig in den bestehenden Strukturen gefangen und sehnen sich nach einer Stimme von außen, die mit Autorität den Weg zeigt, der voranführt. Ja, sehr häufig sind es die Ältesten, die das Bedürfnis nach apostolischem Dienst am deutlichsten spüren. ... Traditionelle Gemeinden sehen sich dem Druck neuen Lebens ausgesetzt. Charismatische Gaben breiten sich aus, und die Leute äußern den Wunsch nach freizügigerem Lobpreis. Wie sollen Leiter da vorgehen? Viele sehen sich vor solchen Fragen und wissen nicht, welchen Weg sie einschlagen sollen. Konferenzen, auf denen sich ähnlich denkende Pastoren treffen, können hierauf keine vollwertigen Antworten geben, ebenso wenig wie charismatische Organisationen. Gottes Methode besteht darin, dass er Apostel und Propheten gibt. Er hat schlicht und einfach verschiedene Menschen mit verschiedenen Gaben für verschiedene Aufgaben ausgerüstet.*[294]

Viele charismatische Leiter lehren heute, Gott lege weltweit in Erneuerungsgemeinden frische Fundamente. Dies geschehe „im Wege der Erfahrung" durch moderne Apostel und Propheten, die selbst Teil dieses Fundaments seien. Man sieht Epheser 2,20 nicht auf die Apostel des ersten Jahrhunderts beschränkt (diejenigen Apostel, die mit Christus unterwegs waren), sondern bezieht die Stelle auf jene Apostel und Propheten, die unter den Ephesern dienten und das Fundament der dortigen Gemeinde legten. Eigentlich habe Gott gewollt, dass es quer durch die Geschichte der Christenheit Apostel und Propheten sein sollten, die das Fundament einer jeden neuen Gemeinde legten, und dies gelte vor allem heutzutage, da wir in den letzten Tagen lebten. Da Apostel und Propheten Teil des Fundaments sind, steht eine Gemeinde ohne sie tatsächlich auf brüchigem Grund.

Es ist wichtig festzuhalten, dass die Apostel und Propheten ein einmaliges Lehramt innehatten, in dessen Rahmen sie häufig auch neue lehrmäßige Offenbarungen mitteilten. Damit gilt: Was das Fundament der Kirche ausmacht, ist weder die Person noch das Amt eines Apostels oder Propheten – es ist seine Lehre.

„Praktisch bedeutet das", so der Theologe John Stott, „dass die Kirche auf den Schriften des Neuen Testaments ruht. Sie sind ihre Gründungsdokumente." Ein anderes Verständnis gäbe ernsthafte Gläubige der Willkür selbst ernannter Apostel und Propheten preis und verzerrte krass den Kontext, aus welchem heraus Paulus den Ephesern so schreibt.[295]

294 Virgo, Terry. (2003): Does the Future Have a Church? Kingsway Communications.

295 Stott. John R. (1979): *God's New Society: The Message of Ephesians.* Downers Grove

Der einzig feste Grund wurde durch die Apostel und Propheten des ersten Jahrhunderts gelegt, die uns das Neue Testament gaben. Dieses ist das einzig unfehlbare Fundament, das in Jesus Christus selbst gelegt ist, dem Eckstein, der dem Haus – seiner Gemeinde – die nötige Stabilität verleiht. Moderne Apostel und Propheten versuchen ein Fundament zu „legen" oder „wiederherzustellen", das niemand je verrückt hat.

Das führt zu der Frage: *Muss eine Gemeinde sich auf ein Leitungssystem stützen, in dem Apostel an der Spitze der Autoritätspyramide stehen, weil diese ein Teil des Gemeindefundaments sind?*

Bill Hamon sagt ja, weil Propheten Gemeinden helfen, ihr Fundament zu legen, indem sie prophetisch die Gemeindevision klären, Wegweisung geben, für verschiedene Gemeindebereiche Anweisungen erteilen und zeigen, an welcher Stelle ihres Weges hin zu dem Ziel, das Gott ihr gesetzt hat, eine Gemeinde sich befindet.

Wahrhaft Gläubige und geistliche Leiter hegen heutzutage eine Menge solcher Fragen.

Ein korrektes Verständnis dieser Dinge muss auf einem festen Grund ruhen. Ich benutze ein Dreierschema zur Kategorisierung gültiger Lehren mit den Kategorien „Dogma", „Lehre" und „Überzeugung". Zur Kategorie „Dogma" gehören jene Inhalte, die uns überhaupt erst zu Christen machen. Dogmatisch sind Aussagen, die für den christlichen Glauben absolut unverhandelbar sind. Zur zweiten Kategorie, „Lehre", gehören jene Inhalte, die unsere Sicht von Wesen und Dienst der Kirche prägen. Verständnisunterschiede in diesem Bereich bedeuten nicht notwendigerweise, dass Glaubenseinheit nicht möglich ist, bedingen aber denominationelle Identitäten, abweichende Dienstpraktiken und Grenzziehungen in der Zusammenarbeit mit anderen.

Viele stellen die buchstäbliche Schriftauslegung infrage und ersetzen sie durch eine allegorisierende. Gerade im Bereich der Endzeitprophetien ändern manche den Schriftsinn. Statt der Entrückung der Gemeinde kommt zuerst, so die Sichtweise der Spätregen-Bewegung, eine spirituelle Wiederkehr des Geistes, wohlgemerkt ohne leibliche Wiederkunft Christi. Manche reden von einer „kommenden Herrlichkeit" der Gemeinde, durch die sie zunächst einmal Kraft empfangen werde. Danach wird die Gemeinde Gottes Regierung auf Erden sein, ihre Zugehörigen werden als Krieger, Richter und Herrscher mittels übernatürlicher Kräfte – Elohim, größer als die urchristlichen Apostel – ihre weltweite königliche Autorität ausüben. Erst nachdem das von uns bewältigt sein wird, wird Jesus wiederkommen. Man sagt uns, die „neuen Apostel und Propheten" würden die Kirche in ein neues Zeitalter führen, nämlich dasjenige der letzten großen Erweckung. Nun ist dies alles nichts weiter als eine Fortschreibung der Lehre von der gemeindlichen Endzeitregierung, deren Wurzeln in der Spätregen-Erweckung der späten Achtziger- und Neunzigerjahre – nicht in der frühen Phase der Bewegung um 1950 – liegen.

Die Dienste der frühen Kirche widerspiegeln verschiedene Gesichtspunkte in Bezug darauf, wie die Berufung der Gemeinde und ihre korrekte Organisation aussehen sollten. Dass die frühe Kirche durchorganisiert war, zeigt sich auch an der Sorge, die an die rechte Ordnung aller Aspekte gemeindlichen Lebens gewandt wurde. Paulus wies die Korinther an, dass alles in der Gemeinde „anständig und in Ordnung" zu geschehen habe (1. Kor 14,40), was so viel bedeutet wie eine ausgewogene, durchdachte Handhabung sämtlicher Gemeindeaktivitäten. Die vom Apostel hier vorgegebene Ordnung erwächst aus Disziplin und Strukturiertheit. Bitte lassen Sie mich auf den folgenden Seiten auf einige dieser Punkte näher eingehen, wobei ich hoffe, Ihnen eine solide biblische Perspektive davon vermitteln zu können, wie der fünffältige Dienst heute in der Gemeinde harmonisch funktionieren kann. Wenn es je notwendig war, sich als Leiter zusammenzufinden und eine starke Einheit des Geistes herzustellen, um den Mächten des Bösen entgegenzutreten, dann heute. Wir brauchen nicht mehr Diskrepanzen und Uneinheitlichkeit, sondern wir alle brauchen die Klarheit des Wortes Gottes.

2 Wiederherstellung

Mit Verweis auf Bibelstellen, die dem Handeln der frühen Kirche und sogar dem Neuen Testament vorausgehen – worauf wir gleich noch zurückkommen werden –, propagieren Mitarbeiter im fünffältigen Dienst kühn, sie wirkten in einer von Gott autorisierten Berufung. Heute versammeln sich viele Gläubige in gottesdienstlichen Kontexten, die sich als von einem Propheten oder Apostel geleitet definieren, welcher beansprucht, nunmehr seinen „rechtmäßigen Platz" neben den Lehrern, Pastoren und Evangelisten einzunehmen, deren Rollen in den pfingstlichen und charismatischen Milieus mehr als ein Jahrhundert lang so sehr im Vordergrund standen. In dem Trachten danach, göttlichen Einfluss geltend zu machen, wo auch immer in der Welt sie zu dienen bestrebt sind, vereinigen sich auf den Rängen des fünffältigen Dienstes pfingstliche und charismatische geistliche Leiter aus aller Welt, die weltweit an vielen Orten Akzeptanz finden.

Bill Hamon behauptet, Jesus könne nicht wiederkommen, obwohl er das wolle, solange die endzeitlichen Apostel und Propheten den „Restaurationsprozess" nicht abgeschlossen hätten. Den Beweis für dies alles findet er in Apostelgeschichte 3,20 f.: „… damit Zeiten der Erquickung kommen vom Angesicht des Herrn und er den euch vorausbestimmten Jesus Christus sende! Den muss freilich der Himmel aufnehmen bis zu den Zeiten der Wiederherstellung aller Dinge, von denen Gott durch den Mund seiner heiligen Propheten von jeher geredet hat."[296] Man behauptet, diese „Wiederherstellung" konkretisiere sich in einer restaurierten neutestamentlichen Gemeinde mit Aposteln und Propheten von ebensolcher Vollmacht, wie sie einem in der Apostelgeschichte begegnet, wenn nicht größerer.

Die Sätze aus Apostelgeschichte 3 entstammen einer Predigt, die Petrus vor einer jüdischen Zuhörerschaft hielt, nachdem er einen Gelähmten am Tempel geheilt hatte. Petrus predigte seinen jüdischen Brüdern das Evangelium und sagte ihnen: „So tut nun Buße und bekehrt euch, dass eure Sünden ausgetilgt werden, damit Zeiten der Erquickung kommen vom Angesicht des Herrn …" (Vv. 19 f.) Wovon genau sollten sie Buße tun? – „Ihr aber habt den Heiligen und Gerechten verleugnet und gebeten, dass euch ein Mörder geschenkt würde" (V. 14). Es ging darum, ob Jesus Christus tatsächlich der verheißene Messias war, derjenige, der die Wiederherstellung Israels bewerkstelligen würde, wie sie von den Propheten angekündigt worden war. Der Schlüsselgedanke in den Köpfen von Juden des ersten Jahrhunderts,

296 Vgl. Hamon, Apostles and Prophets, S. 104. Hamon interpretiert diese Verheißung im Sinne einer allmählichen Erholung der Kirche, die in den dunklen Zeiten begann und bis in die Gegenwart reicht, kulminierend in wiederhergestelltem Apostel- und Prophetentum.

die diese Botschaft vernahmen, hieß: „Wenn dieser Jesus (Jeschua) tatsächlich der Messias ist, wieso wurde er dann gekreuzigt, bevor er die Verheißungen erfüllt hatte, die Gott Israel für die Wiederherstellung eines davidischen Reiches gab?“[297] Dass es sich hier um die mögliche Wiederherstellung des Reiches Israel dreht, verdeutlicht jene Frage, die die Jünger schon vor dem Pfingstereignis gestellt hatten: „Sie nun, als sie zusammengekommen waren, fragten ihn [Jesus] und sagten: Herr, stellst du in dieser Zeit für Israel das Reich wieder her?“ (Apg 1,6.) Es schreit geradezu nach einer exegetisch seriösen Auslegung dieser Stelle, wenn man sieht, wie sie aus ihrem Kontext gerissen und auf Dinge angewandt wird, die nichts mit der Predigt des Petrus oder dem, was seinen Hörern auf dem Herzen lag, zu tun haben.

Soviel theologische Diskussionen es auch um die Wiederherstellung der Kirche geben mag – wo immer Vertreter der Restaurationslehre in der Bibel das Wort „wiederherstellen“ ausmachen, finden sie bei Licht betrachtet keinerlei biblische Basis für ihre These einer Wiederherstellung der Kirche in den letzten Tagen. Israel wird wiederhergestellt werden, die Gemeinde aber wird vor der Zeit der Bedrängnis entrückt, während derer „ganz Israel gerettet werden“ wird.

Die Ordnung der Wiederherstellung

Am Anfang des ersten Kapitels stellte ich folgende Fragen:

Stellt Gott in der Gemeinde etwas wieder her? Stellt der Mensch in der Gemeinde etwas wieder her? Oder: Sehen wir das, was die ganze Zeit über da war?

Betrachten wir die Zeit der Wiederherstellung im 20. und 21. Jahrhundert, so sehen wir, dass Gott angefangen hat, bestimmte Dinge in bestimmten Ordnungen zu restaurieren. Sieht man sich an, wie das gelaufen ist, so wird deutlich, dass es weder willkürlich noch zufällig geschah. Es unterlag einem von Gott entworfenen Plan. Und das, was Gott wiederherstellte und der Kirche wiedergab, das unterwarf er einer bestimmten Ordnung, und er tat das alles nach einem bestimmten Zeitplan. John Eckhardt schreibt:

> *Wiederherstellen bedeutet wieder existent machen oder wieder in Gebrauch nehmen, wiederbegründen, etwas in seinen ursprünglichen Zustand zurückführen. Es bedeutet zurückstellen, zurückerstatten, wiedereinsetzen, wiedereinrichten, wiederbeleben, ins Leben zurückrufen, zurückkehren, etwas in einer Form wiederaufbauen, die man für die ursprüngliche hält. Das setzt voraus, dass vom ursprünglichen Entwurf abgewichen worden ist. Die Dinge*

297 B. DeWaay, Apostles and Prophets and the Foundation of the Church, Issue 66.5, 2001.

> *zerfallen und verkommen durch Vernachlässigung; ohne konstante Verbesserung und Erneuerung kommt es unweigerlich zum Niedergang. Wenn es so weit gekommen ist, kann nur noch Restauration die Dinge zurechtbringen und die Lage ändern.*[298]

Eckhardt sieht es so, dass die Kirche heute geradezu nach Erneuerung durch authentischen apostolischen Dienst schreit: Wir beten um Wiederherstellung und proklamieren sie prophetisch. Gottes Volk kriecht aus Höhlen und Kerkern ans Licht. Die Kirche kommt in eine neue Freiheit hinein. Durch die Wiederherstellung des apostolischen Dienstes entstehen neue Bewegungsspielräume im geistlichen Dienst.[299] Nun wüsste man wirklich gern, was der Autor mit dem Herauskriechen aus Höhlen und Kerkern meint. Ich habe in gut fünfzig Ländern der Welt gedient, in vielen blühenden Gemeinden gepredigt und an diesen Orten unglaubliche Wirkungen des Heiligen Geistes Gottes gesehen, aber Höhlen und Kerker sah ich nicht.

Weiter sagt Eckhardt: „Mit der Wiederherstellung des apostolischen Amtes geht die Wiederherstellung apostolischer Lehre, apostolischen Bindens und Lösens, apostolischer Offenbarung, apostolischer Regierung und apostolischer Kühnheit einher. Dem Propheten Haggai zufolge wird die Herrlichkeit des späteren Tempels (der Gemeinde) größer sein als die des vorigen (s. Hag 2,9)."[300] Zwar war das Apostelamt dank kirchlichen Unglaubens und kirchlicher Traditionsverhaftung zeitweise vakant, aber heute wird es erneut mit solchen besetzt, die der Herr erwählt. Unsere Lehre wird zurechtgerückt und wir rufen: „Erneuere!"[301]

Die pfingstliche Erweckung

Betrachten wir die Kirche an der Wende zum 20. Jahrhundert, fällt unser Blick auf die Pfingsterweckung. Ein frischer Hauch von Pfingsten, eine neue Ausgießung der Salbung Gottes und eine neue Offenbarung der Gaben des Geistes begannen um sich zu greifen. War das nicht genau dasselbe, was auch am Pfingsttag begonnen hatte? Ebendas ließ der Herr hier geschehen: Er setzte den Anfang eines neuen Pfingsten. Von ihren Anfängen an war die Pfingstbewegung fast zur Gänze nicht denominationell. Ihr Bestreben ging dahin, die christliche Kirche mit ihrer selbst proklamierten „offenbarten Wahrheit" des „dritten Segens" der Geistestaufe zu erneuern, die sich am Zungenre-

298 J. Eckhardt, Moving in Apostolic, Ventura, CA o. J., S. 30.

299 Ebd.

300 Ebd. S. 36.

301 Ebd. S. 32.

den und an einer von Gott eingegebenen Liebe und Sorge um die Seelen von Männern und Frauen zeigte. Ganz und gar auf geistliche Erneuerung, leidenschaftliche Anbetung und brennenden Missionseifer sowohl daheim als auch weltweit ausgerichtet, trachtete sie danach, christliche Kreise zu verändern, wo auch immer sie sich ausbreitete, stieß jedoch fast allenthalben auf entschiedenen Widerstand. Das änderte sich nachhaltig erst, als sich die Pfingstbewegung, beinah versengt im Feuer weltweiter Auseinandersetzung und Verfolgung, in den Zwanziger- und Dreißigerjahren selbst denominationell formierte. Mit den durch die Opfer der ersten Generation von Pfingstlern teuer erkauften Fortschritten bei Gemeindegründungen und evangelistischer Arbeit kamen die unausweichlichen Fallstricke dynamischer Entwicklung: Man brauchte eine klar definierte eigene Identität und eine zweckmäßige, geregelte innere Organisation, um die Vision des „apostolischen Glaubens“ aufrechterhalten zu können.

So erwies es sich im Laufe der Zeit als unausweichlich, den freifließenden, unorganisierten Erweckungsgeist der Pfingstbewegung durch Institutionalisierung, Lehrentwicklung, Liturgie- und eigenständige Traditionsbildung sowie das Aufkommen denominationeller und nicht denominationeller Kirchenordnungen zu dämpfen. In diesen Zusammenhang gehört auch das Auftreten äußerst populärer pfingstlicher Persönlichkeiten, denen die Masse loyal folgte. Die Historikerin Edith Blumhofer stellt fest: Innerhalb eines Jahrzehnts nach der Azusa-Street-Erweckung von 1906 „zeichneten sich rudimentäre Formen regionaler und nationaler Gemeinschaftsbildung ab“, um dann trübsinnig festzustellen: „Manche Leiter versicherten, nur eine gewisse Form von Verbindlichkeit könne den apostolischen Glauben vor seinen eigenen Übersteigerungen bewahren.“[302]

Die organisatorische Konsolidierung der Erträge früher pfingstlicher Arbeit brachte sowohl positive Veränderungen und Wachstum als auch Desillusionierung und Enttäuschung mit sich, je mehr die Freizügigkeit der Pfingstler durch die Entstehung von Hierarchien geistlicher Leiterschaft, formelle Lehrfestlegungen und die Installierung pastoraler Beaufsichtigung kanalisiert wurde. Derlei organisatorische Verfestigung hatte freilich auch solche im Gefolge, die sie als Mittel zu persönlicher Bereicherung, Machtspielchen, beinhartem kirchenpolitischen Konkurrenzgebaren und unverhohlen manipulativem Verhalten in kirchlichen Kreisen missbrauchten – genau die Dinge, von denen die Pfingsterweckung die Christenheit eigentlich hatte reinigen sollen.

302 E. L. Blumhofer, Restoring the Faith: The Assemblies of God, Pentecostalism and American Culture, Urbana, IL/Chicago, IL 1993, S. 99.

In der Ausgabe des *Sharon Star* vom 1. Mai 1948 legte George Hawtin explizit jenes Verständnis göttlicher Autorität offen, das seit den Anfängen der Erweckung von North Battleford implizit vorhanden gewesen war. Schon die Balkenüberschrift „Besondere, wichtige Mitteilung" machte den Autoritätsanspruch sinnfällig, in dem Hawtin proklamierte: „Die Vermittlung geistlicher Gaben durch Prophetie und Handauflegung ist eine heikle, wichtige Angelegenheit, an der sich niemand versuchen darf, der nicht von Gott für diese Aufgabe eingesetzt worden ist. Er muss den Dienst eines Propheten, Apostels oder Lehrers innehaben."[303]

Die charismatische Erneuerung

Folgen wir den Auswirkungen der pfingstlichen Erweckung, so sehen wir, dass Gott begann, seinen Geist in weitere Kreise auszugießen und auch dort Wiederherstellung einzuleiten. Damit kommen wir in den Bereich der sogenannten charismatischen Bewegung oder Erneuerung. Die meisten von uns, die wir in diesen Tagen leben, sind Zeitgenossen dieser Bewegung. Was geschah in der charismatischen Erneuerung?

Gott begann seinen Geist über die Grenzen der Pfingstbewegung und den Einflussbereich derjenigen hinaus auszugießen, die gemeint hatten, sie hätten die Hebel dieser neuen Offenbarung des Geistes fest im Griff. Erneut fing Gott an, Verkehrtes wegzuschneiden. Die Kirchen der Pfingstbewegung waren inzwischen arriviert und etabliert, und Gott fing an, unter ihnen neues Leben zu bewirken. Er goss das Wirken seines Geistes und die Salbung seiner Kraft über jede Denomination aus. Er begann traditionelle Strukturen, sämtliche religiösen Ideen, jedwedes Sektierertum und überhaupt alles, was nicht von ihm war, aufzubrechen. Er fing an, über die Begrenzungen hinauszugehen und Einheit unter Gläubigen jedweder Benennung zu schaffen, unter all denen, die wirklich an den Herrn glaubten und sich vom Herrn Jesus als ihrem Erretter erreichen ließen.

In den späten Fünfziger- und frühen Sechzigerjahren übernahmen weite Teile der interdenominationellen charismatischen Bewegung Lehrgut aus dem Spätregen-Bereich, ohne dass den Charismatikern bewusst war, welche Kontroversen diese Lehren Jahre zuvor im pfingstlichen Lager ausgelöst hatten. Aber viele der neu entstandenen Gruppen der charismatischen Erneuerung fanden in ihrem Verlangen nach geistlicher Gemeinschaft, die sie in ihrer Entdeckung der Charismen des Geistes bestätigte, auch Gemeinsamkeiten mit etlichen der

303 Zit. n. T. C. Darrand/A. Shupe, Metaphors of Control In A Pentecostal Sect, Lewiston, NY 1983, S. 42.44.

Pfingstgemeinden, die sie in ihrem Umfeld kennenlernten. Mit an Sicherheit grenzender Wahrscheinlichkeit lässt sich sagen, dass jedoch das Ideal des fünffältigen Dienstes durch an der Gemeindebasis stattfindenden Austausch mit spätregenbeeinflussten Pfingstlern in die charismatische Erneuerung eingeführt wurde. Je mehr die charismatische Erneuerung sich in den Sechziger- und Siebzigerjahren ihres zwar explosiven, aber auch stabilen Wachstums erfreute, umso dringender empfanden Leiter innerhalb dieser Bewegung in ihrem Dienst das Bedürfnis nach „göttlicher Professionalität", um das Erstarken der Bewegung dauerhaft zu konsolidieren. (Ergebnisse dieses Bestrebens waren etwa sog. Gemeindebibelschulen, Hauszellgruppenarbeit oder auch die – äußerst umstrittene – *Shepherding*-Bewegung.) Umso leichter drang die Idee des fünffältigen Dienstes in diesen Kreisen vor.

Die Ordnung des fünffältigen Amtes

Apostel	Prophet	Evangelist	Pastor	Lehrer
legt ein tragfähiges Fundament und kräftigt den Leib Jesu im Ganzen.	erbaut, ermahnt und tröstet die Gemeinde.	motiviert die Heiligen zum Dienst der Evangelisation.	führt, nährt und schützt die Herde Gottes.	unterweist die Heiligen, sodass sie geistlich wachsen und dienstfähig sind.

Die Wiederherstellung des fünffältigen Dienstes

Dann begann Gott den fünffältigen Dienst wiederherzustellen. „Haben Sie gemerkt, dass alle aus dem fünffältigen Dienst lächelnd abgetreten waren?" fragte jemand in einem Aufsatz über geistliche Erneuerung im 21. Jahrhundert. Darauf könnte man sagen: „Na ja, aber Pastoren und Evangelisten gab's doch immer. Den einen oder anderen haben wir auch als Lehrer eingeschätzt – aber die Propheten und Apostel, die beginnt Gott erst jetzt wiederherzustellen." Wo aber waren die Evangelisten? Sie predigten nicht das Evangelium, sondern die Traditionen der Menschen. Sie predigten Religion.

Die Wiederherstellung der Evangelisten

Der allererste Dienst, den Gott für die Kirche wiederherstellte, war der des Evangelisten. Die allererste Offenbarung, die Martin Luther und die frühen Reformatoren empfingen, war die von der Rechtfertigung aus Glauben. Da ging es um das Heil. An diesem Punkt muss alles beginnen – und also mit Evangelisation.

Der Anfang, den Gott in Sachen Wiederherstellung der Kirche setzte, konkretisierte sich im Aufkommen der Evangelisten, viele davon vollmächtige Männer Gottes, aber viele predigten auch einfach das Wort und standen nicht in der Kraft des Geistes. Doch als Gott in seinem Geist wirksam wurde und die Kraft des Geistes hinzutat, erweckte er Evangelisten, die in der Kraft seines Geistes vorangingen. Zu Anfang des 20. Jahrhunderts begann Gott den Dienst der Evangelisation wiederherzustellen, und Männer und Frauen Gottes standen auf und proklamierten das Evangelium des Heils.

Heilungsevangelisten

Sie fingen an zu predigen und wir besitzen viele Berichte von den Heilungserweckungen, die sich in jenen Tagen zutrugen. Ich könnte eine Menge Namen nennen, werde mich aber auf ein paar wenige beschränken, die ich hier und da einstreue, nämlich auf diejenigen, von denen ich am meisten weiß. Ein berühmtes Beispiel ist Smith Wigglesworth, ein gewaltiger Mann Gottes, den der Herr in solcher Heilungskraft wandeln ließ, dass er sogar den Toten befehlen konnte aufzustehen.

Danach brachte Gott einen Mann namens Oral Roberts hervor, der heute noch am Leben ist. Ich weiß noch, wie ich als Kind Filme mit Oral Roberts sah. Er bereiste die ganze Welt und hielt überall Heilungsfeldzüge ab. Er fing an, das schlichte Evangelium des Heils und der Heilung auszurufen. Oral Roberts kannte nur die vier Evangelien und vermutlich die Apostelgeschichte. Nie zog er andere Texte für seine Predigten heran. Er bot eine schlichte Heilsbotschaft, die einfache Aussage, dass Gott gekommen sei, um all das wiederherzustellen, was Satan uns hatte stehlen können. Das löste eine Heilungserweckung aus, und im Leib Christi wurde der evangelistische Dienst wiederhergestellt. Viele andere folgten, die auf ähnliche Weise dienten, und in den Fünfziger- und Sechzigerjahren kam es zu einem Erstarken der Evangelisation. Von da an konnte jemand leicht sagen: „Klar, ich bin Evangelist", und wenn jemand im Dienst emporstieg und predigte, sagten die Leute eben: „Klar, der ist ein Evangelist."

Die Wiederherstellung des Pastorenamtes

Die Ära der Evangelisten schwemmte massenweise Seelen in die Gemeinde Jesu, die den Dienst der Pastoren brauchten. Jetzt nannte man jeden, der zu predigen anfing, einen Pastor.

Die Shepherding-Bewegung

Zu jener Zeit entstand die sogenannte *Shepherding*-Bewegung, hervorgerufen von Männern wie Derek Prince, Bob Mumford und Don Bashan. Sie machten das Konzept populär, die Gemeinde zu strukturieren, indem man sie in Kleingruppen aufteilte, erkannten sie doch, dass niemand in der Lage war, sich zugleich dem Dienst am Wort zu widmen und einer großen Schar von Menschen als Hirte zur Verfügung zu stehen. „Jeder Einzelne von uns braucht irgendeine Form von Leiterschaft und Führung", war ihre Parole.

Das ursprüngliche, unverfälschte Konzept basierte auf biblischen Prinzipien. Man ging davon aus, der Hirte habe den Schafen Richtungsanweisung zu geben. Sein Dienst bestand darin, den Leib so zu strukturieren, dass jedes Glied sich als Teammitarbeiter entfalten und seinen rechtmäßigen Platz einnehmen konnte. Hatten Gemeindeglieder ein Problem, so stand ihnen in der Person des Hirten jemand zur Verfügung, an den sie sich wenden konnten. Es gab jemanden, der sie abdeckte und schützte. Auch wenn dies ein gutes, schriftgemäßes Konzept ist, wuchs es sich doch so aus, dass schließlich Menschen wie kleine Götter verehrt wurden, die ihre Leute und deren Leben rundum beherrschten. Gott musste sich von diesen Menschen abwenden, damit das wahre Konzept von Hirtenschaft bzw. Pastorendienst wieder sichtbar werden konnte.

Die Wiederherstellung der Lehrer

Nachdem Gott Evangelisten und wahre Hirten wiederhergestellt hatte, fing er an, die Wertschätzung der Lehre und die Orientierung an seinem Wort zu erneuern. Die Pfingstler liebten die Salbung. Gleiches taten die frühen Evangelisten, aber sie kannten nur die vier Evangelien. Der Leib Christi brauchte Nahrung, er musste ins Wort vordringen. Die Menschen hatten es nötig, das Wort zu nehmen, sich daraus zu nähren und es im persönlichen Leben anzuwenden. Es kam zu einer Wiederherstellung wahren Lehrens. Gott bewirkte ein Verlangen danach, wieder ins Wort vorzudringen und das Wort aufzunehmen. Verschiedenste Lehrdienste erblühten.

Die Wiederherstellung der Propheten

Dann kam die prophetische Bewegung. Menschen wie John und Paula Sandford beeinflussten das Leben vieler Gläubiger überall auf der Welt. Die Sandfords schrieben ein Buch über den prophetischen Dienst, dem sie den Titel „The Elijah Task" („Die Elia-Aufgabe"[304]) gaben.

---

304 Sandford, John/Sandford, Paula (2007): The Elijah Task. A Call to Todays Prophets and Intercessors. New Edition. Charisma House. Dt. u. d. T.: Elia mitten unter uns. Lüdenscheid, 2002.

Bill Hamon, selbst ein Prophet, schreibt aus seiner Sicht der Wiederherstellung: Die Prophetenbewegung diente demselben Zweck wie die vorangegangenen Wiederherstellungsbemühungen Gottes. Sie brachte die Offenbarung mit sich, wie die Heiligen in ihren geistlichen Gaben und Diensten unterwiesen, trainiert, aktiviert und zur Reife gebracht werden sollten. Jede der Erneuerungsbewegungen führte die Gemeinde Jesu einen Schritt näher an ihre vollständige Wiederherstellung und volle Reife im Hinblick auf ihren endzeitlichen Dienst heran. Es war und ist ein von Gott gesetztes Werk des Heiligen Geistes, bestimmte Wahrheiten, Dienste, geistliche Erfahrungen und Manifestationen in der Kirche wiederherzustellen und zu reaktivieren.[305]

Weiter sagt Bill, die Wiederherstellung des prophetischen Amtes und das Zustandekommen der großen Gemeinschaft der Propheten habe diese freigesetzt in ihrem Dienst, den Weg für das zweite Kommen Christi zu bereiten.

Unmittelbar nach der Geburt der prophetischen Bewegung fingen jede Menge Propheten damit an, unter den Nationen zu weissagen. Im Ergebnis wurde die Berliner Mauer niedergeworfen, der Eiserne Vorhang zerrissen und der Berg des Kommunismus emporgehoben.[306] Wer das aber sagt und die Tatsache außer Acht lässt, dass Hunderttausende von Gläubigen für die Befreiung vom Kommunismus fasteten und beteten, verhält sich mehr als ungerecht. Ich würde mich sehr zurückhalten, mir ein historisches Ereignis auf die eigene Fahne zu schreiben, für das mehr als vierzig Jahre lang Menschen ihr Leben in wahrer Treue zum Herrn und seiner Gemeinde aufgeopfert haben.

Wie dem auch sei, die Propheten lehren, sie besäßen eine spezielle Salbung zu reinigen und zu vervollkommnen, die andere nicht hätten. In diesen Tagen und zu dieser Stunde suche Christus seine Gemeinde durch seine prophetischen Boten, die Träger seines reinigenden Feuers, heim.

Vor einiger Zeit hatte ich die Gelegenheit, mich ein paar Stunden lang mit einem charismatischen Propheten zu unterhalten, der in der Restaurationsbewegung leibt und lebt. Während wir über geistliche Gaben sprachen, sagte er mir, wahre Propheten könnten ihre prophetische Gabe „nach Gutdünken" aktivieren, um Gottes Volk neue Offenbarung und göttliche Führung angedeihen zu lassen. Mit Beunruhigung hörte ich ihn erzählen, auf ihm wie auf allen modernen Propheten liege eine spezielle Salbung, Gläubigen persönliche Offenbarung zu vermitteln, um so Gottes Willen für ihr Leben zu bestätigen. Auf meine Bitte, mir das aus dem Neuen Testament zu belegen,

305 Hamon, *Apostles*, S. 107.

306 Ebd. S. 108.

argumentierte er, mit prophetisch Gesalbten sei es genau wie mit Geistgetauften: So wie diese in Zungen sprechen könnten, wann immer sie wollten, könne ein Prophet jederzeit seine Weissagungsgabe aktivieren.

Tragischerweise lassen sich viele Charismatiker auf spirituelle Techniken ein, die den ekstatischen Praktiken östlicher Religionen gleichen. Biblische Prophetie kann nicht heraufbeschworen oder herbeigezwungen werden. Wahre Propheten behaupten nicht, die Innenschau bringe Offenbarung hervor, so als müssten sie sich nur vom Sichtbaren abwenden und sich auf die Wellenlänge des Geistlichen begeben, um Gottes Reden zu empfangen. Gott hängt nicht an einer geistlichen Hundeleine, an der wir nur zu ziehen brauchen, damit er zu reden beginnt, wann immer ein Mensch es möchte. Das, was bei den Propheten alter Zeit in den entscheidenden Momenten geschah, brach nicht aus ihnen hervor, sondern kam über sie, denn Prophetie kommt aus der Gnade Gottes!

Viele charismatische Propheten nehmen für ihren Dienst Maß an den Propheten des Alten Testaments und bemühen häufig alttestamentliche Beweisstellen, um ihre Praktiken zu rechtfertigen. Die biblischen Propheten jedoch waren nicht von dem Willen getrieben, ihre Gabe zu aktivieren, um Gottes Volk zu erleuchten. Sie strampelten sich nicht ab, um Offenbarungen zu erhalten. Sie riefen nicht danach, sie wurden gerufen. Gott kam über die Propheten, ehe diese versuchten, das Volk zu erleuchten; denn das, was sie empfingen, lief ihrem eigenen Willen nur allzu oft zuwider. Für Jesaja war die Erkenntnis Gottes ein Wagnis voller Schrecken, Furcht und Ratlosigkeit – eine Schreckenslast: „Wehe mir, denn ich bin verloren. Denn ein Mann mit unreinen Lippen bin ich, und mitten in einem Volk mit unreinen Lippen wohne ich. Denn meine Augen haben den König, den HERRN der Heerscharen, gesehen" (Jes 6,5).

Die Wiederherstellung der Apostel

Danach kam oder besser kommt immer noch die Wiederherstellung der Apostel. Die apostolische Bewegung steht an ihrem Anfang und jeder verrenkt sich den Hals, um nicht zu verpassen, wer dabei die höchste Welle reitet. Wer werden die Menschen sein, die Gott aufstehen lassen wird, damit sie die Speerspitze der neuen apostolischen Bewegung bilden?

Menschen lehren über die apostolische Bewegung. Man schreibt Bücher darüber. Jeder weiß etwas dazu beizutragen. Alle Welt hat wunderbare Ideen, was die Apostelbewegung sei und umfasse, und doch liegt diese Bewegung immer noch im Ackerboden verborgen und wartet darauf hervorzubrechen.

Es gibt eine Reihe gängiger Denkweisen in kirchlichen Kreisen unserer Zeit, mit denen man sich im Hinblick auf das genaue Wesen und den eigentlichen Zweck der apostolischen Bewegung – unter Betonung der Wiederherstellung apostolischen und prophetischen Dienstes an der Kirche – neuerlich auseinandersetzen sollte. Ich hege die Überzeugung, dass unsere Gemeinden heute eine Wiederherstellung dieser Art von Dienst gar nicht brauchen. Wahrhaft evangelikale Gemeinden haben von jeher mehr oder weniger wirksame Apostel und Propheten gehabt. Wogegen sich die Gemeinden sträuben, sei es nun zu Recht oder auch nicht, ist die Neuordnung des apostolischen und prophetischen Dienstes, wie sie von der Restaurationsbewegung propagiert wird.

Erstens müssen wir sehen, dass die Tendenz zur Wiederherstellung des fünffältigen Dienstes noch längst nicht abgeschlossen ist. Vieles, was in der ersten Phase dieses Vorgangs Platz gegriffen hat, kann noch nicht abschließend bewertet werden. Wir sollten uns hüten, vorschnelle Urteile zu fällen, für die wir nicht geradestehen können.

Zweitens müssen wir uns erst noch endgültig darüber klar werden, was da eigentlich wiederhergestellt werden soll. Sprechen Charismatiker von der Wiederherstellung oder Reformation

- apostolisch-prophetischer *Dienste*;
- des apostolisch-prophetischen *Amtes*;
- apostolisch-prophetischer *Gaben*;
- der *Identifizierung* von Menschen als Apostel oder Propheten bzw. ihrer *Ernennung* dazu oder
- der Anerkennung entsprechender *Dienste* oder *Personen*?

Hat Christus gemäß Epheser 4,11 der Kirche Personen zur Gabe gegeben oder Dienste?

Drittens ist zu fragen: Sehen wir das Wiederaufkommen von Aposteln und Propheten oder erkennen wir heute nur etwas neu, das es von jeher gab?

Es ist unabdingbar, dass wir verstehen, ob der fünffältige Dienst ein Amt oder bloß eine geistliche Funktion ist.

Sichtweisen der Wiederherstellung

John Eckhardt: [A]	Bill Hamon: [B]	C. Peter Wagner: [C]	Andere:
Wiederherstellung apostolischer Lehre; apostolischen Bindens und Lösens; apostolischer Offenbarung; apostolischer Regierung und apostolischer Kühnheit.	Wiederherstellung völliger apostolischer Autorität und der Zeichen und Wunder der Gabe des Glaubens und des Wunderwirkens; des prophetischen Dienstes zur Erneuerung göttlicher Gemeindeordnung; der Einheit, Reinheit und Reife des gesamten Leibes Christi; der Machtdemonstration des Evangeliums vom Königreich Gottes; von Zurüstung zum Dienst in Gottes übernatürlicher Kraft.	Wiederherstellung eines „neuen Namens"; einer „neuen Autoritätsstruktur"; eines „neuen Dienstschwerpunktes"; eines „neuen Anbetungsstils"; „neuer Gebetsformen"; eines „neuen Paradigmas"; des „Dominionismus"; eines neuen Weges, damit das Reich Gottes kommen kann – Aspekte: Evangelisation, soziale Gerechtigkeit, materielles Auskommen.	Wiederherstellung durch geistliche Autorität; erneuerte Kraft; Heiligung; übernatürliche Erweckungsmanifestationen.

A Eckhardt, John. Moving in Apostolic Gospel Light. Ventura, California, o. J.

B Hamon, Bill (1997): Apostles, Prophets and Fivefold Ministries. Shippensburg, PA: Destiny Image Publishers Inc.

C Wagner, C. Peter. The Apostles Prophets: The Foundation of the Church. Ventura, CA: Regal Books A Division of Gospel Light o. J.

Die evangelistische Bewegung begann mit zwei, drei Evangelisten, und plötzlich war jeder ein Evangelist. Jede Gemeinde hat einen Pastor. Es gibt viele Bibelschulen mit Lehrdiensten, von denen sich viele aufgemacht haben, wirklich Gottes Wort zu unterrichten.

C. Peter Wagner sagt:

> *Durch die Anerkennung des Amtes des Apostels in den Neunzigerjahren und im beginnenden 21. Jahrhundert wurde zum ersten Mal seit den frühen Jahrhunderten die vollständige Regierung der Kirche wiederhergestellt. Mir ist bewusst, dass einige diese Feststellung infrage stellen werden. Einer der Gründe dafür ist die Tatsache, dass die Kirche aller Wahrscheinlichkeit nach in keiner Phase ihrer Geschichte ohne Apostel war. Das sehe ich auch so. Deshalb spreche ich von der „Anerkennung" des apostolischen „Amtes" und nicht von der „Begründung" dessen, was wir als „apostolische Funktion" bezeichnen könnten.*[307]

Bill Hamon stellt fest:

> *Gott war es, der den fünffältigen Dienst in der Kirche etablierte, und zwar in folgender chronologischer Reihenfolge: erstens Apostel, zweitens Propheten, drittens Lehrer, viertens Hirten und fünftens Evangelisten. Und während dieser fünf Jahrzehnte der Wiedereinführung des fünffältigen Dienstes, also der Wiederherstellung jener Ordnung, die er von Anfang an wollte, unterschied er so, dass er Erstere als „Amtsträger" definierte, Letztere als „Dienste".*[308]

Das macht deutlich: Während die 1. Korinther 12,8 ff. aufgelisteten Gaben übernatürliche Befähigungen sind, die einzelnen Christen durch den Heiligen Geist zugeteilt werden, sind die Gaben, die Epheser 4,11 erwähnt, Menschen, die Christus seiner Gemeinde gibt. Ja, die zwei Listen sind inhaltlich völlig verschieden.

Die frühe Kirche war anders

Ehe die apostolische Bewegung sich entfalten kann, ehe die Apostel sich erheben, stellt Gott zunächst die Kirche selbst wieder so her, wie er sie ursprünglich haben wollte. Die frühen Gemeinden waren da, wo ihre Glieder arbeiteten. Sie versammelten sich in den Häusern, die zugleich Arbeitsplätze waren. Sie war dort, „wo zwei oder drei in mei-

---

307 Wagner, C. Peter. The Apostles Prophets: The Foundation of the Church. Ventura, CA: Regal Books A Division of Gospel Light, o. J.

308 Hamon, Bill (1997): Apostles, Prophets and Fivefold Ministries, S. 54.

nem Namen versammelt sind". Die frühe Kirche hatte keine sakralen Bauten als Mittelpunkte.

Wenn Sie heute jemanden fragen: „Ich suche eine Kirchengemeinde. Wohin kann ich mich wenden?", werden Sie stets zwei, drei Antworten bekommen. Wir identifizieren „Kirche" mit ihren Bauten oder denominationell oder auch mit dem Namen des Ortspastors. Das ist auch gut und schön, soweit es um Fragen offizieller Zugehörigkeit geht. Aber der Dienst einer Gemeinde sollte immer über ihre eigenen Kirchenmauern hinausreichen.

Paulus

Gott stellt den Dienst wahrhafter Jüngerschaft wieder her, so wie Paulus sie vorlebte, nachdem er diese Wahrheit durch persönliche Offenbarung empfangen hatte. Suchen Sie nach dem Lebensparadigma für Ihre Gemeinde, so befragen Sie die Schriften des Paulus. Paulus lebte beispielhaft vor, wie er junge Männer gleich Timotheus und Titus auswählte und alles, was er hatte, in sie investierte, bis er sie mit den Worten aussenden konnte: „Was ihr von mir gehört und an mir gesehen habt – geht hin und tut dasselbe."

Entsprechen die geistlichen Gaben von heute denen der apostolischen Zeit?

Man kann das Werk Christi an uns anhand der geläufigen Ämtertriade Prophet – König – Priester klassifizieren. Christus redet zu uns (prophetisch), er regiert uns (königlich), und er gibt sein Leben, um uns zu dienen (priesterlich). Alle drei Tätigkeiten stehen Hebräer 1,1 ff. zusammen. Sind wir mit Christus vereinigt, so werden wir ihm ähnlich gemacht, wir werden in sein Bild umgestaltet (2. Kor 3,18; Röm 8,29; Eph 4,24). Wir werden zu Propheten, die anderen sein Wort weitersagen (Kol 3,16). Wir werden zu Königen, die in seinem Namen Autorität über jene Bereiche ausüben, für die wir verantwortlich sind (Eph 2,6; 6,4). Wir werden zu Priestern, die einander dienen (1. Joh 3,16).

Die einschlägigen Bibelstellen zeigen, dass diese Dinge für jeden zutreffen, der an Christus glaubt. Wie schon gesagt, ist jedoch nicht jeder in jedem Bereich mit den gleichen Gaben ausgestattet (Eph 4,7). Menschen mit ausgeprägten Redegaben werden anerkannte Lehrer (Eph 4,11). Menschen mit Leitungsgaben werden zu anerkannten Ältesten oder Hirten (1. Petr 5,1-4). Menschen mit Dienstgaben finden Anerkennung als Helfer, die Gottes Barmherzigkeit weiterreichen. Es ist vorgeschlagen worden, hierin speziell den Dienst des Diakonats zu sehen, was natürlich völlig in Ordnung geht, zumal *diakonia* ja nichts anderes bedeutet als „Dienst".

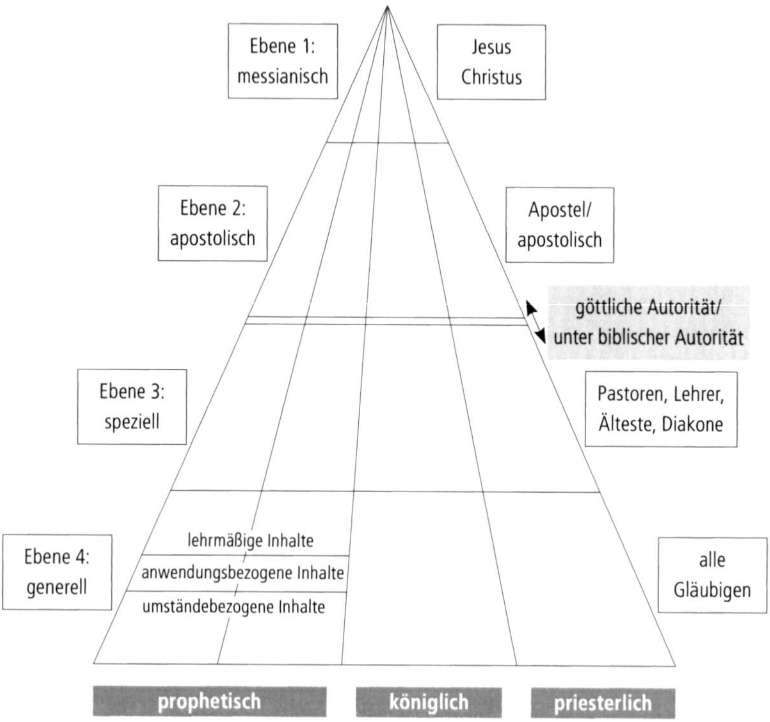

Die drei Kategorien prophetischer, königlicher und priesterlicher Gaben sind nicht streng voneinander geschieden. Sowohl im Leben Christi als auch im Leben seiner Nachfolger treten sie in typischen Kombinationen auf. So beinhaltet z. B. der Dienst als Pastor sowohl die Ernährung der Schafe durch das Wort Christi (prophetisch) als auch die Führung und den Schutz der Schafe (königlich). Die Grenzen zwischen diesen Bereichen sind durchlässig, aber nichtsdestotrotz können wir hier unterschiedliche Schwerpunkte erkennen.

Sämtliche Gaben, die in Römer 12, 1. Korinther 12 und Epheser 4 aufgelistet sind, können grob als prophetisch, königlich oder priesterlich klassifiziert werden. So sind z. B. die Gaben der Weisheit und Erkenntnis prophetisch, hingegen die der Leitung, des Wunderwirkens und des Heilens königlich. Freilich gibt es auch manche Gaben, die in mehrere Kategorien einschlagen. So könnte man beispielsweise Heilung als priesterlich ansehen, wird doch einem Geheilten Barmherzigkeit Gottes zuteil.

Letzten Endes kann man die gesamte Existenz des Volkes Gottes den Kategorien prophetisch, königlich und priesterlich zuordnen, weswegen uns Überlappungen nicht weiter stören sollten. Nichtsdestoweniger ist diese Dreierklassifizierung nützlich, weil sie uns unserer Verbundenheit mit dem Werk Christi erinnert und uns deutlich macht, dass keine der Gaben, die das Neue Testament auflistet, allumfassend und erschöpfend sein soll.

Eine letzte Unterscheidung brauchen wir noch, und zwar eine Unterscheidung, die inhaltlich und nicht prozessbezogen ist. Bisher haben wir von dem Vorgang gesprochen, durch den Menschen dazu kommen, irgendetwas weiterzusagen. Aber wir müssen auch auf den Inhalt dieser Äußerungen schauen. Dieser kann eine versuchte Paraphrase biblischer Inhalte darstellen, kann sich aber auch auf Umstände beziehen, in denen wir leben, oder beides miteinander kombinieren.

1. Manche Menschen haben in ihren Äußerungen einen didaktischen Schwerpunkt. Sie sagen uns, was sie meinen, dass die Bibel lehre oder Gott anordne. Solche Inhalte bezeichnen wir als lehrmäßig.
2. Andere legen ihren Schwerpunkt auf Umstände. Sie sagen uns, was um sie herum geschieht, was in der Vergangenheit geschehen ist oder – sofern sie etwas vorhersagen – was geschehen wird. Solche Inhalte nennen wir umständebezogen.
3. Wieder andere suchen beides, biblische Lehre und umständebezogene Information, zu verbinden. Sie sagen uns, wie sie biblische Aussagen auf eine gegenwärtige Situation bezogen verstehen. Solche Inhalte nennen wir anwendungsbezogen.

Im Neuen Testament ist alles, was Jesus oder Apostel lehren, Gottes Wort. Es handelt sich also immer um lehrmäßige Inhalte, ob nun zentral von Gott, von der Geschichte oder auch von Umständen oder praktischen Umsetzungen die Rede ist. Wo finden dann umständebezogene Inhalte Eingang? Dort, wo wir versuchen, die biblischen Aussagen auf unsere eigenen heutigen Umstände zu beziehen. Das Neue Testament befiehlt uns, seine Worte in weisem Unterscheidungsvermögen auf unser eigenes Leben anzuwenden, wo wir ständig mit neuen Umständen und Herausforderungen konfrontiert sind (Eph 5,16 f.; Röm 12,1 f.). Damit uns das gelingt, müssen wir uns unausweichlich mit umstände- und anwendungsbezogenen Inhalten befassen.

Selbstverständlich eignet unseren heutigen Lebensumständen keinerlei besondere Autorität. Die Bibel dagegen besitzt göttliche Autorität. Von daher liegt in puncto Autorität eine breite Kluft zwischen den heutigen Lebensverhältnissen und den biblischen Aussagen über die Lebensverhältnisse ihrer eigenen Zeit. Doch anders betrachtet gibt es eine offensichtliche Zusammengehörigkeit. Die Menschen biblischer Zeiten hatten Probleme, Kämpfe und Umstände zu bewältigen wie auch wir. Ihre praktische Umsetzung allgemeiner biblischer Prinzipien also gleicht in mancher Hinsicht unseren Versuchen, biblische Wahrheit in unsere Lebensbedingungen zu übersetzen, auch wo diese anders sind. So oder so ist der Herr einbezogen, der uns unterweist. Er lässt uns sowohl biblische Prinzipien erkennen als auch die jeweiligen Umstände einschätzen, auf die wir diese anwenden müssen.

Apostolische/geistliche „Abdeckung"

Um es von Anfang an geradeheraus zu sagen: die „apostolische geistliche Abdeckung", über die Jüngerschaftstheosophen und charismatische Leiter theoretisieren, ist ein absoluter Mythos. Keinen Hauch von dem, was in der Jüngerschaftsbewegung über „apostolische geistliche Abdeckung" gelehrt wird, findet man irgendwo auf den Seiten der Bibel. „Geistliche Abdeckung" in dem Sinne, wie sie von den Befürwortern dieser hyperautoritären Lehren vertreten wird, ist eindeutig ein Irrweg! Die korrekte Rolle menschlicher „Unterhirten" besteht darin, Seelen zu dem großen Hirten, Jesus Christus, zu führen und sie darin zu unterweisen, wie sie als seine Jünger in Unterordnung unter ihn und seine Autorität leben können. Hyperautoritäre Leiter dagegen führen Menschen zu sich selbst und indoktrinieren sie, ihnen nachzufolgen, sich ihnen und ihrer Autorität total zu unterwerfen. Es handelt sich durch und durch um ein künstliches Konstrukt, ausgebrütet von den Urhebern jener trügerischen Lehren, vermutlich in Verbrämung rein selbstsüchtiger Ziele der Unterjochung, Beherrschung und Kontrolle von Gläubigen.

Ich behaupte, eine Menge Verwirrung und abnormalen Verhaltens von Christen hat mit einer modernen Lehre zu tun, die unter dem Stichwort „schützende Abdeckung" firmiert. Viele charismatische Leiter lehren, jeder Christ müsse in gehorsamer Unterwerfung unter jemand anderen leben, mit anderen Worten, jeder Mensch müsse von einem anderen „abgedeckt" sein. Dieses Konzept ist ja schon aus der *Shepherding*-Bewegung bekannt.

Es überrascht nicht, dass solche Anschauungen wunderbar biblisch verpackt werden. Aus der Sicht vieler Christen ist „Abdeckung" bloß ein Schutzmechanismus. Man wähnt dadurch Einzelne und die gesamte Kirche geschützt vor schlechten Entscheidungen und dämonischer Infiltration.

Schauen wir uns die „Abdeckungs"-Lehre jedoch genauer an, so sehen wir sie in einem linearen hierarchischen System verankert, einer über eine Art Kommandoketten funktionierenden Leiterschaft. Die „unten" stehen unter dem Schutz derer, die „oben" sind. Diese Struktur darf nicht mit Mentoringprinzipien verwechselt werden – das wäre ein Missverständnis.

Überraschenderweise findet man das Wort „Abdeckung" nur ein einziges Mal im Neuen Testament, und da meint es die Kopfbedeckung einer Frau (ein Thema, das einer eigenständigen Erörterung wert wäre – die Stelle ist 1. Kor 11,25). Auch im Alten Testament tritt das Wort nur spärlich auf, und wo es steht, meint es stets Kleidungsstücke oder einen Überwurf irgendeiner Art. Nirgendwo hat das Wort in der Bibel eine geistliche Bedeutung; nichts hat es mit Autorität oder Unterordnung zu tun.

Folglich ist das Erste, was wir über „Abdeckung" sagen können, dass man hier mit dürftigen biblischen Nachweisen eine Lehre zusammenbastelt. Dessen ungeachtet plappern zahllose Christen im Brustton der Überzeugung die Frage nach, von wem man denn abgedeckt sei, und ziehen die Antwort darauf als Lackmustest für die Authentizität einer Gemeinde oder eines Dienstwerkes heran.

Innerhalb dieses Leiterschaftsmodells haben diejenigen, die höhere kirchliche Positionen besetzt halten, die „unter" ihnen unerbittlich im Griff. Seltsamerweise meinen viele Christen, gerade durch ein solches hierarchisches Herrschaftssystem vor Irrtümern „geschützt" zu sein. Den Charismatikern zufolge ist geistliche Abdeckung eine göttliche Vorgabe, um Verbindlichkeit zu leben.

Oft werde ich auf meinen Reisen gefragt: „Unter wessen Abdeckung tun Sie Ihren Dienst?" Pastoren sind überzeugt, dass jeder zu seinem eigenen Schutz geistliche Abdeckung braucht. Ihre Überlegungen sind diese: Als Jesus dem römischen Hauptmann begegnete und seinen großen Glauben lobte, gab er uns einen Schlüssel zum Verständnis von Gottes Plan geistlicher Abdeckung und Autorität. Autorität im Reich Gottes gleicht der Befehlsstruktur des Militärs. Manche Leute stehen von der Befehlsgewalt her unter uns und andere über uns. Wer Befehle erteilt, muss auch Befehle entgegennehmen.

Ich frage mich, wo Pseudobeschützer der Kirche ihre Befehle wohl hernehmen.

Dieses Konzept geistlichen Schutzes wirft eine Reihe von Problemen auf.

1. *Es geht weit über alles hinaus, was die Bibel über Unterordnung gegenüber örtlicher Gemeindeleiterschaft sagt.* Eine Ortsgemeinde sollte sich alle Mühe geben, mit ihren anerkannten Leitern zusammenzuarbeiten und sich ihrer Autorität zu unterstellen, soweit es um Fragen des geistlichen Dienstes und christlicher Lebensführung geht. Leiter sind verantwortlich dafür, in korrekter Weise über die ihnen anver-

trauten geistlichen Dienstbereiche Aufsicht zu führen und sicherzustellen, dass die Personen, die sie leiten, die Maßstäbe biblischer Glaubwürdigkeit, Ethik, moralischen Verhaltens und geheiligter Lebensweise einhalten.

Ein lineares Kommandosystem jedoch, in dem die Entscheidungen eines jeden von einem anderen „abgedeckt" sein müssen, geht weit über das hinaus, was die Bibel zum Thema Autorität lehrt. Eine solche Struktur fördert den Machtmissbrauch. Oft liefert sie Gläubige der Gnade ihrer Hirten aus, die ihre Entscheidungen „abdecken", was nichts anderes heißt, als dass sie sie für die anderen treffen. Umso schlimmer, wenn dann noch prophetisches Reden ins Spiel kommt. Das führt zu abnehmender Abhängigkeit von Gott und zunehmender von anderen Menschen. Eine Gemeinde hat keinerlei Grund, sich unter apostolische Abdeckung zu begeben, solange ihr das nichts einbringt.

Im Ergebnis kommt es oft zu geistlichem Stillstand und einem verzerrten Verständnis persönlicher Gemeinschaft mit Jesus Christus, der denen, die sich ihm unterwerfen, verspricht, ihre Bürden auf sich zu nehmen und ihnen Ruhe zu geben (Mt 11,28 ff.)

2. *Die „Abdeckungs"-Theorie kann auch zum Götzendienst führen.* Man sieht nicht länger Jesus als den Mittler – diese Rolle wird von dem Abdeckenden übernommen. Vertreter dieser Theorie fordern häufig, Lebensstil, Gedankenwelt und wichtige Entscheidungen des einzelnen Gläubigen müssten von jemandem in der Kirche – einem Apostel, Propheten oder Pastor – abgedeckt sei, der in der Kommandokette höher steht. Gewiss, einige Gruppen sind militanter als andere. In extremen Fällen müssen Gläubige, die an einen Jobwechsel, an Heirat oder Umzug denken, die Zustimmung dessen einholen, der sie abdeckt.

Der Punkt ist jedoch, dass diese Art Struktur in Gebundenheit hineinführt. Die Beherrschung durch eine autoritäre Hierarchie behindert allzu oft die persönliche Beziehung eines Menschen zu Christus. Darüber hinaus sind diejenigen, die an der Spitze stehen (z. B. Apostel, Propheten, Hirten usw.), ihrerseits nur selten jemand anderem rechenschaftspflichtig, es sei denn, sie sind in eine Denomination eingebunden. Weil sie niemandem Rechenschaft geben müssen und oft immer machtbesessener werden, enden sie allzuleicht als Manipulateure und sogar als solche, die ihre Untergebenen ausbeuten. Manchmal dauert es gar nicht lange, und man hat es mit christlichen Gurus zu tun, die von ihrer Gefolgschaft erwarten, dass sie ihre Ansichten als sakrosankt übernehmen.

3. *Der vermeintliche Beweistext über den Hauptmann hat mit der Autorität des Herrn zu tun und nicht mit einer innerkirchlichen Kommandostruktur.* Jesus sagte dem Hauptmann, er werde seinen Sklaven

heilen, worauf der Offizier antwortete: „Herr, ich bin nicht würdig, dass du unter mein Dach trittst; aber sprich nur ein Wort, und mein Diener wird gesund werden. Denn auch ich bin ein Mensch unter Befehlsgewalt und habe Soldaten unter mir; und ich sage zu diesem: Geh hin!, und er geht; und zu einem anderen: Komm!, und er kommt; und zu meinem Knecht: Tu dies!, und er tut es" (Mt 8,8 f.). Manche christlichen Leiter sind der Auffassung, irgendwie habe Jesus die Aussage des Centurios über seine militärische Befehlsgewalt auf die hierarchische Autorität innerhalb der Kirche bezogen. Der Centurio jedoch wandte sein Verständnis militärischer Autorität auf Jesus an, nicht auf die Kirche. Der Centurio stand unter der Autorität des Kaisers, des Inhabers aller Gewalt im Römischen Reich. Diese Gewalt hatte er an den Hauptmann delegiert, sodass dieser, wenn er sprach, in der Vollmacht des Kaisers sprach und Gehorsam gegenüber seinen Befehlen erwarten konnte. Der Centurio erkannte, dass Jesus unter der Gewalt Gottes stand, der ihn mit dieser seiner Gewalt ausgestattet hatte (z. B., um Kranke zu heilen), sodass jedes Wort Jesu ein Wort Gottes war. Jesus infrage zu stellen hieß Gott infrage stellen. Die Worte Jesu waren also von Gottes Autorität bemäntelt, in der die Macht liegt, Kranke zu heilen. Christi Wort wirkte, weil es Gottes Wort war.

4. *Die Abdeckungstheorie lässt Menschen keinen Raum, um irrige Lehren zu hinterfragen, die von den oberen Etagen der Kirchenhierarchie verbreitet werden.* Zu den bekanntesten Lehrern, die schon in den Zwanziger- und Dreißigerjahren ein solch starres Verbindlichkeitssystem vertraten, gehört Watchman Nee, dessen Bücher in charismatischen Kreisen weitverbreitet sind. Nee lehrte völlige Unterwerfung unter die von Gott eingesetzten kirchlichen Autoritäten. Er war überzeugt, die Zurückweisung „delegierter Autorität" sei „ein Affront gegen Gott". Ein anderer Vertreter, ja sogar Pionier der Abdeckungs- oder *Shepherding*-Lehre ist der Argentinier Juan Carlos Ortiz. In seinem einflussreichen Buch „Call to Discipleship" („Ruf zur Jüngerschaft")[309] spricht Ortiz von der Notwendigkeit, „Ihre Jünger zu kontrollieren". Ein Jünger ist für ihn „jemand, der Befehlen gehorcht". Gläubige also, die mit ihrem Hirten nicht übereinstimmen, stimmen mit Gott nicht überein. Nee ging so weit zu sagen, Christen, die nicht willens seien, ihr Leben der von Gott gesetzten Autorität zu unterwerfen, würden von Christus abgetrennt werden. Ihre mangelnde Unterordnung sei ein Zeichen dafür, dass ihre Beziehung zu Jesus nicht echt sei, und weil sie nicht am Haupt, Christus, festhielten, würden sie vom Leib des Herrn abgeschnitten werden.

309 Plainfield, NJ 1975.

Das unbiblische Wesen der Kommandoketten- oder Abdeckungslehre hat die Tür weit aufgestoßen für andere extreme Anschauungen in diesem Bereich. So vertreten beispielsweise Oral und Richard Roberts die Meinung, jeder Christ benötige eine „Gebetsabdeckung“. Sie sagen, jeder Gläubige brauche einen gesalbten Mann Gottes, der ihn mit Gebeten abdecke, die den Gläubigen vor den Finten des Teufels beschützen. Darüber hinaus betonen die Charismatiker, dass genau wie die individuellen Gläubigen auch die einzelnen Gemeinden Abdeckung brauchen. Jede Gemeinde muss zu ihrem eigenen Schutz durch eine andere abgedeckt werden. Nur so können sowohl der Pastor als auch die Gemeindeglieder in einem Klima der Sicherheit und Geborgenheit wirken.

- Schutz für die Gemeindeglieder: wenn ein Leiter in Irrtum oder Sünde fällt oder diktatorische Seiten zeigt, weiß die Gemeinde, sie hat jemanden, an den sie sich wenden kann, damit es nicht zur Spaltung kommt.
- Schutz für den Pastor: Er kann nicht ohne Beteiligung der apostolischen Aufseherschaft willkürlich entlassen werden. Das schützt ihn vor falschen Anschuldigungen.

In denominationellen Zusammenhängen gibt es eine solche Art von Abdeckung schon seit vielen Jahren.

Eine unabgedeckte Gemeinde wird rasch dämonischer Infiltration zum Opfer fallen. Und doch empfehlen die „Gemeindeabdeckungs“-Theoretiker einer Gemeindeleitung, ihre Abdeckung zu wechseln, sobald sie das Gefühl hat, die sie abdeckende Gemeinde stecke ihre Nase zu tief in ihre Angelegenheiten. Fühlt eine Leiterschaft sich zu scharf beobachtet, so entledigt sie sich einfach ihrer Abdeckung und sucht sich die erstbeste andere. Autoritäre Menschen lassen sich nicht gern kontrollieren.

Es ist wichtig, dass Christen nicht den Irrtum begehen, fehlbare menschliche Autorität mit der unfehlbaren Autorität der Bibel gleichzusetzen. Zwar lehrt die Schrift sehr wohl die Notwendigkeit, in der Ortsgemeinde Autorität und Verbindlichkeit zu haben (Hebr 13,17; Mt 18,15 ff.), zuallererst jedoch müssen wir vor der letztgültigen Autorität der Schrift und des Herrn geradestehen. Fällt die Leiterschaft einer Gemeinde oder auch die ganze Gemeinde verlockenden Lehren anheim, die der Schrift widersprechen, so haben wir die Verantwortung, dem Willen Gottes und nicht den falschen Lehren der Gemeinde zu folgen (s. Gal 2,11-16).

Christus muss unser Vorbild und Oberhirte sein, er, der ein Beispiel der Demut (Phil 2,5-9) und Dienerschaft (Joh 13,14 f.) gab. Ein geistlich gesinnter Leiter wird nicht versuchen, seine Herde einzuschüchtern oder zu beherrschen.

Nichtsdestoweniger gab Christus seinen Jüngern den Auftrag: „Geht hin und macht alle Nationen zu Jüngern …" (Mt 28,19). Der Apostel Petrus fordert geistliche Mitarbeiter auf, sanftmütige Hirtenfürsorge zu üben, „nicht als die, die über ihren Bereich herrschen, sondern indem ihr Vorbilder der Herde werdet" (1. Petr 5,3). Ein geistlich gesinnter Leiter führt, aber er herrscht nicht.

In Matthäus 20,25 ff. heißt es:

Jesus aber rief sie [die Zebedäussöhne] heran und sprach: Ihr wisst, dass die Regenten der Nationen sie beherrschen und die Großen Gewalt gegen sie üben. Unter euch wird es nicht so sein; sondern wenn jemand unter euch groß werden will, wird er euer Diener sein, und wenn jemand unter euch der Erste sein will, wird er euer Sklave sein.

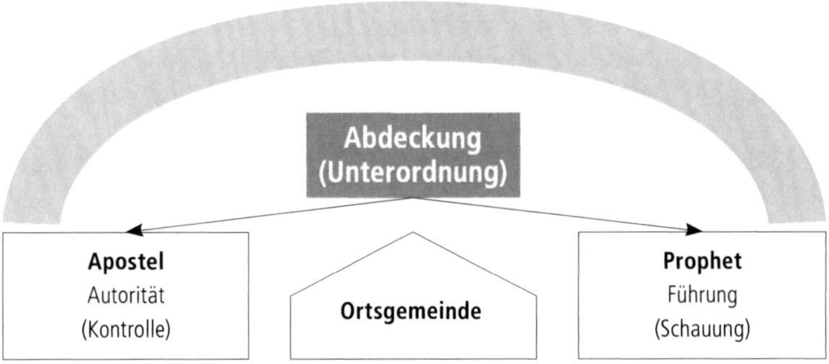

Elemente der Abdeckung einer Gemeinde

1. Rechtlich: Leitungsverantwortung.
2. Geistlich: Verantwortung für die Reinheit der Lehre.
3. Beziehungsmäßig: Verantwortung für die Zugehörigkeit.

Bischof Gary S. Brooks[310] verdanken wir ein ganz anderes Verständnis von Abdeckung. Er vergleicht die Abdeckung metaphorisch mit der Wolke der Verklärung.

310 Brooks, Gary S. (o. J.): The Secret of His Presence. Brantford, ON: River of Life Church Publications.

Es handelt sich um dieselbe bedeckende Wolke, die unseren Herrn Jesus Christus, Petrus, Jakobus und Johannes auf dem Berg der Verklärung überschattete – Matthäus 17,5: „Während er noch redete, siehe, da überschattete sie eine lichte Wolke, und siehe, eine Stimme kam aus der Wolke, welche sprach: Dieser ist mein geliebter Sohn, an dem ich Wohlgefallen gefunden habe. Ihn hört!" Der Schatten des Allmächtigen ist der Schatten, der auf den Aposteln und unserem Herrn Jesus Christus lag, lesen wir doch in Apostelgeschichte 5,11, nachdem Ananias und Saphira gestorben waren: „Und es kam große Furcht über die ganze Gemeinde und über alle, welche dies hörten." Wir müssen verstehen, dass der Schatten des Apostels Petrus nicht unbedingt ein natürlicher Schatten gewesen sein muss, der von der Sonne geworfen wurde, sondern dass dieser Schatten eher der Schatten des Allmächtigen war, unter dem Petrus sich ständig befand. Die Gläubigen erkannten den Schatten des Allmächtigen über dem Apostel Petrus und dem apostolischen Dienst der Kirche – deswegen hatten sie sich zusammengefunden und unterstellten sich der Autorität dieses Schattens. Denn aus Apostelgeschichte 2,42 f. ersehen wir deutlich: „Sie verharrten aber in der Lehre der Apostel und in der Gemeinschaft, im Brechen des Brotes und in den Gebeten. Es kam aber über jede Seele Furcht, und es geschahen viele Wunder und Zeichen durch die Apostel."

Diese persönliche Interpretation der Textstelle hat nur sehr wenig mit Abdeckung durch apostolischen Dienst zu tun.

Brooks fährt fort, indem er ausführt, das ständige Bleiben unter dem Schatten des Höchsten sei etwas, mit dem viele Söhne Gottes in dieser Stunde nicht viel anzufangen wüssten. Denn diese Formulierung setzt unsere Entschiedenheit voraus: Sie betrifft unser Leben und die Art, wie wir es führen – unseren Lebensstil –, und zwar jetzt und in Zukunft: Unter der Abdeckung und Autorität von etwas zu *bleiben*, das außerhalb unseres eigenen Selbst liegt, muss unsere permanente Haltung, sozusagen unser Wohnplatz, sein. Wir sind also vor eine Wahl gestellt. Entweder können wir uns für die Furcht des Herrn entscheiden und uns aus freien Stücken entschließen, unter dem Schatten apostolischen Dienstes zu bleiben, oder wir können uns verhalten wie die aufrührerischen Söhne aus Jesaja 30,1 ff. Das würde beinhalten, dass alle anderen Kirchen in Rebellion gegen Gottes Plan für seine Gemeinde leben.

Brooks weist darauf hin, dass die Unterwerfung unter apostolische Abdeckung im Volk Gottes eine echte Vertrauensfrage ist. Es hat jede Menge Autoritätsmissbrauch durch falsche Apostel gegeben, die mehr Politiker als Geistliche waren, ihre eigenen Interessen verfolgten und sich in ihrem Dienst mehr an der geistlichen „Konkurrenz" maßen als an unserem Herrn Jesus Christus – Leute, die die Wahrheit mit Ungerechtigkeit vermengen und aus dem Glauben der Schafe des Herrn unredlichen Vorteil für sich selbst ziehen. Gleichermaßen Missbrauch geschieht durch Unreife und Unausgebildete, die sich selbst und andere zu Aposteln ernennen, nur weil es in ihren Augen die neueste christliche Mode ist – abgesehen von der „Bischofsepidemie" –, Apostel oder Prophet zu sein. Gott erwartet nicht von uns, dass wir uns dieser missbräuchlichen Form von Autorität oder falschen apostolischen Ansprüchen unterwerfen, aber wir dürfen diese Missstände auch nicht als Ausrede dafür benutzen, uns nicht in das einbinden zu lassen, was in diesem Bereich seine Richtigkeit hat. Wir haben heute auch wahre apostolische Väter unter uns.

Es ist recht interessant, welche Schlussfolgerung Brooks aus dieser seiner Argumentation zur Frage der apostolischen Abdeckung zieht: „Würden wir wirklich begreifen, dass das Bleiben unter dem Schatten des Allmächtigen uns die Wohltaten des Bundes sichert, mit denen er uns segnen möchte in *Wohlstand, Vorhersehung, Kraft, Vergnügen und Schutz*, so würden wir zu ihm hinrennen, um uns unter seinen Flügeln zu bergen und von dem Herrn zu sagen: ‚Er ist meine Zuflucht und meine Burg, mein Gott, auf den ich traue.'"

Es ist traurig zu sehen, wie solche biblischen Beispiele unter Betonung des Wohlstandes herangezogen werden, um die Notwendigkeit apostolischer Abdeckung zu beweisen.

„Bindestrich"-Apostel

John Eckhardt, nachdrücklicher Verfechter des apostolischen Amtes, weist in seinem Buch „Leadershift"[311] („Leiterwechsel") darauf hin, dass

- jede Gemeinde eine apostolische Gemeinde sein sollte;
- jeder Gläubige apostolisch sein sollte;
- jeder Lehrer apostolisch sein sollte;
- jeder Evangelist apostolisch sein sollte

usw.

Ich stimme ihm darin zu, dass die Kirche unserer Tage genau das ist, was sie schon immer war, sind wir doch auf der Lehre der Apostel erbaut: Solange wir auf die reine biblische Lehre achten, sind wir eine apostolische Kirche. Auch das Buch von Frank Viola *Who Is Your Covering? A Fresh Look at Leadership, Authority and Accountability* („Von

311 Eckhardt, John (2000): Leadershift: Transitioning from the Pastoral to the Apostolic. Chicago: Crusaders Ministries.

wem werden Sie abgedeckt? Ein neuer Blick auf Leiterschaft, Autorität und Verbindlichkeit") befasst sich mit dem Thema Abdeckung.[312] Viola sagt: „Ehe wir uns die verschiedenen Dienstweisen von Aposteln in verschiedenen Sphären anschauen, ist es wichtig zu erkennen, dass viele Apostel Bindestrich-Apostel sind." Ihr Dienst verbindet sich häufig mit anderen Leitungsämtern, z. B.

- Apostel-Prophet;
- Pastor-Apostel;
- Apostel-Evangelist

usw.

Es gibt noch weitere mögliche Kombinationen im Rahmen der den Aposteln zukommenden verschiedenen Dienstkategorien, wie z. B.

- horizontaler Apostel;
- vertikaler Apostel;
- einberufender Apostel;
- mobilisierender Apostel

usw.

Und schließlich begegnen als typische Begriffsverbindungen mit dem Attribut „apostolisch"

- apostolische Leiterschaft;
- apostolische Gemeinden;
- apostolischer Dienst

u. a. m.; gemeint ist natürlich jeweils ein Ausweis apostolischen Handelns. In derselben „Logik" bezeichnen die Propheten jedweden Dienst, jedwede Stellung als prophetisch. Woher nehmen die Charismatiker die Notwendigkeit, Dienste als apostolisch oder prophetisch zu etikettieren? 2000 Jahre lang hat niemand es für nötig befunden, Dienste als pastoral, evangelistisch oder lehrmäßig zu kategorisieren, obwohl es neben den apostolischen und prophetischen stets auch diese Dienste gab.

Das Generalpresbyterium der Generalversammlung der US-amerikanischen Pfingstkirche *Assemblies of God* hat seine Position zu diversen aktuellen Lehrfragen am 11. August 2000 in einem Papier mit dem Titel „Endzeitliche Erweckung – geistgeleitet und geistbeherrscht"

312 Viola, Frank (2001): *Who Is Your Covering? A Fresh Look at Leadership, Authority and Accountability.* Present Testimony Ministry.

festgeschrieben.[313] Unter der Rubrik „Abzulehnende irrige Lehren" wird als eines der Themen, die von der Schift abweichen und Lokalgemeinden in ihrer Existenz und Stabilität bedrohen, „die problematische Lehre, dass in der heutigen Zeit apostolische und prophetische Amtsträger kirchlichen Diensten auf allen Ebenen vorstehen sollten", benannt. Diese Lehre schreibt man „Personen mit einem Geist der Unabhängigkeit und übersteigerter Einschätzung ihrer Bedeutung für das Reich Gottes" zu. Von diesen Personen behauptet man, sie legten 1. Korinther 12,28 wie auch Epheser 2,20 und 4,11 falsch aus.

Das Papier argumentiert: „Nach den Pastoralbriefen liegt die Leitung einer örtlichen Gemeinde in den Händen von Ältesten bzw. Presbytern und Diakonen. In diesen späten Schriften gibt es keinen Hinweis auf ein Fortdauern der Ämter von Aposteln und Propheten, auch wenn deren Dienstfunktionen anhalten." Der Abschnitt schließt mit einem Votum für das Adjektiv, nicht das Substantiv: „Wir bekräftigen: Es gibt und soll in der Kirche geben Dienste von apostolischer und prophetischer Art, ohne dass man Einzelpersonen benennt, die entsprechende Ämter innehätten." Diese Position seiner amerikanischen Glaubensbrüder bezeichnet der Leiter der australischen *Assemblies of God*, David Cartledge, in seinem Buch „Apostolic Revolution"[314] („Die apostolische Revolution") als „Pentecostal Cessationism"[315].

C. Peter Wagner möchte bestehende Unklarheiten unter den Charismatikern zerstreuen und kategorisiert Amt, Dienst und Funktionen des Apostels deshalb mit verschiedenen Termini. 1999 versuchte er die Bewegung mittels einer Gründung namens *International Coalition of Apostles* unter einen Hut zu bekommen, deren „Vorsitzender Apostel" er selbst, C. Peter Wagner, sein sollte.[316] Neue „Apostel" konnten zum monatlichen Mitgliedspreis von 69 Dollar beitreten. Wagner stellte eine Liste der vielen Arten von „Aposteln" (vgl. oben) auf, die für die Mitgliedschaft infrage kamen. Darunter figurierten die Folgenden:

313 A/G Position Paper: Endtime Revival: Spirit-Led and Spirit-Controlled A Response to Resolution 16. Quelle: www.ag.org/top/Beliefs/Position_Papers/pp_endtime_revival.cfm (Zugriff 13.06.2008).

314 Cartledge, David. (2000): The Apostolic Revolution: The Restoration of Apostolic and Prophetic Ministry in the Assemblies of God in Australia. Chester Hull, NSW.

315 Unter cessationism versteht man in der englischsprachigen theologischen Diskussion über Geistesgaben die Auffassung, diese hätten mit dem Ende der apostolischen Zeit bzw. der Kanonisierung der neutestamentlichen Schriften in der Kirche keinen Raum mehr gehabt und hätten deshalb aufgehört (cessation = Beendigung, Aufhören). Cartledge bedient sich also in seiner Kritik an der Linie der US-amerikanischen Assemblies-of-God-Leitung einer zugespitzten Polemik, die begriffliche Anleihen am Vokabular der Pfingstgegner nimmt. – Anm. d. Übersetzers.

316 Wagner, C. Peter (2000): The Apostles Prophets: The Foundation of the Church. Ventura, CA: Regal Books A Division of Gospel Light.

Vertikale Apostel

- Ekklesiale Apostel: Apostel mit Autorität über einen Einflussbereich, zu dem eine Reihe von Gemeinden gehören, die sich zweckmäßigerweise zu einem apostolischen Netzwerk unter der Leitung eines Apostels zusammenschließen.
- Funktionale Apostel: Apostel mit Autorität über ein klar begrenztes Netzwerk vollzeitiger geistlicher Mitarbeiter in bestimmten Dienstbereichen.
- Mitglieder eines apostolischen Teams: Apostel, deren apostolischer Dienst sich in Verbindung mit einem teamleitenden Apostel abspielt; ein solches Apostelteam kann einen oder mehrere gleichgestellte Vize-Apostel umfassen, denen von dem leitenden Apostel bestimmte Einflussbereiche zugewiesen werden. Die Vize-Apostel sind jedoch mehr als bloße Verwalter, Zuarbeiter oder Waffenträger.
- Gemeindliche Apostel: Apostel, die als Hauptpastoren dynamischer, wachsender Gemeinden von mindestens 700 bis 800 Gliedern fungieren.

Horizontale Apostel

- Einberufende Apostel: Apostel mit der Autorität, regelmäßig ihnen gleichgestellte Leiter, die auf einem bestimmten Feld dienen, zusammenzurufen.
- Botschafter-Apostel: Apostel mit meist internationalen Reisediensten, in denen sie in großem Maßstab apostolische Bewegungen katalysieren und unterhalten.
- Mobilisierende Apostel: Apostel mit der Autorität, innerhalb des Leibes Jesu qualifizierte Leiterschaftsgremien für einen bestimmten Zweck oder ein bestimmtes Projekt zusammenzustellen.
- Territoriale Apostel: Apostel, denen die Autorität übertragen worden ist, einen bestimmten Teil des Leibes Christi innerhalb eines Territoriums, sei es eine Stadt oder auch ein Staat, zu leiten.

Unterordnung

Apostolische Abdeckung funktioniert nicht, solange Pastor und Gemeinde nicht bereit sind, ein gewisses Maß an Unterordnung zu praktizieren. Jeder Pastor weiß um Wert und Wichtigkeit von Unterordnung innerhalb der Ortsgemeinde. Ein gewisses Maß an Unterordnung ist unerlässlich, wenn man in der lokalen Gemeinde einem Mitarbeiter Dienstverantwortung übertragen will. Das apostolische Netzwerk hat drei grundlegende Bereiche von Unterordnung festgelegt, die ein Pastor und eine Ortsgemeinde bejahen müssen, wenn sie den vollen Nutzen apostolischer Beaufsichtigung genießen wollen. Einer dieser Bereiche ist die finanzielle Unterordnung.

Finanzielle Unterordnung zuerst: Eines der Zeichen dafür, dass eine Gemeinde die apostolische Bewegung unterstützt, ist die Übernahme regelmäßiger finanzieller Verpflichtungen. Das apostolische Team setzt zwar keine Mindestbeträge fest, die eine Gemeinde aufbringen muss, um der apostolischen Bewegung beizutreten oder anzugehören, aber jede Gemeinde sollte sich finanziell beteiligen.

Jesus lehrte, einer der Nachweise dafür, dass Menschen Gottes Wort aufnähmen, sei ihre Bereitschaft, die Verkündiger mit Geld zu unterstützen (Mt 10,5-14). Peter Wagner schreibt: In puncto Finanzen sind wir als apostolisches Team sehr behutsam vorgegangen. Wir wissen, dass es bei diesem Thema im Leib Christi viel Durcheinander und Missbrauch gibt. Paulus sorgte dafür, dass er den Gemeinden nicht zur Last fiel (2. Kor 12,14). Nahm er Opfer an, so sagten die Leute, er tue seinen Dienst nur des Geldes wegen. Lehnte er Opfer aber ab, so hieß es, da könne man mal sehen, wie stolz er sei. Die Mitarbeiter des apostolischen Teams erhalten keine Gehälter, es gibt aber eine Erstattungsregelung für die Kosten auftragsgemäßer Reisen. Wir glauben, dass „der Arbeiter seines Lohnes wert" ist (1. Tim 5,18) und dass Gemeinden, denen der Dienst des apostolischen Teams zugute kommt, diesen Dienst finanziell unterstützen sollten. Manche Gemeinden leisten auch individuelle Zahlungen für Teammitglieder, die nicht auf der Gehaltsliste irgendeiner Ortsgemeinde stehen.

Diese Argumentationslinie wirft diverse Fragen auf. Die finanzielle Unterstützung, die die Apostel des Neuen Testaments erhielten, diente drei Zwecken: den Gemeinden, der Missionsarbeit und der Gemeinde-Neupflanzung. Es gibt wenige oder gar keine Hinweise darauf, dass die heutigen Apostel Gemeinden pflanzen oder missionarisch aktiv sind. Das meiste Geld, das sie erhalten, stecken sie in die Werbung für ihren apostolischen Dienst oder in dessen Konsolidierung. Gemeinden, die die Apostelbewegung finanziell unterstützen, zwacken diese Gelder von ihren Missionsetats ab.

Die zweite Verpflichtung, die übernommen werden muss, besteht in der *Teilnahme an nationalen Konferenzen*. Diese bieten Gelegenheit,

- seine Vision zu erweitern;
- Beziehungen aufzubauen;
- Gemeinschaft zu vertiefen;
- Lehre und geistliche Handreichung zu empfangen;
- sich in eine globale Vision mit einzubringen;
- persönlich gestärkt und erfrischt zu werden.

Unterordnung unter die Autorität des Pastors
Wahrhaft von Gott berufene Propheten unterstellen sich ostentativ der Autorität des Pastors der Gemeinde, in der sie jeweils dienen. Sie sind sich des Prinzips pastoraler Autorität bewusst und fügen sich grundsätzlich dem Hausherrn. Als Menschen im fünffältigen Dienst verstehen Propheten voll und ganz, wie Gemeindeleitung funktioniert und welche Rolle sie selbst spielen. Echte Propheten versuchen niemals, die Leitung zu übernehmen, den Pastor zu beherrschen oder sich über ihn zu stellen. Vielmehr bestätigen sie den Hirten der Herde öffentlich.

Sie bemühen sich deutlich zu machen, dass der prophetische Dienst dazu da ist, zu ergänzen und zu unterstützen, was in der Gemeinde ohnehin gelehrt wird, und lassen nicht zu, dass man sie zu Ersatzleitern macht oder gar in eine oppositionelle Position zur örtlichen Leiterschaft hineinmanövriert. Ein Prophet macht sich bereitwillig eins mit der Vision der Gemeinde und geht in seinem Dienst auf Facetten dieser Vision ein. Dass er den Pastor und Apostel, so es einen solchen gibt, vorbehaltlos unterstützt, zeigt sich an den Worten, die ein wahrer Prophet ausspricht.

Die Schrift bestätigt, dass von Propheten, wie gesalbt sie auch immer sein mögen, die Unterstellung ihres Dienstes unter eingesetzte Autorität erwartet wird. Diesen Begriff wähle ich bewusst, lässt er doch Raum für verschiedene Arten von Leitungsautorität. Ein Prophet, der wirklich Herr über die Botschaft ist, die er einbringt, kann sich so gut wie sicher mit den Prinzipien örtlicher Leiterschaft eins machen. Jedes andere Verhalten wäre schroffer Ungehorsam gegenüber dem pastoralen Dienst und letztlich der Gemeinde, die erkennen sollte, dass solch ein Mensch kein wahrer Prophet ist.

Ethische Verbindlichkeit
Wie in allen anderen Dienstbereichen beobachtet man auch in der apostolischen Bewegung zunehmend schmerzhafte Probleme. Das muss uns nicht wundern – denken wir nur an die Pfingstbewegung des beginnenden 20. Jahrhunderts. Das *Orlando Statement* ist ein notwendiges Dokument, das die gegenwärtige Lage der pfingstlich-charismatischen Bewegung betrifft. Es scheint jene gemeinsam anerkannten Werte biblischer Zucht und Gnade zu bekräftigen, die das Volk Gottes

von jeher in ethischer, moralischer, ehelicher und pastoralethischer Hinsicht hochgeschätzt hat, wobei man einräumt, dass es keine menschliche Instanz gibt, die das Mandat hätte, Konformität zu irgendeinem Wertesystem einzufordern oder zu überwachen. Nichtsdestoweniger legte man folgende Zusammenfassung von Positionen vor:

1. *Wir hoffen und bekräftigen, dass alle, die des Lebens im Heiligen Geist teilhaftig sind, sämtlichen Anforderungen der Schrift in Bezug auf Ethik, moralische Reinheit, sexuelle Integrität, eheliche Treue, finanzielle Verantwortung und den Geist eines christusgemäßen Dienstes gleichermaßen und völlig Beachtung schenken.*
2. *Wir hoffen allen charismatischen Christusgläubigen einen Nachweis an die Hand zu geben, der ihnen zusichert, dass die Mehrzahl ihrer Leiterschaft sich bleibend an die charakterlichen Erwartungen gebunden sieht, die Gottes ewiges Wort im Hinblick auf Leiter offenbart.*
3. *Wir hoffen, dass die Werte, zu denen wir uns hiermit stellen, als Ausdruck der gemeinsamen Überzeugungen und Werte der weiten Gemeinschaft von Christen in charismatischer Tradition anerkannt und wertgeschätzt werden.*
4. *Wir hoffen deutlich zu machen und zu bekräftigen, dass ohne das fortdauernde Erneuerungswerk des Heiligen Geistes sowohl Strukturen als auch Beziehungen es nicht vermögen werden, irgendwelche moralischen oder ehtischen Standards zu setzen oder deren Beachtung zu bewirken.*

Wir wollen weder ein Leitungsgremium bilden noch rechtliche Strukturen zur Stärkung ethischer Standards setzen oder überwachen. Wir wissen, dass solch ein Unterfangen letzten Endes unmöglich ist, wenn die Herzen sich nicht Gottes Wort und Geist unterwerfen. Dennoch … hoffen wir einen informellen Mechanismus entwerfen zu können, um solche auszumachen und an den Rand zu drängen, die auf ihre Unabhängigkeit halten und für sich nur geringere Maßstäbe christlicher Zucht gelten lassen oder die sich zum biblischen Lebensstil indifferent verhalten und sich so als getrennt von wahrhaft charismatischen christlichen Standards und nicht repräsentativ dafür erweisen. Wir machen uns folgende Standpunkte zu eigen:

1. *Die ethische Krise – Problemstellung: Es besteht eine Krise ethischer Standards in der Kirche im Allgemeinen und unter charismatisch-pfingstlichen Leitern im Besonderen, charakterisiert durch:*

a) eine zunehmende Duldung sexueller Untreue;
b) sich mehrende Beispiele dafür, dass eheliche Verantwortung unter dem Vorwand geistlich-dienstlicher Verpflichtungen vernachlässigt wird;
c) Nachlässigkeit im Hinblick auf das Konzept der Wiederherstellung und
d) mangelndes Selbstmanagement und fehlende Disziplin in puncto finanzielle Verantwortung und Extravaganzen des eigenen Lebensstils.

2. *Die ethische Krise – Ursachen: Diese ethische Krise geht in Teilen zurück auf*
   a) die zunehmende Zahl geistlicher Leiter, die außerhalb von bestehenden Verbindlichkeitsstrukturen arbeiten;
   b) das Scheitern bestehender Verbindlichkeitsstrukturen bei der Festlegung rechtlicher Standards infolge des Fehlens authentischer Kollegenbeziehungen;
   c) die zunehmend um sich greifende Sichtweise des geistlichen Dienstes als Beruf, in dem Erfolg und Macht mehr Gewicht haben als Dienerschaft und Integrität, und
   d) die sich ausbreitende Ansicht, das Privatleben des Leiters habe nichts mit seinem öffentlichen Dienst zu tun, solange dieser Dienst von seiner Anhängerschaft geschätzt werde.
3. *Die Ineffektivität streng verrechteter Verbindlichkeitsstrukturen: Versuche, ethische Verbindlichkeit durch strenge rechtsgültige Begrenzungen festzulegen, waren in der Vergangenheit nicht zielführend und werden es auch nicht sein, es sei denn, sie würden in Beziehungsnetze sowohl unter Kollegen als auch zu Vorgesetzten eingebunden, deren Teilnehmer willens sind, moralisches Versagen offen anzusprechen und dem Bußfertigen begehbare Wege der Wiederherstellung anzubieten. Von daher raten wir dringlich zur ausdrücklichen Akzeptanz der Verantwortung Geistlicher, Zucht in Liebe und Gerechtigkeit in Gnade zu vermitteln, sodass jedwede Unabhängigkeit von und jedwedes Beharren auf Verhaltensweisen, die gottgesetzten Werten zuwiderlaufen, als mit dem Lebensstil charismatischer Christen nicht vereinbar und für eine wahrhaft charismatische christliche Gemeinschaft nicht repräsentativ ausgewiesen werden.*[317]

317 Orlando Statement (eigene Übersetzung); Quelle: www.cephas-library.com/assembly_of_god/assembly_of_god_orlando_statement.html (Zugriff 29.7.07).

„Aktivierung"
„Aktivierung" betrachtet man in der charismatischen Bewegung als einen der Schlüsseldienste, die völlig wiederhergestellt werden müssen. Aussagen wie die folgende lassen rote Fahnen hochgehen: „Aktivierung rüttelt wach, lässt durchstarten, stachelt an und setzt Gottes Fähigkeiten in den Heiligen frei." Für die meisten Theologen heißen solche Parolen, dass hier der Mensch am Werk ist. Im ersten Kapitel haben wir uns viel Zeit genommen, um klarzustellen, was es mit der Berufung Gottes im Leben eines Menschen auf sich hat, aber das, was wir an Praxis in der Kirche heute beobachten, sieht anders aus.

Den apostolischen Bewegungen zufolge ist Aktivierung die Fähigkeit, durch Handauflegung und prophetisches Reden anderen Menschen tatsächliche geistliche Begabungen und Dienstberufungen zu übertragen. Geistliche Begabungen (beschrieben in 1. Kor 12,4-11) und Dienst in der Vollmacht des Geistes (beschrieben in Röm 12,4-8) sind biblisch vorgesehene Manifestationen göttlicher Kraft, die in die natürliche Welt hineinreichen. Für Pfingstler und Charismatiker gehören diese Dinge zum normalen christlichen Glauben. Für geistlich begabte Gläubige, die dem Modell des fünffältigen Dienstes anhängen, ergeben sich viele Fragen, von denen keine grundlegender ist als diese: *„Aktiviert" der fünffältige Dienst geistliche Begabungen und Berufungen für Gläubige durch irgendeine Form von Übertragung?* Mit einem Ja ohne jeden Zweifel antwortet darauf der kalifornische Apostel im fünffältigen Dienst David Cannistraci:[318] „Apostel können ein prophetisches Presbyterium einberufen, das … den zu Ordinierenden die Hände auflegt. … Dieses Team … wird den Kandidaten geistliche Gaben übertragen." Dem widerspricht nachdrücklich der verstorbene Kenneth Hagin,[319] weithin bekannter Wort-des-Glaubens-Lehrer und ebenfalls ein Vertreter des Konzepts des fünffältigen Dienstes: „Das ist unmöglich! Ich nenne das leere Hände auf leere Köpfe legen! Und es verursacht ein Problem im Leib Christi. … Es ist gefährlich, so zu handeln."

Die Kernlehre des Aktivierungskonzepts ist, dass alle Heiligen prophetisch sein können insofern, als sie Gottes Stimme hören und anderen die Gedanken Christi weitergeben können. Die Leidenschaft der Leiter der charismatischen Bewegung lag darin, die Heiligen so zu lehren, zu üben, zu aktivieren, zu betreuen und zur Reife zu führen, dass sie als Glieder am Leib Christi dienstfähig würden. Man betonte die Bibelstelle, in der es heißt: „Ihr könnt einer nach dem anderen alle weissagen."

318 Cannistraci, David (1996): Apostles and the Emerging Apostolic Movement. Ventura.

319 Hagin, Kenneth (1995): *The Holy Spirit and His Gifts*. Kenneth Hagin Ministries.

Diese rein charismatische Lehre begibt sich aber in Widerspruch zu anderen Bibelstellen wie z. B. 1. Korinther 12,28 ff.:

> *Und die einen hat Gott in der Gemeinde eingesetzt erstens als Apostel, zweitens andere als Propheten, drittens als Lehrer, sodann Wunderkräfte, sodann Gnadengaben der Heilungen, Hilfeleistungen, Leitungen, Arten von Sprachen. Sind etwa alle Apostel? Alle Propheten? Alle Lehrer? Haben alle Wunderkräfte? Haben alle Gnadengaben der Heilungen? Reden alle in Sprachen? Legen alle aus?*

1. Korinther 14,1 betont: „Strebt nach der Liebe, eifert aber nach den geistlichen Gaben, besonders aber, dass ihr weissagt!"

Eine weitere Lehre in diesem Zusammenhang besagt jedoch, man könne *die Heiligen aktivieren*, mit Geistesgaben umzugehen, genau wie ein Sünder zur Gabe des ewigen Lebens hin aktiviert werden könne oder ein wiedergeborener Christ zur Gabe des Heiligen Geistes hin. Es handelt sich hierbei samt und sonders um Erfahrungen, die Gott in seiner Souveränität gibt, die der Mensch in Gnade empfangen und im Glauben manifestieren muss. Der Heilige Geist ist der Geber der Gaben, aber *aktiviert werden sie durch den Glauben des Gläubigen.*

Zunächst wird also der Anspruch erhoben, dass Leiter die Heiligen „in die geistlichen Gaben hinein" aktivieren können. Im zweiten Schritt muss dann der Gläubige selbst durch seinen Glauben diese Gaben als solche aktivieren. Paulus wiederum erinnert die Korinther daran, wie souverän und vollkommen Gott Vorsorge dafür getroffen hat, dass seine Gemeinde zugerüstet wird, und zwar in Einheit und Vielfalt zugleich. 1. Korinther 12,11 schreibt er: „Dies alles aber wirkt ein und derselbe Geist und teilt jedem besonders aus, *wie er will*" (Hervorhebung hinzugefügt). Genau wie in den Versen 8-10 gibt der Apostel hier keine erschöpfende Liste der Gaben, sondern hebt lediglich einige hervor – die einen wiederholt er, die anderen lässt er aus, auch fügt er bislang nicht erwähnte hinzu –, um deutlich zu machen, in welcher Vielfältigkeit der Herr sein Volk beruft und ausrüstet, damit sein Werk in harmonischem Zusammenwirken vieler getan werden kann. Immer wieder aber betont er dieselben drei Schlüsselpunkte: *Souveränität, Einheit und Vielfalt.*

In Vers 28 erwähnt Paulus zunächst bestimmte geistbegabte Menschen und dann bestimmte geistliche Gaben. Die begabten Menschen sind „eingesetzt", genau wie Mitglieder nach dem Plan Gottes in die Gemeinde eingefügt oder eben eingesetzt werden – vgl. V. 18, wo dasselbe griechische Verb, *tithemi*, benutzt wird, ein Verb, das normalerweise „setzen" oder „platzieren" meint, häufig aber wie in diesen beiden Versen im Sinne von „offiziell in ein Amt einsetzen" gebraucht wird (Joh 15,16; Apg 20,28; 2. Tim 1,11). Gott hat in Souveränität erstens Apostel, zweitens Propheten und drittens Lehrer eingesetzt. Die weiteren von Gott eingesetzten Amtsträger sind Evangelisten und Pastoren bzw. pastorale Lehrer (Eph 4,11).

Die ersten beiden V. 28 erwähnten Ämter, das des Apostels und das des Propheten, waren mit drei grundlegenden Verantwortungsbereichen verbunden:

1. das Fundament der Kirche zu legen (Eph 2,20);
2. die Offenbarung des Wortes Gottes zu empfangen und weiterzugeben (Apg 11,28; 21,10 f.; Eph 3,5) und
3. dem Wort durch Zeichen und Wunder Bestätigung zu verschaffen (2. Kor 12,12; vgl. Apg 8,6 f.; Hebr 2,3 f.).

Auf der Homepage von *Fresh Fire Ministries*[320] findet man Anweisungen zur Aktivierung prophetischen Dienstes. Im Folgenden gebe ich eine kurze Zusammenfassung der insgesamt zehnseitigen Anleitung.

Erster Tag: Gott möchte, dass du weissagst. Ich glaube, wenn wir Gottes prophetisches Volk sind, sind wir zu Hause, am Arbeitsplatz und überhaupt wo immer wir hinkommen prophetisch. Die prophetische Gabe kannst du überall entfachen; du kannst sie sogar unter Ungläubigen benutzen. Erwarte, dass du, wenn du das nächste Mal in der Öffentlichkeit bist und dich bereit gemacht hast für den Heiligen Geist, ein Wort der Erkenntnis für irgendjemanden von ihm empfangen wirst. Sieh die Person an, die dir am nächsten ist, bete im Heiligen Geist und sage: „Herr, sage mir etwas über ihn (oder sie)." Diese Anweisungen beruhen auf Johannes 4, wo Jesus am Brunnen die Samariterin traf.

Zweiter Tag: Du kannst der Frau bei McDonald's an der Kasse ein Wort der Erkenntnis weitergeben. Gib das Wort des Herrn einfach hier und da an den alleralltäglichsten Orten weiter. Bist du auf dem Wochenmarkt oder vielleicht sogar irgendwo auf dem Klo – mach es dir zur Gewohnheit, innezuhalten und zu sagen: „Herr, gib mir ein Wort. Sag mir etwas über diesen Menschen hier." Diese Anweisung beruht auf Apostelgeschichte 2,17. – Gott möchte, dass alle seine Söhne und Töchter weissagen. Diese Ausgießung ist nicht nur für den Propheten oder den prophetischen Dienst gedacht. Er möchte, dass wir alle Visionen und Träume haben. Es ist so leicht zu weissagen! Es ist nichts weiter, als dass du deinen Mund aufmachst – im Glauben – und er ihn füllt. Gott redet allezeit zu dir – du musst einfach nur in der Lage sein, ihn zu hören.

320 www.freshfire.ca

Dritter Tag: Halte dich an die Richtlinien für den prophetischen Dienst, nämlich dass er dazu da ist zu trösten, aufzuerbauen, zu ermahnen und zu bestätigen (1. Kor 14,3). Lass die Finger von Daten und komm nicht auf die Idee, Leuten zu sagen, wen sie mal heiraten werden. Halte dich daran, dass einer nach dem anderen weissagen soll, damit alle lernen. Sprichst du aus Gottes Gedanken und Gottes Herz, so weissagst du. Die Schrift sagt dir in 1. Korinther 2, dass der Geist, der in dir lebt, die Tiefen Gottes erforscht. Dieser Text zeigt, wieso du erwarten kannst, Gottes Reden für andere zu hören, und wieso du erwarten kannst, dass du ihn jedes Mal hörst, wenn du auf prophetischen Empfang schaltest (1. Kor 2,11).

Vierter Tag: David sagt: „Wie unzählig sind Gottes Gedanken über uns!" Jawohl, Gott hat unendlich viele Gedanken über dich und über alle um dich herum. Wenn ich also über jemanden weissagen will, muss ich nichts weiter tun als zu sagen: „Heiliger Geist, bitte gib mir gerade jetzt Offenbarung! Gestatte mir, genau einen spezifischen Gedanken zu empfangen." Du hast prophetisch gedient, selbst wenn du jemandem nur einen einzigen Gedanken gesagt hast. Du hast geweissagt, wenn Gott dir nur ein einziges inneres Bild gegeben hat und du noch nicht einmal eine Auslegung des Bildes hattest, aber es weitergabst. Sag einfach: „Heiliger Geist, danke, dass du die Tiefen Gottes kennst. Du weißt um die Dinge des Vaters." – Eine der Hürden, über die du im prophetischen Dienst hinwegkommen musst, ist die Möglichkeit, Gott zu verpassen. Aber es geht in Ordnung, nicht sämtliche großen Geheimnisse der Prophetie zu verstehen, und es ist okay, wenn du nicht das allerbeste Training bekommen hast. Das geht in Ordnung, weil ihr „einer nach dem anderen alle weissagen [könnt], damit alle lernen" (1. Kor 14,31).

Fünfter Tag: Gott redet häufig mit sanfter Stimme. Diese „sanfte Stimme" ist gewöhnlich ein Gedanke, der deinen Gedankenfluss unterbricht. Woher weißt du, dass du Gottes leise, sanfte Stimme gehört hast? Wenn dir urplötzlich ein Gedanke ins Hirn springt, der völlig aus dem Zusammenhang dessen fällt, woran du gerade gedacht oder wovon du gerade gesprochen hast, dann ist das Gott. Vielleicht redest oder denkst du gerade an irgendwas, vielleicht hängst du sogar irgendwelchen Tagträumen nach, und mit einem Mal kommt dir ein Gedanke, ohne dass du weißt, woher. Normalerweise, wenn solche Gedanken kommen, haben sie nichts mit irgendetwas von dem zu tun, was ich im Augenblick gerade dachte oder tat – es kommt einem wie irgendein fremdartiger, abstrakter Einfall vor.

Sechster Tag: Zungenreden ist ein Weg, Prophetie zu entfachen. Zungenreden und Prophetie hängen so eng zusammen. In 1. Korinther 14 lesen wir: „… wer in einer Sprache redet, bete, dass er es auch auslege!“ Diese Bibelstelle können wir so verstehen, dass wir darum beten sollten, unsere eigenen Zungenbotschaften auch auszulegen. Und wenn du dann leise in Zungen gebetet hast, *warte!* Mit einem Wort: Mach dich brauchbar und erwarte dann zu hören.

Siebter Tag: Zusammenfassung:

1. *Stelle dich zur Verfügung.*
2. *Entfache das Prophetische in deinem eigenen Geist durch Beten im Geist.*
3. *Glaube für einen Gedanken oder eine Bibelstelle oder besser: Bitte den Heiligen Geist um eine Textstelle oder eine Vision.*
4. *Weissage entweder in Worten der Auferbauung (d. h. des Entfachens), der Tröstung (d. h. des Aufheiterns) oder der Ermahnung (d. h. des Ausrichtens) über anderen.*

Also, Herr, auf geht's – es ist Zeit zu weissagen!

Workshops zur prophetischen Aktivierung

> *Wie weissagen Sie? Wie können Sie Gottes Stimme für andere Menschen hören? Wie sieht eine Vision aus? Wie kann ich Engel sehen? In diesem Seminar (oder Wochenendseminar) werden A. & J. Alyn aus der Bibel und aus ihrer Erfahrung heraus darüber lehren, wie Sie jederzeit und überall das Prophetische aktivieren können! (Quelle unbekannt)*

Dies ist ein Beispiel dafür, wie Menschen mit allen Mitteln versuchen, geistlichen Dienst zu produzieren, ohne sich biblischen Prinzipien zu unterwerfen: „… eifert … nach den geistlichen Gaben, besonders aber, dass ihr weissagt!“ Die Bibel spricht vom eifrigen Erstreben, nicht vom Einschalten. Der Apostel Paulus erwähnt zwei spezifische Bereiche persönlichen Ausdrucks: „*Ich will* beten mit dem Geist, aber *ich will* auch beten mit dem Verstand; *ich will* lobsingen mit dem Geist, aber *ich will* auch lobsingen mit dem Verstand“ (1. Kor 14,15). Bei allen anderen Gaben ist es, wie 1. Korinther 12,11 sagt: „Dies alles aber wirkt ein und derselbe Geist und teilt jedem besonders aus, *wie er will.*“

Der Leib Christi – Ort der Zurüstung

Für viele Gläubige bleiben die Fragen: „Was fangen wir mit den Massen von Prophetien an, die landauf, landab in charismatischen Gemeinschaften ausgesprochen werden? Und wie sollte sich Prophetie heutzutage innerhalb der Leitlinien bewegen, die die Schrift setzt?" Das sind drängende Fragen, mit denen wir uns näher beschäftigen müssen. Die Menschen, die Gott in die Welt und unter die Nationen aussendet, müssen im Rahmen ihrer eigenen Gemeindeherkunft geschärft und brauchbar gemacht werden. Als Erstes müssen sie der Gemeinschaft, in der sie sich tagtäglich bewegen, Gottes Wort bringen. Nimmt die Heimatgemeinde einen Propheten nicht als solchen an und kann sie seinen Dienst nicht schätzen, so wird es keinen Mann geben, der auszusenden wäre. Propheten müssen von einer Gemeinschaft ausgesandt werden, die ein Verständnis dieser Dinge hat und begreift, wie wichtig ihr Reden und Handeln ist und wie sehr es darauf ankommt, dass sie in Treue reden und handeln. Ein Prophet muss unter Handauflegung ausgesandt werden, was so viel bedeutet wie: „Wir identifizieren uns nicht nur mit dir, wir stellen uns mit unserer eigenen Fürbitte hinter dich, denn die Konsequenzen dessen, was du tust, werden wir zu tragen haben. Wir sind in diesem Dienst mit dir." Das ist das „Antiochien", das wir brauchen und auf das wir warten – dass Menschen aus einem solchen Kontext und unter solcher Identifikation ausgesandt werden können.

Haben wir die Befähigung, Berufene zu erkennen? Wir sollen sie nicht dämpfen, sondern ermutigen. Aber wir müssen sie auch darauf aufmerksam machen, dass sie es nach wie vor mit einer Mischung von Fleisch und Geist zu tun haben. Durch einen Prozess sanfter, liebevoll ermutigender Ermahnung kann die Gemeinde berufenen Menschen helfen, den ihnen von Gott verordneten Dienst voll zu entfalten. Der Prophet muss sogar von seinem eigenen Berufungsbewusstsein gelöst werden, ganz zu schweigen von jedem auch noch so subtilen Ehrgeiz, der ihn dazu treibt, gesehen, beklatscht und anerkannt zu werden. Er muss befähigt werden, Widerspruch und Zurückweisung zu ertragen, die unweigerlich auf ihn zukommen, sofern er treu bleibt. Zweifellos läuft die ganze Geschichte eines im Herrn geführten Prophetenlebens darauf hinaus. Es geht nicht ohne Hindernisse, Infragestellung und allerlei anderes, das Gott einem Propheten zumutet, denn nur dadurch formt sich ein prophetischer Charakter. Es gibt keinen billigen Weg, eine prophetische Persönlichkeit hervorzubringen. Ein Prophet muss die Dinge des Lebens bis in die Tiefen durchlaufen, damit er sie eines Tages mit Durchschlagskraft und Autorität ansprechen und andere herausfordern kann, sich für oder gegen Gott zu entscheiden.

Zumeist wird ein Prophet seinen Dienst aller Wahrscheinlichkeit nach auf sich allein gestellt tun. Und doch ist er stets ein gemeinschaftlicher, eingebundener Mensch, nicht in einem idealisierten Sinn, sondern als jemand, der häufig von anderen kritisiert wird und das auch gar nicht anders will.

Eine Salbung von Gott zu haben heißt noch lange nicht, dass man unüberwindlich wäre. Das Vorhandensein einer Salbung bedeutet nicht unbedingt, dass Gottes Siegel der Bestätigung jederzeit auf allem liegt, was der Prophet in seinem Dienst tut. Es kann sein, dass jemand in seinem Dienst gesalbt ist und sein persönliches, privates Leben dennoch Beschädigungen und Widersprüche aufweist, um die man sich kümmern muss.

Propheten sollen nicht hinausgehen, ehe sie ausgereift sind. Sie sollten alles, was mit ihrer Reifung zusammenhängt, gern annehmen und freudig erwarten, denn jeder von uns hat mit seelischen Grauzonen zu tun: kleinen Anflügen von Ehrgeiz, kleinen Ansätzen von Dünkel, kleinen romantischen Träumen davon, was wir für prophetischen Dienst halten – alles Dinge, die Gott mit Stumpf und Stiel ausmerzen muss. Das ist nötig, damit der Prophet, wenn er spricht, Gottes Wort wiedergibt, und zwar nicht nur inhaltsgetreu, sondern auch atmosphärisch und im richtigen Geist.

In Matthäus 7,15-23 lehrt Jesus seine Jünger, woran sie einen wahrhaften Propheten erkennen können, und zwar offenkundig deshalb, weil es vonnöten ist, solche Proben aufs Exempel vorzunehmen. Die, die er zum Prüfen beruft, sollen sich auch selbst prüfen lassen.

Beim Vergleich zwischen Neuem und Altem Testament sehen wir keinen Unterschied, was das Wesen der Prophetie anbelangt, sehr wohl aber gibt es einen solchen im Hinblick auf das Amt des Propheten. An dieser Stelle ist dem oben Gesagten noch etwas hinzuzufügen, um den Unterschied deutlich zu machen, der aus der Verschiedenheit des alttestamentlichen Israel und der neutestamentlichen Gemeinde erwächst, und zu zeigen, wie Gott durch jede dieser beiden Ordnungen wirkt.

Für das Aufkommen und Wirken der alttestamentlichen Propheten gilt:

- Sie agieren immer auf der nationalen Bühne, weil Israel eine souveräne Nation ist.
- Sie werden unmittelbar von Gott hervorgebracht.
- Das Amt des Propheten ist landesweit und oft auch über die Landesgrenzen hinaus offiziell anerkannt.

Bei einem neutestamentlichen Propheten kann es so sein, dass er zunächst nur im Rahmen einer Gemeinde dient. Es ist nicht gesagt, dass er überall gleichermaßen Anerkennung findet: Manche Orte und Gemeinden mögen ihn akzeptieren, andere vielleicht nicht, weil sie ihn gar nicht kennen. Das steht im Gegensatz zur nationalen Geltung alttestamentlicher Propheten.

Es gibt auch eine große Streubreite konkreten prophetischen Auftretens, die vom normalen Gemeindeglied über Älteste, die die Gabe der Weissagung haben, bis hin zu Propheten und Aposteln reicht, die den Dienst oder das Amt des Propheten ausüben.

Das Problem der Stellung des Pastors heute

Auf der einen Seite steht die in diesem apostolischen Zeitalter landläufige Praxis des allein dienenden Pastors in Spannung zum Neuen Testament. In der frühen apostolischen Kirche predigten und lehrten nicht bloß Angehörige einer besonderen Gruppe. Vielmehr konnte jeder Bekehrte Ungläubigen das Evangelium weitersagen und jeder Christ mit der entsprechenden Gabe konnte in der Gemeinde beten, lehren und ermahnen. Das Neue Testament kennt keinerlei geistliche Aristokratie, sondern nennt alle Gläubigen „Heilige", auch wenn etliche tatsächlich weit hinter dieser Bezeichnung zurückblieben. Auch kennt das Neue Testament kein besonderes, vom Volk der Gläubigen separiertes Priestertum, das zwischen Gott und dem Laienstand zu vermitteln hätte. Es kennt nur einen einzigen Hohenpriester, Jesus Christus, und lehrt klar das allgemeine Priestertum sowie auch das universale Königtum der Gläubigen, und zwar sehr viel tiefer und breiter als das Alte Testament, so weitgehend, dass es bis heute noch nicht ganz erfüllt ist. Die gesamte Gemeinschaft der Christen wird als „ein auserwähltes Geschlecht, ein königliches Priestertum, eine heilige Nation, ein Volk zum Besitztum" Gottes (1. Petr 2,9) bezeichnet.

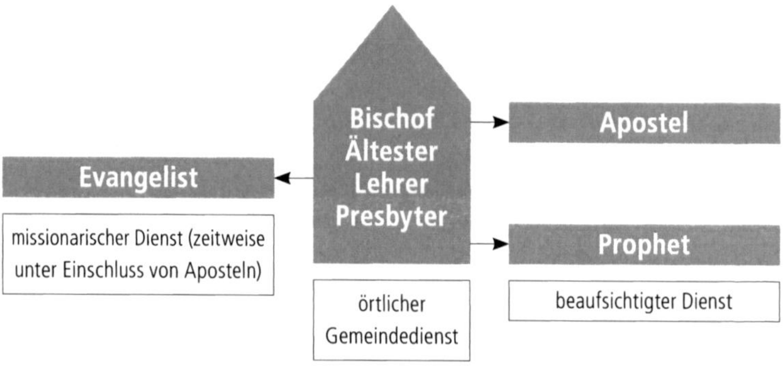

Andererseits wird nicht weniger deutlich, dass es in der frühen apostolischen Kirche ein von Christus begründetes geistliches Amt gab, und zwar zu dem simplen Zweck, die Masse der Gläubigen nicht in ihrem geistlichen Neugeborenen- und Abc-Schützen-Status zu belassen, sondern zu eigenständigem, unmittelbaren Austausch mit Gott und letztlich in jene prophetische, priesterliche und königliche Funktion zu führen, die prinzipiell und bestimmungsmäßig ihnen allen zusteht.

Der hoch spezialisierte, professionelle „Pastor" moderner evangelikaler Gemeinden ist eine Errungenschaft aus nachbiblischer Zeit und erwächst aus einer menschlichen (und nicht allzu hilfreichen) klerikalen Tradition. Im Grunde handelt es sich um ein Überbleibsel aus der Tradition heidnisch-römischen Priestertums. Als solches widerspiegelt unser gewohntes Pastorentum eher die schwachen, bettelarmen Elemente des levitischen Priestertums als irgendetwas Neutestamentliches.

Und was nicht weniger schlimm ist: Die Rolle als Pastor verbiegt viele, die sie spielen. Auch diejenigen, denen es gelingt, den Fallen des klerikalen Professionalismus zu entgehen, sind dennoch buchstäblich immer damit behaftet. Ein charismatischer Leiter schreibt, Gott habe niemals irgendjemanden berufen, die schwere Last, die es mit sich bringt, wenn man der Kirche in ihren Bedürfnissen dient, allein zu tragen.

Das vielleicht Erschreckendste an der Funktion des modernen Pastors ist, dass sie diejenigen, denen sie zu dienen beansprucht, in geistlicher Unmündigkeit hält. Weil das pastorale Amt das Recht aller Gläubigen auf geistliches Dienen usurpiert, läuft es zwangsläufig darauf hinaus, dass Gottes Volk verbogen wird. Es hält die Gläubigen in Schwachheit und Unsicherheit.

Natürlich sind viele aus ehrbaren Gründen Pastoren und nicht wenige von ihnen setzen alles daran, ihre Mitgeschwister in geistliche Verantwortung hineinzuführen. Und doch entmächtigt und neutralisiert das moderne „Pastoren"-Amt das Priestertum der Gläubigen, egal, wie wenig beherrschend ein einzelner Pastor seinen Dienst auch ausüben mag. Da aber der Pastor Träger der geistlichen Bürde und des größten Teils der Verantwortung ist, wird die Mehrheit der Gläubigen passiv und selbstsüchtig und bleibt in ihrem geistlichen Wachstum stecken.

Letzten Endes muss die Funktion des modernen Pastors ins Gleichgewicht mit anderen Diensten gebracht werden, die der Herr seiner Gemeinde gegeben hat. Unsere Besessenheit von Ämtern und Titeln hat uns verleitet, unsere eigenen Ideen in puncto Gemeindeordnung dem Neuen Testament überzustülpen. Dabei widerstreitet das

Neue Testament in seinem innersten Geist dem Gedanken eines Dienst- oder Amtsgefüges, das auf eine einzelne Person zugeschnitten ist. Wir müssen der Kirche den fünffältigen Dienst einarbeiten, damit der Kampf um Positionen und Ämter dem Ruf zur Dienerschaft weicht. Nur wenn wir den fünffältigen Dienst einbeziehen und integrieren, können wir den Auftrag erfüllen, alle in der Gemeinde Jesu in persönliche geistliche Auferbauung und Ausrüstung zum geistlichen Dienst hineinzuführen.

Das letzte große Ziel, das jeder wahrhaft von Gott berufene Geistliche fest vor Augen haben sollte, ist die „Vervollkommnung" der Christen, denen er als Leiter gesetzt ist. Der Auftrag der Schrift, alles zu prüfen und das Gute zu behalten, ist umso unerlässlicher, als der fünffältige Dienst öffentlich und nachdrücklich versichert hat, sein Ziel sei nichts anderes als die geistliche Vervollkommnung der Kirche in Vorbereitung des zweiten Kommens des Herrn Jesus Christus. Hierhin passt gut ein altes kirchliches Sprichwort: Wie die Kanzel, so das Volk. Dieser Spruch unterstreicht die schlichte Tatsache, dass die Kirche niemals einen vollkommenen, abgeschlossenen Status des Zubereitetseins für das Kommen des Herrn Jesus erlangen kann, solange die geistlichen und doch menschlichen Werkzeuge, die Gott benutzt, um sie dahin zu bringen, weder ihrer Reinheit noch ihrer Reife nach den Anforderungen genügen, die an sie gestellt sind.

Wer dient wem im Reich Christi?

Unsere Untersuchung zusammenfassend, schauen wir zurück auf Kapitel 4. Gaben und Begabungen sind dazu da, der Einheit des Leibes zu dienen. Die Frage „Wer dient wem im Reich Christi?" muss auf der Grundlage von Paulus' vorangehender Erörterung über die Einheit der ganzen Gemeinde (Eph 4,1-6) beantwortet werden. Was alles trägt zur Einheit des Leibes bei?

1. Ein *Wandel*, der unserer Berufung würdig ist. Für jeden von uns wurde ein hoher Preis bezahlt: Christus starb am Kreuz und hat uns für alle Ewigkeit abgesondert.
2. Die Konzentration auf *biblische Gemeinsamkeiten*, die uns denominationellen Unterschieden zum Trotz verbinden.
3. *Beziehungen:* Wir müssen innerhalb des Leibes Jesu gute Beziehungen aufbauen.
4. *Ermutigung:* Wir müssen einander ermutigen, damit wir geistliche Mitarbeiter und Leiter darin unterstützen, den Leib Jesu in Einheit aufzubauen.

Alles fängt mit 1. Korinther 12,7 an, wo es heißt: „Jedem aber wird die Offenbarung des Geistes zum Nutzen gegeben." Im Kontext handelt Paulus von gemeindlicher Stärke in Vielfalt (Vv. 12 f.: Einheit; Vv. 4-11.14-20: Vielfalt). *Jeder* Gläubige empfängt von Gott Gnade, die zugleich Befähigung ist (vgl. Eph 3,2.7 f.), *wie Christus sie zumisst*, also gemäß dem Maß Christi (*metron*; das Wort ist auch Eph 4,13.16 gebraucht), das jeweils jene individuelle Gabe ist, die ihm gefällt.

In den Versen 11 bis 16 spricht Paulus von der Auswirkung der Gaben, die der Gemeinde geschenkt sind. Er handelt dabei nicht von der „Gnadengabe" (*charisma*) der Erlösung, sondern von der Gnade der Zurüstung. Es dreht sich um jene Gaben, die zur Befähigung der Gläubigen gegeben werden.

In Vers 7 werden vier Dinge hervorgehoben:

- „Jedem" wird gegeben: Es gibt keinen gläubigen Menschen ohne eine oder mehrere Gaben.
- Wir haben nicht allesamt dieselben Gaben, weil Gott nach seinem individuellen Maß gibt.
- Gottes Vielfalt dient dem Ziel eines ausgewogenen Dienstes im Leib Christi.
- Gaben werden nicht nach unseren Wünschen vergeben, sondern je nachdem, wie Gott uns im Leib Christi braucht, damit wir jene Aufgaben erfüllen, die er erledigt haben möchte.

Ferner gilt: da jeder Gläubige Gnade empfängt, gibt es in der Gabenausübung keinen Unterschied zwischen Klerus und Laienschaft – um hier einmal eine in unserem Sprachgebrauch geläufige Unterscheidung zu bemühen.[321]

In den Versen 8 ff. macht Paulus einen kleinen Umweg, indem er auf Psalm 68 zurückgreift und uns Jesus Christus als sieghaften Krieger und König darstellt, der nunmehr, nach langer und geschlagener Schlacht, sowohl alle Beute an sich nimmt als auch alle Gefangenen, die er freilässt und heimführt, um ihnen die Beute zuzuteilen. Das ist das Bild, das Paulus uns in diesen Versen vor Augen malt.

Als Christus in diese Welt kam, trat er in eine geistliche Schlacht ein. Diese Schlacht hat er gewonnen und setzt jetzt Menschen frei, die von der Sünde gefangen gehalten wurden. Die Beute, die er in der Welt verteilt, sind Menschen, die zu seinem Dienst ausgerüstet sind.

In den Versen 9 f. vertieft Paulus die Aussage von V. 8: „Das Hinaufgestiegen aber, was besagt es anderes, als dass er auch hinabge-

321 Vgl. J. F. Walvoord/R. B. Zuck, The Bible Knowledge Commentary: An Exposition of the Scriptures, Wheaton, IL 1985².

stiegen ist in die unteren Teile der Erde?" Diese „unteren Teile" können wir auf dreierlei Weise verstehen:

1. als Hades – das würde bedeuten, dass Jesus buchstäblich Zeit im Hades verbracht hätte;
2. als Erde – dann wäre das Grab gemeint, in das er nach seiner Kreuzigung hinabgesenkt wurde;
3. als Inkarnation – das würde sich darauf beziehen, dass Jesus die himmlischen Örter verließ und auf die Erde herabkam.

In Vers 11 beginnt Paulus darzulegen, was er mit seiner Lehre beabsichtigt. Er gibt uns nur eine ausschnitthafte Gabenliste; ergänzende und vielleicht auch umfassendere Listen finden sich in Römer 12 und 1. Korinther 12. Hier werden speziell fünf Gaben erwähnt, die für zwei kirchliche Zwecke gedacht sind: die Einheit der Kirche und die Zurüstung des Leibes Christi.

Die beiden erstgenannten Gaben, Apostel und Propheten, haben grundlegende Bedeutung für die Bildung der Kirche. Sie sind von ausschlaggebender Bedeutung in der Zeit der Entstehung des Neuen Testaments. Diese Personen sind das Fundament der Kirche, welches durch die Gaben des Evangelisten, Pastors und Lehrers weiter verstärkt wird.

Viele meinen, die Gabe der Apostel sei nur eine zeitweilige gewesen, notwendig für das Fundamentlegen, aber nicht darüber hinaus. Sobald ihr Mandat sich erfüllt hatte, habe es keine weiteren Apostel mehr gegeben. Die Propheten wurden für die Offenbarung gebraucht, die das Wort vervollständigte. Sie offenbarten die Wahrheit, die von Gott kommt, und waren von Gott dazu eingesetzt, die Kirche zu beginnen – ihr Dienst war also ein zeitweilig grundlegender. Die Evangelisten sind die Träger der Guten Nachricht, die das Wort öffentlich und privat ausrufen sollen (wie es z. B. auf Timotheus zutrifft). Sie sind die Stützpfeiler der Kirche. Ihre Aufgabe ist es, Seelen in die Gemeinde zu bringen. Zum Schluss werfen wir einen Blick auf den Hirten und Lehrer: Pastoren sind diejenigen, die die Herde weiden, Lehrer diejenigen, die sie nähren. In den Versen 12 bis 16 zeigt Paulus die Auswirkungen dieser Gaben auf. Vers 12 sagt, dass sie für drei bestimmte Zwecke gegeben sind:

1. individuelle Bedürfnisse – zum Nutzen und zur Zurüstung der Heiligen;
2. gemeinschaftliche Bedürfnisse – für die Zwecke der Gemeinde;
3. universale Bedürfnisse – zur Auferbauung des weltweiten Leibes Christi.

Der Daseinszweck geistbegabter Menschen ist die Zubereitung des Volkes Gottes zum Werk des Dienstes. Noch genauer besteht dieser Zweck in der *Vervollkommnung* (*katartismon* – das Verb *katartizo* bedeutet in Mt 4,21 das Flicken = Heilmachen von Fischernetzen und in Gal 6,1 „zurechtbringen"; vgl. 2. Kor 13,11; Hebr 13,21) der Heiligen für das Werk des Dienstes. Geistbegabte Menschen (Eph 4,11) sollen anderen Gottes Wort so weitergeben, dass diese ihrerseits bereitgemacht werden, sich zum Dienst an wieder anderen gebrauchen zu lassen (vgl. 2. Tim 2,2). Gesamtziel all dessen ist die Auferbauung, gewissermaßen die Fertigstellung des Leibes Jesu (vgl. Eph 4,16). Das zeigt, dass alle Heiligen und nicht bloß einige wenige Leiter am Werk des Dienstes beteiligt sein sollten. Alle Heiligen sind begabt, um anderen Menschen im Geist zu dienen.

Es handelt sich um eine einzigartige, ganz besondere Berufung; und wenn man sich klarmacht, dass man eine Gabe ist, gegeben, um einer Schar von Menschen zu dienen, dann sollte einen allein das schon Demut lehren. Vergessen wir nicht: Ohne dieses Verständnis, dass wir einer bestimmten Gruppe von Menschen gegeben sind, um ihnen zu dienen, wäre die Kirche voll von Aposteln, Propheten, Lehrern, Pastoren und Evangelisten, die immer nur auf der Suche nach einer noch prestigeträchtigeren Gemeinde wären, um im geistlichen Dienst Karriere zu machen.

Unglücklicherweise ist es irgendwo im Lauf der Entwicklung dazu gekommen, dass die Ämter des fünffältigen Dienstes zu Leitungsfunktionen wurden, obwohl die Bibel die Gleichung fünffältiger Dienst = Gemeindeleitung nicht vollzieht, zumindest nicht im Epheserbrief und soweit ich sehe auch im übrigen Neuen Testament nicht, zumindest dann nicht, wenn man von dem einen oder anderen kreativen Konstrukt von Freistilturnern der Systematischen Theologie absieht. Das Neue Testament kennt „regierende" Leiter – es nennt sie „Älteste", und was es mit diesem Amt auf sich hat, gehört in einen anderen Zusammenhang. Hier möge es genügen zu sagen, dass Paulus die Mitarbeiter im fünffältigen Dienst eben nicht mit den Ältesten gleichsetzt und dass ihr Auftrag auch nicht in in Gemeindeleitung oder -regierung besteht, sondern in Gemeindezurüstung. Dass man es versäumte, diese Unterscheidung im Auge zu behalten, bedeutete möglicherweise das Ende dienender Leiterschaft und die Umkehrung dieses neutestamentlichen Prinzips zur herrschenden Leiterschaft. Bei alledem muss eingeräumt werden, dass die Aussage, Mitarbeiter im fünffältigen Dienst seien keine Ältesten, weil Paulus sie nicht als solche bezeichnet, ein Argument *ex silentio* ist, auf das man nichts weiter aufbauen kann. Es lässt sich aber umgekehrt sagen, ein Ältester, der gemeindeleitend oder -regierend tätig ist, kann, muss aber nicht zu einem der fünffältigen Dienste berufen sein; es verhält sich nicht so, dass eines das andere erfordert oder aber ausschließt.

Bemerkenswert ist die Notiz in 1. Timotheus 5, dass Älteste, die gut vorstehen, doppelter Ehre wert sind, ganz besonders dann, wenn sie sich um Predigt und Lehre mühen. Das besagt zumindest, dass nicht alle Ältesten in diesen Bereichen tätig waren und dass Ältestenschaft also nicht automatisch mit den Dienstgaben von Epheser 4 gleichgesetzt werden darf. Man kann diese Textstelle so verstehen, dass einem gut leitenden Ältesten eine Art von Entgelt zusteht, aber auch das darf nicht auf die Dienste von Epheser 4 übertragen werden. Im Ergebnis sehen wir einen Dreischritt:

- Manche Ältesten predigen oder lehren.
- Alle Ältesten sind Gemeindeleiter.
- Alle Prediger oder Lehrer sind Älteste.

Um dies noch ein wenig zuzuspitzen: in vielen Gemeinden scheinen Menschen predigen oder lehren zu können, ohne Älteste zu sein; ist aber jemand Pastor, ohne Ältester zu sein, so nennt man ihn gern „Laienprediger“, so als käme es darauf an herauszustreichen, dass er für seine Dienste nicht bezahlt wird. In diesem Falle könnte man statt „Pastor“ auch „Prediger oder Lehrer“ sagen.

Noch eine weitere wichtige Frage gehört unbedingt in diesen Zusammenhang: *Übt der fünffältige Dienst in der christlichen Kirche tatsächlich regierende Leiterschaft aus?* Auch wenn man sich im Allgemeinen darüber einig ist, dass Mitarbeiter im fünffältigen Dienst fälschlicherweise für Gemeindeleiter gehalten werden, so herrscht doch Dissens über das Ausmaß, in dem ihre „Leitungen“ (1. Kor 12,28) sich als unmittelbare Führungsimpulse in den Gemeinden geltend machen sollten. „Der fünffältige Dienst ist nicht eigentlich eine ‚Kirchenregierung‘. Es handelt sich dabei um Dienste, die in die Strategie und Vision [einer örtlichen Gemeinde] eingebunden werden sollten“, sagt der holländische Pastor Abraham Flippo.[322] Diese idealistische Sicht stößt auf unmittelbaren Widerspruch bei Rick Joyner, der in einem Zeitschriftenartikel[323] feststellt, „einige der wichtigsten Generäle der Kirche [gemeint sind die Mitarbeiter im fünffältigen Dienst] … sind dazu da, die Heiligen zuzurüsten … und sie strategisch und visionär zu führen“. Diese Überziehung der Rolle des fünffältigen Dienstes in der Kirche ist weitverbreitet, ohne dass sie sich unter Pfingstlern

322 Flippo, Abraham (1998): Too much Focus on Manifestations. November 23. Quelle: www.cephasministry.com/toronto_manifestations.html (Zugriff 13.06.2008).

323 Joyner, Rick. The MorningStar Journal.

und Charismatikern je als kulturelle Konstante hätte etablieren können. Welchen Status auch immer die Mitarbeiter im fünffältigen Dienst haben mögen, wie viel Ehre man ihnen auch erweisen mag, nach wie vor müssen sie sich erst noch eine solche Autoritätsstellung erwerben, dass kirchliche Leiter außerhalb ihrer Kreise sich ihnen bereitwillig unterstellen.

Die immer wieder anzutreffende Annahme, jeder, der in einem dieser Dienste stehe, müsse irgendwo zum Mitarbeiterstab einer lokalen Gemeinde gehören, zeigt nur, wie falsch der fünffältige Dienst in der Praxis immer noch aufgefasst wird. Nach meiner Erfahrung sind in den meisten Gemeinden allenfalls Pastoren, Lehrer und Evangelisten angestellt, also die Leute, die den „stützenden" Dienst ausüben; und in der Tat lehren einen praktische Beobachtungen, dass es besser sein könnte, Propheten kein festes Gehalt zu geben, sondern sie lediglich mit „Liebesopfern" zu bedenken und ansonsten unabhängig von einem Anstellungsverhältnis dienen zu lassen. Apostel sollten ausschließlich durch Missionsgesellschaften oder Gemeindebünde etc. bezahlt werden. Nun müssen wir unsere Verfahrensweisen natürlich nicht allein aus praktischen Beobachtungen ableiten und in diesem Punkt lasse ich mich gern korrigieren.

Viele Charismatiker glauben, der Herr baue die Kirche konsequent nach einem Muster um, das dem fünffältigen Dienst entspricht. Sie gehen ab von Ein-Mann-Dienstverhältnissen und stellen auf Teamarbeit um. Nun ist das absolut keine neue Idee, sondern nur zeitangepasster neuer Sprachgebrauch. Viele Charismatiker sehen sich auch in der Veränderung von erhaltender zu visionärer Leiterschaft. Darauf nehmen sowohl George Barna[324] als auch C. Peter Wagner[325] in ihren Schriften Bezug. Sie versichern, dieser Wandel habe mit der Priorisierung der apostolischen Dimension von Leiterschaft zu tun, wobei die pastorale Leiterschaftsdimension stark mit eingebunden werde. Die Kirche müsse die göttliche Mission vorantreiben (apostolisch) und sich zugleich erhalten (pastoral). Die Kirche hat sich gewandelt – und wandelt sich immer noch – von einer demokratischen zu einer theokratischen Leitungsform. Das Eingeständnis, dass man sich von einem bürokratischen religiösen System hin zu einem väterlich-beziehungsorientierten Leitungsstil bewegt, wie er sich im Verhältnis von Paulus und Timotheus zeigt, bedeutet eine Erweiterung der Zielperspektive und eine Orientierung an einem Dienstverständnis, in dem Mentorenschaft eine tragende Säule bildet.

324 Barna, George (2001): The Power of Team Leadership: Achieving Success Through Shared Responsibility (Barna Reports). Waterbrook Press.

325 Wagner, C. Peter (2000): The Apostles Prophets: The Foundation of the Church. Ventura, CA: Regal Books A Division of Gospel Light.

Die Gaben des fünffältigen Dienstes sind ein Beispiel dafür, wie „die Gnade [jedem Einzelnen von uns] nach dem Maß der Gabe Christi gegeben worden“ ist (Eph 4,7). Jedweder Dienst ist schlicht der Dienst Christi, der im Handeln des gläubigen Menschen dank der Salbung des Heiligen Geistes Gestalt annimmt.

Allgemeine Prinzipien
Aus der Gesamtlehre des Neuen Testaments können fünf allgemeine Prinzipien abgeleitet werden:

1. Alle Autorität geht auf Christus zurück und wird in seinem Namen wie in seinem Geist ausgeübt.
2. Die Demut Christi ist Grundmuster allen christlichen Dienstes (Mt 20,26 ff.).
3. Leitung findet kollegial, nicht hierarchisch statt (Mt 18,19; 23,8; Apg 15,28).
4. Lehren und Vorstehen sind eng miteinander verbundene Dienstvollzüge (1. Thess 5,12).
5. Es kann notwendig sein, dass die Prediger des Wortes sich Helfer für ihre Verwaltungsaufgaben heranziehen (Apg 6,2 f.).

3 Fazit

Wie schon in der Vergangenheit sollte die Kirche sich nicht der Tendenz ergeben, es sich wohlgehen zu lassen und sich unter Außerachtlassung des vollendenden Wirkens des Heiligen Geistes in einem vermeintlichen Idealzustand zu etablieren. Die Dienstfunktionen, die Christus eingesetzt hat, müssen der Kirche zugute kommen, wenn sie nicht Gefahr laufen will, defizitär zu werden und ihren Missionsauftrag nicht mehr wirkungsvoll erfüllen zu können. Mein Versuch, in die theologische Sicht des fünffältigen Dienstes ein Stück gesunde Ausgewogenheit einzubringen, kann nur einen Bruchteil all dessen abdecken, was zu diesem ungemein breiten Thema gehört. Ich hoffe, dass viele sich von biblischen Maßstäben überzeugen lassen, die zunehmenden Misshelligkeiten falscher Auslegung und Anwendung der Schrift hinter sich lassen und zu einer neuen – und immer wieder zu erneuernden – Erkenntnis der Rolle kommen, die dem fünffältigen Dienst angemessen ist. Solange die heutige apostolische Bewegung nicht einsieht, dass ihr Beitrag innerhalb des kirchlichen Dienstgefüges ein unterstützender und nicht ein leitender sein muss, ist sie genauso zum Scheitern verurteilt, wie es die Spätregen-Bewegung war. Die Kirche muss zur Einheit des Glaubens gelangen, was bedeutet, dass wir nicht länger mit Fingern auf die zeigen, die anderer Meinung sind als wir, sondern einander helfen, zu der Vollkommenheit des Glaubens hinzuwachsen, die der Apostel Paulus in Epheser 4 erörtert.

Teil 4

Literaturverzeichnis

Abbott, T. K. (1897): *A Critical and Exegetical Commentary on the Epistles to the Ephesians and to the Colossians.* Edinburgh.

Adams, J. E. (1988): *Befreiende Seelsorge. Theorie und Praxis einer biblischen Lebensberatung.* 8. Aufl. Gießen/Basel.

Adams, J. E. (1986): *Shepherding God's Flock.* Grand Rapids.

A/G Position Paper (August 11, 2000): *Endtime Revival: Spirit-Led and Spirit-Controlled A Response to Resolution 16.* URL: www.ag.org/top/Beliefs/Position_Papers/pp_endtime_revival.cfm [Zugriff: 13.06.2008].

Alford, D. (o. J.): *The New Testament for English Readers.* Chicago.

Allen, Roland (1960): *The Spontaneous Expansion of the Church.* London: Tyndale Press.

Anderson, Gordon L. (Winter 1999): „The Evangelist: Winning the Lost – Reviving the Church". *Enrichment Journal.* Elektronische Ausgabe [Zugriff: 14.06.2008].

Andresen, C. (Hg.) (1985): *Aurelius Augustinus: Vom Gottesstaat (De civitate dei).* 2. Aufl. München.

Ashworth, Pat (1999): „Carey knocks heads together in cause of Anglican unity". In: *Church Times* 17, 1.

Author unknown (1828): *Letters of Rev. Dr. [Lyman] Beecher and the Rev. Mr. Nettleton on the New Measures in Conducting Revivals of Religion with a Review of a Sermon by Novanglus.* New York: G & C Carvill, 83-96.

Bailey, J. A. (1978): „Who Wrote II Thessalonians?" In: *New Testament Studies* 25, 131-145.

Bainton, Roland H. (1956): „The Ministry in the Middle Ages". In: Niebuhr, R./Williams, D. D. (Hg.) *The Ministry in Historical Perspectives.* New York.

Bainton, Roland H. (1941): „The Left Wing of Reformation". In: *Journal of Religion* 21, 124-134.

Barna, George (2001): *The Power of Team Leadership: Achieving Success Through Shared Responsibility.* Waterbrook Press (= Barna Reports).

Barna, George (Winter 2000): „The Second Coming of the Church". In: *Enrichment Journal.* URL: www.enrichmentjournal.ag.org/200001/012_second_coming.cfm [Zugriff: 14.06.2008].

Barnes, Albert (1851): *Notes on the New Testament: Revelation.* In: Frew, Robert (Hg.) New York: Harper. Neuaufl. Grand Rapids: Baker, 1972.

Barth, M. (1974): *Ephesians.* New York.

Baxter, R. (1939): *The Reformed Pastor.* London.

Beare, F. W./Wedel, T. O. (1953): *The Epistle to the Ephesians*. New York (= The Interpreter's Bible, vol. X).

Bedoyere, Michael de la. (1962): *Francis*. Glasgow: Fontana/Collins.

Bender, H. S. (1950): *Conrad Grebel, 1498-1526*. Goshen.

Benson, Joseph (o. J.): *The Holy Bible*. New York: T. Carlton and J. Porter.

Berger, Peter L. (1967): *The Social Reality Religion*. London: Faber & Faber.

Berkhof, Hendrikus (1964): *The Doctrine of the Holy Spirit*. Richmond: John Knox.

Berkhof, Hendrikus (1986): *The Christian Faith: An Introduction to the Study of the Faith*. Überarb. Aufl. Grand Rapids: Eerdmans.

Berkhof, Louis (1963): *The History of Christian Doctrines*. Edinburgh: T&T Clark.

Bernardin, J. B. (1955): „St. Augustine the Pastor". In: Battenhouse; R. W. (Hg.) *A Companion to the Study of St. Augustine*. New York/Oxford, 57-89.

Bettenson, H. (Hg.) (1963): *Documents of the Christian Church*. Oxford.

Blenkinsopp, J. (1977): *Prophecy and Canon: A Contribution to the Study of Jewish Origins*. Notre Dame.

Blenkinsopp, J. (1983): *A History of Prophecy in Israel*. Philadelphia.

Blumhofer, Edith L. (1993): *Restoring the Faith: The Assemblies of God, Pentecostalism and American Culture*. Urbana/Chicago.

Bolton, Brenda (1983): „The Medieval Reformation". In: Clanchy, M. T. (Hg.) *Foundations of Medieval History*. London: Edward Arnold.

Braght, T. J. (Hg.) (1967): *Der blutige Schauplatz oder Märtyrer-Spiegel der Taufgesinnten oder Wehrlosen Christen ... (Doordrecht 1659)*. Aylmer/LaGrange.

Bratcher R. G./Nida, E. A. (1982): *A Translator's Handbook on Paul's Letter to the Ephesians*. London.

Bright, John (1976): *Covenant and Promise: The Prophetic Understanding of the Future in Pre-Exilic Israel*. Philadelphia: Westminster.

Brooke, Christopher (1971): *Medieval Church and Society*. London: Sidgwick & Jackson.

Brooks, Gary S. (o. J.): *The Secret of His Presence*. Brantford: River of Life Church Publications.

Brown, Raphael (1958): *The Little Flowers of St. Francis*. Doubleday.

Bruce, F. F. (1964): *The Epistle to the Hebrews*. Grand Rapids (= NICNT).

Bruce, F. F. (1984): *The Epistles to the Colossians, to Philemon, and to the Ephesians*. Grand Rapids.

Brueggemann, Walter (1988): *The Prophetic Imagination*. Philadelphia: Fortress Press.

Brunner, Emil (1960): *Die christliche Lehre von der Kirche, vom Glauben und von der Vollendung.* Zürich/Stuttgart (= Dogmatik Bd. III).

Bucer, M. „De Regno Christi". In: W. Pauck (1969): *Melanchthon and Bucer.* London, 232-259 (= The Library of Christian Classics, vol. 19).

Bultmann Rudolf (1976): *Der Zweite Brief an die Korinther.* Dinkier, E. (Hg.) Göttingen: Vandenhoeck & Ruprecht.

Caird, G. B. (1976): *Paul's Letters from Prison*. Oxford.

Caird, G. B. (1964): „The Descent of Christ in Ephesians 4,7-11". In: *Studia Evangelica* II, 540-545.

Caird, G. B. (1980): *The Language and Imagery of the Bible.* Philadelphia: Westminster.

Calvin, J. „Institutio Christianae religionis". In: *Johann Calvin, Unterricht in der christlichen Religion*. Weber, Otto (Hg.) (1938): Neunkirchen-Vluyn: Neukirchner Verlag.

Campenhausen, H. Frhr. von (1953): *Kirchliches Amt und geistliche Vollmacht in den ersten drei Jahrhunderten*. Tübingen (= BHTh 14).

Cannistraci, David (1996): *Apostles and the Emerging Apostolic Movement*. Ventura.

Cannistraci, David (1996): *The Gift of Apostle*. Ventura.

Carlson, G. R. (1993): „The Ministry Gifts of Ephesians Four". In: *Paraclete* 17.2.

Carnell, E. J. (1959): *The Case for Orthodox Theology*. Philadelphia.

Carroll, R. P. (1984): „Prophecy, Dissonance, and Jeremiah XXVI". In: Perdue, L. G./Kovacs B. W. (Hg.) *A Prophet to the Nations*. Winona Lake, 381-391.

Carson, D. A. (1984): *Showing the Spirit: A Theological Exposition of 1 Corinthians 12 bis 14*. Grand Rapids.

Cartledge, David (2000): *The Apostolic Revolution: The Restoration of Apostolic and Prophetic Ministry in the Assemblies of God in Australia*. Chester Hull, NSW.

Celano, Thomas (1978): „First and Second Life of St. Francis". *Religious Motivation: Biographical and Sociological Problems for the Church Historian*. (Hg.) Baker, Derek. Oxford: Basil Blackwell.

Celano, Thomas (1978): „St. Francis of Assisi. Confraternities in Central Italy, 1260 bis 1400". In: Baker, Derek (Hg.) *Religious Motivation: Biographical and Sociological Problems for the Church Historian*. Oxford: Basil Blackwell.

Charles, R. H. (1920): *The Revelation of St. John*. Edinburgh.

Chenu, M. (1997): *Nature, Man, and Society in the Twelfth Century: Essays on New Theological Perspectives in the Latin West*. 3. Aufl. Toronto: University of Toronto Press (= MART: The Medieval Academy Reprints for Teaching).

Chesterton, Gilbert K. (1923): *St. Francis of Assisi*. Überarb. v. Dark, Sidney London, Toronto: Hodder & Stoughton Ltd.

Ciard, G. B. (1976): *Paul's Letters from Prison*. Oxford.

Clebsch, William A./Jaekle, Charles R. (1967): *Pastoral Care in Historical Perspective*. New York: Harper.

Conybeare, F. C. (Hg.) (1989): *The Key of Truth. A Manual of the Paulician Church of Armenia*. Oxford.

Conzelmann, H. (1969): *Der erste Brief an die Korinther*. 11. Aufl. Göttingen (= KEK: 5. Abtlg.).

Cranford, L. (1976): „A New Look at 2 Corinthians 5:1-10". In: *Southwestern Journal of Theology* 19, 95-100.

Crenshaw, James L. (1971): *Prophetic Conflict: Its Effect upon Israelite Religion*. Society of Biblical Literature.

Cross, Frank L./Livingstone, E. A. (Hg.) (1983): „Tradition". In: *„The Oxford Dictionary of the Christian Church"*. 2. Aufl. Oxford. Sp. 1388.

Damazio, Frank (1983): *Developing the Prophetic Ministry*. Eugene.

Darrand, T. C./Shupe, A. (1983): *Metaphors of Control In A Pentecostal Sect*. Lewiston.

Davis, James O. (Winter 1999): „The New Testament Evangelist & 21st Century Church". In: *Enrichment Journal*. Elektronische Ausgabe [Zugriff: 14.06.2008].

Dentan, R. D. (1964): *The First and Second Books of the Kings*. Richmond: John Knox (= The Layman's Bible Commentary. Kelly, H. B. [Hg.]).

De Vries, Simon John (1978): *Prophet against Prophet*. Grand Rapids: Eerdmans.

DeWaay, Bob. (2001): „Apostles and Prophets and the Foundation of the Church". In: *Critical Issues Commentary*. Issue 66.5.

Dibelius, M./Greeven, H. (Hg.) (1953): *An die Kolosser, Epheser und Philemon*. Tübingen.

Didache. Zwölf-Apostel-Lehre. Übers. und eingeleitet von G. Schöllgen. Freiburg, 1991 (= Fontes Christiani 1).

Dix, D. G. (1946): „The Ministry in the Early Church". In: Kirk, K. E. (Hg.) *The Apostolic Ministry*. London.

Douglas, J. D. (1978): *The New International Dictionary of the Christian Church*. 2. Aufl. Grand Rapids.

Eckhardt, John (2000): *Leadershift: Transitioning from the Pastoral to the Apostolic.* Chicago: Crusaders Ministries.

Eckhardt, John (1999): *Moving in the Apostolic.* Ventura: Gospel Light Publishers.

Edwards, Jonathan (2005): „The Church's Marriage to Her Sons, and to Her God". Predigt, gehalten in East Hampton, NY am 19.9.1746. In: *The Works of Jonathan Edwards.* Vol. 2. 5. Aufl. Peabody.

Ellul, Jacques. (1986): *The Subversion of Christianity.* Grand Rapids: Eerdmans.

Enns, P. P. (1997): *The Moody Handbook of Theology.* 2. Aufl. Chicago: Moody Press.

Erickson, M. J. (2001): „Polity". In: *Concise Dictionary of Christian Theology.* 2. Aufl. Wheaton.

Estep, W. R. (1963): *The Anabaptist Story.* Nashville.

Evans, Craig A. (2000): „Apostle". In: *Dictionary of New Testament Background.* Leicester and Downers Grove: InterVarsity Press.

Farnell, F. D. (1991): „Fallible: New Testament Prophecy/Prophets?" *The Master's Seminary Journal* 2, 162-169.

Festinger, H./Reicken, W./Schachter, S. (1956): *When Prophecy Fails.* Minneapolis: University of Minnesota Press.

Fishburne, C. W. (1970): „1 Corinthians 3:10-15 and the Testament of Abraham". *New Testament Studies* 17, 109-115.

Flippo, Abraham (1998): *Too much Focus on Manifestations.* November 23. URL: http://www.cephasministry.com/toronto_manifestations.html [Zugriff 13.06.2008].

Flusser, David (1969): „Salvation Present and Future". In: *Numen* 16, 139-155.

Freeman, H. (1968): *An Introduction to the Old Testament Prophets.* Chicago.

Friedrich, Gerhard (1935): „*prophetes*". In: Kittel, Gerhard (Hg.): *Theologisches Wörterbuch zum Neuen Testament.* Zweiter Band: *D-H*, Stuttgart, 710-712.

Frugoni, Chiara (1998): *Francis of Assisi.* Übers. v. John Bowden. London: SCM Press Ltd.

Gaffin, Jr., Richard B. (1979): *Perspectives on Pentecost: Studies in New Testament Teaching on the Gifts of the Holy Spirit.* Phillipsburg: Presbyterian and Reformed Publishers.

Garrison, Alton (Winter 1999): „An Evangelist for our Pastor? Never!". *Enrichment Journal.* Elektronische Ausgabe [Zugriff: 14.06.2008].

George, Timothy (Spring 1989): „The Priesthood of All Believers and the Quest for Theological Integrity." Criswell Theological Review 3/2, 283-294.
Gill, J. (1965): *Body of Divinity.* 2. Aufl. Atlanta.
Gillett, E. H. (1864): *The Life and Times of John Huss; or the Bohemian Reformation of the Fifteenth Century.* Vol. 1. Boston: Gould.
Glueck, N. (1975): *Hesed in the Bible.* New York.
Gnilka, Joachim (1971): *Der Epheserbrief.* Freiburg.
Goldingay, John (1984): *God's Prophet, God's Servant: A Study in Jeremiah and Isaiah 40 bis 55.* Exeter.
Greenslade, S. L. (1938): *The Works of William Tyndale.* London.
Grudem, Wayne (1994): *Die Gabe der Prophetie im Neuen Testament und heute.* Nürnberg.
Gunther, J. J. (1974): „The Family of Jesus". In: *The Evangelical Quarterly* 46, 25-41.

Habig, Marian A. (Hg.) (1973): *St. Francis of Assisi: Writings and Early Biographies.* Chicago: Franciscan Herald Press (= English Omnibus of the Sources for the Life of St. Francis).
Hagin, Kenneth (1995): *The Holy Spirit and His Gifts.* Kenneth Hagin Ministries.
Hahn, Ferdinand (1976): „Rezension der Merkleinschen Arbeit". *Theological Review* 72, 281-286.
Hamon, Bill (1997): *Apostles, Prophets and Fivefold Ministries.* Shippensburg: Destiny Image Publishers.
Hamon, Bill (1997): *Apostles, Prophets and the Coming Moves of God.* Shippensburg: Destiny Image Publishers.
Hamon, Bill (1987): *Prophets and Personal Prophecy: God's Prophetic Voice Today.* Shippensburg: Destiny Image Publishers.
Hanson, S. (1946): *The Unity of the Church in the New Testament: Colossians and Ephesians.* Uppsala.
Hanson, P. D. (1975): *The Dawn of Apocalyptic: The Historical and Sociological Roots of Jewish Apocalyptic Eschatology.* Philadelphia.
Hardwick, L. (1967): „St. Francis of Assisi". *New Catholic Encyclopedia.* Washington, D. C.: The Catholic University of America.
Harnack, Adolf von (1924): *Die Mission und Ausbreitung des Christentums in den ersten drei Jahrhunderten.* 4. Aufl. Leipzig.
Harries, Richard (1992): *Is there a Gospel for the Rich?* London: Mowbray.
Harris, M. J. (1974): „Paul's View of Death in 2 Corinthians 5:1-10". In: Longenecker, R. N./Tenney Merryll C. (Hg.) *New Dimensions in N. T. Study.* Grand Rapids, S. 317-328.

Harris, Margaret (1998): *Organising God's Work*. Hampshire: Macmillan Press.

Harrison, R. K. (1969): *Introduction to the Old Testament*. Grand Rapids.

Harvey, A. E. (1974): „Elders". In: *Journal of Theological Studies* 25, 319-328.

Harvey, J. (1962): „Le Rib-Pattern. Réquisitoire Prophétique sur la Rupture de l'Alliance". In: *Biblica* 43, 172-196.

Hastings, James (Hg.) (1916): *Dictionary of the Apostolic Church*. Vol. I. Aaron-Lystra. New York: Scribner.

Hastings, James/Selbie, J. A./Lambert, J. C. (1908): *A Dictionary of Christ and the Gospels*. Edinburgh and New York.

Haupt, E. (1902): *Die Gefangenschaftsbriefe*. Göttingen.

Hayford, Jack W. (1994): *Focusing on the Future: Key Prophecies and Practical Living*. Nashville: Thomas Nelson.

Henderson, John (1978): „The Flagellant Movement and Flagellant Confraternities in Central Italy, 1260 bis 1400". In: *Studies in Church History*, xv. Oxford: Basil Blackwell, 147-160.

Héring, J. (1967): *The Second Epistle of Saint Paul to the Corinthians*. London: Epworth.

Hodge, Charles (1856, 1980): *A Commentary on the Epistle to the Ephesians*. Reprint. Grand Rapids: Baker.

Hoehner, H. W. (1972): *A Chronological Table of the Apostolic Age*. unv. Ms., Dallas.

Holladay, J. S. (1970): „Assyrian Statecraft and the Prophets of Israel". *Harvard Theological Review* 63, 29-51.

Holmes, George (Hg.) (1988): *The Oxford Illustrated History of Medieval Europe*. Oxford: Oxford University Press.

Hort, F. J. A. (1914): *The Christian Ecclesia*, London.

Huffmon, H. B. (1959): „The Covenant Lawsuit in the Prophets". In: *Journal of Biblical Literature* 78, 285-295.

Joyner, Rick: *The MorningStar Journal*.

Kallscheuer, Otto (2004): „Die Kraft der Religion" (Hintergründe: Vereinigte Staaten). *Frankfurter Allgemeine Sonntagszeitung*, 07. November, Nr. 45/Seite 61.

Katz, Artur (2000): *The Spirit of Prophecy: An Examination of the Prophetic Call*. Trenton, NJ: Burning Bush Publications.

Keen, Maurice (1968): *The Penguin History of Medieval Europe*. Middlesex: Penguin Books.

Kitchen, K. A. (1966): *Ancient Orient and Old Testament*. Chicago.

Kittel, Gerhard/Friedrich, G./Bromiley, G. W. (1985): *The Pastoral Epistles*. Published in electronic form by Logos Research Systems, 1996. *Theological Dictionary of the New Testament*. Grand Rapids: Eerdmans.

Kline, Meredith G. (1972): *The Structure of Biblical Authority*. Grand Rapids: Eerdmans.

Knight III, G. W. (1992): *The Pastoral Epistles: A Commentary on the Greek Text*. Grand Rapids (=NIGTC).

Knox, John (1895): „The Form of Prayers and Ministration of the Sacraments. Used in the English Congregation at Geneva (1556)". In: Laing, D. (Hg.). *The Works of J. Knox*. Vol. 4, Edinb., 141-216.

Kober, Manfred E. (June 1982): „The Case for the Singularity of Pastors". In: *Baptist Bulletin*.

Kraft, H. (Hg.) (1967): *Eusebius von Caesarea, Kirchengeschichte*. München.

Kuehne, C. (1973 bis 1975): „The Greek Article and the Doctrine of Christ's Deity". In: *Journal of Theology* 13.9, 12-28; 13.12, 14-30; 14.3, 11-20; 14.6, 16-25; 14.9, 21-34; 14.12, 8-19; 15.3, 8-22.

Lane, Tony (1994): *The Lion Book of Christian Thought*, Oxford, Batavia, Sydney: Lion.

Lawrence, Clifford Hugh (1994): *The Friars*. New York: Longman Publishing.

Leach, John (1997): *Visionary Leadership in the Local Church*. Cambridge: Grove Books Ltd.

Lemke, W. E. (1981): „The Near and the Distant God: A Study of Jer 23:23-24 in Its Biblical Theological Context". *JBL* 100, 541-555.

Lightfoot, J. B. (1953): „The Christian Ministry". In: *Saint Paul's Epistle to the Philippians*. 2. Aufl. Grand Rapids, 196-201.

Limburg, J. (1969): *The Lawsuit of God in the Eighth Century Prophets*. Phil Diss. New York (Union Theol. Seminary).

Limburg, J. (1969): The Root byri and the Prophetic Lawsuit Speeches. In: *Journal of Biblical Literature* 88, 291-304.

Lincoln, Andrew T. (1990): *Ephesians*. Dallas: Word Book Pub. (= Word Biblical Commentary, Vol. 42).

Lindemann, A./Paulsen H. (Hg.) (1992): *Die Apostolischen Väter. Griechisch-deutsche Parallelausgabe auf der Grundlage der Ausgaben von F. X. Funk, K. Bihlmeyer und M. Whittaker mit Übersetzungen von M. Dibelius und D.-A. Koch*. Tübingen.

Littell, F. H. (1969): „The Concept of the Believers' Church". In: Garrett, Jr., J. L. (Hg.). *The Concept of the Believers' Church*. Scottdale, 27-32.

Littell, F. H. (1964): *The Origins of Sectarian Protestantism*. New York.
Lloyd-Jones, David M. (1971): *Preaching and Preachers*. Grand Rapids.
Logos Research Systems (1985): *Theological Dictionary of the New Testament* (elektronische Ausgabe 1996). Grand Rapids: Eerdmans.
Longfield, B. J. (1990): *Dictionary of Christianity in America*. Downers Grove.
Löser, W. (1987): „Apostolische Sukzession". In: W. Beinert (Hg.). *Lexikon der katholischen Dogmatik*. Freiburg/Basel/Wien.
Lynch, C. J. (1967): „Franciscans". In: *New Catholic Encyclopaedia*. Vol. 6. Washington: The Catholic University of America.

MacArthur, Jr., J. (1994): *Reckless faith: When the church loses it's will to discern*. Wheaton: Crossway Books.
MacArthur, Jr., J./Mayhue, F. R./Thomas, R. L. (1995): *Rediscovering Pastoral Ministry: Shaping Contemporary Ministry with Biblical Mandates*. CD-ROM, Dallas, TX 1995.
MacArthur, Jr., J. (1993): *Ashamed of the Gospel: When the Church Becomes Like the World*. Wheaton.
MacArthur, Jr., J. (1991): *Our Sufficiency in Christ*. Dallas.
MacArthur, Jr., J. (1995): *Second Timothy*. (= The MacArthur New Testament Commentary).
MacArthur, Jr., J. (1991): *Shepherdology:* (überarbeitete Neuauflage u. d. T.) *The Master's Plan for the Church*. Chicago.
MacArthur, Jr., J. (1989): *Shepherdology: A Master Plan for Church Leadership*. Panorama City.
MacArthur, Jr., J. (1998): *The Silent Shepherd*. 2. Aufl. Wheaton: Victor Books.
Mack, Phyllis (1986) „Feminine Behaviour and Radical Action: Franciscans, Quakers, and the followers of Gandhi". In: *Signs: Journal of Women in Culture and Society* (11:3) University of Chicago: Chicago.
Mack, Phyllis (Hg.) (1989): „Feminine Symbolism and Feminine Behavior: Radical Religious Movements; Franciscans, Quakers and the followers of Gandhi". In: *Disciplines of Faith*. Lynda Roper & Raphael Samuel.
Manson, T. W. (1948): *The Church's Ministry*. Philadelphia.
Mappes, D. (1997): „The New Testament Elder, Overseer, and Pastor". In: *Bibliotheca Sacra* 154, 162-174.
Martin, D. D. (1987): „Popular and Monastic Pastoral Issues in the Later Middle Ages". In: *Church History* 56, 320-332.
Masson, C. (1953): *L'Epître de Paul aux Ephésiens*. Neuchâtel.
McCarthy, D. J. (1972): *Old Testament Covenant*. Richmond.

McDonnell, Kilian (1967): *John Calvin, the Church, and the Eucharist.* Princeton: Princeton University Press.
McKim, Donald K. (1966): „Polity". In: *Westminster Dictionary of Theological Terms.* Louisville.
McLaughlin, James/Ross, B./Maty, M. (Hg.) (1977): *The Portable Medieval Reader.* Middlesex: Penguin Books.
McNeill, J. T. (1954): *The History and Character of Calvinism.* New York/Oxford.
Merklein, Hans (1973): *Das kirchliche Amt nach dem Epheserbrief.* München: Kösel.
Miller, Elliot (Spring 1985): „The Christian and Authority: Part One". In: *Forward.* Chicago: Moody Press.
Mitton, C. L. (1976): *Ephesians.* London.
Moorman, John R. H. (1973): *Saint Francis of Assisi.* London: SPCK.
Moorman, John R. H. (1977): *Richest of Poor Men.* London: Darton, Longman & Todd.
Moorman, John R. H. (1986): „The Franciscans". In: Wainwright, Geoffrey/Cheslyn Jones, Edward Yarnold (Hg.). *The Study of Spirituality.* Cambridge: SPCK.
Morgan, G. C. (1919): *The Ministry of the Word.* London.
Morgan, J. (1951): *A Man of the Word: Life of G. Campbell Morgan.* New York.
Moriarty, Michael G. (1992): *The New Charismatics: A Concerned Voice Responds To Dangerous New Trends.* Grand Rapids.
Morris, L. (1981): *Testaments of Love: A Study of Love in the Bible.* Grand Rapids.
Motyer, J. A. (1980): „Prophecy, Prophets". In: Douglas, J. D. (Hg.) *The Illustrated Bible Dictionary.* Vol. 3. Wheaton, Sp. 1282.
Moule, C. F. D. (1960): *An Idiom Book of New Testament Greek.* Cambridge.
Mounce, R. H. (1977): *The Book of Revelation.* Grand Rapids.
Mueller, M. (16.02.1989): *What Is History?* Unv. Vortragsms. The Master's Seminary. Sun Valley.
Müller, H. P. (1969): *Ursprünge und Strukturen alttestamentlicher Eschatologie.* Berlin (= BZAW 109).
Murray, I. H. (1990): *David Martyn Lloyd-Jones: The Fight of Faith, 1939 bis 1981.* Edinburgh.
Murray, I. H. (1966): *The Forgotten Spurgeon.* Edinburgh.
Murray, I. H. (1982): *David Martyn Lloyd-Jones: The First Forty Years, 1899 bis 1939.* Edinburgh.
Mussner, F. (1982): *Der Brief an die Epheser.* Gütersloh.
Myers, Jacob M. (1965): *II Chronicles.* Garden City: Doubleday (= The Anchor Bible).

Napier, B. D. (1962): *Prophets in Perspective*. New York.

Nash, R. (1963): *The New Evangelicalism*. Grand Rapids.

News Watch column of the Christian Research Journal, volume 22, number 1 (1999): *Dangerous New Trends*. Zondervan Publishing House, Academic and Professional Books. Grand Rapids, A Division of Harper Collins Publishers.

Niebuhr, H. Richard (1975): *The Social Sources of Denominationalism*. New York: New American Library.

Nimmo, Duncan (1987): *Reform and Division in the Franciscan Order 1226 bis 1538*. Rome: Capuchin Historical Institute.

Obelkevich, Jim/Roper, Lyndal/Samuel, Raphael (1987): *Disciplines of Faith: Studies in Religion, Politics, and Patriarchy*. London; New York: Routledge & Kegan Paul (= History Workshop Series).

Oberman, H. A. (1965): *Der Herbst der mittelalterlichen Theologie*. Zürich (= Spätscholastik und Reformation, Bd. I).

Oberman, H. A. (1989): *Werden und Wertung der Reformation. Vom Wegestreit zum Glaubenskampf*. 3. Aufl. Tübingen.

Oden, Thomas C. (1983): *Pastoral Theology: Essentials of Ministry*. San Francisco.

Olthuis, James H. (1987): *A Hermeneutics of Ultimacy: Peril or Promise*. Lanham, MD: University Press.

Origenes: „Against Celsus". In: *Fathers of the Third Century* (= ANF, Vol 4, 8.33).

Orlando Statement: URL: www.cephas-library.com/assembly_of_god/assembly_of_god_orlando_statement.html [Zugriff 29.7.07].

Overholt, Thomas W. (September 1967): „Jeremiah 27-29: The Question of False Prophecy". In: *Journal of the American Academy of Religion*. 35:3, 241-249.

Overholt, Thomas W. (1967): *The Thread of Falsehood. A Study in the Theology of the Book of Jeremiah*. Naperville: Allenson.

Ozment, S. (1980): *The Age of Reform 1250 bis 1550: An Intellectual and Religious History of Late Medieval and Reformation Europe*. New Haven.

Packer, J. I. (1990): *A Quest for Godliness: The Puritan Vision of the Christian Life*. Wheaton.

Payne, E. A. (1963): *Free Churchmen: Unrepentant and Repentant*. London.

Pentecost, D. (1998): *The Divine Comforter: The Person and Work of the Holy Spirit*. Grand Rapids.

Perkins, W. (1609): The Workes of That Famous and Worthie Minister of Christ in the University of Cambridge. Vol. 3 Cambridge.

Petts, David (2002): *Body Builders, Gifts to Make God's People Grow.* Mattersey Hall, Mattersey, England, 2002.

Pinnock, Clark H. (1987): „Peril with Promise". In: Olthuis, James H. (Hg.) *A Hermeneutics of Ultimacy: Peril or Promise.* Lanham: University Press, 55-59.

Pipkin, H. W./Yoder, J. H. (Hg.) (1989): *Balthasar Hubmaier, Theologian of Anabaptism.* Scottdale.

Plöger, Otto (1959): *Theokratie und Eschatologie.* Neukirchen-Vluyn: Neukirchner Verlag.

Plummer, A. (1915–18): „Evangelists". In: Hastings, J. (Hg.) *Dictionary of the Apostolic Church.*

Poole, Matthew (1983): *Annotations Upon the Holy Bible.* New York: Robert Carter and Brothers.

Price, T. D. (1949): „The Emergence of the Christian Ministry". In: *Review and Expositor* 46, 216-238.

Quasten, J. (1950): *The Anti-Nicene Literature after Irenaeus.* Utrecht (= Patrology, Vol. 2).

Quebedaux, R. (1977): *The Wordly Evangelicals.* New York.

Quebedaux, R. (1973): *The Young Evangelicals: Revolution in Orthodoxy.* New York.

Rad, Gerhard von (1969): *Die Theologie der prophetischen Überlieferungen Israels.* 5. Aufl. Berlin (= Theologie des Alten Testaments, Bd. II).

Raitt, T. M. (1977): *A Theology of Exile.* Philadelphia.

Reapsome, J. (1977): Who is Today's Missionary, Anyway? In: *Evangelical Mission Quarterly* 33, 3.

Rees, Daniel (1978): *Consider Your Call.* London: SPCK.

Reid, W. S. (1982): „John Calvin, Pastoral Theologian". In: *The Reformed Theological Review* 42.

Reid, W. S. (1977): „John Knox, Pastor of Souls". *Westminster Theological Journal* 40.

Rendtorff, Rolf (1959): „*euaggelizomai*". In: Kittel, Gerhard (Hg.): *Theologisches Wörterbuch zum Neuen Testament.* Sechster Band: *Pe-R*, Stuttgart, 781-813.

Rengstorf, Karl Heinrich (1933): „*apostololos*". In: Kittel, Gerhard (Hrsg.). *Theologisches Wörterbuch zum Neuen Testament.* Erster Band: *A-T*, Stuttgart, 397-448.

Ricoeur, Paul (1975): „Biblical Hermeneutics". *Semeia* 4, 27-148.
Ricoeur, Paul (1979): *The Rule of Metaphor.* Toronto: University of Toronto Press.
Robertson, Roland (1969): *Sociology of Religion – Selected Readings.* Middlesex: Penguin Books Ltd.
Robinson, Haddon W. (März 1985): „The Theologian and The Evangelist". In: *Journal of the Evangelical Theological Society* 28/1, 3-8.
Robinson, J. A. (1904): *St. Paul's Epistle to the Ephesians.* 2. Auflage. London.
Rogers, C. (1971): „The Covenant with Moses and Its Historical Setting". In: *Journal of the Evangelical Theological Society* 14, 147-154.

Sabatier, Paul (1894): *Life of St. Francis of Assisi.* London: Hodder & Stoughton.
Sandford, John/Sandford, Paula (2007): *The Elijah Task. A Call to Todays Prophets and Intercessors.* Überarb. Aufl. Charisma House.
Schaff, P. (1910): *History of the Christian Church.* Grand Rapids.
Schaff, P. (1967): *The German Reformation.* Grand Rapids (= History of the Christian Church – Modern Christianity, Vol. 7).
Schnackenburg, Rudolf (1982): *Der Brief an die Epheser.* Zürich.
Schürmann, Heinz (1977): „... und Lehrer. Die geistliche Eigenart des Lehrdienstes und sein Verhältnis zu anderen geistlichen Diensten im neutestamentlichen Zeitalter". In: Ernst, W./Feiereis, K./Hoffmann, F. (Hg.) *Dienst der Vermittlung* (FS zum 25-jährigen Bestehen des Philosophisch-Theologischen Studiums im Priesterseminar Erfurt am 5. Juni 1977). Erfurt (=EThSt; 37), 107-164.
Sharp, G. (1807): *Remarks on the Definite Article in the Greek Text of the New Testament: Containing Many New Proofs of the Divinity of Christ, from Passages Which Are Wrongly Translated in the Common English Version.* Philadelphia.
Snaith, N. (1964): *The Distinctive Ideas of the Old Testament.* New York.
Southern, R. W. (1970): *Western Society and the Church in the Middle Ages.* Middlesex: Penguin Books (= The Penguin History of the Church).
Southern Baptist Convention Website. „Soul Competency". URL: www.sbc.net/aboutus/pssoul.asp [Zugriff: 14.06.2008].
Spurgeon, C. H. (1960): *All Around Ministry.* 2. Aufl. Edinburgh.
Spurgeon, C. H. (1975): *Ratschläge für Prediger. 21 Vorlesungen.* Wuppertal.
Stalker, James (1949): *The Life of Christ.* 29. Aufl. New York: Fleming H. Revell Co.

Stott, John R. (1979): *God's New Society: The Message of Ephesians.* Downers Grove.
Stott, John R. (1978): *Balanced Christianity.* London, Sydney, Auckland, Toronto: Hodder and Stoughton.
Strauch, Alexander (1992): *The New Testament Deacon.* Littleton: Lewis and Roth.
Streeter, B. H. (1929): *The Primitive Church.* New York.

Talmon, S. (1971): „Typen der Messiaserwartung um die Zeitenwende". In: Wolff, H. W. (Hg.) *Probleme biblischer Theologie.* Fs. Gerhard v. Rad, München, 571-588.
The Complete Writings of Menno Simons, c. 1496 bis 1561. (1956): Übers. von Verduin, Leonard. Wenger, John Christian (Hg.) Scottdale: Herald Press.
The Emmaus Journal (elektronische Ausgabe). (1999): Galaxie Software: Garland.
The Master's Journal (elektronische Ausgabe) (1998): Master's Seminary: Sun Valley.
Tidball, D. T. (1986): *Skillful Shepherds: An Introduction to Pastoral Theology.* Grand Rapids.
Torrance, T. E. (1959): *The School of Faith.* London: James Clarke.
Tracy, David (1978): „Metaphor and Religion: The Test Case of Christian Texts". In: Sheldon Sacks (Hg.) *On Metaphor* Chicago: University of Chicago Press, 89-104.
Trench, Richard C. (1897): *Commentary on the Epistles to the Seven Churches in Asia.* 6. überarbeitete Aufl. London: Kegan Paul, Trench, Trubner and Co.
Troeltsch, Ernest (1960): *The Social Teaching of the Christian Church.* Übers. v. Wyon, Olive. Vol. 1. Chicago & London: The University of Chicago Press.
Tugwell, Simon (1986): „The Dominicans". In: Wainwrigh, Geoffrey/ Cheslyn, Jones/Edward, Yarnold. (Hg.) *The Study of Spirituality.* Cambridge: SPCK.

Van Til, C. (1955): *The Defense of the Faith.* Philadelphia.
Van Zyl, J. (1975): „John Calvin the Pastor". In: *The Way Ahead* (Referat gelesen auf der Carey Conference). Haywards Heath, 69-78.
Vanchez, Andre (1997): *Sainthood in the Later Middle Ages.* Cambridge: Cambridge University Press.
Vandenbroucke, Dom Francois (1968): „The Franciscan Spring". In: *The Spirituality of the Middle Ages.* New York: The Seabury Press.

Vandenbroucke, Dom Francois (1968): „Law Spirituality in the Twelfth Century“. In: *The Spirituality of the Middle Ages*. New York: The Seabury Press.

VanGemeren, W. A. (1990): *Interpreting the Prophetic Word*. Grand Rapids.

VanGemeren, W. A. (1983): „Israel as the Hermeneutical Crux in the Interpretation of Prophecy (Part 1)“. *WTJ* 45, 132-144.

VanGemeren, W. A. (1984): „Israel as the Hermeneutical Crux in the Interpretation of Prophecy (Part 2)“. *WTJ* 46, 254-297.

VanGemeren, W. A. (1988): *The Progress of Redemption: The Story of Salvation from Creation to the New Jerusalem*. Grand Rapids.

Vincent, Marvin (1985): „Apostle“. In: *Vicent's N. T. Word Studies*. Peabody: Hendrickson Publishers.

Vine, W. E./Unger, Merrill F. (1940): Vine's *Complete Expository Dictionary of Old and New Testament Words*.

Viola, Frank (2001): *Who Is Your Covering? A Fresh Look at Leadership, Authority and Accountability*. Present Testimony Ministry.

Virgo, Terry (2003): *Does the Future Have a Church?* Kingsway Communications.

Volz, C. A. (1989): „The Pastoral Office in the Early Church“. In: *Word and World* 9, 359-366.

Wagner, C. Peter (1999): *Church Quake! The Explosive Power of the New Apostolic Reformation*. Ventura: Regal Books A Division of Gospel Light.

Wagner, C. Peter (1979): *Your Church Can Grow*. Glendale.

Wagner, C. Peter (2000): *The Apostles Prophets: The Foundation of the Church*. Ventura: Regal Books A Division of Gospel Light.

Wagner, C. Peter (1994): *Your Spiritual Gifts Can Help Your Church Grow*. Glendale.

Wallace, D. B. (4.3.1988): *The Validity of Granville Sharp's First Rule with Implications for the Deity of Christ*. unv. Typoskript, vorgetragen der Regionalgruppe Südwest der Evangelical Theological Society.

Wallace, D. B. (1983): „The Semantic Range of the Article-Noun-καὶ-Noun Plural Construction in the New Testament“. In: *GTJ* 4, 59-84.

Walvoord J. F./Zuck, R. B. (1985): *The Bible Knowledge Commentary: An Exposition of the Scriptures*. 2. Aufl. Wheaton.

Warfield, B. B. (1955): *The Plan of Salvation*. Grand Rapids.

Warfield, B. B. (1976): *Counterfeit Miracles*. Edinburgh, UK: Banner of Truth Trust.

Warfield, Benjamin B. (1973): „The Indispensableness of Systematic Theology to the Preacher". In: Meeter, J. E. (Hg.). *Selected Shorter Writings of Benjamin B. Warfield.* Vol. II. Nutley.

Warren, Robert (1990): *On the Anvil.* Suffolk: Highland.

Weinfeld, M. (1977): „Ancient Near Eastern Patterns in Prophetic Literature". In: *Vetus Testamentum* 27, 178-195.

Wenger, J. C. (1984): *Die Täuferbewegung. Eine kurze Einführung in ihre Geschichte und Lehre.* 2. neubearbeitet und ergänzt durch M. Bärenfänger. Wuppertal/Kassel.

Westcott, B. F. (1906): *St. Paul's Epistle to the Ephesians.* London.

Williams, G. H. (1962): *The Radical Reformation.* Philadelphia.

Wilson, R. (1984): *Sociological Approaches to the Old Testament.* Philadelphia.

Winn, Herbert E. (Hg) (1929): *Wyclif, Select English Writings.* London: Oxford.

Wong, Gilbert (2003): „Inherent Dangers of Prophetic Ministry". In: *Church & Society.* Vol. 6/3, 127-146.

Wood, L. (1979): *The Prophets of Israel.* Grand Rapids.

Wyclif, John: „On the Pastoral Office". In: Matthew Spinka (Hg.) (1953): *The Library of Christian Classics: Advocates of Reform.* London: SCM.

Young, E. J. (1952): *My Servants the Prophets.* Grand Rapids.

Ziegelschmid, Andreas J. F. (1943): *Älteste Chronik der Hutterischen Brüder: „Ordnung der gmain wie ein Crist leben Soll". Rattenberg (?) 1529 [bzw. 1527/28].* Ithaca.

Zimmerli, Walter (1977): „Prophetic Proclamation and Reinterpretation." In: Knight, D. A. (Hg.) *Tradition and Theology in the Old Testament.* Philadelphia.

Zimmerli, Walter (1963): „Der Wahrheitserweis Jahwes nach der Botschaft der beiden Exilspropheten". In: Würthwein, E./Kaiser, Otto. (Hg.) *Tradition und Situation. Studien zur alttestamentlichen Prophetie* (Fs. A. Weiser). Göttingen, 133-151.